Preissetzungsalgorithmen im deutschen und europäischen Kartellrecht

Veröffentlichungen des Instituts für Energie- und Regulierungsrecht Berlin

Herausgegeben von Franz Jürgen Säcker und Jochen Mohr

Band 76

Patrick Zobel

Preissetzungsalgorithmen im deutschen und europäischen Kartellrecht

Digitale Formen horizontaler Kollusion

PETER LANG

Berlin - Bruxelles - Chennai - Lausanne - New York - Oxford

Bibliografische Information der Deutschen Nationalbibliothek
Die Deutsche N.ationalbibliothek verzeichnet diese Publikation in der Deutschen Nationalbibliografie; detaillierte bibliografische Daten sind im Internet über http://dnb.d-nb.de abrufbar.

Zugl.: Leipzig, Univ., Diss., 2024

D 15
ISSN 2363-684X
ISBN 978-3-631-92670-3 (Print)
E-ISBN 978-3-631-92681-9 (E-PDF)
E-ISBN 978-3-631-92682-6 (E-PUB)
DOI 10.3726/b22353

Verlegt durch Peter Lang GmbH, Berlin, Deutschland

info@peterlang.com www.peterlang.com

Diese Publikation wurde begutachtet.

Gewidmet ist diese Arbeit meinem Sohn Oskar Leander.

Inhaltsverzeichnis

Abbildungsverzeichnis

Vorwort und Danksagungen

Diese Arbeit wurde im Sommersemester 2024 an der Juristenfakultät der Universität Leipzig als Dissertation angenommen.

Mein Dank gilt in erster Linie dem Betreuer dieser Arbeit Herrn Prof. Dr. Jochen Mohr, der mich in sämtlichen Phasen des Dissertationsverfahrens umfassend beraten und zeitintensiv betreut hat. Danken möchte ich darüber hinaus Herrn Prof. Dr. Boris Paal für die wertvollen Anregungen und Hinweise sowie für die schnelle Erstellung des Zweitgutachtens.

Weiterhin danke ich Herrn Jens Scholz, CEO der GK Artificial Intelligence for Retail AG, für die technische Einführung in das Thema zu Beginn meiner Arbeit.

Danken möchte ich außerdem dem Freistaat Sachsen für die Finanzierung dieser Forschung sowie meinen ehemaligen Kolleginnen und Kollegen am Institut für ausländisches und europäisches Privat- und Verfahrensrecht der Universität Leipzig für den fachlichen Austausch und davon im Besonderen Herrn Simon Baldus für das umfangreiche Korrekturlesen. Danken möchte ich zudem den Produzenten des Podcasts *cogitamus* André und Jannis aus Wien für den wertvollen Austausch zum Thema meiner Arbeit in ihrem Podcast (Folge 6). Zu guter Letzt danke ich meiner Verlobten Sabine für die großartige persönliche und familiäre Unterstützung während der gesamten Promotionszeit. Ohne sie wäre die Entstehung dieser Arbeit nicht möglich gewesen.

Abkürzungsverzeichnis

a.A.	anderer Ansicht
ABl.	Amtsblatt
Abs.	Absatz
AcP	Archiv für die civilistische Praxis
AEAL	Agricultural Engineers Association Limited
AEUV	Vertrag über die Arbeitsweise der Europäischen Union
AGG	Allgemeines Gleichbehandlungsgesetz
Art.	Artikel
Aufl.	Auflage
BB	Betriebs-Berater
Bd.	Band
bearb.	bearbeitet
BeckOGK	Beck'scher Online-Großkommentar
BeckOK BGB	Beck'scher Online-Kommentar zum Bürgerlichen Gesetzbuch
BeckOK GeschGehG	Beck'scher Online-Kommentar zum Gesetz zum Schutz von Geschäftsgeheimnissen
BeckOK InfoMedienR	Beck'scher Online-Kommentar zum Informations- und Medienrecht
BeckOK ZPO	Beck'scher Online-Kommentar zur Zivilprozessordnung
BeckRS	Beck'sche Rechtsprechungssammlung
Beck'scher Bilanz-Komm.	Beck'scher Bilanz-Kommentar
Berl. Komm.	Berliner Kommentar
BfT	Bundesverband freier Tankstellen
BGB	Bürgerliches Gesetzbuch
BGBl	Bundesgesetzblatt
BGH	Bundesgerichtshof
BKartA	Bundeskartellamt
Bunte KartellR	Bunte Kartellrecht - Kommentar
bzw.	beziehungsweise
CECED	Verband der Europäischen Hausgerätehersteller
Civ.	Civilis (lateinisch für "zivil")
CMA	Competition & Markets Authority

CMLR	Common Market Law Review
Col. Bus. Law Rev.	Columbia Business Law Review
Col. Law Rev.	Columbia Law Review
Commun. ACM	Communications of the Association for Computing Machinery
CoRe	European Competition and Regulatory Law Review
CR	Computer und Recht
DB	Der Betrieb
DSRITB	Tagungsband der Deutschen Stiftung für Recht und Informatik
EAAI	Engineering Applications of Artificial Intelligence
ECLI	European Case Law Identifier
ECLR	European Competition Law Review
EGV	Europäische Gemeinschaftsverordnung
EJ	The Energy Journal
eng.	englisch
ErfKArbR	Erfurter Kommentar zum Arbeitsrecht
ESL	Electronic Shelf Labels
et al.	et alii (lateinisch für "und andere")
EuCML	European Competition Law
EuG	Gericht erster Instanz der Europäischen Union
EuGH	Europäischer Gerichtshof
EuR	Europarecht - Zeitschrift
EUVAS	Verordnung für algorithmische Systeme
EuZA	Europäische Zeitschrift für Arbeitsrecht
EuZW	Europäische Zeitschrift für Wirtschaftsrecht
EWG	Europäische Wirtschaftsgemeinschaft
F. Supp.	Federal Supplement
ff.	fortfolgende Seiten (und folgende)
FFKK	Frankfurter Kommentar zum Kartellrecht
FFK EUV/GRC/AEUV	Frankfurter Kommentar zum Vertrag über die Europäische Union, zur Charta der Grundrechte der Europäischen Union und zum Vertrag über die Arbeitsweise der europäischen Union
frz.	französisch
FTC	Federal Trade Commission
G. Mason Law Rev.	George Mason Law Review
GBE	GB eye Limited
GG	Grundgesetz

ggf.	gegebenenfalls
GRUR	Gewerblicher Rechtsschutz und Urheberrecht
GWB	Gesetz gegen Wettbewerbsbeschränkungen
HambK MedienR	Hamburger Kommentar zum Medienrecht
Harv. Journ. of Law & Tech	Harvard Journal of Law & Technology
HGB	Handelsgesetzbuch
HMD	Handbuch Maschinelle Datenverarbeitung
Hrsg.	Herausgeber
hrsg.	herausgegeben von
i.S.d.	im Sinne des (der)
IEICE Trans. Inf. & Syst.	Institute of Electronics, Information and Communication Engineers Transactions on Information and Systems
IIC	International Review of Intellectual Property and Competition Law
IJARCET	International Journal of Advanced Research in Computer Engineering & Technology
IJoIO	International Journal of Innovation and Organization
Int. Journ. of Hosp. Mngmnt	International Journal of Hospitality Management
JCLE	Journal of Comparative Law and Economics
JECLAP	Journal of European Competition Law & Practice
jM	juris Die Monatszeitschrift
Jnl of Prod. & Brand Mgt	Journal of Product & Brand Management
JoAE	Journal of Antitrust Enforcement
JoCP	Journal of Competition Policy
JoDDDMP	Journal of Digital & Data-Driven Marketing Practice
JoSIS	Journal of Strategic Information Systems
JoTLP	Journal of Technology Law & Policy
Journ. of Econ. Surveys	Journal of Economic Surveys
JZ	Juristenzeitung
K&R	Kommunikation und Recht
KI	Künstliche Intelligenz
LCLR	Loyola Consumer Law Review
LG	Landgericht

lit.	litera
LMRKM	Loewenheim/Meessen/Riesenkampff/Kersting/ Meyer-Lindemann, Kartellrecht Kommentar
Mich. Bus. & Law Entr. Rev.	Michigan Business & Law Entrepreneurship Review
Minn. Law Rev.	Minnesota Law Review
MMR	Zeitschrift für IT-Recht und Recht der Digitalisierung
MüKo BGB	Münchener Kommentar zum Bürgerlichen Gesetzbuch
MüKo HGB	Münchener Kommentar zum Handelsgesetzbuch
MüKo WettbR	Münchener Kommentar zum Wettbewerbsrecht
MüKo ZPO	Münchener Kommentar zur Zivilprozessordnung
n.F.	neue Fassung
NJW	Neue Juristische Wochenschrift
Nr.	Nummer
NuR	Natur und Recht
NZA	Neue Zeitschrift für Arbeitsrecht
NZKart	Neue Zeitschrift für Kartellrecht
OECD	Organisation für wirtschaftliche Zusammenarbeit und Entwicklung
OLG	Oberlandesgericht
ORDO	Ordo - Jahrbuch für die Ordnung von Wirtschaft und Gesellschaft
ÖZK	Österreichische Zeitschrift für Kartellrecht
P&T	Philosophy & Technology
PNAS	Proceedings of the National Academy of Sciences
RdA	Recht der Arbeit
RL	Richtlinie
Rn.	Randnummer
RoIO	Review of Industrial Organization
Rs.	Rechtssache
Rz.	Randzahl
S.	Seite
Schmalenb. bus. res.	Schmalenbach journal of business research

Slg.	Sammlung
sog.	so genannte(r/s)
Stanford Tech. Law Rev.	Stanford Technology Law Review
Staudinger	Staudinger Kommentar zum Bürgerlichen Gesetzbuch
StF	Stammfassung
SUV	Sport Utility Vehicle
SZW	Schweizerische Zeitschrift für Wirtschaftsrecht
Trod	Trod Limited
u.a.	unter anderem
Univ. of Illinois Law Rev	University of Illinois Law Review
Urt. v.	Urteil vom
US	Vereinigte Staaten
Verikal-GVO	Verordnung (EU) Nr. 2022/720
Vgl., vgl.	Vergleiche
VO	Verordnung
vs.	versus (lat. für "gegen")
VuR	Verbraucher und Recht
VWL	Volkswirtschaftslehre
WettbR	Wettbewerbsrecht
WHO	World Health Organization
WIST	Wirtschaftswissenschaftliches Studium
WISTA	Wirtschaft und Statistik
WOCO	World Competition: Law and Economics Review
WRP	Wettbewerb in Recht und Praxis
WuW	Wirtschaft und Wettbewerb
ZD	Zeitschrift für Datenschutz
ZEuP	Zeitschrift für Europäisches Privatrecht
ZHR	Zeitschrift für das gesamte Handelsrecht
ZIS	Zeitschrift für Internationale Strafrechtsdogmatik
zit.	zitiert nach
zugl.	zugleich
ZVertriebsR	Zeitschrift für Vertriebsrecht
ZWeR	Zeitschrift für Wettbewerbsrecht

Einleitung

I. Digitalisierung und die Rolle von Algorithmen

> *„Lithium-ion batteries (Li-ion batteries) have been commonly used as power sources in consumer electronics including laptops, cellular phones, and full and hybrid electric vehicles because of their long cycling life, high energy capacity, and eco-friendlines."*[1]

Dieser Satz zum Thema Lithium-Ionen-Batterien stammt nicht aus der Urheberschaft eines Menschen, sondern ist der erste Satz der ersten wissenschaftlichen Veröffentlichung in Deutschland, die überwiegend maschinengeneriert und mit Hilfe Künstlicher Intelligenz erstellt wurde.[2] Es ist in den 2020er Jahren auch in der Wissenschaft unübersehbar, dass die Digitalisierung weiter voranschreitet und kaum einen Lebensbereich außen vor lässt. Während die größten gesellschaftlichen und politischen Krisen unserer Zeit maßgeblich auch digital bekämpft werden, seien es Pandemien oder (Informations)-Kriege, so stellen sich für zahlreiche Unternehmen durch die digitale Transformation des gesamten Wirtschaftslebens existentielle ökonomische Fragen. Zum Bestehen im marktwirtschaftlichen Wettbewerb sind moderne Unternehmen gezwungen zu überprüfen, inwieweit sich für das eigene Geschäftsmodell Anpassungsmöglichkeiten und notwendige Veränderungen ergeben. Eine besondere Rolle spielen dabei Algorithmen. Wie genau diese im vorliegenden Kontext zu definieren sind, wird zu thematisieren sein.[3] Sie kommen inzwischen in nahezu allen Lebensbereichen und Geschäftsfeldern zum Einsatz und übernehmen zunehmend Aufgaben, die bislang Menschen erfüllt haben. Von der bloßen Datenauswertung zur Unterstützung menschlicher Entscheidungsträger bis hin zur eigenen Kommunikation mit Kunden[4] und Mitarbeitern[5] werden Algorithmen branchenübergreifend und nahezu flächendeckend eingesetzt.

---

1 *Beta Writer,* Lithium-ion batteries, S. 1.

2 *Springer Verlag,* Pressemitteilung des Springer Verlags vom 02.04.2019, abrufbar unter https://www.springer.com/gp/about-springer/media/press-releases/corporateg/springer-nature-maschinen-generiertes-buch/16590072.

3 Siehe dazu A) I.

4 Vgl. dazu *Gausling,* ZD 2019, 335, 336.

5 Vgl. dazu *Günther,* Der Cyberboss – Algorithmen als Vorgesetzte, abrufbar unter https://www.humanresourcesmanager.de/arbeitsrecht/der-cyberboss-algorithmen-als-vorgesetzte.

II. Algorithmen als neue Form der Kommunikation

Algorithmen spielen folglich auch bei der Kommunikation und dem Informationsaustausch zwischen Individuen eine besondere Rolle. Sie werden für die unmittelbare Kommunikation von Menschen genutzt, beispielsweise durch Verschlüsselungstechniken bei der Telekommunikation. Menschen übertragen Informationen zu anderen Menschen bereits heute häufig mithilfe von Algorithmen. Eine weitere Form ist die Kommunikation von Mensch und Algorithmus. Exemplarisch zu nennen sind hier insbesondere sog. Smart-Speaker,[6] bei denen der menschliche Nutzer aktiv mit einem algorithmischen System kommuniziert, um bestimmte Informationen zu erhalten oder auch zu liefern, um den künftigen Output des digitalen Assistenten zu verbessern. Ein weiteres bekanntes Tool auf diesem Gebiet ist der Chatbot *ChatGPT*[7], der als eine der ersten Anwendungen mit Onlinenutzern auch komplexere Dialoge führen kann und bereits von einer beachtlichen Anzahl von Menschen genutzt wird.[8] Eine dritte Form ist die Kommunikation von Algorithmen untereinander. Komplexere Algorithmen sind grundsätzlich in der Lage miteinander zu kommunizieren, wenn sie über einen gemeinsamen Kommunikationskanal und ein gemeinsames Kommunikationsprotokoll verfügen.[9] Demnach ist es sogar möglich, dass Algorithmen Informationen miteinander austauschen, ohne dass ein menschlicher Akteur hiervon Kenntnis erlangt.

Algorithmen spielen daher bei modernen Kommunikationsformen eine entscheidende Rolle. Sie beeinflussen nicht nur die menschliche Kommunikation untereinander, sondern treten zugleich selbst als Kommunikator und Informationslieferant auf, sei es im Verhältnis gegenüber Menschen oder auch gegenüber anderen Algorithmen. Sie prägen daher bereits heute die Form des Informationsaustausches maßgeblich.

---

6 Vgl. dazu *Gausling,* ZD 2019, 335, 336.

7 Abrufbar unter https://openai.com/blog/chatgpt, zuletzt abgerufen am 18.09.2024.

8 Vgl. dazu die Umfrage unter https://www.fishbowlapp.com/insights/70-percent-of-workers-using-chatgpt-at-work-are-not-telling-their-boss/, zuletzt abgerufen am 18.09.2024, wonach 43 % der US-amerikanischen Befragten *ChatGPT* oder andere KI Tools zur Lösung von beruflichen Aufgaben verwendet haben.

9 *BKartA/Autorité de la Conc.,* Algorithms and Competition, S. 44; *Schwalbe,* JCLE 2018, 568, 587 f.

III. Kartellrechtliche Fragestellungen rund um Preissetzungsalgorithmen und Themeneingrenzung

Von der Algorithmisierung umfasst ist zunehmend auch die Preissetzung, die insbesondere in Online-Märkten immer häufiger digital und mithilfe von Software umgesetzt wird.[10] Neben der Preisdiskriminierung von Verbrauchern und möglichen gleichheitsrechtlichen Fragestellungen[11] beschäftigt sich die Kartellrechtswissenschaft vor allem mit der Problematik, inwiefern der Einsatz solcher Preissetzungssoftware zu wettbewerbswidrigen horizontalen Koordinationen führen kann und wie sich das künftige Wettbewerbsrecht darauf einstellen muss. Nicht nur Wettbewerbsbehörden auf der ganzen Welt, namentlich u.a. aus Australien[12], Brasilien[13], Deutschland und Frankreich[14], Großbritannien[15], Japan[16], Kanada[17], Norwegen[18], Niederlande[19] und Schweden[20], sondern auch supranationale Institutionen wie die OECD[21] oder die Europäische Union[22] haben in den letzten Jahren viel Aufwand in Studien und Recherchen zu Algorithmen im Zusammenhang mit dem Kartellrecht investiert. Ausgangspunkt für die umfangreiche Diskussion war die Veröffentlichung von *Ezrachi* und *Stucke*[23], die anhand verschiedener möglicher Konstellationen skizziert haben, welche Probleme sich grundsätzlich im Zusammenhang mit dem Einsatz von Preissetzungsalgorithmen stellen könnten. Diese Konstellationen haben auch für das europäische und deutsche Kartellverbot eine hohe Relevanz. So hat auch

---

10 Siehe zu den aktuellen Anwendungsfeldern A) IV.

11 Vgl. dazu *Paal*, GRUR 2019, 43, 44; *Zander-Hayat/Reisch/Steffen*, VuR 2016, 403, 407.

12 *ACCC*, The ACCC's approach to colluding robots, abrufbar unter https://www.accc.gov.au/speech/the-accc%E2%80%99s-approach-to-colluding-robots, S. 1 ff.

13 *IBRAC*, The future of antitrust, abrufbar unter https://ibrac.org.br/book/the-future-of-antitrust/, S. 1 ff.

14 *BKartA/Autorité de la Conc.*, Algorithms and Competition, S. 1 ff.

15 *CMA*, Algorithms, S. 1 ff.

16 *Japan Fair Trade Commission*, Algorithms/AI and Competition Policy, S. 1 ff.

17 *Competition Bureau Canada*, Big data and innovation: key themes for competition policy in Canada, S. 1 ff.

18 *Konkurransetilsynet*, What effect can Algorithms have on competition?, S. 1 ff.

19 *Autoriteit Consument & Markt*, Position Paper - Toezicht op algoritmes, S. 1 ff.

20 *Konkurrensverket*, Collusion in Algorithmic Pricing, S. 1 ff.

21 *OECD*, Algorithms and Collusion, S. 1 ff.

22 *EU Kommission*, White paper on artificial intelligence, COM(2020) 65 final, S. 1 ff; *EU Kommission*, Horizontalleitlinien 2022, Rz. 406 ff.

23 *Ezrachi/Stucke*, Virtual Competition, S. 1 ff.

das Bundeskartellamt in Zusammenarbeit mit der französischen Autorité de la Concurrence eine Studie veröffentlicht, in der die Auswirkungen von derartigen Preissetzungssystemen erörtert werden.[24] Auch die Arbeit von *Andreas*[25] beschäftigt sich mit dem zugrundeliegenden Thema, legt den Schwerpunkt der Arbeit jedoch auf Haftungsfragen. Die Arbeit von *Rützel* hingegen befasst sich ausschließlich mit Preisdiskriminierungen und behandelt das Kartellrecht nur am Rande.[26]

Es bleibt zu klären, inwiefern das derzeitig geltende Kartellverbot geeignet ist mit konkreten Fall-Konstellationen umzugehen und inwiefern in anderen Ländern entschiedene Fälle in Deutschland bzw. der Europäischen Union Entscheidungen der Wettbewerbsbehörden nach sich gezogen hätten, wären diese hier zu entscheiden gewesen. Praktische Relevanz haben gegenwärtig Konstellationen mit auch in Deutschland und Europa aktiven Fahrdienstvermittlern[27] sowie bestimmte Algorithmenarten, die auf Online-Marktplätzen zum Einsatz kommen.[28] Die vorliegende Arbeit versucht die Ausführungen der deutsch-französischen Studie zu ergänzen und in vielerlei Hinsicht zu konkretisieren. Die Studie erschöpft sich, wie die Studien anderer Wettbewerbsbehörden auch, oft in generalisierenden Ergebnissen und erörtert selten anhand konkreter Fallbeispiele, wie ein bestimmter Fall unter deutschem bzw. europäischem Wettbewerbsrecht zu behandeln wäre. Die Studien sollen den beteiligten Wettbewerbsbehörden und den Rechtsanwendern für künftig auftretende Fälle zwar offenbar grobe Leitlinien an die Hand geben ohne dabei aber für konkrete Fall-Konstellationen Entscheidungen vorwegzunehmen. Dadurch soll vermutlich für künftige wettbewerbsbehördliche Verfahren genug Entscheidungsspielraum verbleiben.

Der Fokus dieser Arbeit soll neben der Betrachtung der jeweiligen Konstellation unter deutschem bzw. europäischem Kartellrecht auf der Durchsetzung des geltenden Rechts sowie der Zurechnung für kartellrechtliche Verstöße im Zusammenhang mit dem Einsatz von Preissetzungsalgorithmen liegen. Hierbei wird zwischen den beteiligten Akteuren sowie der Funktionsweise der konkreten Algorithmen zu unterscheiden sein. Zudem sollen grundsätzliche Funktionsweisen und die ökonomischen Grundlagen von

---

24 *BKartA/Autorité de la Conc.*, Algorithms and Competition, S. 15 ff.

25 Vgl. *Andreas*, Die Haftung für Kartellverstöße durch Preisalgorithmen, S. 1 ff.

26 Vgl. *Rützel*, Rechtsfragen algorithmischer Preisdiskriminierung, S. 256 ff.

27 Siehe dazu C) III. 3) a).

28 Siehe dazu C) III. 2).

preissetzungsalgorithmischen Entscheidungen beleuchtet werden. Trotz ausführlicher Diskussion in der kartellrechtlichen Literatur bleiben einige Konstellationen für das deutsche und europäische Kartellrecht ungelöst[29], wobei diese Arbeit einige Lücken schließen und Lösungsvorschläge ergänzen soll.

Normativer Anknüpfungspunkt ist dabei in den meisten Konstellationen die Auslegung des Begriffs der aufeinander abgestimmten Verhaltensweise i.S.d. § 1 GWB bzw. Art. 101 Abs. 1 AEUV. Diesen Begriff gilt es, unter Berücksichtigung der Funktionsweisen der verschiedenen Preissetzungsalgorithmen und Koordinationsformen, zu konkretisieren. Bedeutung hat dabei im Besonderen die Rechtsprechung des EuGH zum Informationsaustausch zwischen Wettbewerbern. Aufeinander abgestimmte Verhaltensweisen sind beim Einsatz von Preissetzungsalgorithmen vor allem aufgrund eines Datenaustausches zwischen einem oder mehreren Wettbewerbern denkbar. Der Austausch selbst kann dabei in verschiedenen Konstellationen, mittelbar oder unmittelbar, erfolgen. Die vorliegende Arbeit betrachtet die unterschiedlichen Szenarien und bewertet anhand konkreter Fälle, inwiefern das gegenwärtige Kartellverbot geeignet ist, mit dem Einsatz von Preissetzungsalgorithmen umzugehen. Ziel soll sein, anhand von europäischer und nationaler Rechtsprechung Kriterien zu erarbeiten, um die verschiedenen Konstellationen rund um preissetzungsalgorithmische Kollusionen künftig mit dem europäischen und deutschen Kartellverbot zutreffend zu behandeln. Dabei müssen Schutzlücken geschlossen werden ohne jedoch das Kartellverbot im Sinne einer Überregulierung zu stark auszudehnen. Zusammenfassend werden also vergangene, aktuelle und künftige Konstellationen des Einsatzes von Preissetzungsalgorithmen analysiert, um zu betrachten, ob diese zu einer neuen Form der Preiskoordination zwischen Wettbewerbern führen können und wie das Kartellrecht mit diesen Konstellationen umgeht und umgehen sollte. Der Fokus der Betrachtung liegt dabei auf horizontalen Preiskollusionen, sodass andere, vorrangig im Zusammenhang mit dem Missbrauchsverbot diskutierte Konstellationen[30], weitgehend außen vor bleiben. Das Missbrauchsverbot wird lediglich bezüglich möglicher horizontaler, algorithmischer Preiskoordinationen zu behandeln sein.[31] Mangels

29 Zu nennen ist hier insbesondere die Diskussion rund um eine mögliche tacit collusion durch selbstlernende Preissetzungsalgorithmen, vgl. dazu C) III. 4) a).

30 Vgl. zu diesem Themenkomplex *Paal,* GRUR 2019, 43, 47 ff; *Pohlmann*, in: *Zimmer* (Hrsg.), Regulierung für Algorithmen und KI, S. 311 ff; *Salaschek/Serafimova,* WuW 2018, 8, 8 ff; *Zurth,* ZWeR 2021, 361, 375 ff.

31 Siehe dazu C) II.

horizontaler Koordination ebenfalls nicht vertieft behandelt werden mögliche marktmissbräuchliche, algorithmische Preisindividualisierungen.[32]

IV. Gang der Untersuchung

Einführend in die Thematik soll betrachtet werden was Preissetzungsalgorithmen sind und welche praktische Bedeutung sie derzeit haben. Ausgehend von einer Definitionssuche des Begriffs des Algorithmus soll in einem zweiten Schritt der Preissetzungsalgorithmus definiert werden. Dabei soll eine Abgrenzung stattfinden zu allgemeineren Darstellungen von Wettbewerbsbehörden und anderen Autoren, die häufig generell zum Thema Algorithmen und Wettbewerb ausführen, ohne aber trennscharfe Abgrenzungen vorzunehmen. Preissetzungsalgorithmen sind vor allem hinsichtlich der Funktionsweise von anderen Algorithmen abzugrenzen, insbesondere von Preisvergleichsalgorithmen, deren rechtliche Bewertung vorliegend ausgeklammert werden soll.[33]

In einem zweiten Schritt soll der Fokus dann auf den ökonomischen Grundlagen von algorithmischen Preisberechnungen liegen. Dabei sollen die ökonomischen Vorteile des Einsatzes von Preissetzungsalgorithmen dargestellt werden. Gleichzeitig sind diese algorithmischen Vorteile jedoch den ökonomischen und wettbewerblichen Risiken gegenüberzustellen. Weiterhin sollen Unterschiede hinsichtlich verschiedener Marktformen herausgearbeitet werden um festzustellen, unter welchen Marktbedingungen Preissetzungsalgorithmen zu kollusiven Preiskoordinationen beitragen können. Anschließend sollen die in Literatur und Rechtsprechung diskutierten Fallkonstellationen systematisiert werden, wobei Entscheidungen von Wettbewerbsbehörden aus aller Welt eingeordnet, bewertet und falls nötig ins europäische bzw. deutsche Kartellrecht transformiert werden. Dadurch sollen Erkenntnisse gewonnen werden, inwiefern die gegenwärtige deutsche bzw. europäische Rechtslage geeignet ist mit bislang aufgetretenen Fallkonstellationen umzugehen und welche verallgemeinerungsfähigen Anknüpfungspunkte zur künftigen Entscheidungsfindung sich in Rechtsprechung und Literatur finden lassen. Neben bereits aufgetretenen Fällen wird es außerdem um die häufig diskutierte Konstellation gehen, in der sich selbstlernende Preissetzungsalgorithmen autonom wettbewerbswidrig koordinieren.[34] Der Schwerpunkt soll dabei hinsichtlich aller Konstellationen

---

32 Siehe dazu *Paal*, GRUR 2019, 43, 48 ff; *Rützel*, Rechtsfragen algorithmischer Preisdiskriminierung, S. 242 ff; *Zurth*, ZWeR 2021, 361, 367 ff.

33 Siehe dazu die Abgrenzung in A) II. 1).

34 Siehe dazu C) III. 4).

auf möglichen horizontalen Koordinationen und damit auf dem Tatbestand des § 1 GWB bzw. Art. 101 Abs. 1 AEUV liegen. Naheliegende Verbindungen zum Missbrauchsverbot gemäß Art. 102 AEUV bzw. §§ 18 ff. GWB werden jedoch, wo nötig, ebenfalls dargestellt.

Abschließend wird zu untersuchen sein, inwiefern die verschiedenen Beteiligten beim Einsatz von Preissetzungsalgorithmen für kartellrechtliche Verstöße verantwortlich gemacht werden können. Diesbezüglich wird zwischen verschiedenen Arten von Preissetzungsalgorithmen zu unterscheiden sein. Diese Ausführungen beinhalten schließlich einen Gesetzesvorschlag zur Änderung des europäischen Kartellrechts, der einen Beitrag in der Diskussion zur Schließung möglicher Regulierungs- und Beweislücken im Zusammenhang mit Preissetzungsalgorithmen liefert.[35] Zusätzlich werden auch die Möglichkeiten des private enforcement dargestellt.

35 Siehe dazu D) III. 2) a) cc).

Kapitel A) Preissetzungsalgorithmen – Definition und Praxisrelevanz

I. Der Begriff des Algorithmus

Einleitend soll definiert werden, was genau ein Algorithmus ist, um in einem zweiten Schritt zu klären, was einen Preissetzungsalgorithmus zu einem solchen macht. Nur mit einer möglichst konkreten und rechtssicheren Definition ist es möglich, die wettbewerbsrechtlichen Probleme von Kollusionsszenarien im Zusammenhang mit diesen Algorithmen zu durchdenken. Zunächst soll kurz die Entstehungsgeschichte des Begriffs des Algorithmus dargestellt werden, um sich anschließend den Begriffen des Algorithmus und des Preissetzungsalgorithmus unter Berücksichtigung verschiedener wissenschaftlicher Blickwinkel nähern zu können.

1) Entstehungsgeschichte des Begriffs des Algorithmus

Der Begriff des Algorithmus entstand durch einen iranischen Mathematiker, Astronom und Geograph namens *Muḥammad Ibn-Mūsā al-Ḫwārizmī*, der im 9. Jahrhundert in Bagdad lebte.[36] Dieser schrieb um das Jahr 825 ein Lehrbuch mit dem Titel „Über die indischen Zahlen", welches später ins Lateinische übersetzt und in der westlichen Welt zu einer der wichtigsten Quellen zur Verbreitung des arabischen Zahlensystems und des schriftlichen Rechnens wurde.[37] Im Zuge der Übersetzung des Buches wurde auch der Name des Autors mit übertragen. Es entstand der Wortstamm *Algorismi*, der sich später zum Begriff des Algorithmus weiterentwickelte. Zunächst wurde dieser jedoch als Sammelbegriff für die vier Grundrechenarten Addition, Subtraktion, Multiplikation und Division verwendet,[38] ehe er später insbesondere in der Informatik zentrale Bedeutung erlangte.

---

36 *Knuth*, The art of computer programming, S. 1.

37 Vgl. *Ḫwārizmī*, in: *Folkerts/Kunitzsch* (Hrsg.), Die älteste lateinische Schrift über das indische Rechnen nach al-Hwärizml, S. 13 ff.

38 *Wolff*, Vollständiges Mathematisches Lexicon, S. 57.

2) Definitionsfindung des Begriffs des Algorithmus

Derzeit existiert keine einheitliche Definition des Begriffs des Algorithmus.[39] Vielmehr sind in diversen wissenschaftlichen Richtungen unterschiedliche Erklärungsansätze entstanden.[40] Die folgende Auswahl beschränkt sich auf komprimierte Definitionen, die für den durchschnittlichen Rechtsanwender trotz fehlender vertiefter mathematischer bzw. informatischer Kenntnisse aufgrund einer allgemeinen Verständlichkeit brauchbar sind.[41]

a) Bitcom e.V. und Deutsches Forschungsinstitut für Künstliche Intelligenz

Der Digitalverband Bitcom e.V. sowie das Deutsche Forschungszentrum für Künstliche Intelligenz GmbH bezeichnen Algorithmen als „mathematisch-statistische Modelle, die auf Basis einer bestimmten Fragestellung und dem zu Grunde liegenden Datenmodell neue Erkenntnisse oder Aussagen bis hin zur Entscheidungsunterstützung liefern".[42] Diese Definition stellt darauf ab, dass ein Algorithmus als mathematisches Konstrukt zu bestimmten vorgewählten Fragestellungen aufgrund der ihm zur Verfügung gestellten Datenbasis neue Erkenntnisse liefern kann. Diese dienen als Entscheidungsunterstützung menschlichen Handelns. Ein selbstständiges Handeln von Algorithmen ist dem Wortlaut nach ausgeschlossen. Eine Entscheidungshilfe setzt voraus, dass es einen anderen Entscheidungsträger gibt, dem der Algorithmus helfen kann. Diese Definition klammert somit selbstlernende Algorithmen im Bereich der künstlichen Intelligenz aus, was nicht zielführend sein kann. So existieren bereits heute Algorithmen, die nicht lediglich als Entscheidungshilfe dienen, sondern aktiv und dauerhaft selbst Entscheidungen treffen, ohne dabei die Beteiligung einer natürlichen Person zu benötigen. Als Beispiel hierfür sind

---

39 *CMA*, Pricing Algorithms, S. 9; *Güting/Dieker*, Datenstrukturen und Algorithmen, S. 1; *Moschovakis*, in: *Engquist/Schmid* (Hrsg.), What is an algorithm, S. 919 ff.

40 Zur sprachlichen Vergleichbarkeit der verschiedenen Definitionen wird im Folgenden jeweils auf eine deutsche Übersetzung der englischen Originaldefinitionen abgestellt.

41 Vgl. zu zwei ursprünglichen technischen Definitionen der Informatik *Moschovakis*, On founding the theory of algorithms, abrufbar unter https://www.math.ucla.edu/~ynm/papers/foundalg.pdf und *Gurevich*, What is an algorithm?, abrufbar unter https://www.microsoft.com/en-us/research/wp-content/uploads/2016/02/209-3.pdf.

42 *DFKI/Bitkom*, Gipfelpapier zur Künstlichen Intelligenz, S. 67.

unter anderem bestimmte Preissetzungsalgorithmen zu nennen, die Preise selbstständig festsetzen.

b) Definitionen der Rechtswissenschaft

Derzeit werden von offiziellen Stellen bzw. Behörden verschiedene Definitionen im juristischen Kontext verwendet.

aa) OECD

Die OECD greift in einer Veröffentlichung zu kollusiven Algorithmen[43] auf die Definition von *Wilson und Keil* zurück: Diese definieren einen Algorithmus als eine „eindeutige, präzise, einfache Liste von Operationen, die mechanisch und systematisch auf eine Reihe von Zeichen oder Objekten angewendet werden (z.B. Konfigurationen von Schachfiguren, Zahlen, Kuchenzutaten, etc.)."[44]

Dies stellt die Funktionsweise eines Algorithmus in den Vordergrund. Demnach zeichne einen Algorithmus insbesondere aus, dass er in der Lage sei, eine Abfolge von Befehlen auf eine bestimmte Datenmenge anzuwenden, um so eine andere zu erzeugen.

bb) Bundeskartellamt und Autorité de la Concurrence

Das Bundeskartellamt und die Französische Wettbewerbsbehörde Autorité de la Concurrence definieren einen Algorithmus in einem gemeinsamen Papier unter Berufung auf den Mathematiker *Knuth* als „eine Folge von einfachen und/oder genau definierten Operationen, die in einer genauen Reihenfolge durchgeführt werden sollten, um eine bestimmte Aufgabe oder Klasse von Aufgaben auszuführen oder ein bestimmtes Problem oder eine bestimmte Klasse von Problemen zu lösen."[45]

Bei dieser Definition steht die Problemlösung im Mittelpunkt, die durch bestimmte Operatoren erreicht werden soll. Betont wird, dass die Reihenfolge der zu tätigenden Operationen entscheidend ist, um eine Problemlösung erreichen zu können. Zudem wird deutlich, dass es nicht ausschließlich um die Lösung von Problemen gehen muss. Vielmehr kann ein Algorithmus demnach auch dazu genutzt werden, unabhängig von einem konkreten Problem bestimmte Aufgaben auszuführen. Dieser Aspekt unterscheidet diese von anderen problemlösungsorientierten Definitionen. Diese stellen häufig

---

43 *OECD*, Algorithms and Collusion, S. 6.

44 *R. Andrew Wilson/Keil* (Hrsg.), The MIT encyclopedia of the cognitive sciences, S. 11.

45 *BKartA/Autorité de la Conc.*, Algorithms and Competition, S. 3.

ausschließlich auf die Lösung von Problemen ab, wenngleich auch die Ausführung bestimmter Aufgaben in aller Regel zur Lösung von konkreten Problemen bestimmt sein dürfte. Dahingehend weist die Definition des Bundeskartellamtes und der Autorité de la Concurrence ein Alleinstellungsmerkmal auf, indem sie sich auch auf die Bearbeitung von Aufgaben bezieht und nicht ausschließlich auf die Lösung von Problemen.

cc) Competition and Markets Authority

Eine weitere Definition stammt von *Cormen/Leiserson/Rivest/Stein*, auf die die Wettbewerbsbehörde CMA des Vereinigten Königreichs in einem ihrer Arbeitspapiere zurückgreift.[46] Ein Algorithmus wird als „eine wohldefinierte Rechenvorschrift, die eine Größe oder eine Menge von Größen als Eingabe verwendet und eine Größe oder eine Menge von Größen als Ausgabe erzeugt“[47] verstanden.

Dieser mathematische Ansatz verweist darauf, dass die Rechenvorschrift mit einem Input an Informationen gefüttert wird und als Konsequenz daraus durch den Algorithmus eine Menge von Größen als Output erzeugt wird. Der Algorithmus entspricht demnach dem mathematischen Bindeglied zwischen der Eingabe bestimmter Daten und der Ausgabe von Ergebnisdaten. Er stellt in diesem Kontext eine Art „Box“[48] dar, die den Verarbeitungsprozess von den Eingabedaten hin zu den Ergebnisdaten übernimmt. Ähnlich zu *Wilson* und *Keil* wird auf den konkreten mathematischen Vorgang abgestellt, der aus einer Menge von Befehlen besteht und aus einem bestimmten Dateninput und einen Datenoutput generiert.

dd) Monopolkommision

Die Monopolkommission definiert Algorithmen als „Anweisungen in Form von Programmcodes, mit denen bestimmte Probleme gelöst werden können“.[49]

Sie orientiert sich damit am Verständnis des Bundeskartellamtes und der Autorité de la Concurrence und stellt im Gegensatz zur CMA und der OECD auf problemlösungsorientierte Definitionen der Informatik ab.[50]

---

46 *BKartA/Autorité de la Conc.*, Algorithms and Competition, S. 9.
47 *Cormen et al.*, Algorithmen - eine Einführung, S. 5.
48 Vgl. zur Unterscheidung in Blackbox und Whitebox Algorithmen A) III. 3).
49 *Monopolkommission*, XXII. Hauptgutachten 2018, Rz. 169.
50 Siehe dazu die Definitionen unter ff), gg) sowie ii).

c) *Mathematische und informatische Definitionen*

Neben den in den Rechtswissenschaften verwendeten Begriffsverständnissen existieren in der Mathematik bzw. Informatik zahlreiche andere. Ein Überblick möglicher allgemeingültiger Definitionen soll auch im Hinblick auf den Einfluss der Algorithmik auf die Rechtswissenschaft im Folgenden gegeben werden. Um einen Algorithmus als Rechtsanwender verstehen zu können, ist ein Blick auf die von Informatikern und Mathematikern festgesetzten Merkmale unablässig. Auch diese Definitionen unterscheiden sich jedoch untereinander stark.

aa) *Markov und Nagorny*

Markov und *Nagorny* beschreiben einen Algorithmus beispielsweise als „eine Vorschrift, die den Verlauf bestimmter konstruktiver Prozesse eindeutig bestimmt".[51]

Diese Definition konzentriert sich auf das mathematische Bindeglied zwischen Input und Output, indem es auf die konkrete Vorschrift abstellt, die den durchzuführenden Prozess bestimmt.

bb) *Knuth*

Knuth bezeichnet den Algorithmus als „ein endliches Regelwerk, das eine Folge von Operationen zur Lösung eines bestimmten Problems liefert"[52] und durch fünf zusätzliche Merkmale gekennzeichnet wird: Endlichkeit, Bestimmtheit, Input, Output und Effektivität.[53]

Er beschreibt damit den Algorithmus erstmals bereits Ende der 1960er Jahre - ähnlich wie der Digitalverband Bitcom e.V. und das DFKI heute - in erster Linie als Werkzeug zur Problemlösung, allerdings ergänzt um einige zwingende Merkmale. Er setzt eine Endlichkeit der Algorithmen voraus, um eine sog. Endlosschleife (engl. loop) auszuklammern, die immer wieder dieselben Operationen durchführt, ohne jemals ein endgültiges Output-Ergebnis zu erzeugen. Weiterhin benennt er auch die Bestimmtheit als notwendiges Merkmal jedes Algorithmus, da eine Rechenvorschrift hinreichend bestimmt sein muss, um aus einem konkreten Input einen konkreten Output zu liefern.

---

51 *Markov/Nagornyj*, The theory of algorithms, S. 1 f.

52 *Knuth*, The art of computer programming, S. 4.

53 *Knuth*, The art of computer programming, S. 4 ff.

cc) Stone

Nahezu identische Kriterien legt *Stone* an, der zur gleichen Zeit wie *Knuth* an der Stanford University forschte. Er sieht in einem Algorithmus „einen Satz von Regeln, der genau eine Folge von Operationen definiert, so dass jede Regel wirksam und eindeutig ist und so, dass die Folge der Regeln in einer endlichen Zeit endet."[54]

dd) Barth

An *Stone* orientiert sich auch *Barth*, wenn er einen Algorithmus als ein „automatisierbares Verfahren, welches einen Input zu einem Output verarbeitet" beschreibt und ergänzt, dass „diese Verarbeitung [...] in endlich vielen Schritten, von denen jeder in endlicher Zeit zu einem Abschluss kommt, (Forderung nach Endlichkeit)" geschieht, und zwar so, „dass jeder Schritt aus einer präzisen, unmissverständlichen und unzweideutig formulierten Anweisung besteht (Forderung nach Determiniertheit)."[55]

ee) Alsuwaiyel

Im Unterschied dazu ist für *Alsuwaiyel* ein Algorithmus „ein Prozess, der aus einer endlichen Folge von Befehlen besteht, welcher uns ermöglicht aus einem Input einen Output zu erhalten falls ein solcher Output existiert und andernfalls nichts ausgibt, falls es für die systematische Abfolge der Befehle keinen Output gibt."[56]

ff) Lang

Lang hingegen beschreibt den Algorithmus weniger technisch als „eine Schritt-für-Schritt Anleitung für einen bestimmten Vorgang"[57].

gg) Gumm und Sommer

Ähnlich äußern sich *Gumm* und *Sommer*, die in Algorithmen „Verfahren zur schrittweisen Lösung von Problemen"[58] sehen.

---

54 *Stone/Siewiorek*, Introduction to computer organization and data structures, S. 30.
55 *Barth*, Algorithmik für Einsteiger, S. 8.
56 *Alsuwaiyel*, Algorithms, S. 5.
57 *Lang*, Algorithmen in Java, S. 1.
58 *Gumm/Sommer*, Programmierung, Algorithmen und Datenstrukturen, S. 315.

hh) Sedgewick und Wayne

Sedgewick und *Wayne* definieren Algorithmen als „Lösungsverfahren, die endlich, deterministisch und effektiv sind und als Computerprogramm implementiert werden können."[59]

ii) Berman und Paul

Berman und *Paul* stellen ebenfalls die Problemlösungskomponente heraus und sehen in einem Algorithmus „ein vollständiges Schritt-für-Schritt Verfahren zur Lösung eines Problems, wobei jeder Schritt eindeutig in Form einer endlichen Zahl von Regeln ausgedrückt sein muss und garantiert nach einer begrenzten Anzahl von Anwendungen der Regeln endet."[60]

d) Gesellschaftstheoretische Definition von Hill

Eine gesellschaftstheoretische Definition stammt von *Hill*, der einen Algorithmus als eine „endliche, abstrakte, effektive, zusammengesetzte Kontrollstruktur, die zwingend gegeben ist und einen bestimmten Zweck unter bestimmten Bedingungen erfüllt"[61] definiert.

Hill befasst sich in seiner Arbeit sehr vertieft mit der Definitionsfindung des Begriffs des Algorithmus. Ihn treibt an, dass zahlreiche Definitionen zu technisch wirkten und für einen breiten gesellschaftlichen Umgang mit diesem Thema nur wenig geeignet seien.[62]

e) Stellungnahme zu den derzeit verwendeten Definitionen

Betrachtet man die einzelnen Definitionen in ihrer Gesamtheit, so lassen sich zwei wesentliche Kernpunkte herausstellen, die alle Definitionen mit unterschiedlicher Gewichtung vereinen. Zum einen wird deutlich, dass ein Algorithmus zur Lösung bzw. Bearbeitung einer bestimmten Aufgabe dient. Das *telos* eines Algorithmus wird in zahlreichen Definitionen herausgestellt. Er diene zur Problemlösung, als Kontrollstruktur, zum Erkenntnisgewinn, zur Bestimmung eines Verlaufs oder als Anleitung für bestimmte Vorgänge. Zum anderen wird der Inhalt eines Algorithmus bzw. dessen Funktionsweise in zahlreichen Definitionen als Anknüpfungspunkt genutzt. Der Algorithmus sei eine Reihe

---

59 *Sedgewick/Wayne*, Algorithmen, S. 20 f.

60 *Berman/Paul*, Algorithms, S. 3.

61 *Hill*, P&T 2016, 35, 58.

62 *Hill*, Commun. ACM 2013, 8, 8.

von Befehlen, eine Rechenvorschrift, ein Regelwerk bzw. ein Prozess. Es wird deutlich, dass nahezu alle aufgezeigten Definitionen Ausführungen zu beiden Komponenten enthalten, wenngleich mit verschiedener Schwerpunktsetzung. Bei der Begriffsklärung eines Algorithmus sind diese beiden Komponenten folglich maßgeblich. Es ist danach zu fragen, wozu ein Algorithmus im Allgemeinen dient, um dann zu schauen, wie genau er dieses Ziel erreicht. Ersteres lässt sich mit der Lösung von Problemen bzw. Aufgaben treffend und verallgemeinerungsfähig zusammenfassen. Jeder Algorithmus dient dazu, für seinen Verwender bestimmte Arbeiten zu erledigen. Diese können sich in ihrer Komplexität wesentlich unterscheiden. Algorithmen werden für den Erkenntnisgewinn bis hin zu einer aktiven Steuerung eines bestimmten Geschehens oder zur autonomen algorithmischen Entscheidung eingesetzt. Hinsichtlich dessen Funktionsweise lässt sich anhand der dargestellten Definitionen festhalten, dass dieser auf Grundlage eindeutiger Vorschriften und Befehle bestimmte Ergebnisse erzielt. Die Regeln müssen dabei vordefiniert sein, sodass die wesentlichen Rahmenbedingungen der algorithmischen Berechnung eindeutig gegeben sind. Zudem ist die Endlichkeit einer algorithmischen Berechnung notwendig, um einen Output zu erhalten. Mithin muss auch die Anzahl der Rechenschritte bzw. Befehlsabfolge hinreichend bestimmt sein. Schließlich erscheint wichtig, dass die Reihenfolge der algorithmischen Berechnung klar beschrieben ist. Die einzelnen Schritte müssen eindeutig sein, um zu gewährleisten, dass bei einem identischen Input in jedem Fall der gleiche Output entsteht.

Die meisten Definitionen verbindet, dass der Algorithmus als eine mathematisch-informatische Rechenvorschrift gesehen wird. Diese dient als Bindeglied zwischen dem Dateninput und Datenoutput, wobei der Datenoutput maßgeblich vom Dateninput abhängt. Es gibt den Dateninput, den Datenoutput, und das „Dazwischenliegende" ist der Algorithmus. Die philosophischeren und problemlösungsorientierteren Definitionen eignen sich ebenso wie die meisten mathematisch-informatischen, um den Sinn und Zweck sowie die Funktionsweise eines Algorithmus darzustellen. Er soll Probleme lösen bzw. Daten liefern und das auf Grundlage eines bestimmten, eindeutigen und endlichen Rechenprozesses. Eine einheitlichere Definition lässt sich nicht finden, da sich alle aufgezeigten Ansätze abhängig von der jeweiligen Blickrichtung eignen, den Algorithmus als solchen zu beschreiben. Für den Rechtsanwender sollte deutlich werden, dass es sich beim Algorithmus-Begriff nicht nur um einen vieldeutigen, abstrakten Terminus handelt, sondern jeder Algorithmus bestimmte Eigenschaften erfüllt. Unabhängig von seiner ggf. hohen Komplexität kann er aufgrund bestimmter gesetzter Parameter aus einem bestimmten Dateninput einen neuen Datenoutput liefern. Dieser kann wiederum durch den

Algorithmus selbst oder seinen menschlichen Verwender benutzt werden, um bestimmte Aufgaben zu erledigen. Dabei gibt es wesentliche Unterschiede hinsichtlich der Nachvollziehbarkeit der algorithmischen Ergebnisfindungen, die für die juristische Bewertung von algorithmischen Entscheidungen entscheidend ist.[63]

Ein weiterer bedeutender Punkt, der allerdings nicht aus allen Definitionen hervorgeht, ist, dass der Algorithmus als Rechenvorschrift bzw. dessen Ergebnis maßgeblich vom Input an Daten abhängig ist. Anders gesagt ist ein Algorithmus nur so gut, wie die Daten, die ihn füttern.[64] Neben dem Entwickler haben somit die Verwender von Algorithmen durch die Kontrolle der Input-Daten einen Einfluss auf dessen Resultate. Gerade im Hinblick auf die Verantwortlichkeit für algorithmisches Handeln spielt dieser Umstand eine wichtige Rolle.[65]

Zusammenfassend lässt sich ein Algorithmus als endliche, klar definierte Abfolge von Regeln beschreiben, die der Bearbeitung bzw. Lösung bestimmter Aufgaben dient und aus einem bestimmten Dateninput einen bestimmten Datenoutput erzeugt. Handlungsanweisungen, die eine der genannten Parameter nicht erfüllen, sollten folglich nicht als Algorithmus definiert werden.

II. Definition eines Preissetzungsalgorithmus

Mangels eindeutiger und einheitlicher Definition des Algorithmenbegriffs existiert derzeit auch keine einheitliche Definition von Preissetzungsalgorithmen.

1) Abgrenzung zum Begriff der Preisalgorithmen

In der folgenden Arbeit wird der Begriff des Preissetzungsalgorithmus verwendet. Der Begriff stammt einerseits ursprünglich als „Pricing Algorithm“ aus dem Englischen, wobei „Pricing“ am ehesten mit Preissetzung übersetzt werden kann. Andererseits ist er in Abgrenzung zum ebenfalls häufig benutzten Begriff des Preisalgorithmus trennschärfer. Ein Preisalgorithmus kann dem Wortlaut nach ebenso für andere Zwecke im Zusammenhang mit Preisen geeignet sein, während bei dem Begriff des Preissetzungsalgorithmus die

63 Siehe dazu A) III. 3).

64 *Haucap*, Mögliche Wohlfahrtswirkungen eines Einsatzes von Algorithmen, S. 15; *König*, in: *Ebers/Heinze/Krügel u. a.* (Hrsg.), KI und Wettbewerbsrecht, Rn. 9.

65 Vgl. dazu D).

Preisfestsetzung auch sprachlich im Mittelpunkt steht. Dabei können Algorithmen ebenso eingesetzt werden, um Preise zu vergleichen[66] oder auch um durch sog. Web-Scraping Preise dauerhaft und systematisch zu beobachten und zu sammeln.[67] In beiden Fällen kommen jedoch keine Preissetzungsalgorithmen im engeren Sinne zum Einsatz. Für diese gilt es jedoch eine möglichst allgemeingültige Definition zu finden.

2) Tagle Galindo

Gómez Tagle Galindo bezeichnet einen Preissetzungsalgorithmus als „ein klar definiertes Verfahren, das einen Preisfindungsprozess für einen bestimmten bepreisbaren Vermögenswert angesichts seiner bekannten Nachfrage durchführt."[68]

3) Competition Markets Authority

Die Competition and Markets Authority definiert einen Preissetzungsalgorithmus als „Algorithmus, der den Preis als Input und/oder ein Berechnungsverfahren verwendet, um den Preis als Output zu bestimmen"[69].

4) OECD

Die OECD sieht in Preissetzungsalgorithmen zurückgehend auf *Chawla*[70] „Berechnungscodes, die von Verkäufern eingesetzt werden, um automatisiert Preise festzulegen und so den Gewinn zu maximieren."[71]

5) Richter/Niggemann

Richter und *Niggemann* definieren einen Preis[setzungs]algorithmus, als eine „Programmierung oder Kodierung, die eine optimale Ausschöpfung von Absatz- und Gewinnpotenzialen durch die Beobachtung hoher Datenmengen

---

66 Vgl. zur Funktionsweise solcher Preisvergleichsalgorithmen exemplarisch *BGH,* Urt. v. 27.04.2017 – I ZR 55/16, = GRUR 2017, 1265, 1267, Rn. 21.

67 Vgl. zum Web-Scraping C) III. 3) b) bb) ccc) β).

68 *Gómez Tagle Galindo,* Pricing algorithms and computational price theory, S. 91.

69 *CMA,* Pricing Algorithms, S. 9.

70 *Chawla/Hartline/Kleinberg,* in: *MacKie-Mason/Parkes/Resnick* (Hrsg.), Proceedings of the 8th ACM conference on Electronic commerce - EC '07, S. 243.

71 *OECD,* Algorithms and Collusion, S. 14.

zum wettbewerblichen Preissetzungsverhalten, der Nachfrageentwicklung und sonstigen preisrelevanten Faktoren gewährleisten soll".[72]

6) Becka

Becka versteht unter einem Preis[setzungs]algorithmus „eine Software, die von Verkäufern bzw. Händlern zur automatisierten Preissetzung verwendet wird, mit dem Ziel, den eigenen Profit möglichst zu maximieren."[73]

7) Stellungnahme zu den derzeit verwendeten Definitionen

Während die erste Definition die Bekanntheit der Nachfrage voraussetzt, stellt die letzte insbesondere die Gewinnmaximierungskomponente in den Vordergrund. Beides erscheint hinsichtlich der Vielseitigkeit der verschiedenen Arten von Preissetzungsalgorithmen nicht geeignet, um diese allgemeingültig zu definieren. So steht beispielsweise beim Markdown Pricing[74] weniger die unmittelbare Gewinnmaximierung durch den jeweils höchstmöglichen Preis im Vordergrund, sondern eher die Lagerlogistikoptimierung, die zu einer Kostenreduktion und daher erst mittelbar zur Gewinnmaximierung führt. Auch ist die Nachfrage nach bestimmten Gütern nicht zwingend bekannt. Häufig dienen Preissetzungsalgorithmen gerade auch der Ermittlung einer noch unbekannten Nachfrage bei Setzung eines bestimmten Preises.

Nicht generell genug ist auch die Definition von *Richter* und *Niggemann*, die ebenfalls ausschließlich die optimale Ausschöpfung von Absatz- und Gewinnpotenzialen herausstellen. Ausgeklammert wird dabei allerdings die Existenz von Algorithmen, die den Absatz besonders konstant halten sollen und dabei kurzfristig auch auf höhere Gewinne verzichten. Zudem definieren sie Preissetzungsalgorithmen ausschließlich als komplexe Instrumente, die hohe Datenmengen verarbeiten sollen, wobei auch solche Algorithmen existieren und als Preissetzungsalgorithmen definiert werden müssen, die nur anhand eines Parameters, wie z.B. einem Wettbewerberpreis, die eigene Preissetzung anpassen.

Die Definition der Wettbewerbsbehörde des Vereinigten Königreichs hingegen ist allgemeingültiger. Allerdings erklärt sie den Preissetzungsalgorithmus letztlich auch nur mit dem Wort des Algorithmus, sodass sich diesbezüglich

---

72 *B. Richter/Niggemann*, in: *Kokott/Pohlmann/Polley* (Hrsg.), Preisalgorithmen, Informationsaustausch und Signaling, S. 701.

73 *Becka*, ÖZK 2019, 9, 10.

74 Siehe dazu A) III. 1) c) und A) IV. 2)

wieder die oben aufgeworfene Frage nach der Definition eines Algorithmus aufdrängt.

Angeknüpft an die oben dargestellten Erklärungsversuche zum Algorithmus-Begriff kann ein Preissetzungsalgorithmus zusammenfassend als eine klar definierte, in ein Computerprogramm implementierte Rechenvorschrift bezeichnet werden, die aus einem bestimmten Dateninput einen bestimmten Preisvorschlag oder eine konkrete Preisfestsetzung erzeugt.

Für den Rechtsanwender wird durch die Implementierungskomponente eine Abgrenzung von Algorithmen zu bloßen mathematischen Rechenvorschriften vorgenommen. Darüber hinaus kommt zum Ausdruck, dass der Algorithmus nach bestimmten Parametern aus den zur Verfügung stehenden Daten einen Preis bestimmt. Das bedeutet, dass ein Algorithmus bei jeweils identischem Dateninput auch einen jeweils identischen Datenoutput liefert. Dabei beschränkt er sich nicht, wie beispielweise die Algorithmen-Definition des Bitcom e.V. und der DFKI[75] vermuten lassen könnte, auf Preisvorschläge als Entscheidungshilfe. Vielmehr setzt er bereits in vielen Fällen die Preise in Echtzeit automatisch fest, ohne dass es noch einer menschlichen Interaktion bedarf.

III. Verschiedene Arten von Preissetzungsalgorithmen

1) Unterscheidung nach Zielsetzung

Es existieren zahlreiche Arten von Preissetzungsalgorithmen, die sich für die vorliegende Arbeit zunächst durch ihre Zielsetzung und Funktionsweise vereinfacht und grob in vier Kategorien einteilen lassen. Davon unberührt bleiben die Unterscheidungen in selbstlernende und nicht selbstlernende bzw. interpretierbare und nicht interpretierbare Algorithmen, die an späterer Stelle thematisiert werden.[76] Komplexe Softwareanwendungen arbeiten häufig mit einer Mischform verschiedener Preissetzungsalgorithmen. Die Komplexität der in der Praxis eingesetzten Software übersteigt daher die hier vereinfacht dargestellten Funktionsweisen zum Teil deutlich. Dennoch genügt die nachfolgende Aufstellung als grober funktioneller Überblick. Eine ausführliche technische Literatur zu diesem Gebiet fehlt bislang weitgehend.[77]

---

75 Vgl. A) I. 2) a).

76 Siehe hierzu A) III) 2) und 3).

77 So auch *Frohmann*, Digitales Pricing, S. 1.

a) *Repricing*

Als erste Kategorie können die sog. Repricing Algorithmen gesehen werden. Dabei handelt es sich derzeit um die am häufigsten vorkommende Form von Preissetzungsalgorithmen.[78] Diese Tools sammeln und vergleichen Preisdaten von Wettbewerbern und orientieren die eigene Preisfestsetzung maßgeblich an diesen.[79] So kann der Händler dank Repricing Tools insbesondere bei großen Plattformen wie Amazon oder Ebay einstellen, dass sein Preis beispielsweise jeweils knapp unter dem günstigsten Preis der Wettbewerber liegen soll.[80] Dies spielt vor allem eine Rolle, weil auf der Plattform Amazon die Unternehmen, die ein Produkt zum günstigsten Preis anbieten, häufig zahlreiche Vorteile erhalten und so der Absatz eines Produktes über Amazon maßgeblich davon abhängt, dass man möglichst dauerhaft den günstigsten Preis anbietet.[81] Erhöht der Wettbewerber nun den Preis oder hat dieser gar keine Produkte mehr auf Lager, so erhöht auch der Algorithmus die Händlerpreise automatisch und in Echtzeit.[82] Wird der Preis gesenkt, so setzt der Algorithmus auch diese Preissenkung um. Zudem kann der jeweilige Händler bei den meisten Tools einen bestimmten Rahmen einstellen, in dem sich die Preise bewegen dürfen, um sicherzustellen, dass Produkte nicht unter einem bestimmten Wert verkauft

---

78 *Gläß,* KI im Handel, S. 9.

79 *Autoridade da Concorrência,* Issues Paper on Digital Ecosystems, Big Data and Algorithms, S. 49 ff; *Minderest SL,* Homepage, abrufbar unter https://www.minderest.com/de/saas-pricing-tool-ecommerce; *SellerLogic GmbH,* Webseite Amazon Repricing Tool, abrufbar unter https://www.sellerlogic.com/de/amazon-repricing-tool; *xSellco Limited,* Webseite Repricer, abrufbar unter https://www.xsellco.de/repricer.

80 *Autoridade da Concorrência,* Issues Paper on Digital Ecosystems, Big Data and Algorithms, S. 49 ff; *Nyga,* Repricing im E-Commerce, S. 15.

81 Laut Amazon selbst laufen 90 % der Umsätze über die sogenannte „Buy Box", um die die verschiedenen Verkäufer eines Produktes konkurrieren. In der Regel besetzt der Anbieter mit dem niedrigsten Preis diese Box, auch wenn noch andere Faktoren eine Rolle spielen. Vgl. zur Amazon „Buy Box" die verschiedenen Tutorials von Repricing-Anbietern wie beispielsweise *xSellco Limited,* Was ist das Amazon Buy Box -und wie Sie es gewinnen können!, abrufbar unter https://www.xsellco.com/blog-de/das-amazon-buy-box-und-wie-sie-es-gewinnen-konnen oder *Perpetua Labs GmbH,* Amazon Buy Box: Einsteiger Guide für Amazon Seller, abrufbar unter https://perpetua.io/de/blog-amazon-buy-box-einsteiger-guide-amazon-seller/; siehe dazu auch C) III. 2).

82 *Autoridade da Concorrência,* Issues Paper on Digital Ecosystems, Big Data and Algorithms, S. 51 ff; *Nyga,* Repricing im E-Commerce, S. 15.

werden.[83] Es kann daher zu einem dauerhaften Gleichlauf der Preise von mehreren Anbietern kommen, wobei die Preise nicht identisch sein müssen, sich allerdings je nach Preisänderung eines oder mehrerer Anbieter gleichförmig entwickeln. Insbesondere der Anreiz zur Unterbietung von Wettbewerberpreisen kann daher in Märkten mit großer Preistransparenz und einem flächendeckenden Einsatz von Repricing-Algorithmen nahezu entfallen.[84] Die Frage nach dem Vorliegen einer abgestimmten Verhaltensweise i.S.d. Art. 101 Abs. 1 AEUV in Abgrenzung zu einem zulässigen Parallelverhalten drängt sich hier durch die gleichlaufende Preissetzung mehrerer Wettbewerber auf.[85]

b) Reguläre Bestpreisbestimmung

aa) Funktionsweise

Als weitere Kategorie sind Algorithmen zu betrachten, die anhand einer klassischen Preis-Absatz-Funktion immer wiederkehrend den Preis ermitteln sollen, der den optimalen Gewinn für das Unternehmen abwirft. Dies wird im Folgenden als Regular Dynamic Pricing oder reguläre Bestpreisbestimmung bezeichnet. Die Aufgabe des Algorithmus besteht im Wesentlichen darin, die äußeren Faktoren der Preis-Absatz-Funktion herauszufiltern und in die Ermittlung des jeweils besten Preises einfließen zu lassen.[86] Die Preis-Absatz-Funktion beschreibt die Abhängigkeit zwischen Preis und Absatzmenge.[87] Für die Preissetzung relevante Faktoren sind vielfältig.[88] Neben Preis-, Umsatz- und Gewinndaten aus der Vergangenheit[89] spielen auch Kreuzpreiselastizitäten eine wesentliche Rolle. Die Kreuzpreiselastizität ist ein Maß für den Einfluss des Konkurrenzpreises von eigenen oder fremden Produkten auf den eigenen Absatz eines bestimmten Produktes.[90] Sie kann sich zum einen aus Preisänderungen

---

83 *Autoridade da Concorrência,* Issues Paper on Digital Ecosystems, Big Data and Algorithms, S. 51 ff; *Nyga,* Repricing im E-Commerce, S. 16.

84 *Autoridade da Concorrência,* Issues Paper on Digital Ecosystems, Big Data and Algorithms, S. 60; vgl. dazu auch B) III.

85 Vgl. dazu C) III. 2).

86 *Gläß,* KI im Handel, S. 9; *prudsys AG,* Dynamische Preisoptimierung im Handel, S. 7.

87 *Gläß,* KI im Handel, S. 11.

88 Vgl. zu weiteren Determinanten des pricings die „7C" Costumer, Competition, Costs, Capacity, Cycle stage, Company targets und Compliance von *Frohmann,* Digitales Pricing, S. 9.

89 *König,* in: *Ebers/Heinze/Krügel u. a.* (Hrsg.), KI und Wettbewerbsrecht, Rn. 8.

90 *Gläß,* KI im Handel, S. 11.

von Substituten im eigenen Bestand ergeben.[91] Zum anderen können Abhängigkeiten auch aus der Preisänderung von Wettbewerbern hervorgehen.[92] Die Kreuzpreiselastizität ist vor allem bei der Existenz von funktional ähnlichen Produkten, den Substituten, im eigenen und fremden Warenbestand relevant.[93] Die Preissetzungssoftware ist in der Lage zu erkennen, dass zwischen zwei funktional ähnlichen Produkten eine Austauschbeziehung besteht. Dies kann dazu führen, dass der Preissetzungsalgorithmus den Preis desjenigen Alternativproduktes senkt, das die höhere Marge aufweist. Dadurch steigt der Absatz dieses Produktes und der Ertrag des Händlers wird maximiert.[94]

Solche Daten und Informationen in Echtzeit zu nutzen, ist der wesentliche Sinn des Einsatzes von Preissetzungsalgorithmen im Bereich des Regular Dynamic Pricings. Gewissermaßen stellen diese Algorithmen eine Weiterentwicklung des Repricings dar.[95] Der Vorteil im Vergleich zum Repricing besteht darin, dass die Preissetzung nicht ausschließlich kostengetrieben erfolgt. Vielmehr liegt der Fokus unter Berücksichtigung der konkreten Marktlage auf der Preisakzeptanz der Kunden.[96] Mit Hilfe von selbstlernenden Algorithmen ist die Preissetzungssoftware darüber hinaus in der Lage, abhängig von den gesetzten Zielen das eigene Pricing weiterzuentwickeln und stetig zu optimieren.[97]

bb) Beispiel

Dazu ein vereinfachtes Beispiel, um deutlich zu machen, welche Probleme sich beim Betrachten der Preis-Absatz-Funktion ergeben können: Ein Unternehmen handelt mit Obst. Ein Kilo Süßkirschen kostet dabei an einem Dienstag 5,00 € und an einem Samstag 8,00 €. Dienstag regnet es, am Samstag scheint die Sonne. Der Absatz am Dienstag beträgt 60 Kilogramm und am Samstag 100 Kilogramm.

---

91 *Prudsys AG,* Infoseite Kreuzpreiselastizitäten, abrufbar unter https://www-alt.prudsys.de/einfluss-kreuzpreis-effekte-auf-preisoptimierung/.

92 *Prudsys AG,* Infoseite Kreuzpreiselastizitäten, abrufbar unter https://www-alt.prudsys.de/einfluss-kreuzpreis-effekte-auf-preisoptimierung/.

93 *Gläß,* KI im Handel, S. 11.

94 *Gläß,* KI im Handel, S. 12.

95 *Minderest SL,* Homepage, abrufbar unter https://www.minderest.com/de/saas-pricing-tool-ecommerce.

96 *Gläß,* KI im Handel, S. 9.

97 *Gläß,* KI im Handel, S. 11; *König,* in: *Ebers/Heinze/Krügel u. a.* (Hrsg.), KI und Wettbewerbsrecht, Rn. 9; siehe dazu auch A) III. 2) b).

Abgebildet in einer Preis-Absatz-Funktion würde dies in unserem Beispiel zu dem merkwürdigen Ergebnis führen, dass die Nachfrage steigt, sobald man den Preis erhöht:

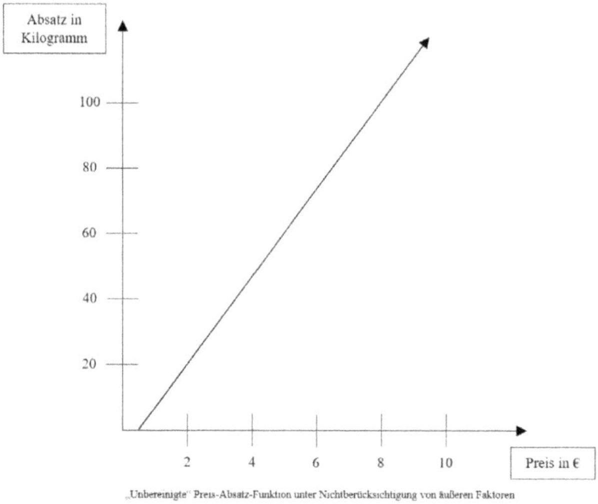

Abbildung 1 - "Unbereinigte" Preis-Absatz-Funktion, Quelle: Jens Scholz, GK Artificial Intelligence for Retail AG

Die dargestellte Funktion verschweigt, dass die wesentlich größere Nachfrage am Samstag auf äußeren Einflüssen beruht, die in der Funktion nicht dargestellt werden können. Dies sind vorliegend das Wetter und der Umstand, dass am Wochenende ggf. mehr Menschen einkaufen gehen. Um solche Fehlinterpretationen der Preis-Absatz-Kurve zu verhindern, wird das Regular Dynamic Pricing eingesetzt. Der Algorithmus erkennt anhand von vorliegenden Erfahrungsdaten aus der Vergangenheit, dass die Nachfrage von bestimmten äußeren Faktoren wie Wochentag oder Wetter abhängig ist und speist diese Informationen in die Gewinnung des aus Anbietersicht jeweils besten Preises ein.[98] Im vorliegenden Beispiel heißt das konkret, dass die Faktoren „sonniges Wetter" und „Wochentag" wesentliche Auswirkungen auf den Absatz haben. Der Algorithmus wird dementsprechend an einem sonnigen Samstag voraussichtlich die Preise erhöhen, während er an einem verregneten Dienstag die Preise möglicherweise

98 *Prudsys AG,* Dynamische Preisoptimierung im Handel, S. 7.

nah an den Einkaufspreis senken würde, um so trotz der schlechteren äußeren Bedingungen den bestmöglichen Gewinn bzw. Absatz zu erreichen.

c) Markdown Pricing

aa) Funktionsweise

Als weitere Kategorie ist das sog. Markdown Pricing zu nennen, das im Wesentlichen dazu dient, Müll zu vermeiden und bilanzielle Abschreibungen zu minimieren.[99] Ein bilanzierungspflichtiger Unternehmen ist verpflichtet, bei seinem Umlaufvermögen jede Wertminderung bilanziell geltend zu machen.[100] Dies betrifft besonders den Markt von Waren mit kurzer Haltbarkeit wie beispielsweise Lebensmittel, saisonale Modeware und Technik.[101] Das Ziel der Markdown-Strategie ist daher ein möglichst konstanter Absatz sowie ein möglichst konstanter Preis, um so den Abverkauf von solcher Ware bis zum Ende der Haltbarkeit zu gewährleisten. Hierdurch bleibt dem Händler der Wertverlust und das damit verbundene Verringern des Buchwertes von nichtverkaufter Ware nach einem bestimmten Haltbarkeitsdatum erspart. Markdowns sind permanente Preissenkungen, wodurch ein Produkt nach einer Preissenkung in der gleichen Verkaufssaison nicht wieder auf das vorherige Preisniveau angehoben wird.[102] Der Algorithmus ermittelt den Preis, der einen möglichst konstanten Absatz ermöglicht, ohne große Preissprünge vollziehen zu müssen. Im Gegensatz dazu sind Händler im manuellen Preisanpassungsverfahren darauf angewiesen, den Preis des Produkts nach bestimmten Zeitabläufen anzupassen, um einen möglichst hohen Absatz und Gewinn zu erzielen. Ein weiterer Effekt ist die Optimierung vorhandener Lagerkapazitäten, indem diese durch den konstanten Absatz dauerhaft besser ausgenutzt werden können.[103]

bb) Beispiel

Auch bezüglich des Markdown Pricings soll im Folgenden ein Beispiel betrachtet werden. Ein Kalender für das kommende Jahr kostet zunächst 10 Euro und

---

99 *7Learnings GmbH,* Abschriften im Modehandel, abrufbar unter https://7learnings.com/de/blog/so-optimieren-sie-abschriften-im-modehandel/; *Gläß,* KI im Handel, S. 12; *prudsys AG,* Dynamische Preisoptimierung im Handel, S. 12.

100 Vgl. bei Bilanzierung nach HGB § 253 Abs. 4 S. 1 HGB.

101 *Gläß,* KI im Handel, S. 12; *prudsys AG,* Dynamische Preisoptimierung im Handel, S. 12, 22.

102 *Cosgun/Kula/Kahraman,* Knowledge-Based Systems 2017, 186, 186.

103 *Prudsys AG,* Dynamische Preisoptimierung im Handel, S. 12.

später nach manuellen Preisänderungen im November noch 8 Euro und im Januar schließlich nur noch 3 Euro. Im Falle des Einsatzes eines Preissetzungsalgorithmus mit Markdown Pricing Strategie rechnet dieser diese Stufen heraus, um einen möglichst konstanten Absatz zu ermöglichen.

Der Absatz entwickelt sich dabei für beide Konstellationen wie abgebildet in folgenden Absatz-Zeit-Kurven:

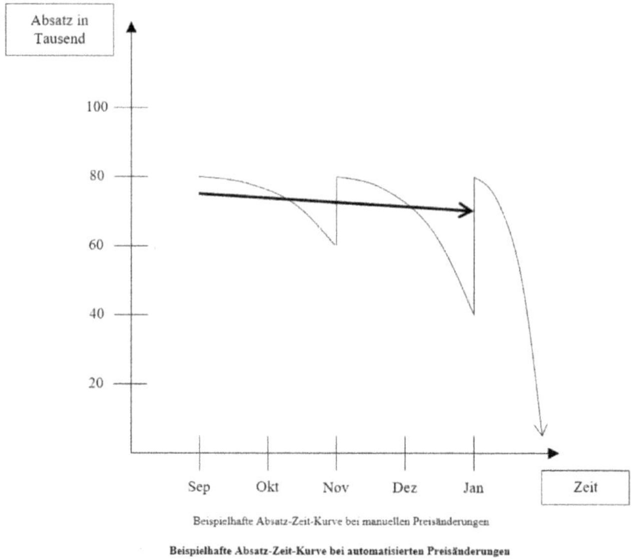

Abbildung 2 - Absatz-Zeit-Kurve bei manuellen Preisänderungen, Quelle: Jens Scholz, GK Artificial Intelligence for Retail AG

Der Absatz verläuft beim Einsatz von Markdown Pricing Algorithmen damit deutlich konstanter als im Fall von manuellen Preisänderungen. Die Preis-Zeit-Kurve sieht in dem Beispiel für manuelle bzw. automatisierte Preissetzungsänderungen wie folgt aus:

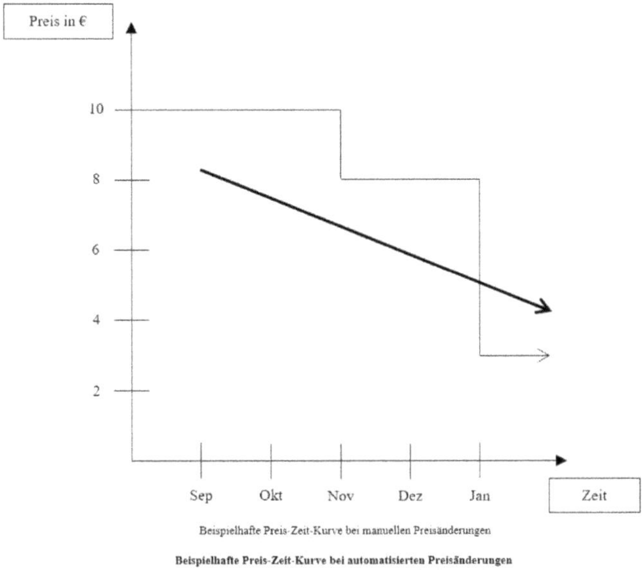

Abbildung 3 - Preis-Zeit-Kurve bei manuellen bzw. automatisierten Preisänderungen, Quelle: Jens Scholz, GK Artificial Intelligence for Retail AG

Der Markdown Pricing Algorithmus ändert den Preis laufend, um einen möglichst konstanten Absatz zu erreichen. Dadurch wird der Preis der Ware und damit auch der Bilanzwert konstanter gehalten, als dies bei manuellen Preisänderungen der Fall ist. Zugleich wird sichergestellt, dass bis Ende Januar alle Kalender verkauft sind, um zu vermeiden, dass im Februar noch Kalender im Lagerbestand sind, die dann bilanziell entsprechend des Niedrigwertgebots neu bewertet[104] und häufig auch entsorgt werden müssten.

d) *Personalisiertes Pricing und Couponing*

Das Personalisierte Pricing meint die individuelle Bepreisung von identischen Produkten für einzelne Kunden oder Kundengruppen, die auf

104 Zur bilanziellen Wertermittlung von Umlaufvermögen nach HGB *Ballwieser in* MüKoHGB, § 253 HGB, Rn. 54 ff. und ausführlich *Schubert/Berberich in* Beck'scher Bilanz-Komm., § 253 HGB, Rn. 501 ff.

Informationen beruht, die das jeweilige Unternehmen über den bzw. die jeweiligen Kunden hat.[105]

aa) Ökonomische Grundlagen von Preisindividualisierungen

Die ökonomische Theorie zu Preisindividualisierungen steht noch in den Anfängen. Es ist nach wie vor unsicher, ob durch derartige Preissetzungsstrategien Effizienzprobleme entstehen oder gelöst werden.[106] Befürworter gehen davon aus, dass Kunden mit geringerer Zahlungsbereitschaft profitierten, da auch ihnen der Zugang zu Gütern ermöglicht werde, den diese beim Einsatz von Einheitspreisen mangels Zahlungsbereitschaft nicht gehabt hätten.[107] Demgegenüber wird angeführt, dass durch Einheitspreise für die Anbieter ausschließlich zahlungskräftigere Kunden interessant seien, wodurch zahlungsschwächere gerade aus dem Markt gedrängt würden.[108] Befürchtet wird dadurch ein „Social Sorting", wodurch Interessenten nur aufgrund ihres vergangenen Konsumverhaltens Güter vorenthalten werden könnten.[109] Aus Anbietersicht lässt sich feststellen, dass Preisindividualisierungen zumindest vereinzelt und punktuell eingesetzt werden und damit jedenfalls in bestimmten Fällen für die verwendenden Unternehmen einen Mehrwert zu liefern scheinen.[110]

Bei der (algorithmischen) Preisindividualisierung wird zwischen drei Graden von Preisdifferenzierungen unterschieden.[111] Diese werden in der Reihenfolge absteigend individueller und konkreter auf die einzelnen Käufergruppen bezogen. Beim dritten Grad der Preisdifferenzierung segmentieren Unternehmen ihre Kunden in verschiedene Kundengruppen.[112] In der Praxis besonders relevant sind Unterscheidungen nach sozialen Gruppen wie Rentnern oder Studierenden, deren Zugehörigkeit zur jeweiligen Gruppe als Indikator für deren Zahlungsbereitschaft dienen kann. Eine Preisdifferenzierung zweiten Grades

---

105 *CMA*, Pricing Algorithms, S. 36; *Zuiderveen Borgesius/Poort*, JoCP 2017, 347, 348.

106 *Paal*, GRUR 2019, 43, 48; *Zander-Hayat/Reisch/Steffen*, VuR 2016, 403, 406.

107 *Mikians et al.*, in: *Kandula/Padhye/Sirer u. a.* (Hrsg.), Proceedings of the 11th ACM Workshop on Hot Topics in Networks - HotNets-XI, S. 80; *Schleusener/Hosell*, Personalisierte Preisdifferenzierung im Online-Handel, S. 7.

108 *Miller*, JoTLP 2014, 41, 94 f; *Zander-Hayat/Reisch/Steffen*, VuR 2016, 403, 406.

109 *Miller*, JoTLP 2014, 41, 94 f; *Zander-Hayat/Reisch/Steffen*, VuR 2016, 403, 405 f.

110 Siehe dazu unten A) IV. 3).

111 Wegweisend dazu erstmals *Pigou*, The economics of welfare, S. 201.

112 *Pigou*, The economics of welfare, S. 201; *Schwaiger/Hufnagel*, Handel und elektronische Bezahlsysteme, S. 10.

liegt vor, wenn die Konsumenten anhand von leistungsbezogenen, mengenbezogenen oder regionalen Kriterien selektiert werden.[113] Eine solche Preisdifferenzierung kommt beispielsweise bei einer Flug- oder Zugbuchung vor. Kunden können sich dann entweder für das günstigere Angebot mit Flug- bzw. Zugbindung entscheiden oder aber etwas mehr zahlen, um dafür später kostenfrei umbuchen oder eine andere Reiseverbindung nehmen zu können. Im Folgenden ist mit Personalisiertem Pricing bzw. Preisindividualisierung im engeren Sinne eine Preisdifferenzierung ersten Grades gemeint. Eine solche liegt vor, wenn jedem einzelnen Konsumenten ein individueller Preis angeboten wird.[114] Dieser Preis sollte möglichst nah an der jeweiligen maximalen Zahlungsbereitschaft des Kunden liegen. Dadurch ist es dem Unternehmen im theoretischen Idealfall möglich, die gesamte Konsumentenrente abzuschöpfen.[115] Umsetzbar ist eine solche Individualisierung vor allem im Online-Handel. Hier lassen sich verschiedene Daten sammeln mit deren Hilfe algorithmenbasierte individualisierte Preise erstellt werden können. Dabei wird zwischen drei Gruppen von Informationen unterschieden.[116] Zunächst gibt es Informationen, die der Kunde bereits wissentlich und freiwillig bereitstellt, wie beispielsweise bei Erstellung eines Kundenkontos seinen Namen, Adresse sowie Geburtsdatum. Weiterhin unterscheidet man die zweite Gruppe der Nutzerinformationen, die ohne Wissen des Nutzers beispielsweise mit Hilfe von Cookies gesammelt werden.[117] Dabei geht es um Daten wie das genutzte Endgerät, die Such- und Browserhistorie, GPS-Daten, Kaufhistorie, Interaktionen in sozialen Netzwerken, bei Streamingdiensten abgerufene Songs und Videos wie auch Inhalte von Onlinebewertungen und Blogeinträgen.[118] Als dritte Gruppe von Nutzerinformationen gelten solche, die aus dritten Quellen wie beispielsweise von Werbenetzwerken oder großen Internetkonzernen wie Google oder Facebook stammen. Vor allem sog. Facebook- oder Instagram-Likes geben hochindividualisiert

---

113 *Pigou,* The economics of welfare, S. 201; *Schwaiger/Hufnagel,* Handel und elektronische Bezahlsysteme, S. 10.

114 *Pigou,* The economics of welfare, S. 201; *Schwaiger/Hufnagel,* Handel und elektronische Bezahlsysteme, S. 10.

115 *Paal,* GRUR 2019, 43, 48; *Rützel,* Rechtsfragen algorithmischer Preisdiskriminierung, S. 251; *Zurth,* ZWeR 2021, 361, 378; siehe dazu ausführlicher B) II. 1) a).

116 *Zuiderveen Borgesius/Poort,* JoCP 2017, 347, 350.

117 Vgl. zur Datensammlung mit Hilfe des sogenannten Third-Party Trackings *Ezrachi/Robertson,* WOCO 2019, 5, 5 ff.

118 *Council of Economic Advisers,* Big Data and Differential Pricing, S. 8; *Schwaiger/Hufnagel,* Handel und elektronische Bezahlsysteme, S. 12.

Aufschluss über individuelle Präferenzen und Interessen der einzelnen Nutzer.[119] Unter Berücksichtigung dessen, dass ein Facebook-Nutzer im Schnitt über 227 Likes[120] verteilt, zeigt sich, wie groß die Möglichkeiten der Individualisierung von Preisen mit Hilfe dieser Daten sein können.

Trotz dieser Möglichkeiten findet Personalisiertes Pricing in Form der Preisdifferenzierung ersten Grades bislang jedoch nur selten Anwendung.[121]

bb) Couponing

Neben der klassischen Individualisierung von Preisen sollen andere Algorithmen erfassen, welche Produkte einem potenziellen Käufer aufgrund seines Interesses für ein bestimmtes Produkt noch interessieren könnten. Dank persönlicher Informationen über den einzelnen Kunden können gezielte Coupons erstellt werden, die mit hoher Wahrscheinlichkeit für ihn oder sie interessant sein könnten.[122] Im Online-Geschäft erlangen Händler durch verschiedene technische Möglichkeiten, wie zum Beispiel Cookies[123], die Daten der einzelnen Kundengruppen. Im Offline-Geschäft funktioniert dieser Zweig nahezu ausschließlich durch Kundenkarten.[124]

2) Fähigkeit zum selbstständigen Lernen

Einen weiteren Unterscheidungspunkt zwischen Algorithmen stellt die Fähigkeit zur eigenen Anpassung bzw. zum selbstständigen Lernen dar.

a) Nicht selbstlernende Algorithmen

In den bisher bekannten wettbewerbsrechtlich relevanten Fällen wurden ausschließlich nicht-selbstlernende Algorithmen[125] eingesetzt. Deren Parameter wurden unmittelbar durch einen menschlichen Verwender oder Programmierer festgesetzt.[126] Sie werden auch als Preissetzungsalgorithmen erster

---

119 *Newell/Marabelli,* JoSIS 2015, 3, 5 ff.

120 *Youyou/Kosinski/Stillwell,* PNAS 2015, 1036, 1037.

121 Siehe dazu A) IV. 3) b).

122 *Bell,* Machine Learning, S. 7.

123 *Del Toro Barba,* ORDO 2018, 217, 238.

124 Siehe dazu A) IV. 3) a).

125 Vgl. dazu *BKartA/Autorité de la Conc.,* Algorithms and Competition, S. 9, die von "fixed algorithms" sprechen, was sich wohl am sinnvollsten mit „starren" bzw. „unveränderlichen" Algorithmen übersetzen lässt.

126 *BKartA/Autorité de la Conc.,* Algorithms and Competition, S. 9 f.

Generation,[127] einfache Preissetzungsalgorithmen[128] oder auch Werkzeugalgorithmen[129] bezeichnet. Die Verwender der Algorithmen entscheiden abschließend, aufgrund welcher Parameter ein Preissetzungsalgorithmus einen Preis festsetzt. Die Algorithmen bestehen häufig aus einem Schätzmodul und einem Optimierungsmodul.[130] Ersteres schätzt die künftige Nachfrage auf Grundlage von Umsatz- und Preisdaten der Vergangenheit.[131] Basierend darauf und unter Berücksichtigung des in der Vergangenheit beobachteten Verhaltens von Konkurrenten wählt das Optimierungsmodul dann den optimalen Preis.[132] Diese nicht-selbstlernenden Algorithmen sind dadurch gekennzeichnet, dass ihre Berechnungsparameter nach einmaligem Input von Trainingsdaten feststehen und sich nicht autonom anpassen.[133] Unabhängig vom Zeitpunkt und der Menge der eingespeisten Daten gibt ein solcher Algorithmus folglich zu einem bestimmten Input in jedem Fall einen identischen Output.

b) Selbstlernende Algorithmen

Gegenteiliges gilt für selbstlernende Algorithmen. Diese sind aufgrund der Auswertung großer Trainingsdaten in der Lage, die ihnen zunächst durch einen Menschen vorgegebenen Parameter und Faktoren selbstständig anzupassen.[134] Ihre Berechnungen ändern sich daher nicht nur aufgrund des wechselnden Inputs, sondern auch aufgrund autonomer Optimierungen der implementierten Regeln des Algorithmus durch diesen selbst.[135]

aa) Machine Learning

Innerhalb der selbstlernenden Algorithmen lassen sich verschiedene Arten des Lernens unterteilen. Als Oberbegriff hierfür lässt sich zunächst das „Machine

---

127 *Calvano et al.*, RoIO 2019, 155, 158.

128 *Autoridade da Concorrência*, Issues Paper on Digital Ecosystems, Big Data and Algorithms, S. 5.

129 *Lübke*, ZHR 185 (2021), 723, 727.

130 *BKartA/Autorité de la Conc.*, Algorithms and Competition, S. 12; *Calvano et al.*, RoIO 2019, 155, 158.

131 *Calvano et al.*, RoIO 2019, 155, 158.

132 *Calvano et al.*, RoIO 2019, 155, 158.

133 *BKartA/Autorité de la Conc.*, Algorithms and Competition, S. 11.

134 *BKartA/Autorité de la Conc.*, Algorithms and Competition, S. 9; *Calvano et al.*, RoIO 2019, 155, 160 ff.

135 *BKartA/Autorité de la Conc.*, Algorithms and Competition, S. 10 ; vgl. *Calvano et al.*, RoIO 2019, 155, 160 ff.

Learning“ bzw. Maschinelle Lernen nennen, das als Teilgebiet der Forschung zur künstlichen Intelligenz verstanden werden kann.[136] Der Begriff des Machine Learnings bzw. des Maschinellen Lernens meint die Schaffung von intelligenten Systemen durch die Verwendung von Algorithmen, die wiederholend aus Daten und eigenen Erfahrungen lernen.[137] Innerhalb des Gebietes des Maschinellen Lernens werden wiederum drei Bereiche unterschieden: das überwachte, das nichtüberwachte sowie das verstärkende Lernen.[138]

aaa) Überwachtes Lernen

Die am häufigsten vorkommende Art des maschinellen Lernens ist das überwachte Lernen (engl. supervised learning).[139] Das überwachte Lernen hat zum Ziel, eine Abbildung von Eingabe- auf Ausgabewerte zu erlernen, wobei die korrekten Ausgabewerte bekannt sind.[140] Dadurch werden Zusammenhänge zwischen Input und Output erkannt, indem eine Reihe von gegebenen, typischerweise „gelabelten“ Input-Output-Paaren analysiert werden.[141] Der Algorithmus verarbeitet die eingespeisten Trainingsdaten, um daraus Muster zu bilden und künftige Daten in eine bestimmte Kategorie oder ein Muster einordnen zu können.[142] Die Leistung des Algorithmus kann überprüft werden, indem dessen Vorhersagen auf einen anderen Datensatz, der nicht für das Training verwendet wurde, angewendet und die Outputs miteinander verglichen werden.[143] Im Wesentlichen existieren zwei Arten von Aufgaben, für

---

136 *Bixer/Heimeshoff*, in: Künstliche Intelligenz, Preisalgorithmen und ihre wettbewerbspolitischen Implikationen, S. 277 ; vgl. dazu auch die Übersicht in *OECD*, Algorithms and Collusion, S. 11.

137 *OECD*, Algorithms and Collusion, S. 9; *Alpaydın*, Maschinelles Lernen, S. 3; *Bell*, Machine Learning, S. 2; *Gollapudi*, Practical machine learning, S. 3, dort finden sich auch weitere algorithmische, statistische und mathematische Definitionen des Begriffs.

138 *Anitha/Krithika/Choudhry*, IJARCET 2014, 4324, 4325; *Schwalbe*, JCLE 2018, 568, 575 f; *Wittpahl* (Hrsg.), Künstliche Intelligenz, S. 25 f.

139 *LeCun/Bengio/Hinton*, Nature 2015, 436, 436.

140 *Alpaydın*, Maschinelles Lernen, S. 12; *CMA*, Pricing Algorithms, S. 11.

141 *Anitha/Krithika/Choudhry*, IJARCET 2014, 4324, 4325; *Bell*, Machine Learning, S. 3; *BKartA/Autorité de la Conc.*, Algorithms and Competition, S. 10; *Schwalbe*, JCLE 2018, 568, 576.

142 *Anitha/Krithika/Choudhry*, IJARCET 2014, 4324, 4325; *Bixer/Heimeshoff*, in: Künstliche Intelligenz, Preisalgorithmen und ihre wettbewerbspolitischen Implikationen, S. 277.

143 *CMA*, Pricing Algorithms, S. 11.

die ein Algorithmus beim überwachten algorithmischen Lernen trainiert werden: Regressionsanalyse sowie Klassifizierung.[144] Bei einer Regressionsanalyse werden bestimmte Daten eingespeist, um eine natürliche Zahl oder einen Vektor als Ausgabe zu erhalten.[145] Darauf basierend werden Parameter einer Funktion ermittelt, um bestimmte Zusammenhänge darstellen zu können.[146] Insbesondere in den Sozialwissenschaften gehört die Regressionsanalyse zu den am meisten verwendeten Analysemodellen.[147] Exemplarisch hierfür kann ein Algorithmus zur Bestimmung eines Preises für ein Haus angeführt werden. Dieser wertet bestimmte Faktoren wie Größe, Lage und Ausstattung des Hauses aus vielen Datensätzen von anderen Objekten aus, deren Preis er kennt.[148] Auf dieser Grundlage wird ein angemessener Preis für ein bestimmtes Haus ermittelt.[149] Bei der Klassifizierung sind die Input Daten in verschiedene Klassen eingeteilt, auf deren Grundlage der Algorithmus eine bestimmte Information einer bestimmten Klasse im Output zuordnen soll.[150] Ein Beispiel hierfür ist die Funktionsweise eines E-Mail-Spam-Filters.[151] Dieser analysiert auf Grundlage zuvor eingespeister Trainingsdaten, ob eine E-Mail als Spam einzustufen ist oder nicht. Dafür wird der Algorithmus mit zahlreichen Spam-Mails und solchen Mails, die keinen Spam darstellen, gefüttert. Dabei bildet er durch die eingespeisten Trainingsdaten verschiedene „Labels", eine Art Datenkategorie. Der Algorithmus erkennt Zusammenhänge und Auffälligkeiten in E-Mails oder bei den Absenderadressen, anhand derer er künftig Spam-Mails identifizieren kann.[152]

---

144 *Bixer/Heimeshoff*, in: Künstliche Intelligenz, Preisalgorithmen und ihre wettbewerbspolitischen Implikationen, S. 277; *Kirste/Schürholz*, in: *Wittpahl* (Hrsg.), Entwicklungswege zur KI, S. 26; *Schwalbe*, JCLE 2018, 568, 576.

145 *Schwalbe*, JCLE 2018, 568, 576.

146 *Hanisch/Rudolph*, in: *Krabbe/Niemann/Woedtke* (Hrsg.), Künstliche Intelligenz, S. 39; *Kirste/Schürholz*, in: *Wittpahl* (Hrsg.), Entwicklungswege zur KI, S. 26 f.

147 *Behnke*, Logistische Regressionsanalyse, S. 1.

148 *Bixer/Heimeshoff*, in: Künstliche Intelligenz, Preisalgorithmen und ihre wettbewerbspolitischen Implikationen, S. 277; *Schwalbe*, JCLE 2018, 568, 576.

149 *Bixer/Heimeshoff*, in: Künstliche Intelligenz, Preisalgorithmen und ihre wettbewerbspolitischen Implikationen, S. 277; *Schwalbe*, JCLE 2018, 568, 576.

150 *Schwalbe*, JCLE 2018, 568, 576.

151 *Bixer/Heimeshoff*, in: Künstliche Intelligenz, Preisalgorithmen und ihre wettbewerbspolitischen Implikationen, S. 277; *BKartA/Autorité de la Conc.*, Algorithms and Competition, S. 10.

152 Vgl. zur Funktionsweise eines Spam-Filters auf stochastischer Grundlage des Satz von Bayes Graham, A Plan for Spam, 2002, abrufbar unter

Diese Methode lässt sich auf dynamische Preissetzungsalgorithmen im Bereich des Regular Dynamic Pricings und des Markdown Pricings übertragen. Diese können mit Hilfe des überwachten maschinellen Lernens Zusammenhänge erkennen und durch das Bilden von Labels eine möglichst optimierte Preissetzung berechnen. Dabei können zum Zeitpunkt der Preissetzung auch sich ständig wandelnde externe Faktoren wie das Wetter oder der Wochentag berücksichtigt werden.[153]

bbb) Unüberwachtes Lernen

Im Gegensatz dazu enthalten die in den Algorithmus eingespeisten Trainingsdaten beim Unüberwachten Lernen (engl. unsupervised learning) keine Labels, sie sind also in der Regel keiner Datenkategorie zugeordnet.[154] Vielmehr ist es die Aufgabe des Algorithmus, aus den ungelabelten Daten Zusammenhänge und allgemeine Regeln mittels Muster oder Gemeinsamkeiten bestimmter Datengruppen zu erkennen.[155] Der Output wird anschließend nicht evaluiert, sodass es beim unüberwachten Lernen, im Gegensatz zum überwachten Lernen, kein richtiges oder falsches Output-Ergebnis gibt.[156] Wie beschrieben kann eine E-Mail entweder Spam sein oder nicht. Bei der Funktionsweise des unüberwachten Lernens werden hingegen unkontrolliert und unreflektiert Muster und Zusammenhänge gebildet, sodass zum Teil vom „Data Mining"[157] in Abgrenzung zum wirklichen Lernen gesprochen wird.[158] Letztlich lernt der Algorithmus nicht unüberwacht, sondern bildet Zusammenhänge zwischen Daten, aus denen dann bestimmte Erfahrungen und Ergebnisse gezogen werden können. Im Gegensatz zum überwachten Lernen ist hier keine Evaluation des Outputs möglich, da es keine eindeutig richtigen oder falschen Ergebnisse gibt. Folglich lernt der Algorithmus nicht wirklich dazu, sondern sortiert, ordnet und kategorisiert bestimmte Daten abhängig vom konkreten Input.

---

http://www.paulgraham.com/spam.html, dessen statistisches Verfahren zur Klassifizierung von Spam-Mails inzwischen Bestandteil vieler Spam-Filter-Algorithmen ist.

153 *BKartA/Autorité de la Conc.*, Algorithms and Competition, S. 10.

154 *BKartA/Autorité de la Conc.*, Algorithms and Competition, S. 10.

155 *Bixer/Heimeshoff*, in: Künstliche Intelligenz, Preisalgorithmen und ihre wettbewerbspolitischen Implikationen, S. 277; *CMA*, Pricing Algorithms, S. 11; *Schwalbe*, JCLE 2018, 568, 576.

156 *Bell*, Machine Learning, S. 4; *Schwalbe*, JCLE 2018, 568, 576.

157 „Data Mining ist eine Sammlung von Techniken, Methoden und Algorithmen zur Analyse von Daten", *Cleve/Lämmel*, Data Mining, S. 3.

158 *Bell*, Machine Learning, S. 4.

Ein bekanntes Anwendungsfeld hierfür ist die Bildung von personalisierten Empfehlungen auf Grundlage der Konsumentscheidungen anderer Kunden[159] bzw. personalisiertes Couponing.[160] Durch derartige Algorithmen können folglich zielgruppen- bzw. kundengenaue Angebote und Preise für den einzelnen Nutzer erstellt werden.

ccc) Verstärkendes Lernen

Das verstärkende Lernen (engl. reinforced learning) ist für Preissetzungsalgorithmen von besonderer Bedeutung.[161] Es beruht hauptsächlich auf wiederholtem Experimentieren in einer teilweise bekannten Umgebung.[162] Dabei lernt der Algorithmus aus verschiedenen möglichen Aktionen diejenige auszuwählen, die die größtmögliche Belohnung im Hinblick auf ein bestimmtes Ziel mit sich bringt.[163] Dem Algorithmus wird bei dieser Lernform also nicht beigebracht, welche konkrete Aktion in einer bestimmten Situation die beste ist. Stattdessen erhält er eine bestimmte „Belohnung", wenn eine erfolgreiche Aktion gewählt wurde.[164] Das Ziel ist es, jene Abfolge von Aktionen zu finden, die die künftig zu erwartenden Belohnungen maximiert.[165] Diese Lernform basiert auf einfachem „trial and error", indem für ein bestimmtes Ziel förderliche Aktionen belohnt und schädliche sanktioniert werden.[166] Aufgrund dessen wird der Algorithmus bei künftigen Aktionen diejenigen auswählen, die im Hinblick auf das Ziel erfolgsversprechend sind und diese im Vergleich

---

159 *Kirste/Schürholz*, in: *Wittpahl* (Hrsg.), Entwicklungswege zur KI, S. 29.

160 *Schwalbe*, JCLE 2018, 568, 576; siehe zum personalisierten Couponing A) IV. 3) a).

161 *Schwalbe*, JCLE 2018, 568, 576; vgl. dazu auch *Boer/Meylahn/Schinkel*, Artificial Collusion: Examining Supracompetitive Pricing by Q-Learning Algorithms, 1 ff; *Klein*, Assessing Autonomous Algorithmic Collusion: Q-Learning Under Sequential Pricing, S. 1 ff.

162 *BKartA/Autorité de la Conc.*, Algorithms and Competition, S. 10; vgl. auch *Hoidn*, Künstliche Intelligenz und Kommunikation in Koordinierungsproblemen, S. 88.

163 *Bixer/Heimeshoff*, in: Künstliche Intelligenz, Preisalgorithmen und ihre wettbewerbspolitischen Implikationen, S. 278; *BKartA/Autorité de la Conc.*, Algorithms and Competition, S. 10; *Hoidn*, Künstliche Intelligenz und Kommunikation in Koordinierungsproblemen, S. 88; *Kirste/Schürholz*, in: *Wittpahl* (Hrsg.), Entwicklungswege zur KI, S. 29.

164 *Kirste/Schürholz*, in: *Wittpahl* (Hrsg.), Entwicklungswege zur KI, S. 29; *Schwalbe*, JCLE 2018, 568, 576; *Sutton/Barto*, Reinforcement learning, S. 1.

165 *Bixer/Heimeshoff*, in: Künstliche Intelligenz, Preisalgorithmen und ihre wettbewerbspolitischen Implikationen, S. 278; *Schwalbe*, JCLE 2018, 568, 576.

166 *OECD*, Algorithms and Collusion, S. 7; *Schwalbe*, JCLE 2018, 568, 577.

zu weniger erfolgsversprechenden Alternativen bevorzugen.[167] Dabei können auch kurzfristig negative Aktionen in Kauf genommen werden, wenn dadurch langfristig das beste Ergebnis erreicht wird.[168] Die „trial and error" Suche sowie das Prinzip der verspäteten Belohnung, das den Algorithmus auf ein bestimmtes langfristiges Ziel konzentriert, sind die beiden wichtigsten Unterscheidungsmerkmale des Verstärkenden Lernens.[169] Als Beispiel hierfür dienen unter anderem Algorithmen, die Spiele wie Schach[170] oder Go[171] perfektioniert beherrschen. Diese kalkulieren zahlreiche Varianten des nächsten Zugs durch, um so den für sie langfristig besten Zug zu finden.[172]

Auch für Preissetzungsalgorithmen hat diese Lernform eine große Relevanz. Bei der Preissetzung kann ein Algorithmus so zahlreiche mögliche Preise analysieren, um den langfristig besten Preis in einer konkreten Situation zu ermitteln. Der Algorithmus rechnet verschiedene Szenarien unter Berücksichtigung der Abhängigkeit von Wettbewerberpreisen und anderen Faktoren durch und passt die eigene Preissetzung dementsprechend gewinnmaximierend an.[173] Ob es dadurch in realen Märkten tatsächlich dazu kommen kann, dass sich Algorithmen als vermeintlich beste Strategie autonom kollusiv koordinieren, wird noch zu thematisieren sein.[174]

ddd) Q-Learning und SARSA als besondere Arten des verstärkenden Lernens

Zwei spezielle Arten des verstärkenden Lernens stellen das Q-Learning sowie SARSA dar.

---

167 *Schwalbe,* JCLE 2018, 568, 577.

168 *Schwalbe,* JCLE 2018, 568, 577.

169 *Sutton/Barto,* Reinforcement learning, S. 1.

170 Der erste Schachalgorithmus, der einen menschlichen Schach-Weltmeister schlagen konnte, wurde 1996 von IBM entwickelt und heißt Deep Blue, vgl. dazu *IBM,* Webseite Deep Blue, abrufbar unter https://www.ibm.com/history/deep-blue.

171 Vgl. zum ersten Algorithmus, der 2015 einen menschlichen Go Weltmeister schlagen konnte das Deep Mind Projekt von Google: *Alphabet Inc.,* Webseite Deep Mind, abrufbar unter https://deepmind.com/research/case-studies/alphago-the-story-so-far.

172 *BKartA/Autorité de la Conc.,* Algorithms and Competition, S. 11; *Calvano et al.,* RoIO 2019, 155, 160 f; *Sutton/Barto,* Reinforcement learning, S. 4.

173 *Dogan/Güner,* Expert Systems 2015, 39, 46 f.

174 Siehe dazu C) III. 3).

α) Q-Learning

Beim Q-Learning bewertet der Algorithmus den Nutzen einer durchzuführenden Aktion anstelle eines zu erreichenden Zustands.[175] Der Algorithmus führt also eine Aktion in einem bestimmten Zustand aus und erhält dafür ein bestimmtes Ergebnis. Die verwendeten Funktionen werden Aktionswertfunktionen (Q-Wert-Funktionen) genannt.[176] Eine Schlüsselfunktion des Q-Learnings ist die Q-Matrix, die einen Wert für eine auszuführende Aktion zu einem bestimmten Zeitpunkt schätzt.[177] Auf diese Weise werden die Werte aller zur Verfügung stehender Aktionen geschätzt.[178] So kann jene gefunden werden, die zu einem bestimmten Zeitpunkt unter konkreten Umständen die beste ist, um ein bestimmtes Ziel zu erreichen.[179]

β) SARSA

SARSA steht für State-Action-Reward-State-Action, also Zustand-Aktion-Belohnung-Zustand-Aktion, und bildet ebenfalls eine Gruppe von Aktionswert-Algorithmen.[180] Ein SARSA-Algorithmus hält bei der Berechnung seiner Folgeaktion an seiner ursprünglichen Strategie fest, während ein Q-Learning Algorithmus dahingehend flexibler ist und seine Strategie bei jeder Auswahl der nächsten Aktion ändern kann.[181] Der Unterschied zwischen diesen beiden Algorithmen liegt also in der Art und Weise, wie die künftigen Belohnungen gefunden werden. Beim Q-Learning entspricht die künftige Belohnung dem maximalen Erwartungswert desjenigen Agenten, der am wahrscheinlichsten die vorteilhafteste Aktion ausführt.[182] Hingegen ist die künftige Belohnung bei SARSA gleich der tatsächlichen Belohnung für die Ausführung einer

---

175 *Bixer/Heimeshoff*, in: Künstliche Intelligenz, Preisalgorithmen und ihre wettbewerbspolitischen Implikationen, S. 278; *U. Lorenz*, Reinforcement Learning, S. 61; *Schwalbe*, JCLE 2018, 568, 577.

176 *Bixer/Heimeshoff*, in: Künstliche Intelligenz, Preisalgorithmen und ihre wettbewerbspolitischen Implikationen, S. 278; *Schwalbe*, JCLE 2018, 568, 577.

177 *Boer/Meylahn/Schinkel*, Artificial Collusion: Examining Supracompetitive Pricing by Q-Learning Algorithms, 5; *Calvano et al.*, RoIO 2019, 155, 162.

178 *Calvano et al.*, RoIO 2019, 155, 162; *S. Richter*, Statistisches und maschinelles Lernen, S. 267; *Schwalbe*, JCLE 2018, 568, 576.

179 *Calvano et al.*, RoIO 2019, 155, 162 f.

180 *U. Lorenz*, Reinforcement Learning, S. 62; *Schwalbe*, JCLE 2018, 568, 577.

181 *Röttger*, Reinforcement Learning für kontinuierliche Zustands- und Aktionsräume unter Berücksichtigung der wissenschaftlichen Informationsverarbeitung, S. 34 f; *Schwalbe*, JCLE 2018, 568, 576.

182 *Calvano et al.*, RoIO 2019, 155, 162 f.

realen Aktion.[183] Hinsichtlich der Funktionalität bedeutet dies vereinfacht, dass SARSA Algorithmen meist schneller lernen, während Q-Learning Algorithmen häufig eine bessere Endleistung aufweisen.[184]

γ) Anwendungsfelder

Q-Learning-Algorithmen sind bereits heute bei Preissetzungsalgorithmen von Flugreiseanbietern sowie bei Geboten auf dem Strommarkt weit verbreitet.[185] Gerade in Elektrizitätsmärkten werden mit Hilfe derartiger Algorithmen autonome Handelsstrategien entwickelt, um komplexe stochastische Abhängigkeiten zwischen verschiedenen Einflussfaktoren berücksichtigen zu können.[186] Ziel ist es, Preisdifferenzen auszunutzen, die zwischen dem außerbörslichen „Over The Counter“ (OTC)-Handel und der Strombörse entstehen.[187] Die Preisbildung am außerbörslichen OTC-Markt erfolgt daher oft mittels algorithmischer Prognosen über den Preis, der sich an der Strombörse voraussichtlich einstellen wird.[188]

In einer simulierten Umgebung mit beschränktem Wettbewerb sind Q-Learning Preissetzungsalgorithmen zudem bereits in der Lage, kollusiv zusammenzuwirken, ohne dass diese miteinander kommunizieren.[189] Die Kollusion ergibt sich ausschließlich durch die Zielsetzung der profitabelsten Preissetzung, die auch von Wettbewerberpreisen abhängig gemacht wird.[190] Ob diese Erkenntnisse den Schluss zulassen, dass eine derartige „tacit collusion“ durch

183 *XU et al.*, IEICE Trans. Inf. & Syst. 2018, 2315, 2317.

184 *Østbø Hilsen*, Simulating Dynamic Pricing Algorithm Performance in Heterogeneous Markets, S. 141; *Y.-H. Wang/Li/Lin*, EAAI 2013, 2184, 2184.

185 *Ittoo/Petit*, in: *Streel/Jacquemin* (Hrsg.), Algorithmic Pricing Agents and Tacit Collusion: A Technological Perspective, S. 247.

186 *Reuber et al.*, Reinforcement Learning zur Ableitung autonomer Handelsstrategien in Elektrizitätsmärkten, S. 1.

187 *Reuber et al.*, Reinforcement Learning zur Ableitung autonomer Handelsstrategien in Elektrizitätsmärkten, S. 2.

188 *Reuber et al.*, Reinforcement Learning zur Ableitung autonomer Handelsstrategien in Elektrizitätsmärkten, S. 2 ff.

189 *Jeschonneck*, Collusion among autonomous pricing algorithms utilizing function approximation methods, S. 3 ff; *Klein*, Assessing Autonomous Algorithmic Collusion: Q-Learning Under Sequential Pricing, S. 1 f; *Salcedo*, Pricing Algorithms and Tacit Collusion, S. 20.

190 *Klein*, Assessing Autonomous Algorithmic Collusion: Q-Learning Under Sequential Pricing, S. 2.

Q-Learning oder SARSA Preissetzungsalgorithmen auch in realen Märkten denkbar ist, wird noch zu thematisieren sein.[191]

bb) Deep Learning und Neuronale Netze

Der Begriff des „Deep Learnings" wurde erstmal 1986 im Zusammenhang mit dem maschinellen Lernen verwendet.[192] Im Gegensatz zu den verschiedenen Arten des maschinellen Lernens bezieht sich das deep learning nicht auf eine bestimmte Lernart, sondern auf den Typ des zugrundeliegenden Computerprogramms, des sog. künstlichen neuronalen Netzes (englisch: artificial neural network).[193] Ein solches künstliches neuronales Netz ist ein Computerprogramm, das versucht, die Funktion des menschlichen Gehirns nachzuahmen, indem es aus Erfahrungen lernt und die Welt in Form einer Hierarchie von Konzepten versteht, wobei jedes Konzept durch seine Beziehung zu einfacheren Konzepten definiert ist.[194] Komplizierte Konzepte werden also dadurch verstanden, dass sie durch mehrere verschiedene einfachere Konzepte zusammengesetzt werden.[195] Eine Grafik, die die Konzepte zueinander in Relation setzt, ergibt ein Bild mit zahlreichen übereinanderliegenden Ebenen.[196] Aus diesem Grund ist der Begriff des deep learnings entstanden.[197] Beim deep learning können auch alle anderen Formen des maschinellen Lernens, also das überwachte, unüberwachte sowie verstärkende Lernen zur Anwendung kommen.[198] Eine allgemeingültige Definition der neuronalen Netze scheint nicht zu existieren.[199] Ein standardmäßiges neuronales Netzwerk besteht aus vielen einfachen, verbundenen Prozessoren, die Neuronen genannt werden.[200] Diese wiederum werden

---

191 Siehe dazu C) III. 4).

192 *Minar/Naher,* Recent Advances in Deep Learning: An Overview, S. 1.

193 *Bixer/Heimeshoff,* in: Künstliche Intelligenz, Preisalgorithmen und ihre wettbewerbspolitischen Implikationen, S. 278 f; *Schwalbe,* JCLE 2018, 568, 578.

194 *Bixer/Heimeshoff,* in: Künstliche Intelligenz, Preisalgorithmen und ihre wettbewerbspolitischen Implikationen, S. 278 f; *Goodfellow/Bengio/Courville,* Deep Learning, S. 1; *Schwalbe,* JCLE 2018, 568, 578.

195 *Goodfellow/Bengio/Courville,* Deep Learning, S. 1, 5; *Schwalbe,* JCLE 2018, 568, 578.

196 *Goodfellow/Bengio/Courville,* Deep Learning, S. 1 f; *Kirste/Schürholz,* in: *Wittpahl* (Hrsg.), Entwicklungswege zur KI, S. 29 ff.

197 *Goodfellow/Bengio/Courville,* Deep Learning, S. 1 f; *Kirste/Schürholz,* in: *Wittpahl* (Hrsg.), Entwicklungswege zur KI, S. 29.

198 *Minar/Naher,* Recent Advances in Deep Learning: An Overview, S. 4; *Schwalbe,* JCLE 2018, 568, 578.

199 *G. Daniel Rey/Wender,* Neuronale Netze, S. 15.

200 *Schmidhuber,* Neural networks 2015, 85, 88.

unterschieden in Input-Neuronen, versteckte Neuronen sowie Output Neuronen.[201] Mehrere Neuronen, die in derselben Verarbeitungsebene liegen, werden in sog. Schichten (engl. layers) zusammengefasst.[202] Die Input-Neuronen empfangen Daten von sendenden verbundenen Neuronen und ermitteln ihren Input unter Berücksichtigung einer bestimmten jeweiligen Gewichtung der empfangenen Daten.[203] Abhängig von der verwendeten Funktion[204] wird dann ein bestimmter Output zu den verbundenen Neuronen geliefert, die wiederum diesen Output aufnehmen und weiterverarbeiten.[205] Dies geschieht bis die erste Ebene von versteckten Neuronen erreicht wird und diese auf Grundlage einer Lernregel die Daten ändern.[206] Dabei werden einerseits die Verbindungen der einzelnen Neuronen untereinander angepasst.[207] Andererseits werden auch die jeweiligen Gewichtungen des Inputs für die Bearbeitung der einzelnen Neuronen modifiziert.[208] Der Erfolg eines Lernprozesses mit einem neuronalen Netzwerk hängt vor allem davon ab, welche und wie die Informationen dem Netz dargestellt werden. Die Inputdaten, die in das Netz eingespeist werden, sind demnach entscheidend für dessen Erfolg.[209]

Die Bedeutung von deep learning für die digitale Preissetzung ist ebenfalls groß. Zwar werden derartige Algorithmen seltener zur automatisierten Preissetzung eingesetzt.[210] Sie dienen allerdings in komplexerer Preissetzungssoftware dazu, Nachfrage-Funktionen zu erlernen, um so die Nachfrage schätzen

---

201 *G. Daniel Rey/Wender,* Neuronale Netze, S. 15; *Schwalbe,* JCLE 2018, 568, 578.

202 *G. Daniel Rey/Wender,* Neuronale Netze, S. 17; *Schwalbe,* JCLE 2018, 568, 578.

203 *G. Daniel Rey/Wender,* Neuronale Netze, S. 19.

204 Vgl. zu häufig verwendeten Aktivierungsfunktionen *G. Daniel Rey/Wender,* Neuronale Netze, S. 20 ff.

205 *Kirste/Schürholz,* in: *Wittpahl* (Hrsg.), Entwicklungswege zur KI, S. 31 f; *G. Daniel Rey/Wender,* Neuronale Netze, S. 15; *Schwalbe,* JCLE 2018, 568, 578.

206 *Schwalbe,* JCLE 2018, 568, 578.

207 *G. Daniel Rey/Wender,* Neuronale Netze, S. 18.

208 *Kirste/Schürholz,* in: *Wittpahl* (Hrsg.), Entwicklungswege zur KI, S. 31 f; *G. Daniel Rey/Wender,* Neuronale Netze, S. 18.

209 *BKartA/Autorité de la Conc.,* Algorithms and Competition, S. 13; *G. Daniel Rey/Wender,* Neuronale Netze, S. 18.

210 *Harrington Jr,* Developing Competition Law for Collusion by Autonomous Price-Setting Agents, S. 62; *Østbø Hilsen,* Simulating Dynamic Pricing Algorithm Performance in Heterogeneous Markets, S. 46.

zu können.[211] Diese Ergebnisse werden dann wiederum durch andere Preissetzungsalgorithmen bei der Preisberechnung berücksichtigt.[212]

3) Menschliche Interpretierbarkeit

Ein weiteres Unterscheidungskriterium von Algorithmen ist die menschliche Interpretierbarkeit[213], also die Frage, ob die algorithmischen Berechnungen vom Menschen nachzuvollziehen sind - er den Algorithmus in gewisser Weise „lesen" kann. Alternativ formuliert geht es um die menschliche Erklärbarkeit der algorithmischen Funktionsweise.[214]

a) Interpretierbare Algorithmen – „whitebox"-Algorithmen

Eine Gruppe bilden die sog. „whitebox"-Algorithmen. Deren Funktionsweise und Strategie sind für einen Menschen, wenn teilweise auch nur mit erheblichem Aufwand, nachvollziehbar.[215] Teilweise werden diese Algorithmen auch als „deskriptiv"[216], „adaptiv"[217], „statisch"[218] oder „analytisch"[219] bezeichnet. Zum Teil werden sie zudem als „einfache Preissetzungsalgorithmen"[220] oder

---

211 *Harrington Jr,* Developing Competition Law for Collusion by Autonomous Price-Setting Agents, S. 62; *Østbø Hilsen,* Simulating Dynamic Pricing Algorithm Performance in Heterogeneous Markets, S. 46.

212 *Harrington Jr,* Developing Competition Law for Collusion by Autonomous Price-Setting Agents, S. 62; *Østbø Hilsen,* Simulating Dynamic Pricing Algorithm Performance in Heterogeneous Markets, S. 46.

213 *Bixer/Heimeshoff,* in: Künstliche Intelligenz, Preisalgorithmen und ihre wettbewerbspolitischen Implikationen, S. 279; *BKartA/Autorité de la Conc.,* Algorithms and Competition, S. 11.

214 *Bitkom,* Blick in die Blackbox, S. 13, 92; vgl. detaillierter zu dieser Begrifflichkeit *Waltl/Vogl,* in: *Schweighofer/Kummer/Saarenpää u. a.* (Hrsg.), Explainable Artificial Intelligence — the New Frontier in Legal Informatics, S. 5 ff.

215 *Bixer/Heimeshoff,* in: Künstliche Intelligenz, Preisalgorithmen und ihre wettbewerbspolitischen Implikationen, S. 279; *BKartA/Autorité de la Conc.,* Algorithms and Competition, S. 11; *Gesellschaft für Informatik e.V.,* Technische und rechtliche Betrachtungen algorithmischer Entscheidungsverfahren, S. 30; *Martini,* Blackbox Algorithmus, S. 45.

216 *BKartA/Autorité de la Conc.,* Algorithms and Competition, S. 11.

217 *Calvano et al.,* RoIO 2019, 155, 158 f.

218 *Oxera,* When algorithms set prices, S. 5.

219 *Oxera,* When algorithms set prices, S. 5.

220 *CMA,* Pricing Algorithms, S. 10.

„Preissetzungsalgorithmen erster Generation“[221] bezeichnet. Ein Preissetzungsalgorithmus ist immer dann interpretierbar, wenn ein Mensch die grundsätzliche Preisfindung und die Parameter des Algorithmus nachvollziehen kann. Einfache Repricing-Algorithmen fallen in diese Kategorie. Bei ihnen orientiert sich die eigene Preissetzung maßgeblich an einem Wettbewerberpreis.[222] Die festgesetzten Parameter und Funktionsweisen sind durch Menschen auch im Nachhinein vollständig nachvollziehbar.

b) Nicht interpretierbare Algorithmen – „blackbox“-Algorithmen

Demgegenüber stehen sog. „blackbox“-Algorithmen, deren Funktionsweisen selbst bei Kenntnis des zugrundeliegenden Codes kaum nachvollziehbar sind.[223]
Es existieren lediglich Ansätze zur Ermittlung der resultierenden Ergebnisse der algorithmischen Berechnungen sowie zur Ermittlung des Ziels des Algorithmus, auf das dieser hinarbeitet. Darüber hinaus lässt sich selbst bei Kenntnis des Programmiercodes die Strategie dieser „blackbox“-Algorithmen, also die Frage wie ein bestimmtes Ziel erreicht werden soll, ab einer bestimmten Komplexität nicht vollständig nachvollziehen.[224] Insbesondere deep-learning Algorithmen und neuronale Netze sind hinsichtlich ihrer Nachvollziehbarkeit problematisch.[225] Je mehr Schichten ein Netz hat, desto mehr Variablen und Parameter müssen nachvollzogen werden, um die algorithmische Funktionsweise zu interpretieren.[226] Das Wissen von neuronalen Netzen ist oft auf mehreren Millionen oder gar Milliarden Punkten des Netzwerkes verteilt, sodass kein valider Einblick in die Lösungswege des Systems möglich ist.[227]

---

221 *Calvano et al.*, RoIO 2019, 155, 158.

222 Siehe dazu auch B) IV. 1) sowie C) III. 2).

223 *Ballestrem et al.*, Künstliche Intelligenz, S. 16, 49; *Bitkom*, Blick in die Blackbox, S. 12; *Bixer/Heimeshoff*, in: Künstliche Intelligenz, Preisalgorithmen und ihre wettbewerbspolitischen Implikationen, S. 280; *BKartA/Autorité de la Conc.*, Algorithms and Competition, S. 12; *Martini*, Blackbox Algorithmus, S. 43.

224 *BKartA/Autorité de la Conc.*, Algorithms and Competition, S. 12; *Reichwald/Pfisterer*, CR 2016, 208, 212.

225 *Bitkom*, Blick in die Blackbox, S. 12; *BKartA/Autorité de la Conc.*, Algorithms and Competition, S. 12; *CMA*, Pricing Algorithms, S. 12 f.

226 *BKartA/Autorité de la Conc.*, Algorithms and Competition, S. 13; *CMA*, Pricing Algorithms, S. 12 f.

227 *Martini*, Blackbox Algorithmus, S. 43.

Bezogen auf Preissetzungsalgorithmen bedeutet dies, dass bei solcher Software lediglich das Ziel der langfristigen Gewinnmaximierung für den Menschen erkennbar ist. Dementsprechend sollen die Preise der eigenen Produkte angepasst werden. Es muss folglich gerade kein spezielles Modell des Marktverhaltens von Wettbewerbern erstellt werden, um bestmöglich auf die Preissetzung der Wettbewerber zu reagieren.[228] Vielmehr finden die Algorithmen durch „trial and error" bzw. „exploration – exploitation"-Methoden selbstständig ohne Vorgabe von bestimmten Strategien die jeweils profitabelste Preissetzung für ein bestimmtes Produkt zu einem bestimmten Zeitpunkt.[229] Dem Algorithmus wird selbst überlassen, welche Daten seiner Ansicht nach am relevantesten sind, um das Ziel der Gewinnmaximierung zu erreichen.[230] Daher kann selbst der Entwickler des Preissetzungsalgorithmus im Nachhinein nicht mehr nachvollziehen, wie eine bestimmte Preissetzung zustande kam.[231] Dementsprechend ist im Falle von paralleler Preissetzung auch nicht zweifelsfrei aufzuklären, ob der Algorithmus sich nur zufällig stark an Wettbewerberpreisen orientiert hat oder aber ein bewusster Gleichlauf der Preise algorithmisch gewollt war.[232] Bei komplexeren Preissetzungsalgorithmen, die mit Q-Learning bzw. Deep-learning arbeiten, besteht so theoretisch die Gefahr, dass eine Kollusion zwischen Algorithmen verschiedener Wettbewerber stattfindet, ohne dass später nachzuvollziehen wäre, wie es dazu kam.[233] Im Hinblick auf die Verantwortlichkeit für die Preissetzung von „blackbox"-Preissetzungsalgorithmen bestehen dementsprechend besondere Probleme.[234]

IV. Praktische Bedeutung von Preissetzungsalgorithmen

In der Praxis kommen Preissetzungsalgorithmen insbesondere im E-Commerce häufig vor. Laut einer Studie des Branchenverbandes E-Commerce und Versandhandel Deutschland e.V. (bevh) und der Creditreform Boniversum GmbH bewerteten 2017 67 % der befragten Unternehmen den Einsatz einer dynamischen Preisgestaltung für das künftige Geschäft als wichtig.[235] Der

228 *BKartA/Autorité de la Conc.*, Algorithms and Competition, S. 13.
229 *BKartA/Autorité de la Conc.*, Algorithms and Competition, S. 13.
230 *CMA*, Pricing Algorithms, S. 10.
231 *CMA*, Pricing Algorithms, S. 10; *OECD*, Algorithms and Collusion, S. 32.
232 *CMA*, Pricing Algorithms, S. 10.
233 Siehe zur tacit collusion C) III. 4).
234 Siehe dazu unten D) II.
235 *Creditreform/BEVH*, Die Wirtschaftslage im deutschen Interaktiven Handel B2C, S. 38.

Einsatz der verschiedenen Arten von Algorithmen ist dabei sehr unterschiedlich.

1) Regular Pricing und Repricing

a) *Online Handelsplattformen und E-Commerce*

Vorreiter auf dem Gebiet der regulären Bestpreisbestimmung und des Repricings waren Plattformen wie beispielsweise Amazon. Diese konnten bereits im Jahr 2013 dank der Verwendung von Preissetzungsalgorithmen über 2,5 Millionen Preisanpassungen täglich verzeichnen.[236] Inzwischen greifen aber nicht mehr nur große Anbieter auf algorithmisches Pricing zurück. Vielmehr nutzt auch ein Teil der Händler Preissetzungsalgorithmen, die Amazon lediglich als Plattform verwenden, um ihre Produkte eigenständig zu vertreiben. Nach einer Schätzung[237] der Wettbewerbsbehörde von Großbritannien, die auf den Zahlen einer US-amerikanischen Studie[238] beruht, nutzten bereits im Jahr 2016 ca. 500 von 30.000 untersuchten Verkäufern[239] derartige Preissetzungsalgorithmen auf Amazon. Dabei dürfte es sich weitgehend um Repricing Tools handeln. Diese werden insbesondere im Wettbewerb um die Besetzung der sog. „Buy Box" von Amazon eingesetzt.[240] Darüber hinaus nutzen auch zahlreiche andere Online-Händler Repricing Tools, um sich möglichst dauerhaft an den Wettbewerber-Preiskorridor anzunähern. Laut der Sektoruntersuchung zum Online Handel der Europäischen Kommission nutzten bereits 2017 zwei Drittel der Händler in

---

236 Vgl. die Darstellung des Algorithmenanbieters *Profitero,* Amazon.com makes more than 2.5 Million price changes every day, abrufbar unter https://www.prweb.com/releases/2013/12/prweb11398848.htm.

237 *CMA,* Pricing Algorithms, S. 18.

238 *L. Chen/Mislove/C. Wilson,* in: *Bourdeau/Hendler/Nkambou u. a.* (Hrsg.), Bourdeau et al., Proceedings of the 25th International Conference on World Wide Web, S. 1339 ff.

239 Sog. third-party-seller.

240 Vgl. dazu C) III. 2) a) sowie die Kritik an der Vergabe der „Buy Box", die häufig an Amazon selbst oder zahlende Partner von Amazon geht obwohl andere Anbieter teilweise günstigere Angebote haben von *Angwin/Mattu,* Amazon says it puts customers first. But its Pricing Algorithm doesn't, abrufbar unter https://www.propublica.org/article/amazon-says-it-puts-customers-first-but-its-pricing-algorithm-doesnt; siehe dazu auch C) III. 2) e).

der Europäischen Union online Software zur automatisierten Anpassung der eigenen Preise an Konkurrenzpreise.[241]

b) Maßgeblich vom Regular Pricing geprägte Industriezweige

aa) Verkehrs- und Hotelbranche

Neben den bereits genannten Online-Plattformen und dem Online-Handel im Allgemeinen ist besonders der Verkehrs- sowie der Reisesektor von Preissetzungsalgorithmen geprägt. Vor allem die algorithmische Bestpreisbestimmung kommt dort zum Einsatz. Neben Fluglinien[242] setzen auch die Deutsche Bahn sowie große Fernbusanbieter[243] auf den Einsatz solcher Algorithmen. Ein weiterer großer Anwendungsbereich besteht bei Fahrdiensten wie Uber, die ihre Preise teilweise nicht nur aufgrund der zurückgelegten Entfernung berechnen, sondern auch nachfrageabhängige Parameter in ihren Preissetzungsalgorithmen verwenden.[244]

Auch in der Hotelbranche werden immer häufiger Preissetzungsalgorithmen eingesetzt, um eine bestmögliche Auslastung und einen bestmöglichen Umsatz zu erreichen.[245] Exemplarisch hierfür steht das Preisempfehlungssystem des Vermittlungsdienstleisters Airbnb, das abhängig von der Nachfrage und anderen Kriterien zu verschiedenen Buchungsterminen verschiedene Preise vorschlägt.[246] Auch große Hotelbuchungsportale setzen auf algorithmische

---

241 *EU Kommission,* Abschlussbericht über die Sektoruntersuchung zum elektronischen Handel, COM(2017) 229 final, Rn. 13.

242 Vgl. dazu u.a. *Alderighi/Gaggero/Piga,* The Hidden Side of Dynamic Pricing: Evidence from the Airline Market, S. 1 ff.; die Studie von *Escobari/Rupp/Meskey,* An Analysis of Dynamic Price Discrimination in Airlines, S. 1 ff. sowie die mathematische Studie zu den mathematischen Grundlagen der algorithmischen Berechnung von Flugpreisen auf der Strecke Boston-San Francisco von *Marcken,* Computational Complexity of Air Travel Planning, abrufbar unter http://www.demarcken.org/carl/papers/ITA-software-travel-complexity/img0.html, S. 1 ff.

243 *Jensen,* Welche Bahn-Alternative sich lohnt, SZ vom 29.05.2019, abrufbar unter https://www.sueddeutsche.de/auto/flixbus-blablacar-vergleich-mitfahrzentrale-fernbus-1.4462969.

244 Zum Geschäftsmodell von Uber ausführlich C) III. 3) a) dd).

245 Vgl. dazu unter anderem die Informationen und Erklärvideos des österreichischen Unternehmens *RateBoard,* Homepage, abrufbar unter https://www.rateboard.io/de/revenue-management-software, einem der führenden Anbieter auf dem Gebiet der Hotel-Preissetzungsalgorithmen.

246 *Autoridade da Concorrência,* Issues Paper on Digital Ecosystems, Big Data and Algorithms, S. 48.

Bestpreisbestimmung[247]; zum Teil auch in Kombination mit personalisierten Preisen, die abhängig vom benutzten Endgerät sein können.[248] So bietet der Anbieter *booking.com* den Vermietern an, Sondertarife für die Buchung über ein mobiles Endgerät wie Smartphone oder Tablet einzustellen und empfiehlt hierfür einen Rabatt in Höhe von 15 Prozent zum regulären Preis.[249] Dem Endkunden wird dann bei der Buchung angezeigt, dass es sich um einen rabattierten Preis aufgrund des mobilen Endgeräts handelt.[250]

bb) Tankstellen

Tankstellenbetreiber setzen ebenfalls Algorithmen zur Preissetzung ein. Dabei kommt es nicht nur zum Einsatz von Repricing Algorithmen, die sich an Wettbewerber-Preisen orientieren. Vielmehr setzen die Tankstellen zunehmend auf intelligentere Regular Pricing Software, die Daten aus der Vergangenheit nutzt, um dadurch den besten Preis zur jeweiligen Zeit zu ermitteln.[251] Begünstigt wird der Einsatz dieser Preissetzungsalgorithmen durch die oligopolistische Marktstruktur sowie die hohe Markttransparenz im Bereich von Kraftstoffpreisen.[252] Seit dem 31. August 2013 sind Tankstellenbetreiber verpflichtet, gemäß § 4 Abs. 2 der Verordnung zur Markttransparenzstelle für Kraftstoffe sämtliche Preisdaten in Echtzeit an die Markttransparenzstelle des Bundeskartellamtes weiterzuleiten. Diese wiederum leitet die Daten an Verbraucherinformationsdienste weiter, die die Daten an die Verbraucher weitergeben. Durch diese Öffentlichkeit sämtlicher Preisdaten, die sich in Echtzeit nachvollziehen lassen, ist es Wettbewerbern möglich, diese Daten in einen Preissetzungsalgorithmus einzuspeisen. Diese Preistransparenz wirkt grundsätzlich wettbewerblich ambivalent und bringt für die einzelnen

---

247 *Melis/Piga*, Melis et al., Int. Journ. of Hosp. Mngmnt, 2017, 163, 163 ff; *Möhring/Keller/R. Schmidt*, in: *Pesonen/Neidhardt* (Hrsg.), Insights into Advanced Dynamic Pricing Systems at Hotel Booking Platforms, S. 265 ff.

248 *Ibi research Uni Regensburg/trinnovative,* Empirie zu personalisierten Preisen im E-Commerce, 2021, S. 68 f.

249 *Ibi research Uni Regensburg/trinnovative,* Empirie zu personalisierten Preisen im E-Commerce, 2021, S. 69.

250 *Ibi research Uni Regensburg/trinnovative,* Empirie zu personalisierten Preisen im E-Commerce, 2021, S. 69.

251 Vgl. zu Tankstellenalgorithmen *Nicolai,* Die schlaue Tankstelle bestraft die naiven Autofahrer, abrufbar unter https://www.welt.de/wirtschaft/plus164589308/Die-schlaue-Tankstelle-bestraft-die-naiven-Autofahrer.html.

252 *EU Kommission,* Horizontalleitlinien 2022, Rn. 426.

Marktteilnehmer sowohl Vor- als auch Nachteile mit sich.[253] Nach einer Studie von *Haucap*[254] führte diese Transparenz im oligopolistischen Tankstellenmarkt in der Vergangenheit bereits zu antikompetitiven Preisen. Demnach waren sog. Premium-Marken-Tankstellen wie Aral, Esso, Shell, Total und Jet in der Lage, durchschnittlich höhere Preise zu verlangen als die Konkurrenz[255], was auch zum Teil an der Verfügbarkeit der Preisdaten der Konkurrenz gelegen haben dürfte, die von den größeren Mineralölkonzernen genutzt werden.[256] Diese sind eher in der Lage, die umfangreichen Daten zu ihren Gunsten zu nutzen, indem sie diese in Preissetzungsalgorithmen einspeisen. Kleineren und mittelständischen freien Tankstellen fehlen hingegen häufig die Ressourcen zur umfangreichen individuellen Auswertung und Verwertung der Daten.[257]

Eine Studie aus dem Jahr 2020 kommt zu dem Ergebnis, dass der Einsatz von Preissetzungsalgorithmen im deutschen Tankstellenmarkt bereits von 2016–2018 flächendeckend stattfand und dabei teilweise zu wettbewerbswidrigen Preisen führte.[258] Es konnten signifikant höhere Preise festgestellt werden, wenn alle Wettbewerber in einem Postleitzahlenbereich auf algorithmische Preissetzungsanpassungen setzten.[259] Tankstellen mit Wettbewerbern im eigenen Postleitzahlenbereich konnten ihre Gewinnmargen so durchschnittlich um 9 Prozent steigern.[260] Tankstellen ohne Wettbewerber im unmittelbaren

---

253 Vgl. *Hartmann*, Nutzeranonymität im Kontext der marktorientierten Unternehmensführung, S. 15; *A. Haug/Hillebrand*, in: *Heinemann* (Hrsg.), Web-Exzellenz im E-Commerce, S. 49 f; *Kessler-Thönes*, Management-, Mitarbeiter- und Kundenmotivation als Determinanten der Zahlungsbereitschaft von Dienstleistungskunden, S. 120 ff; *Schleusener*, in: *Heinemann/Haug/Gehrckens* (Hrsg.), Digitalisierung des Handels mit ePace, S. 155 ff.,165.

254 *Haucap/Heimeshoff/Siekmann*, EJ 2017, 81, 81 ff.

255 *Haucap/Heimeshoff/Siekmann*, EJ 2017, 81, 99 f.

256 Zur Nutzung der Daten durch große Mineralölkonzerne auch *BMWI*, BT-Drucksache 19/3693, S. 13.

257 Vgl. dazu auch die Aussagen des Geschäftsführers des Bundesverbands freier Tankstellen (BfT) in *Busse*, Tanken als Glücksspiel, SZ vom 31.12.2016, abrufbar unter https://www.sueddeutsche.de/wirtschaft/spritpreis-tanken-als-gluecksspiel-1.3315250.

258 *Assad et al.*, Algorithmic Pricing and Competition: Empirical Evidence from the German Retail Gasoline Market, S. 1.

259 *Assad et al.*, Algorithmic Pricing and Competition: Empirical Evidence from the German Retail Gasoline Market, S. 4 f.

260 *Assad et al.*, Algorithmic Pricing and Competition: Empirical Evidence from the German Retail Gasoline Market, S. 4.

Umfeld war dies hingegen nicht möglich.[261] Daraus schlussfolgern die Autoren, dass es der Einfluss der Preissetzungsalgorithmen auf den Wettbewerb und damit das Zusammenspiel der verschiedenen Preissetzungsalgorithmen mehrerer Wettbewerber war, der die Preiserhöhungen möglich machte.[262]

cc) Offline-Einzelhandel

Auch im klassischen Einzelhandel spielen Regular Pricing Algorithmen zunehmend eine Rolle. Im offline Geschäft ermöglichen es elektronische Preisanzeigen, sog. Electronic Shelf Labels (kurz ESL), Preise automatisiert und algorithmenbasiert festzusetzen. Sowohl Supermärkte[263] als auch der Elektronik-Einzelhandel[264] greifen bereits auf diese technischen Hilfsmittel zurück. Allerdings nutzen Einzelhändler derzeit ESLs insbesondere um Kosten zu sparen, weil so kein zeitaufwendiger Austausch der Etiketten per Hand mehr nötig ist. Nach eigener Aussage steht die algorithmenbasierte Preisfestsetzung hingegen nicht im Vordergrund.[265] Dennoch ist mittelfristig damit zu rechnen, dass auch im klassischen Einzelhandel Preissetzungsalgorithmen zum Einsatz kommen werden. Anbieter von ESLs gehen bereits davon aus, dass in wenigen Jahren 100 % des Einzelhandels auf elektronische Preisschilder umgestellt sein werden.[266] Diese Entwicklung würde den Einsatz von Preissetzungsalgorithmen flächendeckend auch im Offline-Einzelhandel ermöglichen.

---

261 *Assad et al.*, Algorithmic Pricing and Competition: Empirical Evidence from the German Retail Gasoline Market, S. 5.

262 *Assad et al.*, Algorithmic Pricing and Competition: Empirical Evidence from the German Retail Gasoline Market, S. 5, 42 f.

263 *P. Kirchhoff*, Die Preise werden smart, FAZ vom 23.10.2015, abrufbar unter https://www.faz.net/aktuell/rhein-main/supermaerkte-fuehren-elektronische-preisschilder-ein-13861171.html.

264 *FAZ*, Media-Markt will mehrmals täglich die Preise ändern, FAZ vom 22.06.2014, abrufbar unter https://www.faz.net/aktuell/wirtschaft/media-markt-will-mehrmals-taeglich-die-preise-aendern-13002356.html.

265 Vgl. dazu *Stiftung Warentest*, Was bringt die neue Generation Preisschild?, abrufbar unter https://www.test.de/Digitale-Preisanzeigen-Was-bringt-die-neue-Generation-Preisschild-4822205-0/.

266 Vgl. dazu die Aussage des Chief Executive des ESL-Unternehmens Displaydata, einem der Marktführer auf dem Gebiet der ESLs, in *Morley*, End of fixed prices within five years as supermarkets adopt electronic price tags, The Telegraph online, 24.07.2017, abrufbar unter https://www.telegraph.co.uk/news/2017/06/24/exclusive-end-fixed-prices-within-five-years-supermarkets-adopt/.

In einem Video des Anbieters *prudsys*[267] wird bereits damit geworben, dass der Algorithmus auch wechselseitige Wirkungen der Produktpreise zueinander berücksichtigen kann. Beispielsweise führt eine steigende Nachfrage nach Erdbeeren auch zu einer größeren Nachfrage nach Tortenböden oder Schlagsahne. Dementsprechend dürfte bei einer Preissenkung der Erdbeeren ggf. eine Preiserhöhung von den beiden anderen Produkten in Betracht kommt.

2) Markdown Pricing

Das Markdown Pricing ist vor allem für Unternehmen interessant, die mit Produkten mit begrenzter Haltbarkeit handeln.[268]
Neben dem Lebensmitteleinzelhandel[269] ist das Markdown Pricing ebenso für die Modebranche relevant[270], da auch dort die Ware saisonal abhängig verkauft wird.[271] Die Nachfrage nach Winterkleidung beispielsweise dürfte im Spätherbst naturgemäß höher sein als im Frühling, sodass es sich möglicherweise anbietet, die Winterware bis Ende März verkauft zu haben, um den Lagerraum anderweitig nutzen zu können. Neben der bereits erläuterten Minimierung von Abschriften kann das Markdown Pricing auch zur Reduzierung von Müll und damit zur Ressourcenschonung dienen.[272] Markdown Pricing Strategien kommen inzwischen in den genannten Branchen flächendeckend zum Einsatz. Ihre Bedeutung ist seit den 1960er Jahren kontinuierlich gestiegen.[273]

---

267 *Prudsys AG,* Dynamic Pricing für den Einzelhandel mit Electronic Shelf Labels, abrufbar unter https://www.youtube.com/watch?v=Xs9xBGZ9MgY.

268 Siehe A) III. 1) c).

269 Vgl. zur Preissetzung im Lebensmitteleinzelhandel den Übersichtsbeitrag zur verfügbaren Literatur von *Garashchuk/Clasen/Theuvsen,* Preisdifferenzierung im Lebensmitteleinzelhandel – eine Literaturrecherche, S. 49 ff.

270 Siehe dazu beispielhaft *7Learnings GmbH,* Abschriften im Modehandel, abrufbar unter https://7learnings.com/de/blog/so-optimieren-sie-abschriften-im-modehandel/.

271 Zum Markdown Pricing für Modeware *Fang et al.,* Current Science 2019, 1648, 1648 ff.

272 *Gassmann,* Lebensmittel-Verschwendung soll bis 2030 auf Null sinken, Die Welt vom 27.03.2019, abrufbar unter https://www.welt.de/wirtschaft/article190894189/Kuenstliche-Intelligenz-soll-Lebensmittel-Verschwendung-auf-Null-reduzieren.html; *Wilke,* Digitale Wühlkiste, SZ online vom 30.05.2019, abrufbar unter https://www.sueddeutsche.de/wirtschaft/supermaerkte-digitale-wuehlkiste-1.4468118.

273 *Adida/Özer,* Management Science 2018, 2161, 2162.

Zunehmend werden diese Strategien auch mithilfe von Preissetzungsalgorithmen umgesetzt.[274]

3) Personalisiertes Pricing

Algorithmische Preisindividualisierungen kommen ebenfalls bereits heute zum Einsatz. Nach mehreren Studien ist das Vorkommen in Deutschland jedoch noch recht beschränkt.[275] Lediglich vereinzelt bei Hotelbuchungsplattformen[276] und bei hochpreisigen Pauschalreisen wurden individualisierte Preise festgestellt, die abhängig vom benutzten Endgerät waren.[277]

a) Preisindividualisierungen beim Couponing

Die Individualisierung von Preisen spielt auch für die Erstellung von Coupons eine Rolle.[278] Anhand von personalisierten Daten über den konkreten Nutzer berechnet der Algorithmus, welche Produkte für ihn noch interessant sein könnten. Basierend darauf wird aufgrund von Daten, die über ähnliche Kunden aus der Vergangenheit vorliegen, ein individueller Rabatt oder Coupon erstellt.[279] Immer mehr Anbieter verlagern ihre Coupon-Erstellung daher

274 Vgl. exemplarisch die Ausführungen der Anbieter *aifora,* Abschriftenoptimierung, abrufbar unter https://aifora.com/abschriftenoptimierung/ sowie *prudsys AG,* Dynamic Pricing: Abschriftenoptimierung, abrufbar unter https://www-alt.prudsys.de/case/dynamic-pricing_markdown-pricing/.

275 *Haucap,* Mögliche Wohlfahrtswirkungen eines Einsatzes von Algorithmen, S. 11 ff; *ibi research Uni Regensburg/trinnovative,* Empirie zu personalisierten Preisen im E-Commerce, 2021, S. 71; *Schleusener/Hosell,* Personalisierte Preisdifferenzierung im Online-Handel, S. 1 ff.

276 *Ibi research Uni Regensburg/trinnovative,* Empirie zu personalisierten Preisen im E-Commerce, 2021, S. 68 f.

277 *Schleusener/Hosell,* Personalisierte Preisdifferenzierung im Online-Handel, S. 21; vgl. zu den bestehenden empirischen Untersuchungen auch die Übersicht in *Verbraucherzentrale Brandenburg,* Marktuntersuchung individualisierte Preisdifferenzierung, S. 11.

278 *Lebensmittel Zeitung vom 01.11.2019,* dm startet Omni-Channel-App 53/IT & Logistics; *Lebensmittel Zeitung vom 08.08.2014,* Künstliche Intelligenz von SO1 berechnet im GfK-Testmarkt Haßloch personalisierte Aktionspreise S. 34 IT/Logistik; *Lebensmittel Zeitung vom 13.04.2017,* Couponing-Markt auf Wachstumskurs 35/Marketing; *Lebensmittel Zeitung vom 17.07.2017,* Personalisiertes Couponing bei Real 43/Marketing; *Lebensmittel Zeitung vom 23.08.2018,* Lidl baut digitales Layalty-System in Europa aus 41/IT & Logistik.

279 Zum Vorgehen beim diesbezüglichen Vorreiter Tesco *Bell,* Machine Learning, S. 7.

auf digitale Kanäle.[280] Gerade online bestehen große Möglichkeiten der Datensammlung hinsichtlich individueller Kaufpräferenzen. Dadurch erhoffen sich die Anbieter, die Relevanz des einzelnen Coupons für den Endkunden optimieren zu können.[281] Wenngleich die Erstellung von Coupons für bestimmte Kundengruppen keine Preisindividualisierung im engeren Sinne darstellt[282], kann es dennoch zur Gruppe des individualisierten Pricings gezählt werden. Zwar wird nicht für jeden einzelnen Kunden ein separater Preis ermittelt, jedoch werden verschiedene Preise für verschiedene Kundengruppen gebildet, wodurch zumindest eine gruppenbezogene Preisindividualisierung gegeben ist. Preisindividualisierungen im engeren Sinne werden aktuell im stationären Einzelhandel nur selten angewendet. Bislang kommt Personal Pricing auch hier ausschließlich in Form von individualisierten Coupons und Rabatten dank Kundenkarten[283] zum Einsatz.[284] Die britische Supermarktkette Tesco ist Vorreiter bezüglich des Einsatzes solcher Kundenkarten und nutzt Algorithmen, um spezielle Rabatte und Angebote aufgrund der Kaufhistorie der einzelnen Kunden zu erstellen.[285] Denkbar ist perspektivisch zudem, dass Anbieter nur noch Maximalpreise ausweisen und durch den flächendeckenden Einsatz von Kundenkarten auch im Einzelhandel jeder einen individualisierten Preis zahlt[286]. Dieser Preis wäre dann abhängig von bestimmten individuellen Faktoren, wie beispielsweise der Einkaufshistorie.

b) Zurückhaltung der Händler bei Preisindividualisierungen

Die Zurückhaltung der Händler bezüglich der individualisierten Preisfestsetzung hat mehrere Gründe.

---

280 Vgl. exemplarisch dazu *Rohrer*, E-Couponing-Plattform für Apotheken startet, Pharmazeutische Zeitung vom 03.11.2021, abrufbar unter https://www.pharmazeutische-zeitung.de/e-couponing-plattform-fuer-apotheken-startet-129126/.

281 Vgl. dazu die Aussage des Vorstandes der acardo Group AG, einem der führenden Couponing-Anbieter in Deutschland: *acardo Group AG,* Pressemitteilung zum acardo Report 2021, abrufbar unter https://static.acardo.com/website/Production/pressrelease/127_2022-04-08_11-16_acardo-Report-2021_Pressemitteilung_DE.pdf, S. 5.

282 *Schleusener/Hosell,* Personalisierte Preisdifferenzierung im Online-Handel, S. 5.

283 Vgl. *Haucap,* Big Data aus wettbewerbs- und ordnungspolitischer Perspektive, S. 14.

284 *Schwaiger/Hufnagel,* Handel und elektronische Bezahlsysteme, S. 43; *Zander-Hayat/Reisch/Steffen,* VuR 2016, 403, 405.

285 *Bell,* Machine Learning, S. 7.

286 *Haucap,* Big Data aus wettbewerbs- und ordnungspolitischer Perspektive, S. 14.

aa) Qualität der Algorithmen

Zum einen könnten die verwendeten Algorithmen nicht gut und detailliert genug sein, um die tatsächliche Zahlungsbereitschaft der Kunden anhand von einzelnen Parametern wirklich zielgenau berechnen zu können.[287] Dies hängt möglicherweise auch damit zusammen, dass das Pricing insgesamt bei vielen Händlern noch wenig professionalisiert ist. Oft wird sich weitgehend an den Einkaufspreisen orientiert und mit einfacher Zuschlagskalkulation gearbeitet.[288] Dieses Hindernis könnte jedoch künftig überwunden werden. Die Algorithmen von größeren Anbietern könnten perspektivisch in der Lage sein, aufgrund großer Datenmengen optimierte kundenindividuelle Preise zu ermitteln. Kleinere Wettbewerber könnten langfristig durch eigenes Datensammeln aufholen oder Daten über bestimmte Kundengruppen einkaufen. Dabei benötigt auch nicht jedes Unternehmen vertieftes Know-how bezüglich der Erstellung von individualisierten Preisen. Vielmehr könnten gerade kleine Anbieter auf externe Personal Pricing Dienstleister zurückgreifen.

bb) Preisidentität

Zum anderen stellt die angestrebte Preisidentität auf verschiedenen Vertriebskanälen ein echtes Hindernis dar.[289] Viele Händler verfolgen eine sog. Omni-Channel-Preisstrategie, bei der sie über jeden Kanal identische Preise für ein Produkt verlangen.[290] Kunden von Unternehmen, die ihre Produkte sowohl online als auch stationär vertreiben, bezahlten über verschiedene Vertriebskanäle dann möglicherweise unterschiedliche Preise. Eine flächendeckende kundenindividuelle Preisindividualisierung im stationären Einzelhandel erscheint derzeit nicht umsetzbar. Dies wäre jedoch nötig, um einen Gleichlauf der Preise in Online- und Offline-Vertriebskanälen sicherzustellen. Hinzu kommen Probleme bei Franchise-Vertriebssystemen wie beispielsweise der Rückgabe von online bestellten Waren im stationären Handel. Dies ließe sich bei unterschiedlichen Preisen kaum organisieren, ohne dass der Kunde auf die Abwicklung über einen Vertriebskanal beschränkt werden müsste.[291]

---

287 *Haucap*, Big Data aus wettbewerbs- und ordnungspolitischer Perspektive, S. 12 f.
288 *Schleusener/Hosell*, Personalisierte Preisdifferenzierung im Online-Handel, S. 12.
289 *Schleusener/Hosell*, Personalisierte Preisdifferenzierung im Online-Handel, S. 12.
290 *Schwaiger/Hufnagel*, Handel und elektronische Bezahlsysteme, S. 46.
291 *Schleusener/Hosell*, Personalisierte Preisdifferenzierung im Online-Handel, S. 12.

cc) Ablehnung durch Kunden und Verbraucher

Das stärkste Argument gegen den Einsatz von individualisierten Preisen stellt jedoch die ablehnende Haltung von Kunden bzw. Verbrauchern dar.[292] Für den US-amerikanischen Markt haben *Maxwell* und *Garbarino* bereits im Jahr 2010 festgestellt, dass die Internetnutzer weitüberwiegend der Ansicht sind, dass jeder Käufer für dasselbe Produkt bei demselben Anbieter den identischen Preis zahlen sollte und individualisierten Preisen daher ablehnend gegenüberstanden.[293] Für den deutschen Markt wurden später ähnliche Ergebnisse festgestellt. 2016 fanden in einer repräsentativen Verbraucherbefragung unter Internetnutzern 90 Prozent eine Preisdifferenzierung, die sich auf verschiedene Endgeräte, Betriebssysteme, Webshops oder Apps bezieht, weniger oder überhaupt nicht gut.[294] 85 Prozent der Befragten gaben an, es weniger oder überhaupt nicht gut zu finden, einen anderen Preis als ein Bekannter für dasselbe Produkt zu zahlen.[295] Knapp zwei Drittel gaben sogar an, das Surfverhalten bei drohenden Preisindividualisierungen aktiv anzupassen, um die Aufzeichnung besuchter Seiten zu verhindern.[296] Dies gelingt beispielsweise durch die Verweigerung des Setzens von Cookies oder der Verwendung eines sog. Inkognito-Modus[297], der die Erhebung von personalisierten Daten erschwert.[298] Einer Befragung aus dem Jahr 2017 zufolge spielt nach dem Bekanntwerden der Preisindividualisierungen keine Rolle, ob die Kunden einen höheren oder niedrigeren Preis gezahlt haben.[299] Die Bereitschaft, erneut auf diesen Händler zurückzugreifen, sank in beiden Gruppen.[300] Die Wiederkaufsbereitschaft bei Kunden, die einen höheren Preis gezahlt haben, ging um 66 Prozent zurück,

---

292 Vgl. *Haucap*, Mögliche Wohlfahrtswirkungen eines Einsatzes von Algorithmen, S. 11 ff; *LINK*, Repräsentative Verbraucherbefragung in der Gruppe der Internetnutzer, S. 8 ff; *Maxwell/Garbarino*, Jnl of Prod. & Brand Mgt 2010, 218, 221; *Reinartz et al.*, Preisdifferenzierung und -dispersion im Handel, S. 10 ff; *Rützel*, Rechtsfragen algorithmischer Preisdiskriminierung, S. 11 f.

293 *Maxwell/Garbarino*, Jnl of Prod. & Brand Mgt 2010, 218, 221.

294 *LINK*, Repräsentative Verbraucherbefragung in der Gruppe der Internetnutzer, S. 8.

295 *LINK*, Repräsentative Verbraucherbefragung in der Gruppe der Internetnutzer, S. 9.

296 *LINK*, Repräsentative Verbraucherbefragung in der Gruppe der Internetnutzer, S. 9.

297 Vgl. zur Funktionsweise und dem Missverständnis vieler Nutzer über die Funktionsweise des Inkognito-Modus *Wu et al.*, in: *Champin/Gandon/Lalmas u. a.* (Hrsg.), How Browsers' Explanations Impact Misconceptions About Private Browsing Mode, S. 217 ff.

298 *LINK*, Repräsentative Verbraucherbefragung in der Gruppe der Internetnutzer, S. 10.

299 *Reinartz et al.*, Preisdifferenzierung und -dispersion im Handel, S. 14.

300 *Reinartz et al.*, Preisdifferenzierung und -dispersion im Handel, S. 14.

während selbst 31 Prozent der Kunden, die von den Preisindividualisierungen profitierten, angaben, danach nicht wieder auf diesen Händler zurückkommen zu wollen.[301] Neben dem Vertrauen in die Preisfairness leidet zudem auch das generelle Ansehen der Händler durch Preisindividualisierungen. So hielten jeweils ca. 28 Prozent den Händler für weniger zuverlässig und glaubwürdig, nachdem sie eine Preisindividualisierung in dessen Sortiment erlebt haben.[302]

dd) Technische Umgehungsmöglichkeiten

Ein weiteres Problem für den Einsatz kundenspezifischer Preise besteht darin, dass Kunden technische Gegenmaßnahmen ergreifen könnten. Neben der Nutzung von Preisvergleichsportalen[303] ist beispielsweise denkbar, dass sich Verbraucher von Bekannten oder Dritten Produkte bestellen lassen, die aufgrund ihrer Profile einen niedrigeren Preis erhalten.[304] Darüber hinaus kommt neben der bereits angesprochenen Möglichkeit der Nutzung von Inkognito-Modi zur Verhinderung der Übermittlung persönlicher Daten ggf. auch die Manipulation des eigenen Nutzerprofils in Betracht. So könnten Nutzer durch gezielte Übermittlung manipulierter Daten erreichen, einen besonders günstigen Preis zu erhalten.[305] Am wahrscheinlichsten ist eine Verbreitung von Browser-AddOns, die ähnlich zu den heutigen Werbeblockern auf Knopfdruck bestimmte, für den Nutzer günstige Daten an den jeweiligen Onlineshop übermitteln.[306] Dies erschwert den Unternehmen die Möglichkeit der Durchsetzung von höheren Preisen und lässt eher eine zunehmend flächendeckende Preisoptimierung zugunsten der Kunden erwarten.[307] Es existieren bereits erste Anbieter, die die Preisfindung zugunsten der Kunden optimieren wollen, wenn auch in erster Linie bezüglich des dynamischen Pricings von Regular Pricing Algorithmen.[308]

---

301 *Reinartz et al.*, Preisdifferenzierung und -dispersion im Handel, S. 14.
302 *Reinartz et al.*, Preisdifferenzierung und -dispersion im Handel, S. 16.
303 Vgl. dazu *Mikians et al.*, in: *Kandula/Padhye/Sirer u. a.* (Hrsg.), Proceedings of the 11th ACM Workshop on Hot Topics in Networks - HotNets-XI, S. 83 f., die festgestellt haben, dass einzelne Produkte günstiger angeboten worden sind, wenn der Nutzer von einer Preisvergleichsseite weitergeleitet wurde als wenn er direkt auf das Angebot auf der Anbieterhomepage zugreift.
304 *Schwaiger/Hufnagel,* Handel und elektronische Bezahlsysteme, S. 17.
305 Vgl. zur Möglichkeit der Manipulation von Nutzerdaten beim Personalisierten Pricing *Rayna/Darlington/Striukova,* Electronic Markets 2015, 139, 139 ff.
306 *Schleusener/Hosell,* Personalisierte Preisdifferenzierung im Online-Handel, S. 14.
307 *Schleusener/Hosell,* Personalisierte Preisdifferenzierung im Online-Handel, S. 14.
308 *Schwaiger/Hufnagel,* Handel und elektronische Bezahlsysteme, S. 17.

Exemplarisch hierfür ist die Preisvergleichsseite *idealo.de* zu nennen. Hier kann der Nutzer einen Wunschpreis für ein bestimmtes Produkt einstellen und sich per E-Mail benachrichtigen lassen, sobald dieser Preis von einem Anbieter erreicht wird.[309] Ein ähnliches Konzept nutzt der Anbieter meinpreiswecker.de, der allerdings ausschließlich die Preise auf der Plattform Amazon im Blick hat.[310]

ee) Rechtliche Risiken

Hinzu kommen mögliche datenschutzrechtliche[311], lauterkeitsrechtliche[312] und gleichbehandlungsrechtliche Probleme, die durch die Preisindividualisierung durch Merkmale wie Wohnort, Alter oder Geschlecht entstehen können.[313] Diese dürften sich künftig durch stärkere Regulierungen auf diesem Gebiet noch verschärfen.[314]

ff) Ergebnis

Insofern bleibt es sowohl im deutschen als auch im europäischen Markt sowohl online als auch offline aktuell weitgehend beim Einsatz von sozial akzeptierten Kriterien für Preisdifferenzierungen, wie beispielsweise Rabatte für Familien, Studierende oder sozial Schwächere.[315]

V. Zusammenfassung

Ein Preissetzungsalgorithmus lässt sich definieren als eine klar definierte, in ein Computerprogramm implementierte Rechenvorschrift, die aus einem bestimmten Dateninput einen bestimmten Preisvorschlag oder eine konkrete Preisfestsetzung erzeugt.[316]

Der Anwendungsbereich von Preissetzungsalgorithmen ist vielfältig. Auch wenn derartige Algorithmen ihren Ursprung im Onlinehandel haben, werden

---

309 *Schwaiger/Hufnagel,* Handel und elektronische Bezahlsysteme, S. 17.
310 *Schwaiger/Hufnagel,* Handel und elektronische Bezahlsysteme, S. 17.
311 *F. Hofmann/Freiling,* ZD 2020, 331, 331 ff.
312 *Hidar,* Rechtliche Grenzen smarter Preisgestaltung, S. 293 ff.
313 *Spann/Skiera,* Schmalenb. bus. res. 2020, 321, 334; *Zander-Hayat/Reisch/Steffen,* VuR 2016, 403, 406.
314 Vgl. dazu *Gleixner,* VuR 2020, 417, 419.
315 *Rützel,* Rechtsfragen algorithmischer Preisdiskriminierung, 13 f., 21; *Spann/Skiera,* Schmalenb. bus. res. 2020, 321, 334.
316 Siehe A) II. 7).

sie zunehmend auch in Offline-Märkten wie dem stationären Einzelhandel eingesetzt.[317] Ihre Einsatzmöglichkeiten und damit ihre Bedeutung dürfte in den kommenden Jahren aufgrund der fortschreitenden Digitalisierung weiter steigen.

Preissetzungsalgorithmen haben unterschiedliche Funktionsweisen und Zielsetzungen. Sie können neben der klassischen Bestpreisbestimmung (Regular Dynamic Pricing)[318] auch zum Anpassen an Preise eines Wettbewerbers (Repricing)[319] dienen. Nur vereinzelt kommen Preisindividualisierungen vor, um aus Sicht der Unternehmen den höchstmöglichen Preis, den ein bestimmter Kunde oder eine Kundengruppe bereit ist zu zahlen, zu erzielen.[320] Ebenfalls eingesetzt werden Markdown-Preissetzungsalgorithmen. Diese stellen bei saisonaler und schnell-verderblicher Ware einen konstanten Absatz und den möglichst vollständigen Verkauf der Ware bis zu einem bestimmten Zeitpunkt sicher.[321] Kartellrechtlich problematisch dürften vorwiegend Repricing und Regular Dynamic Pricing Algorithmen sein. Diese richten ihre eigene Preissetzung an der von Wettbewerbern aus, sodass der Einsatz dieser Kollusionsrisiken mit sich bringen kann.[322]

Preissetzungsalgorithmen lassen sich zudem nach ihrer jeweiligen Lernfähigkeit[323] und Interpretierbarkeit[324] unterscheiden.

Ihre Praxisrelevanz unterscheidet sich erheblich. Während Repricing und Markdown Pricing Algorithmen bereits heute regelmäßig zum Einsatz kommen, werden vor allem Personal Pricing Algorithmen eher selten eingesetzt. Auch komplexere algorithmische Bestpreisbestimmungen gewinnen für viele Anbieter sowohl online als auch im stationären Handel an Bedeutung und könnten einfache Repricing Tools künftig zunehmend ablösen.

---

317 Siehe A) IV. 1) und 2).
318 Siehe A) III. 1) b).
319 Siehe A) III. 1) a).
320 Siehe A) III. 1) d).
321 Siehe A) III. 1) c).
322 Siehe ausführlich zum Vergleich der Kollusionsrisiken B) IV.
323 Siehe A) III. 2).
324 Siehe A) III. 3).

Kapitel B) Ökonomische Grundlagen preisalgorithmischer Kollusion

Im folgenden Kapitel werden die ökonomischen Grundlagen von preisalgorithmischer Kollusion betrachtet. Es soll erörtert werden, unter welchen Marktbedingungen kollusive Ergebnisse entstehen können. Zudem liegt der Fokus auf ökonomischen Preissetzungsmodellen und Spieltheorien, die der Funktionsweise von Preissetzungsalgorithmen zugrunde liegen. Dabei soll zu Beginn der ökonomische Begriff der Kollusion definiert werden, um darauf aufbauend zu analysieren, welche Arten von Koordination im Zusammenhang mit Preissetzungsalgorithmen zu einem solchen Ergebnis beitragen können.

I. Der Begriff der preisalgorithmischen Kollusion

Der ökonomische Kollusionsbegriff bezeichnet ein Marktergebnis, bei dem Wettbewerber durch eine Form der Koordination höhere Gewinne erzielen als in einem wettbewerblichen Verhältnis, typischerweise durch klassische Koordinationsformen wie Mengen- bzw. Preisabsprachen.[325] Dabei werden mit der expliziten und impliziten zwei Arten von Kollusion unterschieden.[326] Sowohl die explizite als auch die implizite Kollusion können in algorithmischer Form, das heißt durch oder mithilfe des Einsatzes von Preissetzungsalgorithmen entstehen. Bei der expliziten Kollusion in Form von Absprachen und abgestimmten Verhaltensweisen steht regelmäßig der Mensch als Akteur im Vordergrund.[327] Dagegen besteht bei selbstlernenden, nicht interpretierbaren Preissetzungsalgorithmen die Gefahr einer impliziten bzw. stillschweigenden Kollusion (tacit collusion). Das kollusive Ergebnis entsteht hier ohne bewusste Zusammenarbeit mehrerer Wettbewerber.[328] Kollusive Marktergebnisse können folglich einerseits mithilfe von Preissetzungsalgorithmen umgesetzt bzw. implementiert werden.[329] Andererseits können Kollusionen durch den Einsatz

325 *Monopolkommission,* XXII. Hauptgutachten 2018, Rz. 173; *Samuelson/Nordhaus,* Volkswirtschaftslehre, S. 293.

326 *Ivaldi et al.,* The Economics of Tacit Collusion, S. 5; *Konkurrensverket,* Collusion in Algorithmic Pricing, S. 21; *Monopolkommission,* XXII. Hauptgutachten 2018, Rz. 174; *Pindyck/Rubinfeld,* Microeconomics, S. 341.

327 Siehe zu diesen Konstellationen insbesondere C III. 1) und C III. 2).

328 Siehe dazu C) III. 4) a).

329 Siehe dazu C) III. 1).

von Preissetzungsalgorithmen auch erst entstehen.[330] Wie diese verschiedenen Konstellationen rechtlich zu bewerten sind, wird später zu thematisieren sein.[331] Zunächst soll auf die ökonomischen Grundlagen der Preissetzung abgestellt werden, um zu verstehen, nach welchen Regeln und Vorgaben Preissetzungsalgorithmen funktionieren können. Zudem ist zu klären, welche ökonomischen Vorteile der Einsatz derartiger Software für das jeweilige Unternehmen haben kann.

II. Preissetzung als ökonomisches Problem und Aufgabe von Preissetzungsalgorithmen

1) Ökonomische Ziele des Einsatzes von Preissetzungsalgorithmen

Zu Beginn sollen die konkreten ökonomischen Chancen betrachtet werden, die Unternehmen mit dem Einsatz von Preissetzungsalgorithmen verbinden.

a) Gewinnmaximierung durch Ermittlung des bestmöglichen Preises jeder Transaktion

Beim Einsatz von Preissetzungsalgorithmen steht wie bei den meisten unternehmerischen Entscheidungen das übergeordnete Ziel der Gewinnmaximierung im Vordergrund.[332] Die Entwicklung und Anpassung von Preisstrategien dient in erster Linie dazu, den Umsatz bzw. Gewinn eines Unternehmens zu optimieren.[333] Anbieter versuchen, für jede Transaktion eines Konsumenten jenen Preis zu ermitteln, der den höchsten Gewinn verspricht.[334] Dies entspricht häufig dem höchsten Preis, den ein bestimmter Konsument in einer bestimmten Situation unter bestimmten Markt- und Umwelteinflüssen zu zahlen bereit ist. Durch die bessere Abstimmung zwischen Angebot und Nachfrage entstehen so positive ökonomische Effekte durch eine bessere Markträumung.[335]

---

330 Siehe dazu C) III. 4) a).

331 Siehe dazu C) III.

332 Vgl. zur Gewinnmaximierung als Prinzip unternehmerischen Handelns exemplarisch *Pindyck/Rubinfeld,* Microeconomics, S. 302 f; *Samuelson/Nordhaus,* Volkswirtschaftslehre, S. 234.

333 Vgl. *Huckemann/Krug,* Umsetzungsmanagement von Preisstrategien, S. 3; *Pindyck/Rubinfeld,* Microeconomics, S. 303 ff.

334 *Ezrachi/Stucke,* Virtual Competition, S. 118.

335 *CMA,* Pricing Algorithms, S. 20; *König,* in: *Ebers/Heinze/Krügel u. a.* (Hrsg.), KI und Wettbewerbsrecht, Rn. 4.

Der Zusammenhang zwischen dem Preis eines Produktes und der entsprechenden Nachfrage wird grundsätzlich anhand der Nachfragefunktion ermittelt. Sie bildet ab, welche Menge bei einem bestimmten Produktpreis abgesetzt werden kann.[336] Grundsätzlich gilt, dass der Absatz mit zunehmendem Preis eines Produktes abnimmt.[337] Die Umkehrfunktion dieser Nachfragefunktion wird Preisabsatzfunktion genannt und gibt an, welchen Preis ein Unternehmen verlangen kann, um eine bestimmte Absatzmenge zu erreichen.[338] Mithilfe beider Funktionen kann dargestellt werden, wie groß die Produzenten- und Konsumentenrente für bestimmte Produkte ausfällt.[339] Die Summe dieser Mengen wird als gesamtgesellschaftliche Wohlfahrt[340] bezeichnet. Die Konsumentenrente entspricht der Differenz zwischen dem Geldbetrag, den die Konsumenten für ein Produkt äußerstenfalls zu bezahlen bereit wären und dem tatsächlichen Preis.[341] Die Produzentenrente hingegen beschreibt die Differenz zwischen dem Preis, zu dem ein Anbieter kostenbedingt gerade noch bereit wäre ein Produkt anzubieten, und dem tatsächlichen Marktpreis.[342] Die Gewinnmaximierung der Unternehmen mithilfe von Preissetzungssoftware gelingt im Wesentlichen durch die Abschöpfung der Konsumentenrente zugunsten der Produzentenrente.[343] Der Nutzen von bestimmten Transaktionen soll durch den Einsatz von Algorithmen folglich zugunsten der Unternehmen verschoben werden, wobei die Konsumenten als Gruppe ökonomisch schlechter gestellt werden.

Dabei können theoretisch neben generellen auch individuelle Preisfaktoren eine Rolle spielen.[344] Durch die zunehmend große Verfügbarkeit von Daten,

---

336 *Hoberg,* DB 2018, 1937, 1937; *Pindyck/Rubinfeld,* Microeconomics, S. 24 ff; *Samuelson/Nordhaus,* Volkswirtschaftslehre, S. 87.

337 *Hoberg,* DB 2018, 1937, 1937; *Pindyck/Rubinfeld,* Microeconomics, S. 25; *Samuelson/Nordhaus,* Volkswirtschaftslehre, S. 88.

338 *Hoberg,* DB 2018, 1937, 1937; *Pindyck/Rubinfeld,* Microeconomics, S. 24 ff.

339 *Pindyck/Rubinfeld,* Microeconomics, S. 348 f.

340 *Brunner,* Volkswirtschaftslehre, S. 314; *Engelkamp/Sell/Sauer,* Einführung in die VWL, S. 132; *Frambach,* Mikroökonomie, S. 158; *Mankiw/Taylor,* Grundzüge der VWL, S. 240; *Pindyck/Rubinfeld,* Microeconomics, S. 349; *Smith,* Einführung in die VWL, S. 19.

341 *Frambach,* Mikroökonomie, S. 268; *Pindyck/Rubinfeld,* Microeconomics, S. 348 f; *Samuelson/Nordhaus,* Volkswirtschaftslehre, S. 155; *Varian,* Mikroökonomik, S. 281 f.

342 *Frambach,* Mikroökonomie, S. 272; *Pindyck/Rubinfeld,* Microeconomics, S. 348 f; *Samuelson/Nordhaus,* Volkswirtschaftslehre, S. 250; *Varian,* Mikroökonomik, S. 290.

343 *Kremmel,* WIST 2020, 49, 49; *Pindyck/Rubinfeld,* Microeconomics, S. 454.

344 Siehe dazu A) IV. 3).

die die Unternehmen durch das Internet oder eigene digitale Systeme, beispielsweise Scannerkassen sammeln können, werden auch die zugrundeliegenden Preisermittlungsverfahren immer komplexer.[345] Zu berücksichtigen sind Abhängigkeiten von bestimmten unternehmenseigenen Produktpreisen untereinander (Interdependenzen und damit verbundene Kreuzpreiselastizitäten) sowie das im Einzelhandel relevante Warengruppenmanagement.[346] Außerdem spielen Erfahrungen mit Kundenverhalten aus der Vergangenheit bei der Entwicklung entsprechender Algorithmen in der ökonomischen Wissenschaft eine Rolle.[347] Durch die neuen technischen Möglichkeiten der dynamischen Preissetzung kommen weitere in Echtzeit berücksichtigungsfähige Faktoren hinzu. Exemplarisch hierfür können das Wetter[348] oder insbesondere im Online-Handel auch Wettbewerberpreise angeführt werden.[349] All diese Daten werden genutzt, um für jede Transaktion den möglichst besten Preis aus Sicht des Unternehmens zu ermitteln. So sollen Umsatz und Gewinn sowohl kurz- als auch langfristig gesteigert werden.[350]

b) Lager- und Logistikoptimierung

Als weiteres Ziel ist insbesondere beim Markdown-Pricing die Optimierung von Lager- und Logistikkapazitäten zu nennen.[351] Vor allem beim Verkauf von verderblicher oder saisonaler Ware kommen Markdown-Strategien zur Anwendung.[352] Durch die stetige und wiederholte Senkung von Preisen bleibt die Nachfrage bis zu einem bestimmten Datum so hoch ist, dass die Lagerkapazitäten ab diesem Zeitpunkt maximiert und damit für neue Waren verfügbar

345 *Lüders,* Entwicklung eines Evolutionären Algorithmus zur Preisoptimierung, S. 24.

346 *Lüders,* Entwicklung eines Evolutionären Algorithmus zur Preisoptimierung, S. 28.

347 Siehe dazu exemplarisch *Fox/Postrel/Semple,* Marketing Science 2009, 709, 709 ff.

348 *Kremmel,* WIST 2020, 49, 50 ff.

349 Siehe dazu insbesondere zum Repricing A) III. 1) a).

350 Vgl. dazu exemplarisch die Werbeaussagen des Hotel-Pricing-Anbieters *Happyhotel,* Mehr Umsatz für dein Hotel, abrufbar unter https://happyhotel.io/, der Umsatzsteigerungen von bis zu 20 % verspricht.

351 *Relex Solutions,* Markdown-Optimierung: So verkaufen Einzelhändler Ware mit maximaler Marge, abrufbar unter https://www.relexsolutions.com/de/fachbeitraege/markdown-optimierung-so-verkaufen-einzelhandler-ware-mit-maximaler-marge/.

352 *Scharwenka/Mattes,* Machine Learning im Abverkauf: bessere Preise, weniger Abschriften, abrufbar unter https://alumni.simon-kucher.com/news/215529; siehe dazu auch A) III. 1) c).

sind.[353] Die Markdown-Preissetzungsalgorithmen analysieren vorhandene Daten, um Zeitpunkt und Level des Preisnachlasses für die einzelnen Preissenkungsschritte der jeweiligen Produkte zu optimieren.[354] Dabei verwenden sie historische und aktuelle Daten aus Lagerbeständen und Beschaffungspreisen, um die künftige Absatzmenge zu prognostizieren.[355]

c) Digitalisierung, Sammlung und Nutzung von Preisdaten

Weiterhin bringt der Einsatz von moderner Preissetzungssoftware den Nebeneffekt, dass auch unternehmensseitig umfassender Preisdaten gesammelt und ausgewertet werden können. Diese Daten können für die Einführung künftiger Produkte oder auch für andere Unternehmen interessant sein. Preisdaten, die Aufschluss darüber geben, inwiefern externe Faktoren wie beispielsweise das Wetter einen Einfluss auf die Zahlungsbereitschaft von Konsumenten haben, dürften für viele Unternehmen in verschiedensten Märkten relevant sein. Insbesondere Drittanbieter von Preissetzungsalgorithmen, die eine Mehrzahl von Unternehmen mit Software ausstatten, können dabei eine große Menge von Daten sammeln. Sie sind dadurch in der Lage, für unterschiedliche Märkte Preisprognosen und Preisvorschläge zu erstellen.[356] Weiterhin spart ein Unternehmen durch den Einsatz von Software mögliches Personal, das ansonsten mit Preisbeobachtungen und Preissetzung zu befassen wäre und profitiert damit zusätzlich von der Digitalisierung der eigenen Preissetzung.[357] Zudem besteht die Möglichkeit, die Preissetzung mit anderen digitalen Daten in der Unternehmensstruktur zu verknüpfen, beispielsweise mit Produktionskosten oder einem digitalen Produktionsstandort. So kann im besten Fall von der Produktion bis zur Preissetzung auf digitale und vernetzte Unternehmensdaten zurückgegriffen werden, um Prozesse in allen Bereichen zu optimieren.[358]

---

353 Siehe dazu die Grafik der *Relex Solutions,* Markdown-Optimierung: So verkaufen Einzelhändler Ware mit maximaler Marge, abrufbar unter https://www.relexsolutions.com/de/fachbeitraege/markdown-optimierung-so-verkaufen-einzelhandler-ware-mit-maximaler-marge/.

354 *Leventhal/Breur,* JoDDDMP 2012, 207, 207 ff.

355 *Adida/Özer,* Management Science 2018, 2161, 2163.

356 Vgl. zum Problem des Austausches von Preisdaten über einen zentralen Anbieter C) III. 3) b).

357 *Bolz,* Kartellrechtliche Grenzen der Preisberatung, S. 34.

358 Vgl. zum Komplex rund um die Nutzung von Analysedaten in den einzelnen Unternehmensabteilungen ausführlich *Weber,* KI für Business Analytics, S. 1 ff.

2) Ökonomische Risiken des Einsatzes von Preissetzungsalgorithmen

Neben den Möglichkeiten, die der Einsatz von Preissetzungssoftware mit sich bringt, bestehen ebenso ökonomische Risiken. Zum einen kann durch die ständige Preisanpassung von Produkten die Akzeptanz der Konsumenten gegenüber einem Produktpreis abnehmen, da diese das Gefühl haben könnten, nicht den besten Preis zu zahlen.[359] Zum anderen könnten diese in Erwartung baldiger Preissenkungen Konsumentscheidungen ständig in die Zukunft verlagern. Dadurch ginge dem Unternehmen dauerhaft Umsatz verloren, da ein Teil der in die Zukunft verlagerten Konsumentscheidungen nicht nachgeholt werden dürfte. Auch der Vorwurf der Diskriminierung von bestimmten Konsumentengruppen könnte entstehen, wenn Preissetzungsalgorithmen beispielsweise Nutzer bestimmter Endgeräte oder bestimmter Herkunftsgebiete unterschiedlich bepreisen.[360] Zusätzlich besteht das Risiko von offensichtlich fehlerhaften Preissetzungsverfahren, die zu überhöhten Preisen und damit zu einem Umsatzeinbruch führen können. Diese Fehler könnten durch mangelnde menschliche Kontrolle zunächst unbemerkt bleiben. Dies zeigt das Beispiel eines Sachbuchs über das Fliegen, das aufgrund preisalgorithmischer Berechnungen zwischenzeitlich 23 Millionen Dollar kosten sollte.[361]

Auch bestehen kartellrechtliche Risiken im Zusammenhang mit dem Einsatz von Preissetzungsalgorithmen. Diese werden für die einzelnen Konstellationen in den folgenden Kapiteln thematisiert.[362] Je nach Konstellation besteht das Risiko der Beteiligung an wettbewerbswidrigen Absprachen bzw. Verhaltensweisen, die mit empfindlichen Bußgeldern und Schadenersatzforderungen einher gehen können. Die verschiedenen Algorithmen unterscheiden sich hinsichtlich ihrer Kollusionsgefahr, worauf später noch detailliert einzugehen sein wird.[363]

---

359 Siehe dazu bereits A) III. 1) d).

360 Siehe dazu bereits A) III. 1) d).

361 *Der Standard*, Warum ein Buch über Fliegen auf Amazon 23 Millionen Dollar kostet vom 30.09.2015, abrufbar unter https://www.derstandard.at/story/2000023026993/warum-ein-buch-ueber-fliegen-auf-amazon-23-millionen-dollar.

362 Siehe dazu C).

363 Siehe dazu B) IV.

3) Marktstrukturbezogene Unterschiede in der (algorithmischen) Preissetzung

Nachdem die Ziele sowie die Risiken des Einsatzes von Preissetzungsalgorithmen dargestellt wurden, sollen im Folgenden Unterschiede in der (algorithmischen) Preissetzung je nach Marktlage betrachtet werden. Unterschieden werden dabei anhand der Zahl der Anbieter Wettbewerbsmärkte, Oligopole und Monopole[364], wobei auch die Auswirkungen des Einsatzes von Preissetzungsalgorithmen auf den jeweiligen Märkten skizziert werden sollen.

a) Vollkommene Wettbewerbsmärkte

Zunächst soll die Preisentstehung auf vollkommenen Wettbewerbsmärkten betrachtet werden. Ein Markt gilt dabei als vollkommen, wenn homogene Güter angeboten werden, keine räumlichen und zeitlichen Differenzierungen existieren, vollständige Markttransparenz gegeben ist und es keine Marktzutrittsbarrieren gibt.[365] Als ökonomische Grundregel gilt, dass auf polypolistischen, vollkommenen Angebotsmärkten die Unternehmen die Preise gleich den Grenzkosten setzen (müssen), um ihren Gewinn zu maximieren.[366] Man spricht dabei auch von Konkurrenzpreisbildung, da in diesen Märkten vollständige Konkurrenz herrscht.[367] Der Preis wird ausschließlich von den Grenzkosten bestimmt, sodass die Gewinnmaximierung über die Mengenanpassung erfolgen muss.[368]

Auf vollständigen, polypolistischen Wettbewerbsmärkten ist der Einsatz von Preissetzungsalgorithmen daher sinnlos. Die Algorithmen können die Preissetzung nicht zu Gunsten der Unternehmen beeinflussen. Der Marktpreis steht in einem solchen Szenario fest. Sobald die Bedingungen des vollkommenen

---

364 *Engelkamp/Sell/Sauer,* Einführung in die VWL, S. 119; *Kerber/Schwalbe in* MüKo-WettbR, Bd. 1 Grundlagen, Rn. 149; *Pindyck/Rubinfeld,* Microeconomics, S. 401, 523; *Samuelson/Nordhaus,* Volkswirtschaftslehre, S. 234, 262 f; *Schneider,* Grundlagen der VWL, S. 178; *Schwalbe/Zimmer,* Kartellrecht und Ökonomie, S. 14.

365 Vgl. *Engelkamp/Sell/Sauer,* Einführung in die VWL, S. 119 ff; *Schwalbe/Zimmer,* Kartellrecht und Ökonomie, S. 14 ff..

366 *Pindyck/Rubinfeld,* Microeconomics, S. 307; *Samuelson/Nordhaus,* Volkswirtschaftslehre, 235, 237; *Smith,* Einführung in die VWL, S. 119.

367 *Engelkamp/Sell/Sauer,* Einführung in die VWL, S. 121.

368 *Engelkamp/Sell/Sauer,* Einführung in die VWL, S. 123; *Mankiw/Taylor,* Grundzüge der VWL, S. 202; *Samuelson/Nordhaus,* Volkswirtschaftslehre, S. 236 f; *Schwalbe/ Zimmer,* Kartellrecht und Ökonomie, S. 15.

Marktes jedoch nicht vorliegen, entfällt auch die Annahme des einheitlichen Marktpreises.[369] In der Realität sind vollkommene Wettbewerbsmärkte äußerst selten.[370] Die vielleicht am wenigstens plausible Annahme in Wettbewerbsmärkten ist, dass Unternehmen Preise als gegeben ansehen und ausschließlich als Preisnehmer und nicht als Preissetzer auftreten.[371] In den meisten Märkten ist auch die Preisbildung und damit der mögliche Einsatz von Preissetzungsalgorithmen für die Angebotsseite von enormer Bedeutung. Gewinnmaximierung funktioniert dann nicht mehr ausschließlich über Mengenanpassung, sondern auch über die Preissetzung.[372] Preissetzungsalgorithmen nutzen in ihrer Funktionsweise folglich Abweichungen des tatsächlichen Marktes von einem vollkommenen Markt. Für die Preissetzung relevant sind daher die Unterschiedlichkeit von Gütern, persönliche Präferenzen der Nachfragenden, zeitliche und räumliche Differenzierungen im Marktumfeld sowie fehlende Markttransparenz und bestehende Markteintrittsbarrieren.[373] Wie sich konkrete Marktbedingungen auf preisalgorithmische Kollusionsmöglichkeiten auswirken, soll später genauer thematisiert werden.[374]

b) Monopol

Während einzelne Marktteilnehmer auf einem vollständigen Wettbewerbsmarkt keinerlei Marktmacht entfalten können, stellt das Monopol das andere Extrem dar, bei dem die gesamte Marktmacht bei einem Anbieter konzentriert wird.[375] Der Monopolist entspricht als einziger Anbieter selbst dem gesamten Angebotsmarkt und kontrolliert sowohl Angebotspreise als auch

369 *Engelkamp/Sell/Sauer,* Einführung in die VWL, S. 120; *Pindyck/Rubinfeld,* Microeconomics, S. 453 ff; *Samuelson/Nordhaus,* Volkswirtschaftslehre, S. 262.

370 *Pindyck/Rubinfeld,* Microeconomics, S. 340; *Samuelson/Nordhaus,* Volkswirtschaftslehre, S. 262.

371 *Smith,* Einführung in die VWL, S. 145.

372 Siehe dazu oben unter II. a) aa).

373 Vgl. zu den Eigenschaften eines vollkommenen Marktes ausführlich *Neubäumer/Hewel/Lenk* (Hrsg.), Volkswirtschaftslehre, S. 105.

374 Siehe dazu III.

375 *Engelkamp/Sell/Sauer,* Einführung in die VWL, S. 132; *Hardes/Schmitz,* Grundzüge der VWL, S. 210; *Mankiw/Taylor,* Grundzüge der VWL, S. 395; *Pindyck/Rubinfeld,* Microeconomics, S. 401; *Samuelson/Nordhaus,* Volkswirtschaftslehre, S. 264.

Angebotsmengen.[376] Folglich sind es diese beiden Parameter, die der Monopolist zur Gewinnmaximierung beeinflussen kann: Entweder er fixiert den Preis und überlässt der Nachfragendenseite die Entscheidung über die zu diesem Preis abgefragte Menge (Preisfixierung) oder aber er produziert eine bestimmte Menge und akzeptiert den Preis, zu dem die Nachfragenden diese Menge abnehmen (Mengenfixierung).[377] Dabei gilt, dass der Preis und die abzusetzenden Mengen so gewählt werden müssen, dass der Grenzerlös gleich den Grenzkosten ist.[378]

Die Aufgabe von Preissetzungsalgorithmen auf monopolistischen Märkten besteht folglich darin, anhand dieser Regeln den Monopolpreis festzusetzen. Des Weiteren können auch im Monopol unterschiedliche Zahlungsbereitschaften der Abnehmer vorkommen, wodurch Preisdifferenzierungen bis hin zu Preisindividualisierungen gewinnmaximierenden Charakter haben können.[379]

c) Oligopol

Komplexer gestalten sich die Theorien zur Preissetzung auf oligopolistischen Märkten. Sie sind als Marktform zwischen vollständigen und monopolistischen Märkten in der Praxis sehr oft anzutreffen.[380] Oligopolistische Märkte sind dadurch gekennzeichnet, dass ein Produkt nur von einer begrenzten Anzahl von Anbietern angeboten wird und Änderungen von Preis bzw. Menge des angebotenen Produkts eines Anbieters im Absatzbereich der anderen Anbieter spürbar sind.[381] Jeder Oligopolist hat dabei einen begrenzten Einfluss

---

376 *Engelkamp/Sell/Sauer,* Einführung in die VWL, S. 132; *Kerber/Schwalbe in* MüKoWettbR, Bd. 1 Grundlagen, Rn. 163; *Pindyck/Rubinfeld,* Microeconomics, S. 402; *Schwalbe/Zimmer,* Kartellrecht und Ökonomie, S. 22.

377 *Engelkamp/Sell/Sauer,* Einführung in die VWL, S. 132; *Kerber/Schwalbe in* MüKoWettbR, Bd. 1 Grundlagen, Rn. 163; *Neubäumer/Hewel/Lenk* (Hrsg.), Volkswirtschaftslehre, S. 116; *Schwalbe/Zimmer,* Kartellrecht und Ökonomie, S. 22 f..

378 *Demmler,* Einführung in die VWL, S. 221; *Kerber/Schwalbe in* MüKoWettbR, Bd. 1 Grundlagen, Rn. 165; *Kyrer/Penker,* Volkswirtschaftslehre, S. 73; *Pindyck/Rubinfeld,* Microeconomics, S. 408 f; *Samuelson/Nordhaus,* Volkswirtschaftslehre, S. 277; *Schwalbe/Zimmer,* Kartellrecht und Ökonomie, S. 23.

379 Siehe dazu auch vorne A) III. 1) d).

380 *Pindyck/Rubinfeld,* Microeconomics, S. 531; *Samuelson/Nordhaus,* Volkswirtschaftslehre, S. 265; *Smith,* Einführung in die VWL, S. 154.

381 *Kerber/Schwalbe in* MüKoWettbR, Bd. 1 Grundlagen, Rn. 182; *Kyrer/Penker,* Volkswirtschaftslehre, S. 76; *Mankiw/Taylor,* Grundzüge der VWL, S. 454; *Samuelson/Nordhaus,* Volkswirtschaftslehre, S. 265; *Schwalbe/Zimmer,* Kartellrecht und Ökonomie, S. 35.

auf den Marktpreis.[382] Demgegenüber steht die Marktmacht der anderen Oligopolisten, deren Preissetzung auf die eigene Preissetzung erheblichen Einfluss hat. Die Preissetzung eines Oligopolisten hängt daher auch maßgeblich davon ab, welche Preisreaktionen bei einer bestimmten Preissetzung von der Konkurrenz erwartet wird.[383] Diesbezüglich spricht man von einer wechselseitigen Abhängigkeit[384] bzw. von der oligopolistischen Interdependenz.[385] Aufgrund dieser Abhängigkeit sind spieltheoretische Überlegungen für die Preissetzung entscheidend. Dabei existieren zum einen Theorien zur Festlegung idealer Ausbringungsmengen durch die beteiligten Unternehmen als Wettbewerbsparameter wie das Stackelberg-Modell[386] oder das Cournot-Modell[387]. Zum anderen existieren Theorien zum Preiswettbewerb in oligopolistischen Märkten, insbesondere das Bertrand-Modell vom gleichnamigen französischen Mathematiker Joseph Bertrand.[388] Es nimmt an, dass der Preis in einem duopolistischen, vollkommenen Markt mit homogenen Gütern und gleichen Kosten der beiden Anbieter in Höhe der Grenzkosten festgelegt wird, genauso wie in einem vollständigen Wettbewerbsmarkt.[389] Dem liegt die Annahme zugrunde, dass Preiserhöhungen im Verhältnis zum anderen Anbieter mit dem vollständigen Verlust des Absatzes einhergehen, während Preissenkungen unter die Grenzkosten zu

---

382 *Samuelson/Nordhaus,* Volkswirtschaftslehre, S. 265.

383 *Kerber/Schwalbe in* MüKoWettbR, Bd. 1 Grundlagen, Rn. 182; *Mankiw/Taylor,* Grundzüge der VWL, S. 454.

384 *Hardes/Schmitz,* Grundzüge der VWL, S. 237; *Kyrer/Penker,* Volkswirtschaftslehre, S. 76; vgl. *Schwalbe/Zimmer,* Kartellrecht und Ökonomie, S. 35 f.

385 *Blum,* Grundlagen der Volkswirtschaftslehre, S. 201; *Demmler,* Einführung in die VWL, S. 242; *Kyrer/Penker,* Volkswirtschaftslehre, S. 76; *Mankiw/Taylor,* Grundzüge der VWL, S. 454; *Schwalbe/Zimmer,* Kartellrecht und Ökonomie, S. 35.

386 Siehe dazu *Böventer,* Mikroökonomie, S. 314 ff; *Pindyck/Rubinfeld,* Microeconomics, S. 540 ff.

387 Siehe dazu *Böventer,* Mikroökonomie, S. 310 ff; *Pindyck/Rubinfeld,* Microeconomics, S. 533 ff.

388 *Engelkamp/Sell/Sauer,* Einführung in die VWL, S. 144; *Hardes/Schmitz,* Grundzüge der VWL, S. 252; *Neubäumer/Hewel/Lenk* (Hrsg.), Volkswirtschaftslehre, S. 125; *Pindyck/Rubinfeld,* Microeconomics, S. 542 ff; *Schwalbe/Zimmer,* Kartellrecht und Ökonomie, S. 40 ff.

389 *Engelkamp/Sell/Sauer,* Einführung in die VWL, S. 144 f; *Hardes/Schmitz,* Grundzüge der VWL, S. 252; *Neubäumer/Hewel/Lenk* (Hrsg.), Volkswirtschaftslehre, S. 125; *Pindyck/Rubinfeld,* Microeconomics, S. 542 ff; *Schwalbe/Zimmer,* Kartellrecht und Ökonomie, S. 40 f.

Verlusten führen.[390] Als Konsequenz werden beide Anbieter sich den Markt zu gleichen Teilen aufteilen und den Preis auf Höhe der Grenzkosten festsetzen.[391]

Ein weiteres Modell zur oligopolistischen Preissetzung stammt von den Ökonomen *Hall/Hitch* und *Sweezy* und prognostiziert ebenfalls eine Preisstarrheit auf oligopolistischen Märkten.[392] Mit der geknickten Preis-Absatz-Kurve werden die ökonomischen Grundlagen der sog. relativen Preisstarrheit erklärt. Dieser liegt die Annahme zugrunde, dass Unternehmen in einem oligopolistischen Markt auf Preissenkungen der Wettbewerber mit eigenen Preissenkungen reagieren, während Preiserhöhungen der Konkurrenz zu keiner eigenen Preisanpassung führen.[393] Damit soll erklärt werden, warum es in Oligopolen seltener zu Preiskämpfen kommt und bei der Preissetzung insgesamt seltener auf Kosten- und/oder Nachfrageänderungen reagiert wird.[394]

Als weitere potenzielle Strategie in einem oligopolistischen Markt ist die sog. Preisführerschaft zu nennen, bei der ein marktmächtiger Oligopolist mit großen Marktanteilen autonom die Preise festsetzt.[395] In der Erwartung, dass die anderen Oligopolisten den Preisänderungen folgen werden, entsteht dadurch eine Art Vorreiter-Rolle, die den Marktpreis durch die eigene Preissetzung beeinflusst. Die reaktiven, preisanpassenden Oligopolisten setzen den Preis für ihre Produkte entsprechend des Preisführers fest.[396] Dies geschieht aus

390 *Böventer,* Mikroökonomie, S. 316; *Engelkamp/Sell/Sauer,* Einführung in die VWL, S. 144; *Neubäumer/Hewel/Lenk* (Hrsg.), Volkswirtschaftslehre, S. 125; *Pindyck/Rubinfeld,* Microeconomics, S. 542 ff; *Schwalbe/Zimmer,* Kartellrecht und Ökonomie, S. 41.

391 *Böventer,* Mikroökonomie, S. 316; *Engelkamp/Sell/Sauer,* Einführung in die VWL, S. 144; *Neubäumer/Hewel/Lenk* (Hrsg.), Volkswirtschaftslehre, S. 125; *Pindyck/Rubinfeld,* Microeconomics, S. 542 ff; *Schwalbe/Zimmer,* Kartellrecht und Ökonomie, S. 40 f.

392 *Böventer,* Mikroökonomie, S. 317 f; *Demmler,* Einführung in die VWL, S. 249 f; *Neubäumer/Hewel/Lenk* (Hrsg.), Volkswirtschaftslehre, S. 125.

393 *Böventer,* Mikroökonomie, S. 317 f; *Demmler,* Einführung in die VWL, S. 249 f; *Neubäumer/Hewel/Lenk* (Hrsg.), Volkswirtschaftslehre, S. 125; *Pindyck/Rubinfeld,* Microeconomics, S. 555.

394 *Neubäumer/Hewel/Lenk* (Hrsg.), Volkswirtschaftslehre, S. 126; *Pindyck/Rubinfeld,* Microeconomics, S. 555.

395 *Hardes/Schmitz,* Grundzüge der VWL, S. 244 f; *Neubäumer/Hewel/Lenk* (Hrsg.), Volkswirtschaftslehre, S. 125; *Pindyck/Rubinfeld,* Microeconomics, S. 555 f; *Schwalbe/Zimmer,* Kartellrecht und Ökonomie, S. 48 f.

396 *Hardes/Schmitz,* Grundzüge der VWL, S. 245; *Pindyck/Rubinfeld,* Microeconomics, S. 555 ff.; vgl. *Schwalbe/Zimmer,* Kartellrecht und Ökonomie, S. 48 f.

Sorge vor einem Preiskampf, der gemäß den Annahmen von *Bertrand* zu einem Preisverfall bis zu den Grenzkosten führen und damit ruinöse Auswirkungen haben könnte.[397]

Basierend auf diesen grundlegenden Modell-Feststellungen gibt es folglich verschiedene Preissetzungsmerkmale, die oligopolistische Märkte kennzeichnen. Zusammenfassend zu nennen sind: die Tendenz zur Preistarrheit nach unten, Verdrängungsstrategien, einer Neigung zu Preiskoordinationen sowie zu gleichförmiger, paralleler Preissetzung ohne explizite Kollusion aufgrund einer Preisführerschaft.[398]

Oligopolistische Märkte stellen eine sehr häufige Marktform dar und sind für Preissetzungsalgorithmen am relevantesten. Entsprechend der dargestellten Grundsätze kann es je nach Markt- und Datenlage dazu kommen, dass ein Algorithmus bewusst einen Preiskampf nach unten startet. Auf diese Weise könnten Kostenvorteile eine Verdrängung der Konkurrenz aus dem Markt zur Folge haben. Eine andere Strategie, die insbesondere bei Repricing Algorithmen zum Einsatz kommt, ist die Orientierung an einem Marktführer und der sich daraus entwickelnden parallelen Preissetzung.[399] Neben der expliziten Preiskollusion, die mithilfe von Preissetzungsalgorithmen umgesetzt werden können[400], ist denkbar, dass selbstlernende Preissetzungsalgorithmen erkennen, dass eine Preiskoordination auf höherem Level für alle beteiligten Anbieter gewinnmaximierend ist.[401] Mithin lassen sich sämtliche oligopolistische Preissetzungsstrategien algorithmisch umsetzen, was die Bedeutung dieser Technik unterstreicht. Preissetzungsalgorithmen dürften daher in oligopolistischen Märkten am häufigsten anzutreffen sein.

---

397 *Hardes/Schmitz,* Grundzüge der VWL, S. 245; *Pindyck/Rubinfeld,* Microeconomics, S. 557.

398 *Hardes/Schmitz,* Grundzüge der VWL, S. 238; *Kyrer/Penker,* Volkswirtschaftslehre, S. 76; *Neubäumer/Hewel/Lenk* (Hrsg.), Volkswirtschaftslehre, S. 125 f; *Pindyck/Rubinfeld,* Microeconomics, S. 554 ff.

399 Siehe dazu A) III. 1) a).

400 Siehe C) III. 1).

401 *BKartA/Autorité de la Conc.,* Algorithms and Competition, S. 17, 45 ff; *Ezrachi/Stucke,* Univ. of Illinois Law Rev 2017, 1775, 1804.

III. Marktbedingungen, die Formen preisalgorithmischer Kollusion ermöglichen

Aufbauend auf den soeben erarbeiteten ökonomischen Grundlagen der Preissetzung soll nun betrachtet werden, unter welchen Marktbedingungen preisalgorithmische Kollusion wahrscheinlich wird.

1) Oligopolistische Marktstrukturen

Zunächst ist festzuhalten, dass von preisalgorithmischer Kollusion vorrangig oligopolistische Märkte betroffen sein dürften, in denen es eine überschaubare Anzahl von Anbietern gibt, die sich explizit oder implizit koordinieren können.[402] In monopolistischen Märkten ist eine Koordination mit anderen Anbietern nicht möglich bzw. sinnvoll.[403] Auch in vollkommenen wettbewerblichen Märkten dürfte sich eine Kollusion aufgrund der Vielzahl der Anbieter kaum umsetzen lassen.[404] Je weniger Anbieter es auf nicht-monopolistischen Angebotsmärkten gibt, desto größer ist folglich die Gefahr von kollusiver Preissetzung.[405]

2) Hohe Markttransparenz

Neben der Anzahl der Akteure kommt es auch maßgeblich auf die Markttransparenz an. Während in transparenten Märkten eine Kollusion leichter umsetzbar ist, da die Preise der Konkurrenz leichter beobachtet werden können, erschwert ein intransparenter Markt jegliche Koordination.[406] Gerade in Online-Märkten besteht folglich eine erhöhte Kollusionsgefahr. Dies liegt zum einen an der ständigen Verfügbarkeit von sämtlichen Wettbewerberpreisen[407]

---

402 *Beneke/Mackenrodt,* IIC 2019, 109, 117; *Gal,* Berkeley Tech Law Journal 2019, 67, 75; *König,* in: *Ebers/Heinze/Krügel u. a.* (Hrsg.), KI und Wettbewerbsrecht, Rn. 12; *Schwalbe,* JCLE 2018, 568, 585; siehe dazu auch C, II., 3, a).

403 Siehe dazu oben B) II. 3) b).

404 *Ivaldi et al.,* The Economics of Tacit Collusion, S. 12.

405 *Bixer/Heimeshoff,* in: Künstliche Intelligenz, Preisalgorithmen und ihre wettbewerbspolitischen Implikationen, S. 281; *Ivaldi et al.,* The Economics of Tacit Collusion, S. 12; *Lübke,* ZHR 185 (2021), 723, 734.

406 *Bixer/Heimeshoff,* in: Künstliche Intelligenz, Preisalgorithmen und ihre wettbewerbspolitischen Implikationen, S. 281 f; *EU Kommission,* Horizontalleitlinien 2022, Rn. 338; *Ivaldi et al.,* The Economics of Tacit Collusion, S. 22 ff; *Lübke,* ZHR 185 (2021), 723, 734.

407 *Ezrachi/Stucke,* Virtual Competition, S. 61 f; *Künstner/Franz,* K&R 2017, 688, 689; *Paal,* GRUR 2019, 43, 43 f.

und zum anderen an der Möglichkeit häufiger Interaktionen und Preisreaktionen zwischen den Wettbewerbern.[408] Durch den Einsatz von Preissetzungsalgorithmen kann es daher selbst auf transparenten Märkten mit zahlreichen Anbietern zu einer Quasi-Oligopolisierung kommen, weil die Reaktion auf die Preissetzung von Wettbewerbern unmittelbar erfolgen kann, was dazu führen kann, dass ein Preiswettbewerb nur noch bedingt stattfindet.[409]

3) Markteintrittsbarrieren

Ein weiterer kollusionsbegünstigender Faktor ist das Bestehen von hohen Markteintrittsbarrieren.[410] Während in Märkten mit einfachem Marktzugang im Falle unnatürlich hoher Preise jederzeit andere Wettbewerber in den Markt eintreten und Marktanteile streitig machen können, besteht diese Gefahr beim Bestehen von erheblichen Markteintrittsschranken nicht in diesem Maße.

4) Ähnliche Anbieter homogener Produkte, sonstige Faktoren

Märkte, wie beispielsweise der Online-Retail-Handel, auf denen häufig sehr homogene Produkte und Dienstleistungen angeboten werden, sind zudem besonders anfällig für Kollusionen.[411] Dieser Effekt wird noch verstärkt, wenn sich die Anbieter der homogenen Produkte hinsichtlich Kosten und Kapazitäten ähneln.[412] Ändern sich die Produkte und Anbieter auf einem Markt jedoch

---

408 *Bixer/Heimeshoff,* in: Künstliche Intelligenz, Preisalgorithmen und ihre wettbewerbspolitischen Implikationen, S. 282; *EU Kommission,* Horizontalleitlinien 2022, Rn. 418; siehe zur Bedeutung der Häufigkeit von algorithmischen Preisänderungen auf Online-Märkten *Brown/MacKay,* Competition in Pricing Algorithms S. 6 ff; *Lübke,* ZHR 185 (2021), 723, 734.

409 *Ebers,* NZKart 2016, 554, 555; *EU Kommission,* Horizontalleitlinien 2022, Rn. 418; *Ezrachi/Stucke,* Virtual Competition, S. 57 f; *Künstner,* GRUR 2019, 36, 38; *OECD,* Algorithms and Collusion, S. 34 ff; *Rützel,* Rechtsfragen algorithmischer Preisdiskriminierung, S. 232; *Zimmer in* Immenga/Mestmäcker WettbR, Art. 101 Abs. 1 AEUV, Rn. 98.

410 *Bixer/Heimeshoff,* in: Künstliche Intelligenz, Preisalgorithmen und ihre wettbewerbspolitischen Implikationen, S. 281; *Ivaldi et al.,* The Economics of Tacit Collusion, S. 16; *Lübke,* ZHR 185 (2021), 723, 734.

411 Vgl. *EU Kommission,* Horizontalleitlinien 2022, Rn. 418; *Ezrachi/Stucke,* Sustainable and Unchallenged Algorithmic Tacit Collusion, S. 10 f; *A. Heinemann,* SZW 2019, 18, 27.

412 *Bixer/Heimeshoff,* in: Künstliche Intelligenz, Preisalgorithmen und ihre wettbewerbspolitischen Implikationen, S. 282; *Ivaldi et al.,* The Economics of Tacit Collusion, S. 41 ff.

ständig, ist auch ein kollusives Ergebnis schwieriger zu erreichen. Demnach dürften besonders innovative Märkte grundsätzlich seltener von kollusiver Preissetzung betroffen sein.[413]
Auch mehrseitige Märkte sind aufgrund der Vielzahl der Beteiligten weniger anfällig für kollusives Verhalten.[414] Eine geringe Nachfrageelastizität begünstigt kollusive Preissetzungen hingegen zusätzlich.[415]

5) Ergebnis

Zusammenfassend ist eine algorithmische Kollusion insbesondere dort wahrscheinlich, wo wenige, in Produktpalette und Kostenstruktur ähnliche Anbieter, ihre Produkte auf einem transparenten Markt anbieten. Gefährdet sind daher insbesondere Onlinemärkte mit homogenen Gütern, auf denen es selbst bei einer Vielzahl von Anbietern durch die hohe Transparenz zu Preiskollusionen kommen kann.

IV. Kollusionsfördernde Arten von Algorithmen

Auch unterscheiden sich die verschiedenen Arten von Preissetzungsalgorithmen hinsichtlich der Wahrscheinlichkeit, dass ihr Einsatz zu kollusiven Ergebnissen führt oder beiträgt.

1) Repricing

Repricing Algorithmen orientieren die eigene Preissetzung ausschließlich an einem oder mehreren Wettbewerberpreisen. Die eigene Preisanpassung erfolgt unverzüglich, sobald der relevante Mitbewerber die Preise ändert.[416] Repricing Algorithmen eignen sich daher zur Umsetzung herkömmlich getroffener wettbewerbswidriger Vereinbarungen. Durch sie kann der Gleichlauf der entsprechenden Kartellpreise sichergestellt und überwacht werden.[417] Doch auch ohne explizite Absprache kann es zu antikompetitiven Preisen durch den Einsatz von Repricing Algorithmen kommen. Setzen auf einem transparenten Markt,

---

413 *Ivaldi et al.*, The Economics of Tacit Collusion, S. 32 ff; *König*, in: *Ebers/Heinze/Krügel u. a.* (Hrsg.), KI und Wettbewerbsrecht, Rn. 12, der statt von weniger innovativen Märkten von „vorhersehbaren Marktumständen" spricht.

414 *Schwalbe/Zimmer,* Kartellrecht und Ökonomie, S. 63.

415 *Lübke,* ZHR 185 (2021), 723, 734.

416 Siehe dazu A) III. 1) a).

417 Siehe dazu C) III. 1).

beispielsweise auf einer Online-Plattform, alle Anbieter Repricing Systeme ein, entsteht zwangsläufig ein Gleichlauf der Preise aller beteiligten Anbieter. Der Einsatz von flächendeckendem Repricing führt so dazu, dass sich Preissenkungen für einzelne Anbieter nicht mehr lohnen. Entsprechend des oben dargestellten *Bertrand*-Modells können die Anbieter davon ausgehen, dass die Konkurrenz die Preise ebenfalls zeitgleich senken würde.[418] In einem solchen Fall sinkt bei Preissenkungen der Umsatz, indem niedrigere Preise nicht durch einen entsprechend größeren Absatz kompensiert werden könnten. Preiserhöhungen sind jedoch ebenfalls unwahrscheinlich, da ein Wettbewerber den Preissprung entsprechend seiner Repricing Strategie nach oben nicht mitgehen könnte und entsprechende Marktanteile abgraben würde.[419]
Entsprechend dieser Annahme entsteht die Logik eines starren Preises, indem weder Preiserhöhungen noch Preissenkungen aus Sicht des jeweiligen Anbieters sinnvoll sind. Der Preiswettbewerb wäre eingeschränkt, sodass ein recht starrer, künstlicher Preis entstehen würde, der jedenfalls über dem Preis liegen dürfte, der im selben Markt ohne den Einsatz von Repricing Algorithmen bestünde. Insofern sind Repricing Algorithmen dadurch gekennzeichnet, dass sie neben der Funktion als Umsetzungshilfe für explizite Kollusion auch die Entstehung impliziter Kollusion durch die Förderung des Gleichlaufs von Wettbewerberpreisen begünstigen.

2) Regular Dynamic Pricing – reguläre Bestpreisbestimmung

Aufgrund der Verschiedenheit von Regular Dynamic Pricing Algorithmen kann keine pauschale Aussage hinsichtlich ihrer kollusionsfördernden Eigenschaften getroffen werden. Abhängig ist dies jeweils von den konkreten Berechnungen und einbezogenen Daten. Grundsätzlich gilt hier das oben für das Repricing Ausgeführte, wonach eine zu starke Abhängigkeit der eigenen Preissetzung von der eines Mitbewerbers zu antikompetitiven Effekten führen kann. Macht ein Regular Dynamic Pricing Algorithmus seine Preissetzung zu stark von einem oder mehreren Mitbewerbern abhängig, so könnten auch bei diesem kollusive Preise entstehen. Im Übrigen ist zu unterscheiden zwischen selbstlernenden nicht interpretierbaren Algorithmen und solchen, die keine autonome Änderung von Parametern vornehmen und deren Berechnung vom Menschen nachvollzogen werden kann.[420] Während die konkrete Preissetzung

---

418 Siehe dazu B) II. 3) c).

419 *Autoridade da Concorrência*, Issues Paper on Digital Ecosystems, Big Data and Algorithms, S. 60; siehe auch A) III. 1) a).

420 Siehe zu den Unterscheidungen A) III. 2) und 3).

bei Letzteren vom Input einer natürlichen Person abhängig ist, kann bei selbstlernenden Algorithmen, deren konkrete Preisfindung für den Menschen nicht mehr nachvollziehbar ist, von einer höheren Gefahr einer impliziten Kollusion ausgegangen werden. Wie wahrscheinlich ein solches Szenario ist, bei dem sich mehrere komplexe, selbstlernende Regular Dynamic Pricing Algorithmen implizit koordinieren, ist umstritten.[421] Die Wahrscheinlichkeit für ein solches Szenario, jedenfalls in oligopolistischen Märkten, scheint jedoch künftig zuzunehmen.[422]

3) Markdown Pricing

Markdown Pricing Algorithmen kommen ebenfalls in verschiedenen Formen vor, sodass pauschale Aussagen hierzu wiederum nicht möglich sind. Das wesentliche Ziel des Einsatzes des Algorithmus besteht in einem möglichst konstanten Absatz bestimmter Güter zu einem möglichst gleichbleibenden Preis.[423] Hierbei können auch Wettbewerberpreise relevant sein, sodass wiederum die Abhängigkeit der eigenen Preissetzung von der eines oder mehrerer Wettbewerber für das Kollusionsrisiko entscheidend ist. Es besteht gerade aufgrund der sukzessiven Preisreduktion bei saisonaler und schnell verderblicher Ware die Gefahr, dass Markdowns zwar stattfinden, allerdings auf einem antikompetitiv höheren Preisniveau. Markdown Pricing Algorithmen sind folglich theoretisch geeignet, sowohl explizite Kollusionen umzusetzen als auch implizite zu begünstigen. Sie sind aufgrund ihrer Zielsetzung eines in erster Linie gleichbleibenden Absatzes und nur minimal schwankender und dauerhaft fallender Preise jedoch nicht als besonders kollusionsfördernd einzustufen.

4) Personalisiertes Pricing

Hinsichtlich algorithmischer Preisindividualisierungen ergibt sich kein spezielles Kollusionsrisiko. Preisindividualisierungen dienen in erster Linie der Preisverschiedenheit und stellen nicht auf Wettbewerberpreise ab. Dadurch sind sie weder für die explizite noch die implizite Kollusion förderlich, im Gegenteil erschweren sie eine Preiskoordination sogar.[424] Davon unberührt besteht die Möglichkeit, dass komplexe Preissetzungsalgorithmen des Regular Dynamic Pricings oder auch des Markdown Pricings partiell auf

421 Siehe hierzu ausführlich C) III. 4) a).
422 Siehe hierzu ausführlich C) III. 4) a).
423 Siehe hierzu ausführlich A) III. 1) c).
424 *Haucap*, Mögliche Wohlfahrtswirkungen eines Einsatzes von Algorithmen, S. 14 f.

Preisindividualisierungen setzen könnten, um entsprechend ihrer jeweiligen Zielsetzung den besten Preis für den jeweiligen Abnehmer zu ermitteln. Das mit diesen Algorithmen verbundene Kollusionsrisiko ist jedoch nicht auf Preisindividualisierungen zurückzuführen.

V. Zusammenfassung

Preissetzungsalgorithmen bringen für die verwendenden Unternehmen mehrere ökonomische Vorteile. Insbesondere ist es möglich, schnell auf konkurrierende Unternehmen und deren Preissetzung zu reagieren. Neben der größeren Datengrundlage für die eigene Preissetzung und der damit bestenfalls verbundenen Gewinnmaximierung entstehen weitere Vorteile. So kann eine digitale Preissetzung mit anderen digitalen Systemen vernetzt werden, um automatisiert in allen Unternehmensbereichen schnell auf wechselnde Marktbedingungen reagieren zu können. Durch die schnelle Anpassung an die Konkurrenz und der damit verbundenen Markttransparenz können auch wettbewerbsstärkende Effekte entstehen. Preissetzungsalgorithmen begünstigen jedoch verschiedene oligopolistische Preissetzungsstrategien, die einen wirksamen Preiswettbewerb einschränken können.

In Bezug auf Kollusionsrisiken sind zunächst die Marktstrukturen zu analysieren. Dahingehend wird deutlich, dass speziell oligopolistische Online-Märkte aufgrund ihrer hohen Transparenz einer Kollusionsgefahr ausgesetzt sind.[425] Besonders gefährdet sind Märkte, auf denen wenige Anbieter sehr ähnliche Produkte anbieten und gleichzeitig für alle Marktteilnehmer eine hohe Transparenz gegeben ist. Diese Bedingungen dürften regelmäßig bei Online-Retail-Märkten und bei Preissetzungen über große Plattformen wie Amazon oder auch B2B-Handelsplattformen[426] gegeben sein. Weniger gefährdet sind hingegen Märkte, die stark innovationsgetrieben sind oder aber deren Anbieter aufgrund von strukturellen Unterschieden beispielsweise in Kostenstruktur oder Produktpalette nur schwer ein stabiles, antikompetitives Preisniveau erreichen können.

Auch hinsichtlich der Zielsetzungen von Preissetzungsalgorithmen ergeben sich unterschiedlich stark ausgeprägte Kollusionsrisiken. Während das

---

425 So auch *König*, in: *Ebers/Heinze/Krügel u. a.* (Hrsg.), KI und Wettbewerbsrecht, Rn. 17.

426 Vgl. dazu *König*, in: *Ebers/Heinze/Krügel u. a.* (Hrsg.), KI und Wettbewerbsrecht, Rn 14, 40, der die weitere Entstehung derartiger Handelsplattformen künftig für wahrscheinlich hält.

Repricing sowohl die explizite als auch eine implizite Kollusion begünstigen kann, hängt es bei komplexeren Regular Dynamic Pricing oder Markdown Pricing Algorithmen im Wesentlichen davon ab, wie stark sie die eigene Preissetzung von der eines oder mehrerer Wettbewerber abhängig machen. Auch relevant ist, ob und inwieweit diese ihre Berechnungsparameter selbstständig und für den menschlichen Nutzer nicht mehr nachvollziehbar ändern. Preisindividualisierungen spielen zur Förderung von algorithmischer Kollusion hingegen keine Rolle. Neben möglichen Kollusionen existieren auch weitere ökonomische Risiken beim Einsatz von Preissetzungsalgorithmen. Fehlerhafte algorithmische Modelle und Berechnungen können zu nachteiligen Preisen führen, die einen Umsatzrückgang zur Folge haben können. Auch besteht die Gefahr, dass Kunden den Einsatz von Preissetzungsalgorithmen kritisch sehen aufgrund einer wenig transparenten und häufig wechselnden Preissetzung.[427]

427 Siehe dazu A) IV. 3) b) cc).

Kapitel C) Kartellrechtliche Analyse bisheriger und möglicher künftiger Koordinationen im Zusammenhang mit Preissetzungsalgorithmen

Nachdem die ökonomischen Grundlagen des Einsatzes von Preissetzungsalgorithmen betrachtet wurden, gilt es nun zu analysieren, welche konkreten kartellrechtlichen Probleme durch den Einsatz von Preissetzungsalgorithmen im Zusammenhang mit Preiskoordinationen bereits entstanden sind und künftig entstehen können. Dabei liegt der Fokus der Bearbeitung beim flächendeckend geltenden Kartellverbot des Art. 101 Abs. 1 AEUV bzw. § 1 GWB[428], wobei auch mögliche für das Missbrauchsverbot des Art. 102 AEUV bzw. §§ 19 ff. GWB relevante Konstellationen thematisiert werden.

I. Tatbestand des Kartellverbots gemäß § 1 GWB und Art. 101 Abs. 1 AEUV

Zunächst sollen die wesentlichen Tatbestandsmerkmale des § 1 GWB sowie des Art. 101 Abs. 1 AEUV betrachtet werden. Seit der 6.[429] und 7.[430] GWB-Novelle ist der Wortlaut der deutschen nationalen Vorschrift des Kartellverbots weitgehend identisch zu dem der europäischen Regelungen im Art. 101 AEUV.[431] § 1 GWB unterscheidet sich nur noch durch das Fehlen des Zwischenstaatlichkeitsbezugs und der Regelbeispiele von Art. 101 Abs. 1 AEUV.[432] § 1 GWB ist dadurch unionsrechtsorientiert auszulegen, selbst wenn die Zwischenstaatlichkeit im Einzelfall fehlt.[433] Die Wertungen sind mithin ähnliche, weshalb im Folgenden die Problematiken des Einsatzes von Preissetzungsalgorithmen im Zusammenhang mit wettbewerbswidrigen Absprachen bzw. abgestimmten

---

428 Siehe dazu oben die Themeneingrenzung unter Einleitung III.

429 Sechstes Gesetz zur Änderung des Gesetzes gegen Wettbewerbsbeschränkungen vom 26. August 1998, BGBl. 1998 I Nr. 59, S. 2521 ff.

430 Siebtes Gesetz zur Änderung des Gesetzes gegen Wettbewerbsbeschränkungen vom 07.07.2005, BGBl. 2005 I Nr. 42 S. 1954 ff.

431 *Mohr*, Sicherung der Vertragsfreiheit durch Wettbewerbs- und Regulierungsrecht, S. 456; *Zimmer in* Immenga/Mestmäcker WettbR, § 1 GWB, Rn. 2.

432 *Kumkar in* BeckOK InfoMedienR, § 1 GWB, Rn. 2.

433 *Roth/Ackermann in* FFKK, § 1 GWB, Rn. 17.

Verhaltensweisen für § 1 GWB und Art. 101 Abs. 1 AEUV gemeinschaftlich behandelt werden.

1) Unternehmensbegriff

Das Kartellverbot des § 1 GWB und des Art. 101 Abs. 1 AEUV richtet sich ausschließlich an Unternehmen sowie Unternehmensvereinigungen. Durch die wortwörtliche Übernahme des europäischen Normtextes von Art. 101 Abs. 1 AEUV in § 1 GWB wurde durch den Gesetzgeber auch diesbezüglich eine inhaltliche Gleichheit geschaffen.[434] Der Unternehmensbegriff ist dabei autonom zu bestimmen und nicht identisch mit dem Unternehmerbegriff des § 14 BGB.[435] Vielmehr gilt nach ständiger Rechtsprechung[436] sowie überwiegender Ansicht in der Literatur[437] ein funktionaler Unternehmensbegriff. Dies bedeutet, dass die Unternehmenseigenschaft aus dem Gesetzeszusammenhang heraus sowie aufgrund des Sinn und Zwecks der Normen zu bestimmen ist.[438] Der EuGH definiert ein Unternehmen in ständiger Rechtsprechung als jede eine wirtschaftliche Tätigkeit ausübende Einheit unabhängig von ihrer Rechtsform und der Art ihrer Finanzierung.[439] Eine Unternehmensvereinigung ist jeder verbandsmäßige Zusammenschluss von Unternehmen zur Verfolgung der Interessen der Mitglieder unabhängig von der Art ihrer Gründung und der gewählten Rechtsform.[440]

---

434 *Bechtold/Bosch in* Bechtold/Bosch, § 1 GWB, Rn. 6; *Roth/Ackermann in* FFKK, § 1 GWB, Rn. 58, 62; *Säcker in* MüKoWettbR, § 1 GWB, Rn. 2; a.A. *Bardong/Mühle in* MüKoWettbR, Art. 3 VO Nr. 1/2003, Rn. 56.

435 *Alexander in* BeckOGK, § 14 BGB, Rn. 50; *Martens in* BeckOK BGB, § 14 BGB, Rn. 6.

436 *BGH,* Beschluss v. 16.12.1976 - KVR 5/75, = GRUR 1977, 739; in ständiger Rechtsprechung *EuGH,* Urt. v. 23.04.1991 - Rs. C-41/90, ECLI:EU:C:1991:161; Urt. v. 16.03.2004 - Rs. C-264/01, C-306/01, C-354/01, C-355/01, ECLI:EU:C:2004:150; Urt. v. 11.07.2006 - Rs. C-205/03, ECLI:EU:C:2006:453.

437 *Bechtold/Bosch in* Bechtold/Bosch, § 1 GWB, Rn. 7; *Grave/Nyberg in* LMRKM, Einführung, Rn. 17; *Roth/Ackermann in* FFKK, § 1 GWB, Rn. 50; *Säcker/Steffens in* MüKoWettbR, § 1 GWB, Rn. 8; *Weiß in* Calliess/Ruffert, Art. 101 AEUV, Rn. 25.

438 *Zimmer in* Immenga/Mestmäcker WettbR, Art. 101 Abs. 1 AEUV, Rn. 9.

439 *EuGH,* Urt. v. 23.04.1991 - Rs. C-41/90, ECLI:EU:C:1991:161, Rn. 21; Urt. v. 11.12.2007 - Rs. C-280/06, ECLI:EU:C:2007:775, Rn. 38; 01.07.2008 - Rs. C-49/07, ECLI:EU:C:2008:376, Rn. 21.

440 *Roth/Ackermann in* FFKK, Grundfragen Art. 101 Abs. 1 AEUV, Rn. 130; *Säcker/Steffens in* MüKoWettbR, Art. 101 Abs. 1 AEUV, Rn. 61; *Zimmer in* Immenga/Mestmäcker WettbR, Art. 101 Abs. 1 AEUV, Rn. 61.

Bezüglich des Einsatzes von Preissetzungsalgorithmen gilt, dass sowohl die Entwickler und Anbieter der Algorithmen als auch die Verwender, die Preissetzungsalgorithmen einsetzen, Unternehmen in diesem Sinne sein können. Das Festsetzen von Preisen impliziert nahezu immer eine bestimmte wirtschaftliche Tätigkeit. Besondere Probleme oder Abgrenzungsschwierigkeiten bezüglich des Tatbestandsmerkmals des Unternehmens- oder der Unternehmensvereinigung stellen sich im Zusammenhang mit dem Einsatz von Preissetzungsalgorithmen nicht. Der Adressatenkreis des Kartellverbots lässt sich auch in diesem Zusammenhang mit den allgemeinen Kriterien bestimmen. Abgrenzungsfragen können sich jedoch bei digitalen Vermittlungsplattformen ergeben, die ausschließlich vermeintlich selbstständige Fahrer beschäftigen.[441]

2) Wettbewerbsbeschränkende Vereinbarung, Beschluss und abgestimmte Verhaltensweise

Problematischer sind im Kontext der Preissetzungsalgorithmen die Tatbestandsmerkmale der wettbewerbsbeschränkenden Vereinbarung, eines wettbewerbsbeschränkenden Beschlusses bzw. einer abgestimmten Verhaltensweise. Alle drei Begrifflichkeiten in § 1 GWB wurden aus Art. 101 Abs. 1 AEUV (ex-Art. 81 EGV) übernommen und sind daher identisch auszulegen.[442]

a) Vereinbarungen und Beschlüsse

Eine Vereinbarung setzt zunächst voraus, dass eine Willenseinigung durch inhaltlich übereinstimmende Willensäußerungen der Parteien vorliegt.[443] Eine Vereinbarung kann daher in jeder Verständigung gesehen werden, die eine übereinstimmende Willensäußerung mehrerer Parteien zu einem bestimmten Marktverhalten darstellt.[444] Neben klassischen zivilrechtlichen Verträgen[445]

441 Siehe dazu C II. 2) a) gg) aaa).

442 *Roth/Ackermann in* FFKK, § 1 GWB, Rn. 71.

443 *Zimmer in* Immenga/Mestmäcker WettbR, § 1 GWB, Rn. 81.

444 *EuGH,* Urt. v. 15.10.1970 – Rs. 41/69, Slg. 1970, 696, Rn. 112; Urt. v. 29.10.1980 – verb. Rs. 209/78 u.a., Slg. 1980, 3250, Rn. 86; Urt. v. 13.07.2006 – Rs. C-74/04 P, ECLI:EU:C:2006:460, Rn. 37.

445 *Bechtold/Bosch in* Bechtold/Bosch, § 1 GWB, Rn. 18; *Paschke in* MüKoWettbR, Art. 101 Abs. 1 AEUV, Rn. 109; *Zimmer in* Immenga/Mestmäcker WettbR, § 1 GWB, Rn. 31.

sind auch sog. gentlemen's agreements[446] umfasst, bei denen mangels Rechtsbindungswille zwar keine rechtliche aber eine tatsächliche Bindung der Parteien angestrebt ist.[447]

Unter einem Beschluss i.S.d. Art. 101 Abs. 1 AEUV bzw. § 1 GWB versteht man die Bildung eines Gesamtwillens einer Vereinigung, der aufgrund organisationsrechtlicher Verfahrensregelungen zustande kommt.[448]

Unternehmen können Preissetzungsalgorithmen einsetzen, um eine bereits bestehende wettbewerbswidrige Vereinbarung durchzusetzen bzw. zu überwachen.[449] Bei Koordinationen mehrerer Anbieter über Plattformen wird zu thematisieren sein, unter welchen Voraussetzungen die Zustimmung zum Einsatz von identischen Preissetzungsalgorithmen Vereinbarungen i.S.d. Art. 101 Abs. 1 AEUV bzw. § 1 GWB darstellen. Im Zusammenhang mit dem Einsatz von selbstlernenden, nicht interpretierbaren Preissetzungsalgorithmen sind die Tatbestandsmerkmale der Vereinbarungen und Beschlüsse von Vereinigungen weniger relevant. Häufig wird es durch den Einsatz dieser Algorithmen allenfalls zu abgestimmten Verhaltensweisen kommen, die keine explizite Vereinbarung zwischen den beteiligten Unternehmen beinhalten. Kartellrechtlich relevante Vereinbarungen und Beschlüsse dürften sich daher meist nur auf den Einsatz weniger komplexer Algorithmen zur Umsetzung der Vereinbarungen oder auf den Einsatz von identischen Algorithmen durch mehrere Wettbewerber beziehen.[450]

b) Aufeinander abgestimmte Verhaltensweise

Das Tatbestandsmerkmal der aufeinander abgestimmten Verhaltensweise stellt einen Auffangtatbestand dar, der auch solches Verhalten erfassen soll, das nicht als Vereinbarung i.S.d. § 1 GWB bzw. Art. 101 Abs. 1 AEUV gesehen

446 *Bechtold/Bosch in* Bechtold/Bosch, § 1 GWB, Rn. 18; *EuGH,* Urt. v. 15.07.1970 – Rs. 44/69, Slg. 1970, 733, Rn. 25; *Paschke in* MüKoWettbR, Art. 101 Abs. 1 AEUV, Rn. 110; *Zimmer in* Immenga/Mestmäcker WettbR, § 1 GWB, Rn. 31.

447 *Zimmer in* Immenga/Mestmäcker WettbR, § 1 GWB, Rn. 31.

448 *Grave/Nyberg in* LMRKM, Art. 101 Abs. 1 AEUV, Rn. 210; *Paschke in* MüKoWettbR, Art. 101 Abs. 1 AEUV, Rn. 143; *Roth/Ackermann in* FFKK, Grundfragen Art. 101 Abs. 1 AEUV, Rn. 141; *Zimmer in* Immenga/Mestmäcker WettbR, Art. 101 Abs. 1 AEUV, Rn. 217.

449 Siehe dazu C) III. 1).

450 Siehe dazu C) III. 2) bzw. C) III. 3).

werden kann.[451] Der Begriff der abgestimmten Verhaltensweisen (eng.: concerted practices, frz.: pratiques concertées) stammt dabei ursprünglich aus dem US-amerikanischen Antitrust-Recht, das solche Koordinationen über section 1 des Sherman Acts auffängt.[452] Eine aufeinander abgestimmte Verhaltensweise nach europäischem Verständnis ist nach ständiger Rechtsprechung des EuGH jede Koordination von Unternehmen, die bewusst eine praktische Zusammenarbeit an die Stelle des mit Risiken verbundenen Wettbewerbs treten lässt.[453] Gemäß dem sog. Selbstständigkeitspostulat sind die Kriterien der Koordination und Zusammenarbeit im Sinne der Grundgedanken der Wettbewerbsnormen zu verstehen, wonach jedes Unternehmen seine Marktpolitik selbständig bestimmen soll.[454] Demnach liegt eine abgestimmte Verhaltensweise bei jeder unmittelbaren oder mittelbaren Fühlungnahme zwischen Unternehmen mit dem Zweck oder der Folge vor, das Marktverhalten des Mitbewerbers zu beeinflussen oder den Mitbewerber über künftiges eigenes Verhalten ins Bild zu setzen.[455] Parallelverhalten in Form einer Anpassung an Wettbewerbsverhalten ist grundsätzlich jedoch nicht verboten.[456]

Vor allem beim Repricing, aber auch beim Regular oder Markdown Pricing wird zu thematisieren sein, wann noch von einem zulässigen Parallelverhalten ausgegangen werden kann und unter welchen Bedingungen die Schwelle zur illegalen, aufeinander abgestimmten Verhaltensweise i.S.d. § 1 GWB bzw.

---

451 *Paschke in* MüKoWettbR, Art. 101 Abs. 1 AEUV, Rn. 153; *Roth/Ackermann in* FFKK, Grundfragen Art. 101 Abs. 1 AEUV, Rn. 183; *Zimmer in* Immenga/Mestmäcker WettbR, Art. 101 Abs. 1 AEUV, Rn. 88.

452 *Blechman/Patterson in* FFKK, U.S.-Antitrust-Recht, Rn. 26; *U.S. Supreme Court,* Urt. V. 20.03.1984 – 465 U.S. 752 (1984), Monsanto Co. v. Spray-Rite Svc. Corp.

453 *EuGH,* Urt. v. 19.07.1972 – Rs. 48/69, ECLI:EU:C:1972:70, Rn 64, 67; Urt. v. 16.12.1975 – verb. Rs. 40/73–48/73 u.a., ECLI:EU:C:1975:174, Rn 26, 28; Urt. v. 14.07.1981 – Rs. 172/80, ECLI:EU:C:1981:178, Rn. 12.

454 *EuGH,* Urt. v. 16.12.1975 – verb. Rs. 40/73–48/73 u.a., ECLI:EU:C:1975:174, Rn. 173 f; Urt. v. 14.07.1981 – Rs. 172/80, ECLI:EU:C:1981:178, Rn. 13; Urt. v. 31.03.1993 – verb. Rs. C-89/85 u.a., ECLI:EU:C:1993:120, Rn. 63.

455 *EuGH,* Urt. v. 16.12.1975 – verb. Rs. 40/73–48/73 u.a., ECLI:EU:C:1975:174, Rn. 174; Urt. v. 14.07.1981 – Rs. 172/80, ECLI:EU:C:1981:178, Rn. 14; Urt. v. 08.07.1999 – Rs. C-199/92, ECLI:EU:C:1999:358, Rn. 160; *Paschke in* MüKoWettbR, Art. 101 Abs. 1 AEUV, Rn. 158; *Roth/Ackermann in* FFKK, Grundfragen Art. 101 Abs. 1 AEUV, Rn. 186.

456 *EuG,* Urt. v. 24.10.1991 – Rs. T-2/89, ECLI:EU:T:1991:57, Rn. 213; *EuGH,* Urt. v. 16.12.1975 – verb. Rs. 40/73–48/73 u.a., ECLI:EU:C:1975:174, Rn 26, 28; *Weiß in* Calliess/Ruffert, Art. 101 AEUV, Rn. 60.

Art. 101 Abs. 1 AEUV überschritten ist. Insbesondere der Datenaustausch zwischen Wettbewerbern, aber auch zwischen nicht konkurrierenden Unternehmen, ist diesbezüglich zu untersuchen. Auch wird zu klären sein, inwiefern der Einsatz von selbstlernenden, nicht interpretierbaren Preissetzungsalgorithmen, der zu einer stillschweigenden Kollusion[457] führt, mit dem derzeitigen Kartellrecht verhindert werden kann.

3) Wettbewerbsbeschränkung

Weiterhin muss es durch die getroffene Absprache bzw. aufeinander abgestimmte Verhaltensweise zu einer Wettbewerbsbeschränkung kommen. Der Wortlaut des § 1 GWB sowie des Art. 101 Abs. 1 AEUV spricht von Verhinderung, Einschränkung oder Verfälschung. Diese Begriffe werden jedoch weder in der Praxis noch in der Wissenschaft detailliert unterschieden, sodass nahezu immer die pauschale Feststellung reicht, dass der Wettbewerb beschränkt wurde.[458] Der Begriff der Wettbewerbsbeschränkung dient somit als Oberbegriff für die Unterbegriffe der Verhinderung, Einschränkung und Verfälschung des Wettbewerbs.[459] Eine bedeutende Unterscheidung besteht hinsichtlich Wortlaut und Rechtsfolgen hingegen zwischen einer bezweckten und einer bewirkten Wettbewerbsbeschränkung.

a) Bezweckte Wettbewerbsbeschränkung

Eine Wettbewerbsbeschränkung wird bezweckt, wenn eine Form von Kollusion zwischen Unternehmen schon ihrem Wesen nach als geeignet angesehen werden kann, für das Funktionieren des normalen Wettbewerbs schädlich zu sein.[460] Die subjektive Absicht der beteiligten Unternehmen, eine Wettbewerbsbeschränkung herbeizuführen, ist gerade nicht erforderlich.[461] Eine solche

---

457 Siehe dazu C) III. 4).

458 *Grave/Nyberg in* LMRKM, Art. 101 Abs. 1 AEUV, Rn. 217; *Roth/Ackermann in* FFKK, § 1 GWB, Rn. 81; *Zimmer in* Immenga/Mestmäcker WettbR, Art. 101 Abs. 1 AEUV, Rn. 123 f.

459 *Mohr,* Sicherung der Vertragsfreiheit durch Wettbewerbs- und Regulierungsrecht, S. 457; *Zimmer in* Immenga/Mestmäcker WettbR, Art. 101 Abs. 1 AEUV, Rn. 124.

460 *EU Kommission,* Horizontalleitlinien 2022, Rn. 28; *EuGH,* Urt. v. 13.12.2012 – Rs. C-226/11, ECLI:EU:C:2012:795, Rn. 35 f; Urt. v. 14.03.2013 – Rs. C-32/11, ECLI:EU:C:2013:160, Rn. 35; *Wagner-von Papp in* MüKoWettbR, Art. 101 AEUV, Rn. 303.

461 *EuGH,* Urt. v. 06.10.2009 – verb. Rs. C-501/06 P u.a., ECLI:EU:C:2009:610, Rn. 58; *Roth/Ackermann in* FFKK, § 1 GWB, Rn. 85; *Zimmer in* Immenga/Mestmäcker WettbR, Art. 101 Abs. 1 AEUV, Rn. 129.

Absicht kann jedoch als Indiz dafür angesehen werden, dass eine Koordination objektiv geeignet ist, tatsächlich wettbewerbsbeschränkend zu wirken.[462] Das geltende Wettbewerbsrecht kann bestimmte unternehmerische Verhaltensweisen folglich bereits aufgrund ihrer abstrakten Gefährlichkeit für einen funktionierenden Wettbewerb als objektiv bezweckt untersagen.[463] Der Tatbestand der bezweckten Wettbewerbsbeschränkungen stellt daher einen abstrakten Gefährdungstatbestand dar, bei dem aufgrund der typischerweise zu erwartenden schädlichen Marktauswirkungen eine Untersuchung der tatsächlichen Folgen unterbleiben kann.[464]

Zu problematisieren ist daher, wann der Einsatz von Preissetzungsalgorithmen objektiv eine Wettbewerbsbeschränkung bezweckt. Dies wird nicht nur in solchen Fällen anzunehmen sein, bei denen das wettbewerbswidrige Verhalten auf einer Vorstufe stattfindet, indem sich verschiedene Wettbewerber oder auch Algorithmenanbieter darauf einigen, dass die Preissetzungsalgorithmen genutzt werden sollen, um ein höheres Preisniveau für einzelne Wettbewerber durchsetzen zu können.[465] Denkbar ist auch, dass der objektive Zweck des parallelen Einsatzes von gleichen Preissetzungsalgorithmen durch verschiedene Wettbewerber wettbewerbsbeschränkend sein kann.[466]

b) Bewirkte Wettbewerbsbeschränkung

Beim Tatbestand der bewirkten Wettbewerbsbeschränkung ist hingegen der Nachweis von tatsächlichen oder mindestens potenziellen Auswirkungen auf den Wettbewerb durch die konkrete Verhaltensweise notwendig.[467] Dabei ist unter Berücksichtigung aller Umstände des Einzelfalls ein Vergleich zwischen der wettbewerblichen Situation unter Einbeziehung der unternehmerischen

---

462 *EuGH*, Urt. v. 06.04.2006 – Rs. C-551/03 P, ECLI:EU:C:2006:229, Rn. 77 f; Urt. v. 04.06.2009 – Rs. C-8/08, ECLI:EU:C:2009:343, Rn. 27; Urt. v. 14.03.2013 – Rs. C-32/11, ECLI:EU:C:2013:160, Rn. 37; *Zimmer in* Immenga/Mestmäcker WettbR, Art. 101 Abs. 1 AEUV, Rn. 129.

463 *Mohr*, ZWeR 2015, 1, 19.

464 *Mohr*, Sicherung der Vertragsfreiheit durch Wettbewerbs- und Regulierungsrecht, S. 462 f.

465 Siehe dazu C) III. 1).

466 Siehe dazu C) III. 3).

467 *Mohr*, Sicherung der Vertragsfreiheit durch Wettbewerbs- und Regulierungsrecht, S. 464; *Roth/Ackermann in* FFKK, § 1 GWB, Rn. 85; *Wagner-von Papp in* MüKo-WettbR, Art. 101 AEUV, Rn. 309; *Zimmer in* Immenga/Mestmäcker WettbR, Art. 101 Abs. 1 AEUV, Rn. 132.

Koordination und der wettbewerblichen Situation vorzunehmen, die ohne diese Koordination bestünde.[468] Im Gegensatz zur bezweckten Wettbewerbsbeschränkung handelt es sich bei der bewirkten folglich um einen konkreten Gefährdungstatbestand.[469]

Darüber hinaus muss bei der Prüfung einer bewirkten Wettbewerbsbeschränkung das ungeschriebene Tatbestandsmerkmal der Spürbarkeit der Wettbewerbsbeeinträchtigung gegeben sein.[470] Spürbarkeit in diesem Sinne meint zum einen, dass für das Vorliegen einer bewirkten Wettbewerbsbeeinträchtigung der Wettbewerb in einer gewissen Erheblichkeit beeinträchtigt sein muss.[471] Zum anderen muss für den Tatbestand des Art. 101 Abs. 1 AEUV der zwischenstaatliche Handel nicht nur unwesentlich beeinträchtigt sein.[472]

Für Koordinationen im Zusammenhang mit Preissetzungsalgorithmen gibt es bezüglich des Nachweises von Auswirkungen auf den Wettbewerb auf einem konkreten Markt für die Behörden und Gerichte neben erheblichen Beweisproblemen[473] auch Chancen. Die hohe Preistransparenz von algorithmisch festgesetzten Preisen kann jedenfalls im Online-Handel zu einer besseren Nachvollziehbarkeit führen. So können Preisentwicklungen auf einem Markt vor dem Einsatz von Preissetzungsalgorithmen, mit denen nach dem Einsatz durch mehrere Wettbewerber verglichen werden. Höhere Preisniveaus in Folge des Einsatzes von Preissetzungsalgorithmen können so identifiziert werden. Die Frage, ob diese Preisänderungen tatsächlich wettbewerbswidrig entstanden sind und der Einsatz der Algorithmen eine Wettbewerbsbeschränkung bewirkt

---

468 *EuGH,* Urt. v. 28.05.1998 – Rs. C-7/95 P, ECLI:EU:C:1998:256, Rn. 76; Urt. v. 21.01.1999 – Rs. C-215/96 u.a., ECLI:EU:C:1999:12, Rn. 33; *Säcker/Zorn in* MüKoWettbR, Art. 101 AEUV, Rn. 275.

469 *Mohr,* Sicherung der Vertragsfreiheit durch Wettbewerbs- und Regulierungsrecht, S. 464.

470 *EuGH,* Urt. v. 13.12.2012 – Rs. C-226/11, ECLI:EU:C:2012:795, Rn. 16 f., 35 ff; Urt. v. 07.02.2013 – Rs. C-68/12, ECLI:EU:C:2013:71, Rn. 16; *Mohr,* Sicherung der Vertragsfreiheit durch Wettbewerbs- und Regulierungsrecht, S. 466; *Weiß in* Calliess/Ruffert, Art. 101 AEUV, Rn. 106.

471 *EuGH,* Urt. v. 13.07.2006 – verb. Rs. C-295/04 u.a., ECLI:EU:C:2006:461, Rn. 41; *Säcker/Zorn in* MüKoWettbR, Art. 101 AEUV, Rn. 285; *Zimmer in* Immenga/Mestmäcker WettbR, Art. 101 Abs. 1 AEUV, Rn. 138.

472 *EuGH,* Urt. v. 30.06.1966 – Rs. 56/65, ECLI:EU:C:1966:38, S. 303 f; *Kirchhoff in* MüKoWettbR, Art. 101 AEUV, Rn. 764; *Säcker/Zorn in* MüKoWettbR, Art. 101 AEUV, Rn. 285; *Zimmer in* Immenga/Mestmäcker WettbR, Art. 101 Abs. 1 AEUV, Rn. 181.

473 Siehe dazu D) sowie im Speziellen den Gesetzesvorschlag unter D) III. 2) a) cc).

hat, muss dann in einem zweiten Schritt einzelfallabhängig anhand allgemeiner Kriterien zum Datenaustausch und den konkret eingesetzten Algorithmen beantwortet werden. Zur praktischen Umsetzung wären freilich konstitutionelle Anpassungen bei den Wettbewerbsbehörden nötig.[474]

II. Tatbestand des Missbrauchsverbots gemäß §§ 18, 19 GWB bzw. Art. 102 AEUV

Neben dem Kartellverbot kann auch das Missbrauchsverbot gemäß § 19 Abs. 1 GWB bzw. Art. 102 AEUV dazu dienen, horizontale Koordinationen im Zusammenhang mit dem Einsatz von Preissetzungsalgorithmen zu regulieren.[475] Während sich beim Tatbestandsmerkmal der marktbeherrschenden Stellung sowie bei der für Art. 102 AEUV relevanten Binnenmarktrelevanz keine Besonderheiten ergeben, so liegen die Probleme im Zusammenhang mit Preissetzungsalgorithmen bei einem möglichen missbräuchlichen Verhalten. Sowohl § 19 Abs. 2 GWB als auch Art. 102 Abs. 2 AEUV liefern mit Regelbeispielen Anhaltspunkte für derartige Verhaltensweisen. Im Zusammenhang mit horizontalen Koordinationen beim Einsatz von Preissetzungsalgorithmen dürften hierfür insbesondere § 19 Abs. 2 Nr. 2 GWB bzw. Art. 102 Abs. 2 lit. a) AEUV relevant sein. Es dürfte jedenfalls dann ein Missbrauch der marktbeherrschenden Stellung naheliegen, wenn mehrere Wettbewerber algorithmisch Preise festsetzen, die über denen liegen, die in einem wettbewerblichen Markt anzutreffen wären.[476] Wie aufgezeigt sind insbesondere oligopolistische Märkte anfällig für kollusive, algorithmische Preissetzungen.[477] Inwiefern das Missbrauchsverbot zur Verhinderung von Preiskoordinationen beim Einsatz von Preissetzungsalgorithmen geeignet ist, soll im Rahmen der relevanten Konstellationen erörtert werden.[478]

---

474 Siehe dazu unten D) III. 2) a) cc) ccc).

475 Vgl. *Paal,* GRUR 2019, 43, 47 ff; *Pohlmann*, in: *Zimmer* (Hrsg.), Regulierung für Algorithmen und KI, S. 311 ff; *Salaschek/Serafimova,* WuW 2019, 118, 118 ff; *Zurth,* ZWeR 2021, 361, 375 ff.

476 *Paal in* BeckOK InfoMedienR, Art. 102 AEUV, Rn. 96.

477 Siehe dazu oben B) III. 1).

478 Siehe dazu insbesondere C) III. 4) b) cc).

III. Verschiedene Konstellationen

Im Folgenden sollen verschiedene Konstellationen dargestellt werden, die bisher in der Praxis relevant geworden sind oder zumindest bereits in der Wissenschaft diskutiert werden. Dazu werden wettbewerbsrechtliche Entscheidungen aus verschiedenen Ländern dargestellt und falls nötig auf das deutsche bzw. europäische Wettbewerbsrecht übertragen. Ziel ist es, in einem ersten Schritt zu analysieren, ob und inwiefern das geltende Kartellrecht geeignet ist, mit den bereits aufgetretenen und künftig möglicherweise auftretenden horizontalen Kollusionen im Zusammenhang mit dem Einsatz von Preissetzungsalgorithmen umzugehen. Aufbauend darauf soll in einem zweiten Schritt herausgearbeitet werden, in welchen Fällen möglicherweise gesetzliche Anpassungen nötig sein werden.

1) Einsatz von Preissetzungsalgorithmen zur Kontrolle und Umsetzung von wettbewerbswidrigen Absprachen (Messenger-Szenario)

a) Darstellung des Szenarios

Preissetzungsalgorithmen des Regular Pricings oder des Repricings können dazu eingesetzt werden, um bereits getroffene wettbewerbswidrige Absprachen zwischen Unternehmen zu kontrollieren bzw. umzusetzen. *Ezrachi* und *Stucke*, die mit ihren Beiträgen[479] zu diesem Thema juristische Pionierarbeit leisteten, bezeichnen diese Konstellation als Messenger-Szenario. Dieser Terminus hat sich in großen Teilen der Wissenschaft durchgesetzt.[480] Dabei werden die Algorithmen ausschließlich dazu eingesetzt, bereits getroffene Absprachen zwischen verschiedenen Wettbewerbern zu überwachen und handeln keinesfalls selbstständig kollusiv.[481] Lediglich die Kommunikation bezüglich der Umsetzung von bereits im Vorfeld stattgefundenem wettbewerbswidrigem Verhalten wird

479 *Ezrachi/Stucke,* Virtual Competition, S. 1 ff; *Ezrachi/Stucke,* How Pricing Bots Could Form Cartels and Make Things More Expensive, Harvard Business Review vom 27.10.2016, abrufbar unter https://hbr.org/2016/10/how-pricing-bots-could-form-cartels-and-make-things-more-expensive; *Ezrachi/Stucke,* Univ. of Illinois Law Rev 2017, 1775, 1775 ff.

480 Vgl. dazu beispielhaft *L. Bernhardt,* NZKart 2019, 314, 315; *Käseberg/Kalben,* WuW 2018, 2, 3; *Künstner,* GRUR 2019, 36, 39; *Monopolkommission,* XXII. Hauptgutachten 2018, Rz. 185; *Wolf,* NZKart 2019, 2, 3.

481 *Ezrachi/Stucke,* Univ. of Illinois Law Rev 2017, 1775, 1784; *Wolf,* NZKart 2019, 2, 3.

in dieser Konstellation mithin von Algorithmen übernommen.[482] Dies dient insbesondere der Verhinderung von Abweichungen und Einzelgängen der Kartellanten in der Preisfestsetzung aber auch der allgemeinen Effektivierung des Kartells.[483] So kann mit Repricing Algorithmen recht einfach ein dauerhafter Gleichlauf der Preise der Kartellanten erreicht werden, während Regular Pricing Algorithmen dazu genutzt werden können, unter Berücksichtigung der abgesprochenen und bekannten Wettbewerberpreise für den jeweiligen Zeitpunkt unter Berücksichtigung von Tageszeit und anderen Faktoren die für das Kartell insgesamt besten Preise festzusetzen. Lediglich ein Verfahren in Europa und zwei in den USA sind bekannt, in denen Wettbewerber zur Kontrolle von wettbewerbswidrigen Absprachen auf Preissetzungsalgorithmen zurückgegriffen haben. Diese sollen im Folgenden vorgestellt werden, um dann in einem zweiten Schritt analysieren zu können, ob derartiges Verhalten wettbewerbswidrig i.S.d. § 1 GWB bzw. Art. 101 Abs. 1 AEUV gewesen wäre.

b) US-Posterkartell - Topkins und Aston Entscheidung

aa) Sachverhalt

In den Verfahren United States of America vs. David Topkins[484] und United States of America vs. Daniel William Aston[485] ging es jeweils um illegale Preisabsprachen im Zusammenhang mit dem Handel von Postern über den Amazon Marketplace im Zeitraum von September 2013 bis Januar 2014. Diese wurden durch manuelle Absprachen zwischen den Beteiligten initiiert und durch den Einsatz von Preissetzungsalgorithmen kontrolliert und umgesetzt.

bb) Verfahrensablauf

Beide Verfahren endeten nach staatlicher Anklageerhebung wie in den USA häufig mit einem Plea Agreement[486], einer Art Vergleich zwischen dem Ankläger

---

482 *Dohrn/Huck*, DB 2018, 173, 177.

483 *Ezrachi/Stucke*, Univ. of Illinois Law Rev 2017, 1775, 1785.

484 *U.S. District Court, Northern District of California*, Plea Agreement v. 30.04.2015 – No. CR 15-00201, US vs. Topkins.

485 *U.S. District Court, Northern District of California*, Indictment v. 27.08.2015 – No. CR 15-0419, US vs. Aston and Buy-For-Less; Plea Agreement v. 08.04.2016 – No. CR 15-0419 WHO, US vs. Aston and Buy-For-Less.

486 Vgl. zur Möglichkeit der Einigung in Kartellsachen durch ein Plea Agreement im globalen Vergleich *OECD*, OECD Journal: Competition Law and Policy 2011, 107, 107 ff.

und den Beklagten. Zusätzlich zum Plea Agreement existiert im Topkins Fall eine Verfahrensinformation[487], die weitere Informationen enthält.

cc) Verstoß gegen section 1 Sherman Act

Den Beteiligten wurde in beiden Verfahren vorgeworfen, illegale Absprachen i.S.d. section 1 des Sherman Antitrust Acts[488] getätigt zu haben. Die Tatbestandsvoraussetzungen der section 1 waren erfüllt. Zum einen wurden Vereinbarungen getroffen, durch die Preise abgesprochen, erhöht und ein bestimmtes Preisniveau erhalten und stabilisiert werden sollte.[489] Die Absprachen fanden dabei ganz klassisch bei Besprechungen von Vertretern von verschiedenen Anbietern statt.[490] Diese Koordinationen der Posterverkäufer stellten auch Absprachen dar, die zum einen den Wettbewerb unangemessen beeinträchtigten und zum anderen den zwischenstaatlichen Handel beeinflussten.[491]

dd) Rolle der Preissetzungsalgorithmen im Topkins and Aston Fall

Die Preisabsprachen zwischen den Beteiligten wurden dabei durch extern eingekaufte Algorithmen umgesetzt und kontrolliert, indem die Algorithmen Wettbewerberpreise verglichen und die eigenen Preise anhand von nutzerseitig vorgegebenen Kriterien entsprechend anpassten.[492] Dabei dürfte es sich um klassisches Repricing[493] gehandelt haben. Sobald ein Posterverkäufer die Preise entsprechend der Absprachen änderte, zogen die Preise der anderen

---

487 *U.S. District Court, Northern District of California,* Verfahrensinformation v. 04.06.2015 – No. CR 15-00201, US vs. Topkins.

488 Section 1 Sherman Act dazu im Wortlaut: “Every contract, combination in the form of trust or otherwise, or conspiracy, in restraint of trade or commerce among the several States, or with foreign nations, is declared to be illegal.”, Sherman Antitrust Act of 1890 (26 Stat. 209, 15 U.S.C. §§ 1–7).

489 *U.S. District Court, Northern District of California,* Plea Agreement v. 30.04.2015 – No. CR 15-00201, US vs. Topkins, S. 4 Z. 1 f; Plea Agreement v. 08.04.2016 – No. CR 15-0419 WHO, US vs. Aston and Buy-For-Less, S. 3 Z. 13 ff.

490 *U.S. District Court, Northern District of California,* Plea Agreement v. 30.04.2015 – No. CR 15-00201, US vs. Topkins, S. 3 Z. 27 f; Plea Agreement v. 08.04.2016 – No. CR 15-0419 WHO, US vs. Aston and Buy-For-Less, S. 3 Z. 16 ff.

491 *U.S. District Court, Northern District of California,* Plea Agreement v. 30.04.2015 – No. CR 15-00201, US vs. Topkins, S. 4 Z. 6 ff; Plea Agreement v. 08.04.2016 – No. CR 15-0419 WHO, US vs. Aston and Buy-For-Less, S. 3 Z. 23 ff.

492 *U.S. District Court, Northern District of California,* Verfahrensinformation v. 04.06.2015 – No. CR 15-00201, US vs. Topkins, S. 2 Z. 21 f.

493 Siehe zum Repricing A) III. 1) a).

Kartellanten automatisiert nach. Dadurch ließ sich eine effektive Kontrolle der wettbewerbswidrigen Absprachen umsetzen. Bei der Absprache selbst spielten die Preissetzungsalgorithmen unmittelbar jedoch keine Rolle.

c) UK-Posterkartell - GB eye und Trod Limited Entscheidung

aa) Sachverhalt

Auf das gleiche Kartell bezog sich zudem das Verfahren der englischen Wettbewerbsbehörde Competition and Markets Authority gegen die Gesellschaften GB eye Limited (GBE) sowie Trod Limited (Trod).[494] Diese verkauften ihre Poster im Wesentlichen über die Plattform Amazon UK.[495]

Trod war zu Beginn der Beziehung zwischen beiden Beteiligten einer der größten Kunden von GBE. Trod bezog Poster von GBE, um sie dann auf den eigenen Kanälen, insbesondere über die eigene Homepage sowie über Amazon weiterzuverkaufen.[496] Zudem standen beide Unternehmen in einer Wettbewerbsposition, da auch GBE selbst die eigene Ware online an den Endkunden verkaufte.[497] Anfang 2011 beschwerte sich Trod bei GBE über diesen Verkauf und insbesondere über den Umstand, dass GBE die Preise der eigenen Abnehmer systematisch unterbot.[498] Die später getroffenen Absprachen dienten vor allem dazu, die Beschwerden von Trod als Abnehmer von GBE zu beenden.[499] Eine erste konkrete Absprache zwischen den Parteien fand am 14.03.2011 statt, als ein Mitarbeiter von GBE sich mit einem Mitarbeiter von Trod abstimmte und zusicherte die eigenen Preise nicht weiter unter die von Trod zu drücken.[500] Wortwörtlich berichtete ein Mitarbeiter von GBE in einer internen Mail an einen Kollegen:

> *„Trod (Buy 4 Less) have agreed not to undercut us on Amazon and I have agreed to reciprocate. We will therefore be aiming to be the same price wherever possible, put prices up and share the sales.“*[501]

Am 16.07.2015 informierte GBE die britische Wettbewerbsbehörde Competition Markets Authority (CMA) über die wettbewerbswidrigen Vereinbarungen,

---

494 *CMA*, Entscheidung v. 12.08.2016 – Case 50223, CMA vs. GBE/Trod.
495 *CMA*, Entscheidung v. 12.08.2016 – Case 50223, CMA vs. GBE/Trod, Rn. 3.1.
496 *CMA*, Entscheidung v. 12.08.2016 – Case 50223, CMA vs. GBE/Trod, Rn. 3.40.
497 *CMA*, Entscheidung v. 12.08.2016 – Case 50223, CMA vs. GBE/Trod, Rn. 3.42 f; 3.47.
498 *CMA*, Entscheidung v. 12.08.2016 – Case 50223, CMA vs. GBE/Trod, Rn. 3.48 f.
499 *CMA*, Entscheidung v. 12.08.2016 – Case 50223, CMA vs. GBE/Trod, Rn. 3.50.
500 *CMA*, Entscheidung v. 12.08.2016 – Case 50223, CMA vs. GBE/Trod, Rn. 3.53 ff.
501 *CMA*, Entscheidung v. 12.08.2016 – Case 50223, CMA vs. GBE/Trod, Rn. 3.57.

um von der Kronzeugenregelung des englischen Rechts zu profitieren.[502] Am 30.10.2015 unterschrieb GBE eine Kooperationsvereinbarung mit der CMA zur Vereinbarung der Kooperation bei den Ermittlungen.[503] Schlussendlich am 22.7.2016 traf die CMA mit GBE eine Immunitätsvereinbarung.[504] Trod stimmte einer Strafzahlung von £ 163,371 zu.[505]

bb) Verstoß gegen UK Antitrust Recht

Den Beteiligten Parteien wurde ein Verstoß gegen section 2 des Competition Act 1998[506] vorgeworfen. In Absatz 1, der als "the Chapter I prohibition"[507] bezeichnet wird, sind die Tatbestandsvoraussetzungen einer illegalen Wettbewerbsabrede festgeschrieben. Diese ähneln inhaltlich den europäischen und deutschen Normen des Art. 101 Abs. 1 AEUV und § 1 GWB.[508] Die notwendigen Tatbestandsmerkmale waren auch hier gegeben. Die CMA war der Auffassung, dass zwischen GBE und Trod hinsichtlich der Abstimmung der Preise für Poster auf der Plattform Amazon.uk eine Vereinbarung bzw. eine abgestimmte Verhaltensweise gegeben war.[509] Nachdem zeitweise versucht wurde, die Koordination manuell umzusetzen, nutzten beide Parteien schließlich automatische Repricing Tools, um den Gleichlauf der Preise sicherzustellen.[510] Die Beteiligten

---

502 *CMA*, Entscheidung v. 12.08.2016 – Case 50223, CMA vs. GBE/Trod, Rn. 2.1.

503 *CMA*, Entscheidung v. 12.08.2016 – Case 50223, CMA vs. GBE/Trod, Rn. 2.1.

504 *CMA*, Entscheidung v. 12.08.2016 – Case 50223, CMA vs. GBE/Trod, Rn. 2.1.

505 *CMA*, Entscheidung v. 12.08.2016 – Case 50223, CMA vs. GBE/Trod, Rn. 6.6.

506 *CMA*, Entscheidung v. 12.08.2016 – Case 50223, CMA vs. GBE/Trod, Rn. 5.17.

507 Vgl. Section 2, Absatz 8 Competition Act 1998.

508 Section 2 Competition Act im Wortlaut: "(1) Subject to section 3, agreements between undertakings, decisions by associations of undertakings or concerted practices which -
(a) may affect trade within the United Kingdom, and
(b) have as their object or effect the prevention, restriction or distortion of competition within the United Kingdom,
are prohibited unless they are exempt in accordance with the provisions of this Part.";
Absatz 2 von section 2 konkretisiert zudem wie folgt:
„Subsection (1) applies, in particular, to agreements, decisions or practices which -
(a) directly or indirectly fix purchase or selling prices or any other trading conditions; […]"

509 *CMA*, Entscheidung v. 12.08.2016 – Case 50223, CMA vs. GBE/Trod, Rn. 5.17.

510 *CMA*, Entscheidung v. 12.08.2016 – Case 50223, CMA vs. GBE/Trod, Rn. 5.17.

vertrieben ihre Produkte über die Plattform Amazon.uk.[511] Diese richtet sich vor allem an Verbraucher und Kunden im Vereinigten Königreich und die verkauften Waren wurden auch im Wesentlichen im Vereinigten Königreich geliefert, weshalb die Preiskoordination auch direkten Einfluss auf den Handel im Vereinigten Königreich hatte.[512] Mithin war es auch Ziel der Vereinbarung, den Wettbewerb im Vereinigten Königreich durch die Preiskollusion zu verhindern, einzuschränken bzw. zu verfälschen.[513] Weiterhin waren GBE und Trod trotz ihrer zwischenzeitlichen Liefer-Beziehungen vorliegend auch Wettbewerber, da beide ihre Produkte direkt an den Endkunden veräußerten, sodass die Vertikal-GVO[514] keine Anwendung finden konnte. Voraussetzung der Anwendbarkeit der Vertikal-GVO wäre eine vertikale Vereinbarung i.S.d. Art. 1 Vertikal-GVO. Dieser definiert eine solche als „Vereinbarung oder abgestimmte Verhaltensweise, die zwischen zwei oder mehr Unternehmen, von denen jedes für die Zwecke der Vereinbarung oder der abgestimmten Verhaltensweise auf einer anderen Ebene der Produktions- oder Vertriebskette tätig ist, geschlossen wird und die die Bedingungen betrifft, zu denen die beteiligten Unternehmen Waren oder Dienstleistungen beziehen, verkaufen oder weiterverkaufen dürfen“. Indem beide Unternehmen ihre Poster an Endkunden verkauften und dadurch auf der gleichen Vertriebsebene tätig waren, schied eine Freistellung gem. Art. 2 Vertikal-GVO aus.[515] Auch individuelle Freistellungen waren im vorliegenden Fall nicht ersichtlich.[516]

cc) Rolle der Preissetzungsalgorithmen im GB eye und Trod Limited Fall

Ähnlich zum Topkins und Aston Fall nutzten die beteiligten Unternehmen Repricing Algorithmen, um ihre getroffenen illegalen Preisabsprachen zu kontrollieren und umzusetzen. Die Preise der Poster wurden in Echtzeit und automatisiert an die jeweiligen Preise des anderen Wettbewerbers angepasst. Auch hier dienten die eingesetzten Algorithmen also ausschließlich der Umsetzung

511 *CMA*, Entscheidung v. 12.08.2016 – Case 50223, CMA vs. GBE/Trod, Rn. 5.70.
512 *CMA*, Entscheidung v. 12.08.2016 – Case 50223, CMA vs. GBE/Trod, Rn. 5.70.
513 *CMA*, Entscheidung v. 12.08.2016 – Case 50223, CMA vs. GBE/Trod, 5.29 ff., 5.43.
514 VERORDNUNG (EU) Nr. 330/2010 der Kommission vom 20. April 2010 über die Anwendung von Art. 101 Absatz 3 des Vertrags über die Arbeitsweise der Europäischen Union auf Gruppen von vertikalen Vereinbarungen und abgestimmten Verhaltensweisen.
515 *CMA*, Entscheidung v. 12.08.2016 – Case 50223, CMA vs. GBE/Trod, 5.77.
516 *CMA*, Entscheidung v. 12.08.2016 – Case 50223, CMA vs. GBE/Trod, 5.84.

und Durchsetzung der bereits im Vorfeld getroffenen wettbewerbswidrigen Absprachen.

d) Rechtslage unter deutschem bzw. europäischem Kartellverbot

Die hier zu Tage tretenden Szenarien sind die ersten Beispielsfälle für den Einsatz von Algorithmen zur Koordination und Überwachung von illegalen Preisabsprachen. Nachdem es sich, wie die beiden Verfahren gezeigt haben, bei den vorliegenden Fall um wettbewerbswidriges Handeln i.S.d. US-amerikanischen Rechts bzw. Rechts des Vereinigten Königreichs gehandelt hat, ist nun im Folgenden zu prüfen, ob die Absprachen und der Einsatz der Preissetzungsalgorithmen im vorliegenden Fall auch unter europäischem bzw. deutschem Wettbewerbsrecht illegal gewesen wären.

aa) Vereinbarungen zwischen Unternehmen

Die von den Wettbewerbern im Topkins bzw. Aston Fall sowie im GBE und Trod Fall geschlossenen Preisabsprachen stellen zunächst auch i.S.d. Art. 101 Abs. 1 AEUV bzw. § 1 GWB Vereinbarungen zwischen Unternehmen dar. Die Beteiligten waren sich darüber im Klaren, dass die getroffenen Absprachen auch eine zumindest tatsächliche Bindung der Beteiligten herbeiführen soll, da andernfalls keine Preissetzungsalgorithmen zur Kontrolle und Durchsetzung eingesetzt worden wären. An der Unternehmenseigenschaft der jeweils beteiligten Posterverkäufer besteht ebenfalls kein Zweifel.

bb) Wettbewerbsbeschränkung

Eine Wettbewerbsbeeinträchtigung in Form einer bezweckten Wettbewerbsbeschränkung liegt ebenfalls vor. Durch die Absprachen wurden Preise unmittelbar abgesprochen und abgestimmt. Der wirtschaftliche Zweck der Koordinationen bestand darin, dauerhaft ein höheres Preisniveau durchzusetzen. Horizontale Preisabsprachen als klassische Kernbeschränkungen des Wettbewerbs bezwecken immer auch eine Beschränkung des Wettbewerbs.[517]

---

517 *Roth/Ackermann in* FFKK, Grundfragen Art. 101 Abs. 1 AEUV, Rn. 40; *Wagner-von Papp in* MüKoWettbR, Art. 101 AEUV, Rn. 315; *Zimmer in* Immenga/Mestmäcker WettbR, Art. 101 Abs. 1 AEUV, Rn. 130.

cc) *Rechtliche Bewertung des betrachteten Szenarios*

Die beiden vorliegenden Fälle der Posterverkäufer, die hier stellvertretend für das Messenger-Szenario im Allgemeinen stehen können, zeigen deutlich, dass das deutsche und europäische Kartellrecht geeignet ist, mit dieser Konstellation umzugehen. Durch die Anknüpfung an das wettbewerbswidrige Verhalten im Vorfeld des Einsatzes von Preissetzungsalgorithmen liegt keine direkte rechtliche Problematik im Zusammenhang mit dem Einsatz von Preissetzungsalgorithmen vor. Vielmehr handelt es sich bei diesem Szenario um eine klassische, bezweckte Preisabsprache, die unter die bestehenden Regelungen des Art. 101 Abs. 1 AEUV bzw. § 1 GWB subsumiert werden kann. Die juristische Relevanz des Einsatzes von Preissetzungsalgorithmen in dieser Konstellation ist daher überschaubar, indem es auf die bezweckte Wettbewerbsabsprache zwischen Menschen ankommt und nicht auf die konkrete Funktionsweise der Algorithmen. Allenfalls kann der Einsatz von Preissetzungsalgorithmen für die Wettbewerbsbehörden und Gerichte relevant werden, um den Gleichlauf der Preise nachvollziehen und auch nachweisen zu können.[518] Für die Beurteilung der Vereinbarkeit der getroffenen Vereinbarungen zwischen den Unternehmen mit Art. 101 Abs. 1 AEUV bzw. § 1 GWB spielt der konkret verwendete Repricing Algorithmus jedoch keine Rolle. Die Wettbewerbswidrigkeit folgt nicht erst aus dem Einsatz eines bestimmten Algorithmus, sondern bereits aus der zuvor getroffenen Preisabsprache.[519] Auch hinsichtlich der Verantwortlichkeit für das wettbewerbswidrige Handeln stellen sich keine Probleme, indem die Koordination ausschließlich durch Menschen verursacht wird und Algorithmen hieran nicht beteiligt sind. In dieser Konstellation ergibt sich somit kein spezielles Problem durch die Verwendung von Preissetzungsalgorithmen im Zusammenhang mit dem Tatbestand des Art. 101 Abs. 1 AEUV bzw. § 1 GWB.

e) *Zusammenfassende Erkenntnisse*

Das Messenger-Szenario stellt das geltende Wettbewerbsrecht vor keine Probleme. Diese Konstellationen weisen kaum algorithmenbedingte Besonderheiten auf. Es ergeben sich allenfalls Beweiserleichterungen für die Wettbewerbsbehörden, indem anhand der eingesetzten Algorithmen menschliche Absprachen ex post besser nachvollzogen werden können.

518 *Wolf*, NZKart 2019, 2, 3.

519 *Lübke*, ZHR 185 (2021), 723, 738.

2) Einsatz von Repricing Algorithmen auf einer Plattform, insbesondere Amazon Marketplace

a) Darstellung des Szenarios

Das zweite Szenario ist das derzeit in der Praxis Relevanteste. Betroffen ist der Wettbewerb um die sog. „Buy Box“ auf der Plattform Amazon.[520] Die Buy Box bezeichnet das Feld bei Amazon, bei dem die Kunden einen Artikel durch einmaliges Klicken in den Warenkorb hinzufügen oder sofort kaufen können.[521] Für jeden Artikel existiert nur eine Buy-Box, sodass verschiedene Anbieter derselben Artikel auf der Plattform darum konkurrieren, dass sie die Buy Box „besetzen“ können, um so den größten Teil der Umsätze einfahren zu können. Über die Buy Box werden nach Aussage von Amazon ca. 90 % des Umsatzes abgewickelt[522], sodass der Kampf um die Buy Box den wesentlichen Wettbewerb auf Amazon ausmacht.[523] Die Kriterien, die zum Gewinn der Buy Box führen, sind nicht vollständig bekannt. Insbesondere der Preis sowie die Lieferzeit spielen aber eine entscheidende Rolle.[524] Zudem bestand der Verdacht, dass Amazon bestimmte nicht-kundenorientierte Kriterien, wie beispielsweise eigene Produkte und die solcher Anbieter, die durch Amazon ihre Logistik organisieren, begünstigte.[525] Diese Praxis dürfte inzwischen durch die entsprechende Abstellungsverpflichtung Amazons eingestellt worden sein.[526]

---

520 Siehe dazu bereits vorne A) III. 1) a).

521 *L. Chen/Mislove/C. Wilson*, in: *Bourdeau/Hendler/Nkambou u. a.* (Hrsg.), Bourdeau et al., Proceedings of the 25th International Conference on World Wide Web, S. 1339 ff.

522 Vgl. zur Amazon „Buy Box“ die verschiedenen Tutorials von Repricing-Anbietern wie beispielsweise *xSellco Limited,* Was ist das Amazon Buy Box -und wie Sie es gewinnen können!, abrufbar unter https://www.xsellco.com/blog-de/das-amazon-buy-box-und-wie-sie-es-gewinnen-konnen oder *Perpetua Labs GmbH,* Amazon Buy Box: Einsteiger Guide für Amazon Seller, abrufbar unter https://perpetua.io/de/blog-amazon-buy-box-einsteiger-guide-amazon-seller/ sowie die kurzen Ausführungen der *EU Kommission,* Einleitung eines Verfahrens gegen Amazon, Pressemitteilung vom 17.07.2019, IP/19/4291.

523 *L. Chen/Mislove/C. Wilson*, in: *Bourdeau/Hendler/Nkambou u. a.* (Hrsg.), Bourdeau et al., Proceedings of the 25th International Conference on World Wide Web, S. 1339 f.

524 *Lanxner,* The Amazon Buy Box: How It Works for Sellers, and Why It’s So Important, abrufbar unter https://www.bigcommerce.com/blog/win-amazon-buy-box/.

525 *EU Kommission,* Pressemitteilung vom 10.11.2020, IP/20/2077.

526 Vgl. *EU Kommission,* Pressemitteilung vom 20.12.2022, IP/22/7777.

Durch den flächendeckenden Einsatz von Repricing-Algorithmen kommt es zu einem Gleichlauf der Preise der beteiligten Anbieter.[527] Indem die Wettbewerber die eigene Preissetzung gemeinschaftlich vom selben Referenzpreis abhängig machen, entwickelt sich die Preissetzung aller Anbieter parallel. Sobald ein Anbieter die Preise innerhalb einer bestimmten Spanne senkt, ziehen die anderen Anbieter mit.[528] Selbiges gilt für Preiserhöhungen innerhalb der jeweils von den Anbietern festgesetzten Preisspanne. Ein Preiswettbewerb zugunsten der Kunden findet daher nur noch in einem beschränkten Preiskorridor statt.[529]

b) Rolle der Preissetzungsalgorithmen

Neben Amazon selbst bieten auch andere Unternehmen Preissetzungs-Software an, um den Wettbewerb um die Buy Box zu gewinnen.[530] In der Amazon-eigenen Software, der sog. Seller Central, werden automatische Preissetzungsoptionen angeboten, die im Wesentlichen auf Repricing-Strategien basieren.[531] So kann der jeweilige Verkäufer verschiedene Optionen einstellen, bei denen er den eigenen Preis entweder am Preis der Buy Box oder am niedrigsten Preis aller Wettbewerber orientieren kann.[532] Zudem ist er in der Lage, eine Preisspanne einzustellen, zwischen der ein bestimmter Produktpreis schwanken darf.[533] Damit funktioniert die automatische Bepreisung der Amazon-eigenen Seller Central ähnlich zu den Algorithmen von Drittanbietern von Repricing Algorithmen.[534] Ein Datenaustausch unmittelbar zwischen den

---

527 Vgl. *L. Chen/Mislove/C. Wilson*, in: *Bourdeau/Hendler/Nkambou u. a.* (Hrsg.), Bourdeau et al., Proceedings of the 25th International Conference on World Wide Web, S. 1339 f.

528 Siehe dazu auch B) IV. 1).

529 *L. Chen/Mislove/C. Wilson*, in: *Bourdeau/Hendler/Nkambou u. a.* (Hrsg.), Bourdeau et al., Proceedings of the 25th International Conference on World Wide Web, S. 1340 f.

530 *Konkurransetilsynet,* What effect can Algorithms have on competition?, S. 8.

531 *Amazon,* Seller University: Intro to Automate Pricing, abrufbar unter https://www.youtube.com/watch?v=btS45RGqEec.

532 *Amazon,* Seller University: Intro to Automate Pricing, abrufbar unter https://www.youtube.com/watch?v=btS45RGqEec.

533 *Amazon,* Seller University: Intro to Automate Pricing, abrufbar unter https://www.youtube.com/watch?v=btS45RGqEec.

534 *Autoridade da Concorrência,* Issues Paper on Digital Ecosystems, Big Data and Algorithms, S. 51 ff.

einzelnen Wettbewerbern oder über Amazon findet jedoch nicht statt. Amazon selbst sammelt jedoch die Preissetzungsdaten der verschiedenen Anbieter.[535]

c) *Rechtslage unter deutschem bzw. europäischem Kartellverbot*

Im Hinblick auf einen Verstoß gegen Art. 101 Abs. 1 AEUV bzw. § 1 GWB ist der Einsatz von flächendeckendem Repricing durch mehrere Wettbewerber auf Amazon nicht zu beanstanden. Dabei macht es auch keinen Unterschied, ob die Anbieter die Software vom Anbieter Amazon oder solche von unabhängigen Drittanbietern verwenden. Die Festlegung von Repricing Regeln stellt dabei gerade klassisches zulässiges Parallelverhalten dar, indem die verschiedenen Wettbewerber zwar die gegenseitige Preissetzung beobachten und die eigene hiervon abhängig machen, aber gerade keine wettbewerbsrelevanten Daten untereinander austauschen. Eine wettbewerbswidrige Fühlungnahme entsprechend den Anforderungen des EuGH[536] ist daher nicht gegeben. Eine solche parallele Preissetzung ist nach deutschem und europäischem Kartellrecht nicht zu beanstanden.[537]

d) *Mögliche Lösungsansätze zur Verhinderung von wettbewerbsschädigendem Repricing*

Da der Einsatz von Repricing Algorithmen, der zu gleichlaufenden Preisen führen kann, grundsätzlich als zulässiges Parallelverhalten zu bewerten ist, stellt sich die Frage, inwiefern trotz der parallelen Preissetzung ein funktionierender Preiswettbewerb sichergestellt werden kann. Denkbar sind insbesondere maximale Preisänderungen bzw. Preiserhöhungen pro Tag[538], wie sie beispielsweise im Tankstellenmarkt Österreichs bereits flächendeckend eingesetzt wurden.[539]

---

535 *EU Kommission,* Pressemitteilung vom 10.11.2020, IP/20/2077.

536 *EuGH,* Urt. v. 16.12.1975 – verb. Rs. 40/73–48/73 u. a., ECLI:EU:C:1975:174, Rn. 174; Urt. v. 14.07.1981 – Rs. 172/80, ECLI:EU:C:1981:178, Rn. 14; Urt. v. 08.07.1999 – Rs. C-199/92, ECLI:EU:C:1999:358, Rn. 160.

537 *Ebers,* NZKart 2016, 554, 555; *EuG,* Urt. v. 08.07.2008 – Rs. T-52/03, ECLI:EU:T:2008:253, Rn. 216; *EuGH,* Urt. v. 31.03.1993 – verb. Rs. C-89/85 u.a., ECLI:EU:C:1993:120, Rn. 71; *Wolf,* NZKart 2019, 2, 9.

538 *L. Bernhardt,* NZKart 2019, 314, 317; *Ezrachi/Stucke,* Virtual Competition, S. 229; *Künstner,* GRUR 2019, 36, 42; *Rützel,* Rechtsfragen algorithmischer Preisdiskriminierung, S. 255.

539 Verordnung des Bundesministers für Wirtschaft, Familie und Jugend betreffend Standesregeln für Tankstellenbetreiber über den Zeitpunkt der Preisauszeichnung für Treibstoffe bei Tankstellen, StF: BGBl. II Nr. 484/2010.

Dort durfte der Preis seit dem 1.1.2011 bis einschließlich 31.12.2022 nur einmal täglich um 12:00 Uhr erhöht werden, danach waren ausschließlich Preissenkungen zulässig.[540] Wenngleich diese umfassende Regulierungsmaßnahme in einer freien Marktwirtschaft durchaus kritisch zu hinterfragen ist[541], erscheint zumindest der Ansatz der maximalen Preisänderungen pro Tag auf Online-Plattform-Märkten umsetzbar. Denkbar wäre es, auf diesen Märkten eine Änderung von Preisen nur zu bestimmten Zeiten, beispielsweise zwei Mal täglich zuzulassen, sodass die einzelnen Marktteilnehmer nicht sekundenaktuell auf mögliche Preisänderungen der Konkurrenz reagieren können. Die Wettbewerber könnten dann jeweils nur zwei Mal täglich aller 12 Stunden zur gleichen Zeit wie die Konkurrenz die Preise ändern. Dies würde voraussichtlich dazu führen, dass die einzelnen Wettbewerber ihre Preise wieder autonomer festsetzen und nur mit gewisser zeitlicher Verzögerung auf eine Preisanpassung der Wettbewerber reagieren könnten, wodurch sich insbesondere Preissenkungen wieder lohnen würden. Gleichzeitig müsste sichergestellt sein, dass der Wettbewerb um die sog. Buy Box ausschließlich anhand von nachvollziehbaren Kriterien erfolgt, sodass höhere Preise beispielsweise ausschließlich in Kombination mit erheblich besseren Lieferbedingungen zum Gewinn der Buy Box führen können und in der Regel der niedrigste Preis auch mit dem Gewinn der Buy Box belohnt wird. Hingegen besteht das Risiko, dass sich wettbewerbswidrige Absprachen leichter umsetzen und kontrollieren ließen und Konstellationen des Messenger-Szenarios häufiger vorkommen könnten. Dem Argument, derartige Preisänderungsbeschränkungen könnten die Wettbewerber auf dem europäischen Markt gegenüber nichteuropäischen benachteiligen[542], kann damit begegnet werden, dass eine derartige Plattform-Regulierung flächendeckend für alle Anbieter gelten müsste, die im Binnenmarkt über eine bestimmte Plattform Waren an Endkunden verkaufen möchten. Ein Ausweichen der Kunden auf andere nichteuropäische Anbieter ist zwar nicht gänzlich auszuschließen, im Hinblick auf die erheblichen Netzwerkeffekte der großen Plattformen, insbesondere Amazon, jedoch unwahrscheinlich.[543] Durch die direkte technische

540 § 1 Verordnung des Bundesministers für Wirtschaft, Familie und Jugend betreffend Standesregeln für Tankstellenbetreiber über den Zeitpunkt der Preisauszeichnung für Treibstoffe bei Tankstellen, StF: BGBl. II Nr. 484/2010.

541 Vgl. dazu *Reindl/Wein,* Wirtschaftsdienst 2012, 678, 678 ff.

542 So *Veith,* KI, Haftung und Kartellrecht, S. 286.

543 Vgl. zu direkten und indirekten Netzwerkeffekten auf digitalen Plattformen wie Amazon *Förderer,* Erfolgsmodell Digitale Plattformen, S. 31 ff; *Mohr,* EuZW 2019, 265, 267; *Wolf in* MüKoWettbR, § 18 GWB, Rn. 51 ff.

Implementierung über die Plattform, die in erster Linie in der Verantwortung stünde, wäre auch eine umfassende Geltung der Regulierungsmaßnahme auf dem betroffenen Plattformmarkt sicherzustellen. Systematisch wären derartige Änderungen in einer künftigen Version des Digital Markets Acts[544] zu verfassen. Dort wird die Regulierung von marktmächtigen Gatekeepern[545] wie Amazon auf europäischer Ebene geregelt. Bevor diesbezügliche Änderungen erfolgen sollten, ist hinsichtlich der konkreten ökonomischen Auswirkungen jedoch noch konkrete wirtschaftswissenschaftliche Forschungsarbeit nötig. Aus heutiger Sicht könnte eine derartige Beschränkung der Repricing Algorithmen durchaus wettbewerbsstärkende Tendenzen mit sich bringen. Eine solche Regelung wäre jedenfalls denkbar für den Fall, dass der algorithmenbedingte kollusive Gleichlauf von Preisen im Onlinehandel künftig noch stärker zunimmt.

e) Möglicher Missbrauch einer marktbeherrschenden Stellung durch den Plattformbetreiber Amazon

In Betracht kommt in dieser Konstellation zudem ein Missbrauch einer marktbeherrschenden Stellung gemäß Art. 102 AEUV bzw. §§ 18 ff. GWB durch den Plattformbetreiber Amazon selbst.[546] Der Verstoß gegen das Missbrauchsverbot, den die Kommission annahm, steht jedoch nicht im Zusammenhang mit Preiskollusionen oder Preissetzungsalgorithmen, sondern bezieht sich auf die Vergabe der Buy Box, bei der möglicherweise bestimmte Kundengruppen von Amazon und Amazon-eigene Produkte im Verhältnis zu anderen Anbietern auf der Plattform übervorteilt wurden.[547] Aus diesem Grund soll auf dieses abgeschlossene Verfahren[548] vorliegend nicht näher eingegangen werden.

---

544 Verordnung (EU) 2022/1925 des europäischen Parlaments und des Rates vom 14. September 2022 über bestreitbare und faire Märkte im digitalen Sektor und zur Änderung der Richtlinien (EU) 2019/1937 und (EU) 2020/1828 (Gesetz über digitale Märkte).

545 Vgl. zum Begriff der Gatekeeper Art. 3 des Digital Markets Acts, VO (EU) 2022/1925.

546 *EU Kommission*, Pressemitteilung vom 10.11.2020, IP/20/2077; *EU Kommission*, Pressemitteilung vom 20.12.2022, IP/22/7777.

547 *EU Kommission*, Pressemitteilung vom 10.11.2020, IP/20/2077; *EU Kommission*, Pressemitteilung vom 20.12.2022, IP/22/7777.

548 EU-Kommission, Az. AT.40703., vgl. zum Verfahrensablauf *EU Kommission*, Pressemitteilung vom 20.12.2022, IP/22/7777.

f) Zusammenfassende Erkenntnisse

Repricing Algorithmen kommen heute auf Handelsplattformen wie Amazon bereits flächendeckend zum Einsatz. Sie können den Gleichlauf der Preise fördern und damit einen funktionierenden Preiswettbewerb behindern. Dennoch sind solche gleichlaufenden Preisanpassungen mangels Koordination unter dem derzeitigen europäischen und deutschen Kartellverbot zulässig. Im Hinblick auf die konkreten ökonomischen Auswirkungen des zunehmenden Einsatzes dieser Algorithmen sowie hinsichtlich möglicher Regulierungsmöglichkeiten benötigt es künftig weitere Forschung. Denkbar scheinen aber insbesondere Vorgaben hinsichtlich der Anzahl von möglichen Preisänderungen auf einer Plattform in einem bestimmten Zeitabschnitt.

3) Einsatz von Algorithmen desselben Anbieters durch mehrere Wettbewerber (digitales Hub-and-Spoke-Szenario)

Im dritten Szenario kommen digitale Hub-and-Spoke-Szenarien durch den Einsatz von gleichen oder ähnlichen Preissetzungsalgorithmen in Betracht. Unter Hub-and-Spoke-Kartellen werden Konstellationen verstanden, in denen Wettbewerber sich über den Abschluss von Vertikalvereinbarungen mit nur einem Dritten horizontal abstimmen.[549] Diese Hub-and-Spoke Konstellation soll in erster Linie den Tatbestand der horizontalen Abstimmung auf Fälle ausweiten, in denen es zwar an einer unmittelbaren horizontalen Kommunikation zwischen den Wettbewerbern fehlt, es aber dennoch aufgrund einheitlicher vertikaler Kommunikation mit einem Dritten zu einer zurechenbaren Wettbewerbsbeschränkung kommt.[550] Mit anderen Worten geht es um die horizontale Wirkung von mehreren gleichartigen Vertikalabstimmungen.[551] Diese Konstellation wird im Zusammenhang mit preisalgorithmischer Kollusion teilweise für die unmittelbarste Wettbewerbsgefährdung gehalten.[552] Zu unterscheiden sind hinsichtlich des Einsatzes von Preissetzungsalgorithmen drei Unterkategorien.

---

549 *Hainz/Benditz,* EuZW 2012, 686, 686; *Lübke,* ZHR 185 (2021), 723, 728.

550 *Liesegang,* WuW 2012, 1036, 1046.

551 *Stöcker,* WuW 2012, 935, 944.

552 *CMA,* Pricing Algorithms, S. 31.

a) *Einheitliche Nutzung eines Preissetzungsalgorithmus auf einer Plattform*

aa) *Darstellung des Szenarios*

Als erstes Szenario ist die einheitliche Nutzung eines Preissetzungsalgorithmus auf einer Plattform denkbar, bei dem alle auf der Plattform aktiven Wettbewerber diesen nutzen oder zumindest zentrale algorithmische Preisvorgaben erhalten. Eine solche Plattform wird teilweise als „Superplattform" bezeichnet.[553] Aktuell von Bedeutung sind diesbezüglich insbesondere die Dienste von Ridesharing Anbietern wie Uber oder dem luxemburgischen Webtaxi, die zugleich näher betrachtet werden sollen. Die Plattformbetreiber sind dabei in der Regel nicht unmittelbar selbst als Kartellanten beteiligt, sondern treten als Kartellgehilfen bzw. als nicht am Kartell beteiligte Dritte auf.[554]

bb) *Eturas Entscheidung*

Zuvor soll jedoch der vom EuGH entschiedene Eturas Fall[555], der im Zusammenhang mit der Hub-and-Spoke Konstellation als einer der einzigen entschiedenen Fälle der Rechtsprechung genannt wird[556], beleuchtet werden.

aaa) *Sachverhalt*

Die Eturas UAB war eine litauische Aktiengesellschaft[557], die ein ausschließlich rechnerbasiertes Online-Reisebuchungssystem namens E-TURAS betrieb und dessen alleiniger Administrator war.[558] Das System ermöglichte es Reisebüros eigene Reisen in einheitlicher und von Eturas festgelegter Buchungsform anzubieten.[559] Einen Einfluss auf die Preissetzung durch Eturas auf die Angebote der einzelnen Reisebüros sahen die jeweiligen Nutzungslizenzverträge nicht vor.[560] Im E-TURAS System besaß jedes einzelne Reisebüro ein eigenes

553 *Vahrenholt,* Algorithmen und Kartellrecht, S. 10.

554 Siehe hierzu detaillierter jeweils die „Rechtlichen Schlussfolgerungen für den Einsatz von Preissetzungsalgorithmen" der einzelnen Konstellationen.

555 *EuGH,* Urt. v. 21.01.2016 – Rs. C-74/14, ECLI:EU:C:2016:42.

556 *L. Bernhardt,* NZKart 2019, 314, 315; *Dohrn/Huck,* DB 2018, 173, 177; *Wolf,* NZKart 2019, 2, 3.

557 UAB steht für „Uždaroji akcinė bendrovė", was in deutscher Übersetzung „Geschlossene Aktiengesellschaft" bedeutet.

558 *EuGH,* Urt. v. 21.01.2016 – Rs. C-74/14, ECLI:EU:C:2016:42, Rn. 5 f.

559 *EuGH,* Urt. v. 21.01.2016 – Rs. C-74/14, ECLI:EU:C:2016:42, Rn. 6.

560 *EuGH,* Urt. v. 21.01.2016 – Rs. C-74/14, ECLI:EU:C:2016:42, Rn. 6.

passwortgeschütztes Benutzerkonto mit einem eigenem Mitteilungssystem, das funktional wie ein E-Mail-Postfach ausgestaltet war.[561] Über dieses interne Mitteilungssystem sendete der Geschäftsführer von Eturas an mehrere Reisebüros eine Nachricht mit dem Betreff „Abstimmung“, in dem er diese um eine Stellungnahme hinsichtlich einer möglichen Herabsenkung des geltenden Internet-Rabattes von 4 Prozent auf künftig 1 bis 3 Prozent bat.[562] Zwei Tage später schrieb der Systemadministrator von E-TURAS wiederum über das interne Kommunikationssystem an mindestens zwei Reisebüros folgende Nachricht:

> *„Im Anschluss an eine Auswertung der von den Reisebüros geäußerten Erklärungen, Vorschläge und Wünsche hinsichtlich der Gewährung eines Rabattsatzes für Online-Reisebuchungen werden wir Online-Preisnachlässe in Höhe von 0 % bis 3 % ermöglichen, die individuell gewählt werden können. Diese ‚Obergrenze‘ des Rabattsatzes wird dazu beitragen, die Gewinnspanne zu erhalten und die Wettbewerbsbedingungen zu normalisieren. Achtung! Für Reisebüros, die einen Rabatt von mehr als 3 % angeboten haben, wird [dieser] ab 14 Uhr automatisch auf 3 % reduziert. Wenn Sie Informationen über die Rabattsätze verbreitet haben, legen wir Ihnen nahe, sie in der Folge zu ändern.“*[563]

Zwei Tage nach dem Versand der Nachricht warben die Websites von acht Reisebüros mit einem Internet-Rabatt von 3 %. Wenn eine Reise gebucht wurde, öffnete sich ein Fenster und wies auf den gewährten Rabatt in Höhe von 3 % hin.[564] Im Folgenden war es den Reisebüros nur durch zusätzlichen technischen Aufwand möglich, einen Rabatt von mehr als 3 % einzuräumen.[565] In einem Beschluss vom 7.12.2012 war der Wettbewerbsrat der Republik Litauen (Lietuvos Respublikos konkurencijos taryba) dadurch der Ansicht, dass 30 Reisebüros sowie Eturas UAB an einer abgestimmten wettbewerbswidrigen Verhaltensweise beteiligt gewesen seien.[566] Die Vorgabe des Rabatts in Höhe von 3 % durch Eturas UAB sowie die stillschweigende Akzeptanz durch die Reisebüros lasse darauf schließen, dass die Beteiligten vernünftigerweise damit rechneten, auch alle künftigen Rabattänderungen einander mitzuteilen.[567] Dadurch hätten sie konkludent durch schweigende Zustimmung ihren gemeinsamen Willen bezüglich ihres kollusiven Vorgehens auf dem relevanten Markt zum

561 *EuGH,* Urt. v. 21.01.2016 – Rs. C-74/14, ECLI:EU:C:2016:42, Rn. 7.
562 *EuGH,* Urt. v. 21.01.2016 – Rs. C-74/14, ECLI:EU:C:2016:42, Rn. 9.
563 *EuGH,* Urt. v. 21.01.2016 – Rs. C-74/14, ECLI:EU:C:2016:42, Rn. 10.
564 *EuGH,* Urt. v. 21.01.2016 – Rs. C-74/14, ECLI:EU:C:2016:42, Rn. 11.
565 *EuGH,* Urt. v. 21.01.2016 – Rs. C-74/14, ECLI:EU:C:2016:42, Rn. 12.
566 *EuGH,* Urt. v. 21.01.2016 – Rs. C-74/14, ECLI:EU:C:2016:42, Rn. 13.
567 *EuGH,* Urt. v. 21.01.2016 – Rs. C-74/14, ECLI:EU:C:2016:42, Rn. 15.

Ausdruck gebracht.[568] Das Buchungssystem E-TURAS habe dabei als Instrument zur Koordination gedient und persönliche Treffen überflüssig gemacht.[569] Zudem komme es einer Zustimmung gleich, wenn den Preisnachlassbeschränkungen durch die Reiseanbieter nicht widersprochen werde, da dadurch dem jeweiligen Wettbewerber zu verstehen gegeben werde, dass man jede Ungewissheit bezüglich der festzusetzenden Rabatthöhe beseitigt habe.[570] Die Reisebüros, gegen die wegen Verstoßes gegen Art. 101 Abs. 1 AEUV Bußgelder verhängt wurden, wehrten sich gegen den Vorwurf vor allem mit dem Argument, dass sie für einseitige Handlungen von Eturas UAB nicht verantwortlich gemacht werden könnten.[571] Zudem sei das E-TURAS System für den Gesamtumsatz nicht besonders relevant, sodass einige Reisebüros geltend machten, die Mitteilung vom Systemadministrator von E-TURAS gar nicht gelesen zu haben.[572] Außerdem sei es trotzdem die ganze Zeit möglich gewesen, weiterhin auch höhere individuelle Rabatte zu gewähren.[573] Der Oberste Verwaltungsgerichtshof von Litauen (Lietuvos vyriausiasis administracinis teismas) legte dem EuGH schließlich folgende Fragen im Rahmen eines Vorabentscheidungsersuchen gemäß Art. 267 AEUV vor:

„1. Ist Art. 101 Abs. 1 AEUV dahin auszulegen, dass in einem Fall, in dem Wirtschaftsteilnehmer an einem gemeinsamen rechnergestützten Informationssystem der hier beschriebenen Art beteiligt sind und der Wettbewerbsrat nachgewiesen hat, dass eine Systemmitteilung über die Rabattbeschränkung und eine technische Beschränkung der Eingabe von Rabattsätzen in das System eingeführt wurden, davon ausgegangen werden kann, dass diese Wirtschaftsteilnehmer von der in das rechnergestützte Informationssystem eingeführten Systemmitteilung wussten oder zwangsläufig wissen mussten und dadurch, dass sie der Anwendung einer solchen Rabattbeschränkung nicht widersprachen, ihre stillschweigende Zustimmung zu der Preisnachlassbeschränkung erklärten und aus diesem Grund wegen Beteiligung an aufeinander abgestimmten Verhaltensweisen im Sinne von Art. 101 Abs. 1 AEUV zur Verantwortung gezogen werden können?

2. Falls die erste Frage verneint wird: Welche Faktoren sind bei der Beurteilung der Frage zu berücksichtigen, ob an einem gemeinsamen rechnergestützten Informationssystem beteiligte Wirtschaftsteilnehmer unter Umständen wie denen

---

568 *EuGH,* Urt. v. 21.01.2016 – Rs. C-74/14, ECLI:EU:C:2016:42, Rn. 15.
569 *EuGH,* Urt. v. 21.01.2016 – Rs. C-74/14, ECLI:EU:C:2016:42, Rn. 20.
570 *EuGH,* Urt. v. 21.01.2016 – Rs. C-74/14, ECLI:EU:C:2016:42, Rn. 20.
571 *EuGH,* Urt. v 21.01.2016 – Rs. C-74/14, ECLI:EU:C:2016:42, Rn. 19.
572 *EuGH,* Urt. v. 21.01.2016 – Rs. C-74/14, ECLI:EU:C:2016:42, Rn. 19.
573 *EuGH,* Urt. v. 21.01.2016 – Rs. C-74/14, ECLI:EU:C:2016:42, Rn. 19.

des Ausgangsverfahrens sich an aufeinander abgestimmten Verhaltensweisen im Sinne von Art. 101 Abs. 1 AEUV beteiligt haben?“[574]

bbb) Rechtliche Ausführungen des EuGH

Der EuGH ist der Auffassung, dass die vom litauischen Gericht formulierte Frage so nicht unmittelbar zu beantworten sei. Die Frage, ob in letzter Konsequenz im Einzelfall jeweils eine abgestimmte Verhaltensweise i.S.d. Art. 101 Abs. 1 AEUV durch das Erhalten bzw. Versenden einer Nachricht über einen internen Messenger mit dem dargestellten Inhalt vorliege, beziehe sich auf die Beweiswürdigung und das Beweismaß, so dass sie nach dem Grundsatz der Verfahrensautonomie und vorbehaltlich des Äquivalenz- und des Effektivitätsgrundsatzes das nationale Recht betreffe[575], dessen Auslegung bekanntlich nicht in den Zuständigkeitsbereich des EuGH fällt.[576] Dennoch nennt der EuGH im Weiteren einige Anhaltspunkte und Kriterien hinsichtlich der Frage, ob das Versenden bzw. der Empfang einer Nachricht bereits eine abgestimmte Verhaltensweise darstellen kann. So führt der EuGH aus, dass der Nachweis einer abgestimmten Verhaltensweise nicht durch unmittelbaren Beweis geführt werden, sondern „in den meisten Fällen aus einer Reihe von Koinzidenzen und Indizien abgeleitet werden muss, die bei einer Gesamtbetrachtung mangels einer anderen schlüssigen Erklärung den Beweis für eine Verletzung der Wettbewerbsregeln darstellen können“[577]. Im Folgenden geht er auch auf die vom vorlegenden Gericht aufgeworfene Frage der Unschuldsvermutung zugunsten der Beteiligten Wettbewerber aus, die in Art. 48 Abs. 1 der EU-Grundrechte Charta normiert und allgemeiner Grundsatz des Unionrechts ist.[578] Aufgrund dieses Grundsatzes und wesentlichen Verfahrensrechten der Beteiligten ist der bloße Erhalt einer Nachricht über einen internen Messenger nach Auffassung des EuGH nicht dazu geeignet, ohne weitere Anhaltspunkte und konkrete Indizien eine Kenntnisnahme der Mitteilung zu unterstellen, um eine stillschweigende Hinnahme und damit eine abgestimmte Verhaltensweise eines Wettbewerbers fingieren zu können.[579] Dennoch ist der Erhalt der Nachricht gemeinsam

574 *EuGH,* Urt. v.. 21.01.2016 – Rs. C-74/14, ECLI:EU:C:2016:42, Rn. 25.
575 *EuGH,* Urt. v 21.01.2016 – Rs. C-74/14, ECLI:EU:C:2016:42, Rn. 34.
576 Vgl. dazu Art. 19 Abs. 1 S. 2 und Abs. 3 lit. b) EUV, der dem EuGH ausschließlich die Auslegung von Unionsrecht zuschreibt.
577 *EuGH,* Urt. v. 21.01.2016 – Rs. C-74/14, ECLI:EU:C:2016:42, Rn. 36.
578 *EuGH,* Urt. v. 21.01.2016 – Rs. C-74/14, ECLI:EU:C:2016:42, Rn. 38.
579 *EuGH,* Urt. v. 21.01.2016 – Rs. C-74/14, ECLI:EU:C:2016:42, Rn. 39.

mit anderen objektiven Indizien dazu geeignet, die Vermutung zu begründen, dass die im Verfahren beteiligten Reisebüros die Mitteilung vom Systemadministrator von E-TURAS ab dem Zeitpunkt des Zugangs kannten, solange den Beteiligten die Möglichkeit bleibt, diese Vermutung zu widerlegen.[580] An eine solche Widerlegungsmöglichkeit dürfen zudem keine zu strengen Anforderungen gestellt werden. Eine Widerlegung kann demnach bereits dann gelingen, wenn die Beteiligten nachweisen können, die Nachricht nicht erhalten zu haben oder aber diese nicht eingesehen oder erst nach einer erheblichen Zeit eingesehen zu haben.[581] Kurz weist der EuGH auch auf die Notwendigkeit des Tatbestandsmerkmals des ursächlich auf der abgestimmten Verhaltensweise beruhenden Marktverhaltens hin, das ebenfalls gegeben sein muss, um einen Verstoß gegen Art. 101 Abs. 1 AEUV zu bejahen.[582] Die Informationsmitteilung des Systemadministrators von E-TURAS ist dementsprechend geeignet, eine Abstimmung der Verhaltensweisen zwischen den Wettbewerbern, die den Inhalt der Mitteilung kannten, zu begründen. Von diesen kann nach Ansicht des EuGH angenommen werden, dass sie eine gemeinsame wettbewerbswidrige Verhaltensweise ab dem Zeitpunkt der Kenntnisnahme stillschweigend gebilligt hätten.[583] Die Beteiligung an der Einhaltung der Rabattgrenze von 3 % kann hingegen ohne den Nachweis der Kenntnisnahme der Mitteilung anhand von konkreten subjektiven und objektiven Indizien nicht ausreichen, um eine Billigung und damit eine Beteiligung an der Abstimmung anzunehmen.[584] Abschließend geht der EuGH darauf ein, unter welchen Umständen ein Wettbewerber die Vermutung seiner Billigung der abgestimmten Verhaltensweise widerlegen kann. Neben anderen zulässigen Beweisen kämen vor allem die öffentliche Distanzierung von der Verhaltensweise sowie eine Anzeige bei den Behörden in Betracht.[585] Weiterhin kann die Vermutung der Billigung durch eine widersprechende Mitteilung an den Administrator des E-TURAS Systems[586] sowie durch den Nachweis der systematischen Gewährung eines über den festgelegten 3 Prozent gewährten Rabatts widerlegt werden.[587]

---

580 *EuGH,* Urt. v. 21.01.2016 – Rs. C-74/14, ECLI:EU:C:2016:42, Rn. 40.
581 *EuGH,* Urt. v. 21.01.2016 – Rs. C-74/14, ECLI:EU:C:2016:42, Rn. 41.
582 *EuGH,* Urt. v. 21.01.2016 – Rs. C-74/14, ECLI:EU:C:2016:42, Rn. 43.
583 *EuGH,* Urt. v. 21.01.2016 – Rs. C-74/14, ECLI:EU:C:2016:42, Rn. 44.
584 *EuGH,* Urt. v. 21.01.2016 – Rs. C-74/14, ECLI:EU:C:2016:42, Rn. 45.
585 *EuGH,* Urt. v. 21.01.2016 – Rs. C-74/14, ECLI:EU:C:2016:42, Rn. 46.
586 *EuGH,* Urt. v. 21.01.2016 – Rs. C-74/14, ECLI:EU:C:2016:42, Rn. 48.
587 *EuGH,* Urt. v. 21.01.2016 – Rs. C-74/14, ECLI:EU:C:2016:42, Rn. 49.

ccc) Rolle der Preissetzungsalgorithmen im Eturas Fall

Preissetzungsalgorithmen spielten im vorgestellten Urteil keine Rolle, indem die Kollusion der Beteiligten wiederum ausschließlich durch menschliche Absprachen stattfand. Das wettbewerbswidrige Verhalten fand hier, ebenso wie im Messenger-Szenario, vollkommen ohne Beteiligung von Algorithmen statt. Lediglich die technische Umsetzung der maximalen Rabattobergrenze von 3 Prozent erfolgte automatisiert und datengetrieben, wenngleich auch hier keine klassischen Preissetzungsalgorithmen zum Einsatz gekommen sein dürften. Der Sachverhalt im vorgestellten Urteil unterscheidet sich daher von der oben vorgestellten Hub-and Spoke-Konstellation. So wurde vorliegend manuell und zentral über eine Plattform vom Plattformbetreiber ein bestimmter Preisparameter vorgegeben. Bei der Verwendung von Preissetzungsalgorithmen hingegen werden in der Regel automatisiert Preise vorgeschlagen bzw. festgesetzt, die sich aus den verschiedenen verfügbaren Preisdaten der Wettbewerber zusammensetzen können. Warum die Online Rabattobergrenze auf 3 % festgelegt werden sollte, ist nicht bekannt. Auch diesbezüglich ist ein Einsatz von Preissetzungsalgorithmen aber nicht ersichtlich.

ddd) Rechtliche Schlussfolgerungen des Eturas Urteils für den Einsatz von Preissetzungsalgorithmen

Dennoch lassen sich aus der Entscheidung für ein ggf. künftig auftretendes Hub-and-Spoke-Szenario durch den Einsatz von Preissetzungsalgorithmen einige rechtliche Schlussfolgerungen ableiten. Schließlich hatte sich der EuGH vorliegend mit einer Dreieckskonstellation zu befassen. Die Eturas UAB trat als Mittler auf und gab eine Preisrabattobergrenze vor. An diese Vorgabe mussten sich die Wettbewerber zwar nicht halten, allerdings war eine Abweichung von dieser nur unter zusätzlichem technischem Aufwand möglich. Insbesondere die Dreiecksbeziehung ähnelt der des Hub-and-Spoke-Szenarios, bei dem mehrere Wettbewerber ihre Preise von einem zentralen Anbieter berechnen lassen. Vorliegend nimmt der Systemadministrator von E-TURAS die Stelle des Algorithmenanbieters ein und koordiniert über eine Plattform zentral die Preispolitik der Wettbewerber. Das Festsetzen von Preisempfehlungen bzw. bereits das Festlegen von Empfehlungen von Rabatthöhen ist folglich grundsätzlich geeignet, eine abgestimmte Verhaltensweise i.S.d. § 1 GWB bzw. Art. 101 Abs. 1 AEUV zu begründen. Dies gilt selbst dann, wenn es technisch für alle beteiligten Wettbewerber möglich ist, höhere Rabatte festzusetzen. Daraus folgt, dass erst recht eine zentrale Preiskoordination durch einen Plattformbetreiber oder Algorithmenanbieter, der im Gegensatz zum Eturas Fall nicht lediglich

Rabatthöhen, sondern in Echtzeit Preisvorschläge für einzelne Produkte vorgibt, eine wettbewerbswidrige Abstimmung darstellen kann. Dies muss konsequenterweise auch dann gelten, wenn die Software lediglich Preisvorschläge übermittelt und die Wettbewerber jederzeit die Möglichkeit haben, andere Preise festzusetzen. Ebenso wie im Eturas und zugleich dargestellten Ageras Fall findet auch im Hub-and-Spoke-Szenario keine unmittelbare Kommunikation zwischen den Wettbewerbern statt. Vielmehr geht die Koordination ausschließlich von einer zentralen Stelle aus. Dies steht einer abgestimmten Verhaltensweise jedoch nicht entgegen, soweit entsprechend der Ausführungen des EuGH eine konkludente Beteiligung durch Billigung der Vorgaben in Betracht kommt.[588] Problematisch erscheint bei der Verwendung des gleichen Preissetzungsalgorithmus durch mehrere Wettbewerber jedoch, dass diese keinen Überblick haben, welcher Mitbewerber welchen Preissetzungsalgorithmus nutzt. Es ist also denkbar, dass mehrere Wettbewerber auf ein und denselben Algorithmenanbieter zurückgreifen, ohne dass diese davon Kenntnis haben, ob ein Wettbewerber den identischen Algorithmus verwendet. Stellt man sich nun ein Szenario vor, indem zwei hinsichtlich Kosten und Umsatz ähnliche Wettbewerber aus einem Ort den gleichen Preissetzungsalgorithmus benutzen, ist der Gleichlauf der Preise nahezu garantiert, indem sämtliche Faktoren, die für den Algorithmus zur Berechnung relevant sind, wie beispielsweise das Wetter und der Kundenkreis, ähnlich sein dürften. Es kommt in einer solchen Konstellation also zum Gleichlauf der Preise, ohne dass die beteiligten Unternehmen dies merken oder beabsichtigen. Die beteiligten Wettbewerber haben von der parallelen Preissetzung keine Kenntnis und können diese auch nicht haben, solange die Preise des Wettbewerbers nicht online oder anderweitig verfügbar sind.[589] Während objektiv also ein Gleichlauf der Preise in Echtzeit stattfindet, fehlt es bei allen Wettbewerbern am subjektiven Element.

Eine solche Konstellation unterscheidet sich daher maßgeblich vom Eturas-Fall, bei dem die beteiligten Unternehmen davon ausgehen konnten, dass eine entsprechende Mitteilung an alle Anbieter versendet wurde. In der Eturas Entscheidung war der EuGH der Ansicht, dass der Wille zur Beteiligung anhand von objektiven und subjektiven Indizien nachweisbar sein muss.[590] Eine Beteiligung am Gleichlauf der Preise reicht folglich nicht aus, um eine Beteiligung am

---

588 *EuGH*, Urt. v. 21.01.2016 – Rs. C-74/14, ECLI:EU:C:2016:42, 40 ff,

589 Vgl. zur Kenntnis-Problematik C) III. 3) b) bb) ccc) ε).

590 *EuGH*, Urt. v. 21.01.2016 – Rs. C-74/14, ECLI:EU:C:2016:42, Rn. 45.

wettbewerbswidrigen Verhalten bejahen zu können.[591] Dies hat der EuGH mit der Eturas-Entscheidung nochmals bestätigt. Die Frage nach den subjektiven Anforderungen einer wettbewerbswidrigen Verhaltensweise im Falle paralleler Preissetzung wird im Rahmen der Abgrenzung zwischen zulässigem Parallelverhalten und wettbewerbswidrigem Datenaustausch zwischen Wettbewerbern außerhalb einer Plattform noch zu vertiefen sein.[592]

cc) Der Ageras Fall

Einen ähnlichen Fall hatte die dänische Wettbewerbsbehörde bezüglich der digitalen Vermittlungsplattform Ageras[593] zu entscheiden.

aaa) Sachverhalt

Ageras stellte eine Online-Vermittlungsplattform für verschiedene Dienstleistungen zur Verfügung wie insbesondere Buchhaltung und rechtliche Dienstleistungen.[594] Die Plattform war unter anderem in Norwegen, Schweden, Deutschland[595], Niederlande, dem Vereinigten Königreich sowie in den Vereinigten Staaten aktiv. Kunden konnten dort unter verschiedenen Partnern von Ageras auswählen und die entsprechenden Dienste buchen.[596] Dabei übermittelten die Endkunden eine bestimmte Aufgabenanfrage an Ageras. Die Anfrage wurde dann auf der Plattform veröffentlicht und die Dienstleistungsanbieter konnten Angebote für die vom Kunden nachgefragte Dienstleistung

591 Vgl. *EuG,* Urt. v. 24.10.1991 – Rs. T-2/89, ECLI:EU:T:1991:57, Rn. 213; *EuGH,* Urt. v. 16.12.1975 – verb. Rs. 40/73–48/73 u. a., ECLI:EU:C:1975:174, Rn 26, 28; *Weiß in* Calliess/Ruffert, Art. 101 AEUV, Rn. 60.

592 Siehe dazu C) III. 3) b) bb) ccc) ε).

593 *Danish Competition and Consumer Authority,* Ageras has infringed competition law, abrufbar unter https://www.en.kfst.dk/nyheder/kfst/english/decisions/20200630-danish-competition-council-ageras-has-infringed-competition-law/.

594 ebd.

595 In Deutschland ist das Geschäftsmodell im Hinblick auf die Vermittlung von Steuerberatermandaten jedoch bereits im Hinblick auf § 9 StBerG, wonach eine entgeltliche Vermittlung von Mandaten verboten ist, eingeschränkt wurden, vgl. *LG Köln,* Beschluss v. 19.05.2020 – 33 O 45/20, = GRUR-RS 2020, 20013, ECLI:DE:LGK:2020:0519.33O45.20.00, Rn. 4.

596 *Danish Competition and Consumer Authority,* Ageras has infringed competition law, abrufbar unter https://www.en.kfst.dk/nyheder/kfst/english/decisions/20200630-danish-competition-council-ageras-has-infringed-competition-law/.

abgeben.[597] Dabei konnten maximal drei Anbieter Angebote angeben und das Verfahren lief ähnlich einer Ausschreibung.[598] Die Endkunden hatten dann die Wahl, die Gebote jeweils anzunehmen oder abzulehnen. Ageras verdiente an jeder Vermittlung eine Vermittlungsgebühr, die abhängig vom Preis der angebotenen Dienstleistung war.[599] Im März 2018 begann Ageras dann vor jeder Abgabe eines Angebots durch einen Dienstleister diese über den „geschätzten Marktpreis" zu informieren, sobald der Durchschnittspreis für eine angebotene Dienstleistung durch einen Dienstleistenden unterboten wurde.[600] Ageras wies in einem Pop-up-Fenster auf den durchschnittlichen Marktpreis für die angebotene Dienstleistung hin und teilte dem Dienstleister mit, dass er diesen Preis zu unterbieten versuche.[601] Dem Dienstleistenden war es zwar möglich das Angebot dennoch abzugeben, allerdings wies Ageras darauf hin, dass die Vermittlungsgebühren anhand des durchschnittlichen Marktpreises berechnet werden, sodass eine Unterbietung dessen für die Anbieter kaum noch wirtschaftlich war.[602] Zudem veröffentlichte die Plattform für die Dienstleister eine Reihe von Aufgabenanfragen von Endkunden inklusive Mindestpreisen, die die Endkunden dafür zahlen müssten. Ageras zahlte zur Beendigung des Verfahrens schließlich eine Strafe von 1.275.000 Dänischen Kronen.[603]

---

597 *Danish Competition and Consumer Authority,* Ageras has infringed competition law, abrufbar unter https://www.en.kfst.dk/nyheder/kfst/english/decisions/20200630-danish-competition-council-ageras-has-infringed-competition-law/.

598 *Danish Competition and Consumer Authority,* Ageras has infringed competition law, abrufbar unter https://www.en.kfst.dk/nyheder/kfst/english/decisions/20200630-danish-competition-council-ageras-has-infringed-competition-law/.

599 *Danish Competition and Consumer Authority,* Ageras has infringed competition law, abrufbar unter https://www.en.kfst.dk/nyheder/kfst/english/decisions/20200630-danish-competition-council-ageras-has-infringed-competition-law/.

600 *Danish Competition and Consumer Authority,* Ageras has infringed competition law, abrufbar unter https://www.en.kfst.dk/nyheder/kfst/english/decisions/20200630-danish-competition-council-ageras-has-infringed-competition-law/.

601 *Danish Competition and Consumer Authority,* Ageras has infringed competition law, abrufbar unter https://www.en.kfst.dk/nyheder/kfst/english/decisions/20200630-danish-competition-council-ageras-has-infringed-competition-law/.

602 *Danish Competition and Consumer Authority,* Ageras has infringed competition law, abrufbar unter https://www.en.kfst.dk/nyheder/kfst/english/decisions/20200630-danish-competition-council-ageras-has-infringed-competition-law/.

603 *Danish Competition and Consumer Authority,* Digital platform pays a fine of DKK 1.275.000 for violating the Danish Competition Act, abrufbar unter https://www.en.kfst.dk/nyheder/kfst/english/judgements/20210712-digital-platform-pays-a-fine-of-dkk-1-275-000-for-violating-the-danish-competition-act/.

bbb) Rechtliche Ausführungen der dänischen Wettbewerbsbehörde

Die dänische Wettbewerbsbehörde machte in ihrer Mitteilung deutlich, dass das genannte Ausschreibungsverfahren inklusive der Angabe von vermeintlich durchschnittlichen Marktpreisen aus ihrer Sicht gegen das nationale dänische Kartellverbot des section 6(1), cf. (2) Nr. 1 des Danish Competition Acts sowie gegen Art. 101 Abs. 1 lit. a) AEUV verstößt.[604] Die Angabe von durchschnittlichen Marktpreisen sowie Mindestpreisen für die Endkunden könne die Anbieter in ihrer Preisbildung beeinflussen, gleiche die Preise auf der Plattform an und führe zudem zu einem insgesamt höheren Preisniveau.[605] Die entsprechende Angabe der Preisinformationen stelle daher eine bezweckte Wettbewerbsbeschränkung dar.[606] Zudem gab die dänische Wettbewerbsbehörde zu verstehen, dass sich die Entscheidung ausschließlich auf Ageras als Initiator des genannten Systems beschränkt, sodass keine Aussage zur möglichen Kartellbeteiligung der beteiligten Dienstleisterpartner getroffen werden kann.[607]

ccc) Rolle der Preissetzungsalgorithmen im Ageras Fall

Ageras setzte keine Preissetzungsalgorithmen ein, sondern gab lediglich algorithmisch bestimmte Mindestpreise vor. Insofern spielten Preissetzungsalgorithmen für den Wettbewerbsverstoß keine Rolle.

ddd) Rechtliche Schlussfolgerungen der Ageras Entscheidung

Trotz mangelnder Beteiligung von Preissetzungsalgorithmen können auch aus der Ageras Entscheidung bestimmte Grundsätze abgeleitet werden, die auch für den Einsatz von Preissetzungsalgorithmen auf Plattformen gelten. So ist bereits die Empfehlung von Mindestpreisen durch eine Plattform in Verbindung mit einer bestimmten Vermittlungsgebühr, die auf dem Wert eines festgelegten

---

604 *Danish Competition and Consumer Authority,* Ageras has infringed competition law, abrufbar unter https://www.en.kfst.dk/nyheder/kfst/english/decisions/20200630-danish-competition-council-ageras-has-infringed-competition-law/.

605 *Danish Competition and Consumer Authority,* Ageras has infringed competition law, abrufbar unter https://www.en.kfst.dk/nyheder/kfst/english/decisions/20200630-danish-competition-council-ageras-has-infringed-competition-law/.

606 *Danish Competition and Consumer Authority,* Ageras has infringed competition law, abrufbar unter https://www.en.kfst.dk/nyheder/kfst/english/decisions/20200630-danish-competition-council-ageras-has-infringed-competition-law/.

607 *Danish Competition and Consumer Authority,* Ageras has infringed competition law, abrufbar unter https://www.en.kfst.dk/nyheder/kfst/english/decisions/20200630-danish-competition-council-ageras-has-infringed-competition-law/.

Mindestpreises basiert, wettbewerbswidrig i.S.d. Art. 101 Abs. 1 lit. a) AEUV. Daran ändert auch nichts, dass die Anbieter theoretisch in der Lage sind, den empfohlenen Preis zu unterbieten. Durch die Festlegung des Durchschnittspreises und der darauf basierenden Vermittlungsgebührenerhebung entsteht ein mittelbarer Zwang für Anbieter, diese Preise nicht zu unterschreiten, wenn sie noch wirtschaftlich ihre Dienste anbieten wollen. Insofern sollten Plattformen vermeiden, bestimmte Mindestpreise zu empfehlen. Zudem sollten sich die Vermittlungsgebühren streng an den tatsächlich entrichteten Preisen orientieren und nicht an einem vermeintlich durchschnittlichen Marktpreis. Andernfalls laufen Plattformanbieter Gefahr, zur wettbewerbswidrigen Preissetzung der beteiligten Anbieter beizutragen. Bemerkenswert ist zudem, dass die dänische Wettbewerbsbehörde eine Kartellbeteiligung der Plattform bejaht, obwohl diese selbst nicht auf demselben Markt tätig ist wie die Anbieter, die ihre Dienstleistungen auf der Plattform vermarkten. Daraus folgt, dass eine Beteiligung an wettbewerbswidrigen Absprachen jedenfalls aus Sicht der dänischen Wettbewerbsbehörde nicht davon abhängen kann, ob ein Beteiligter auf dem Markt tätig ist, dessen Wettbewerb durch die Verhaltensweise beschränkt wird. Ausreichend scheint demnach vielmehr zu sein, dass auch die Plattform als Vermittler ein wirtschaftliches Interesse an der bezweckten Wettbewerbsbeschränkung hat. Dies war vorliegend durch die höheren Vermittlungsgebühren bei einem insgesamt höheren Preisniveau gegeben.

dd) Der US Uber Fall

Ein weiterer im Zusammenhang mit dem Hub-and-Spoke-Szenario zu nennender Fall ist der US-amerikanische Fall Uber.[608] Im Verfahren Meyer vs. Kalanick and Uber Technologies, Inc.[609] klagte ein Nutzer von Uber, der die Dienste als Mitfahrer in Anspruch nahm gegen den damaligen Uber-CEO Travis Kalanick sowie Uber Technologies Inc. aufgrund einer angeblichen illegalen horizontalen bzw. vertikalen Preisabsprache. Bei Uber handelt es sich um ein Beispiel der einheitlichen Nutzung von Preissetzungsalgorithmen auf einer Plattform.

---

608 *Dohrn/Huck*, DB 2018, 173, 177; *Ezrachi/Stucke*, Univ. of Illinois Law Rev 2017, 1775, 1788; *Käseberg/Kalben*, WuW 2018, 2, 5; *Künstner*, GRUR 2019, 36, 39; *Monopolkommission*, XXII. Hauptgutachten 2018, Rz. 192 f; *Salaschek/Serafimova*, WuW 2018, 8, 12; *Wolf*, NZKart 2019, 2, 3.

609 *U.S. Court of Appeals for the 2nd Circuit*, Urt. v 17.08.2017 – 16 2750 cv, 16 2752 cv, Meyer ./. Uber/Kalanick.

aaa) Sachverhalt

Uber stellt im Wesentlichen eine App zur Verfügung, die Fahrer, die ihre Privatautos nutzen, sowie Mitfahrende zusammenbringen soll, um Fahrdienstleistungen zu vermitteln.[610] Der Mitfahrer kann über die App von seinem Standort zu einem Zielstandort eine Fahrt buchen, die den Fahrern der App dann angezeigt wird. Diese können entscheiden, ob sie die Fahrt annehmen möchten oder nicht.[611] Der Preis wird dabei algorithmisch in Echtzeit und abhängig unter anderem von der Nachfrage berechnet.[612] Der Zahlungsverkehr läuft gänzlich über Uber, sodass die Mitfahrenden an Uber bezahlen und die Fahrer ihren Lohn abzüglich einer Servicepauschale direkt von Uber ausgezahlt bekommen.[613] Der Kläger trug vor, Kalanick und Uber hätten durch die Verwendung des Preissetzungsalgorithmus das Verhältnis von Angebot und Nachfrage künstlich manipuliert, um höhere Fahrpreise für alle Fahrer zu garantieren, die ansonsten miteinander im Preiswettbewerb stünden.[614] Dadurch seien Kalanick und Uber in der Lage, sämtliche Preise für alle Fahrten zu kontrollieren und festzusetzen.[615] Kalanick habe selbst zugegeben, den Preissetzungsalgorithmus beliebig ein- und ausschalten zu können, um dadurch bei besonderen Anlässen wie Schneestürmen oder Naturkatastrophen die erhöhte Nachfrage nicht auszunutzen.[616] Tatsächlich stelle Kalanick bzw. Uber den Preissetzungsalgorithmus jedoch nahezu nie aus, was sich bereits daran zeige, dass an Silvester 2015 bzw. Neujahr 2016 aufgrund erhöhter Nachfrage in manchen US-amerikanischen Städten das bis zu 9,9-fache der regulären Gebühren verlangt wurde.[617] Auch am Tag eines Schneesturmes in Washington, D.C. sei der Algorithmus nicht

---

610 Vgl. zur ökonomischen Betrachtung des Geschäftsmodells von Uber *Dittmann*, WuW 2016, 467, 467 ff..

611 *Uber*, So nutzt du die Uber App, abrufbar unter https://www.uber.com/de/de/about/how-does-uber-work/.

612 *Uber*, So funktioniert die dynamische Fahrpreisanpassung, abrufbar unter https://www.uber.com/de/de/drive/driver-app/how-surge-works/.

613 *Uber*, The Uber driver app, your resource on the road, abrufbar unter https://www.uber.com/de/de/drive/driver-app/.

614 *U.S. District Court, Southern District of New York*, First Amended Complaint (Klageschrift) v. 29.01.2016 – 1:15 Civ. 9796 (JSR), Meyer ./. Kalanick, Rn. 53.

615 *U.S. District Court, Southern District of New York*, First Amended Complaint (Klageschrift) v. 29.01.2016 – 1:15 Civ. 9796 (JSR), Meyer ./. Kalanick, Rn. 54.

616 *U.S. District Court, Southern District of New York*, First Amended Complaint (Klageschrift) v. 29.01.2016 – 1:15 Civ. 9796 (JSR), Meyer ./. Kalanick, Rn. 63.

617 *U.S. District Court, Southern District of New York*, First Amended Complaint (Klageschrift) v. 29.01.2016 – 1:15 Civ. 9796 (JSR), Meyer ./. Kalanick, Rn. 66.

ausgestellt wurden, sondern habe aufgrund erhöhter Nachfrage das 4,5-fache der regulären Preise berechnet.[618] Zudem habe Travis Kalanick die App selbst einige Male als Fahrer genutzt[619], weshalb er auch in einer horizontalen Wettbewerbsbeziehung zu den anderen Fahrern von Uber stünde.[620] Jedes Mal, wenn ein Fahrer die Bedingungen der App von Uber akzeptiere, beteilige er sich daher an einer wettbewerbswidrigen Preisabsprache, indem er die von Uber festgelegten Bedingungen und Preise akzeptiert und dadurch nicht mit anderen Fahrern in Wettbewerb treten möchte.[621] Auch wenn Uber behauptet, es sei den Fahrern erlaubt von den von Uber festgelegten Preisen abzuweichen, so sei dies technisch gar nicht möglich, da die gesamte Zahlungsabwicklung über Uber ablaufe und der Fahrer daher gar nicht in der Lage sei mit dem Mitfahrer einen anderen als den von Uber festgesetzten Preis auszuhandeln.[622] Im September 2014 habe es zudem ein Treffen von Kalanick und mehreren Uber Fahrern gegeben, bei denen abgesprochen worden sei, die Preise für UberBlack[623] und UberSUV[624] anzuheben.[625] Die Klage warf Kalanick und Uber vor, durch illegale Preisabsprachen gegen section 1 des Sherman Acts[626] sowie gegen die Antitrust Gesetze des Staates New York, section 340 des Donnelly Acts,[627] verstoßen zu

618 *U.S. District Court, Southern District of New York,* First Amended Complaint (Klageschrift) v. 29.01.2016 – 1:15 Civ. 9796 (JSR), Meyer ./. Kalanick, Rn. 67.

619 *U.S. District Court, Southern District of New York,* First Amended Complaint (Klageschrift) v. 29.01.2016 – 1:15 Civ. 9796 (JSR), Meyer ./. Kalanick, Rn. 80 ff.

620 *U.S. District Court, Southern District of New York,* First Amended Complaint (Klageschrift) v. 29.01.2016 – 1:15 Civ. 9796 (JSR), Meyer ./. Kalanick, Rn. 129.

621 *U.S. District Court, Southern District of New York,* First Amended Complaint (Klageschrift) v. 29.01.2016 – 1:15 Civ. 9796 (JSR), Meyer ./. Kalanick, Rn. 70.

622 *U.S. District Court, Southern District of New York,* First Amended Complaint (Klageschrift) v. 29.01.2016 – 1:15 Civ. 9796 (JSR), Meyer ./. Kalanick, Rn. 69.

623 Die ursprüngliche Fahrtoption UberBLACK richtet sich an Fahrgäste mit gehobenen Ansprüchen wie u.a. einem schwarzen luxeriösen Wagen, siehe *Uber,* Uber Black - Premium-Fahrten in Luxuswagen, abrufbar unter https://www.uber.com/de/de/ride/uberblack/.

624 Die Fahrtoption UberSUV richtet sich an Fahrgäste, die mit einem geräumigeren SUV fahren möchten, siehe *Uber,* Uber Black SUV - Premium-Fahrten für 6 Fahrgäste in luxuriösen SUVs, abrufbar unter https://www.uber.com/de/de/ride/ubersuv/.

625 *U.S. District Court, Southern District of New York,* First Amended Complaint (Klageschrift) v. 29.01.2016 – 1:15 Civ. 9796 (JSR), Meyer ./. Kalanick, Rn. 87 f.

626 Sherman Antitrust Act of 1890 (26 Stat. 209, 15 U.S.C. §§ 1–7).

627 Donnelly Act, New York General Business Law, § 340.

haben.[628] Der Kläger habe zum einen dadurch in der Vergangenheit mehr für Uber Fahrdienstleistungen gezahlt als er ohne die wettbewerbswidrigen Verhaltensweisen hätte zahlen müssen und zum anderen bestehe weiterhin und künftig die Gefahr, dass der Kläger und andere Uber Nutzer aufgrund des illegalen Verhaltens der Beklagten erhöhte Fahrpreise entrichten müssen.[629]

bbb) Verfahrensablauf

Nachdem die Klage von Meyer im Auftrag der vermeintlichen Gruppe der geschädigten Uber Fahrer am 16.12.2015 eingereicht wurde, konkretisierte und änderte er mit Schriftsatz vom 29.01.2016 die Klage, wobei nun nur noch Kalanick und nicht mehr Uber als Beklagter genannt wurde.[630] Kalanick beantragte Klageabweisung. Der District Court for the Southern District of New York entschied am 31.03.2016 jedoch, die Klage nicht abzuweisen. Er war der Ansicht, der Kläger habe sowohl eine horizontale als auch eine vertikale wettbewerbswidrige Verhaltensweise hinreichend plausibel dargelegt.[631] Zudem sei das Recht des Klägers auch nicht durch die zwischen Uber und dem Kläger verwendete Schiedsgerichtsbarkeitsklausel beschränkt.[632] Nachdem Kalanick einen Antrag stellte, Uber als notwendigen Streitgenossen hinzuzuziehen, stellte auch Uber einen Antrag auf Beiladung zum Rechtsstreit.[633]

Am 19.06.2016 wurde Kalanicks Antrag stattgegeben und Uber als notwendige Partei beigeladen.[634] Im Folgenden stellten die Beklagten Anträge mit dem Ziel, den Kläger in ein Schiedsverfahren zu zwingen.[635] Begründet wurde dies damit, dass jeder Uber Fahrer, mithin auch der Kläger, bei seiner Anmeldung

---

628 *U.S. District Court, Southern District of New York,* First Amended Complaint (Klageschrift) v. 29.01.2016 – 1:15 Civ. 9796 (JSR), Meyer ./. Kalanick, Rn. 136.

629 *U.S. District Court, Southern District of New York,* First Amended Complaint (Klageschrift) v. 29.01.2016 – 1:15 Civ. 9796 (JSR), Meyer ./. Kalanick, Rn. 131, 138.

630 *U.S. Court of Appeals for the 2nd Circuit,* Urt. V. 17.08.2017 – 16 2750 cv, 16 2752 cv, Meyer ./. Uber/Kalanick, S. 9.

631 *U.S. District Court, Southern District of New York,* Urt. V. 31.03.2016 – 15 Civ. 9796, Meyer ./. Kalanick, 174 F. Supp. 3d 817, 822, 825.

632 *U.S. District Court, Southern District of New York,* Urt. v. 31.03.2016 – 15 Civ. 9796, Meyer ./. Kalanick, 174 F. Supp. 3d 817, 828.

633 *U.S. Court of Appeals for the 2nd Circuit,* Urt. v. 17.08.2017 – 16 2750 cv, 16 2752 cv, Meyer ./. Uber/Kalanick, S. 9.

634 *U.S. Court of Appeals for the 2nd Circuit,* Urt. v. 17.08.2017 – 16 2750 cv, 16 2752 cv, Meyer ./. Uber/Kalanick, S. 9.

635 *U.S. Court of Appeals for the 2nd Circuit,* Urt. v. 17.08.2017 – 16 2750 cv, 16 2752 cv, Meyer ./. Uber/Kalanick, S. 9.

auf der Plattform von Uber den „Terms and Conditions“ zugestimmt habe, die eine Schiedsgerichtsbarkeitsklausel enthielt und daher den Weg für sämtliche Streitigkeiten im Zusammenhang mit der Nutzung von Uber zu den ordentlichen Gerichten zunächst ausschließe.[636] Diese Anträge wurden mit Entscheidung vom 29.06.2016 abgelehnt. Der District Court for the Southern District of New York war der Ansicht, dass Meyer keine ausreichende Möglichkeit hatte, die streitgegenständlichen „Terms and Conditions“ zur Kenntnis zu nehmen, sodass nicht davon ausgegangen werden könne, dass dieser der Schiedsgerichtsklausel eindeutig zugestimmt habe.[637] Gegen diese Entscheidung legten die Beklagten Beschwerde ein, woraufhin der U.S. Court of Appeals for the Second Circuit die Entscheidung des District Courts aufhob und entschied, dass der Kläger sehr wohl Kenntnis von der Schiedsgerichtsklausel haben konnte, da Uber hinreichend auffällig auf die „Terms and Conditions“ und deren Geltung hingewiesen habe.[638] Der Kläger habe der Schiedsgerichtsklausel daher auch wirksam zugestimmt.[639] Die Sache wurde zur erneuten Entscheidung zurückverwiesen, um zu klären, ob die Beklagten wirksam auf ihr Recht auf ein Schiedsverfahren verzichtet haben.[640]

Der District Court entschied schließlich, dass die Beklagten nicht wirksam auf ihr Recht auf ein Schiedsverfahren verzichtet haben, sodass schlussendlich verfügt wurde, ein Schiedsverfahren durchzuführen.[641] Der Schiedsrichter entschied schließlich im Februar 2020 zugunsten von Uber.[642] Die dagegen

636 Vgl. ausführlich zur Argumentation der Beklagten bzw. Berufungsführer den Schriftsatz (Appelants' Reply Brief) vom 13.12.2016, abrufbar unter https://www.chamberlitigation.com/cases/meyer-v-kalanick-and-uber-technologies-inc

637 *U.S. District Court, Southern District of New York,* Urt. v. 29.06.2016 – 15 Civ. 9796, Meyer ./. Uber/Kalanick, 200 F. Supp. 3d 408, 420.

638 *U.S. Court of Appeals for the 2nd Circuit,* Urt. v. 17.08.2017 – 16 2750 cv, 16 2752 cv, Meyer ./. Uber/Kalanick, S. 28.

639 *U.S. Court of Appeals for the 2nd Circuit,* Urt. v. 17.08.2017 – 16 2750 cv, 16 2752 cv, Meyer ./. Uber/Kalanick, S. 30 f.

640 *U.S. Court of Appeals for the 2nd Circuit,* Urt. v. 17.08.2017 – 16 2750 cv, 16 2752 cv, Meyer ./. Uber/Kalanick, S. 32.

641 *U.S. District Court, Southern District of New York,* Urt. v. 05.03.2018 – 15 Civ. 9796, Meyer ./. Kalanick/Uber, 291 F. Supp. 3d 526, 535 ff.

642 *U.S. District Court, Southern District of New York,* Urt. v. 31.03.2020 – 15 Civ. 9796, Meyer ./. Kalanick, S. 2.

erhobene Beschwerde (motion to vacate) beim District Court for the Southern District of New York wurde am 03.08.2020 abgewiesen.[643]

ccc) Rechtliche Ausführungen des District Court for the Southern District of New York

Die kartellrechtlichen Ausführungen des hier dargestellten Verfahrens ergeben sich ausschließlich aus der erstinstanzlichen Entscheidung des District Court for the Southern District of New York[644]. Nur dieser äußerte sich hinsichtlich einer möglichen illegalen Verhaltensweise i.S.d. US-amerikanischen Antitrust Rechts durch das Geschäftsmodell von Uber. Das Gericht geht zunächst darauf ein, welche Voraussetzung in diesem Stadium des Verfahrens erfüllt sein müssen, damit die Klage nicht vorzeitig abgewiesen wird. Demnach erfordert eine Klage wegen Verstoßes gegen section 1 Sherman-Act, dass diese genug Fakten darlegt, die eine bestimmte Erwartung hinsichtlich des Abschlusses einer illegalen Vereinbarung begründen.[645] Diese Voraussetzungen sieht das Gericht im Ergebnis sowohl hinsichtlich einer horizontalen als auch einer vertikalen Absprache erfüllt.

α) Horizontale Preisabsprache der Uber Fahrer untereinander

Zunächst macht der Kläger geltend, dass sämtliche Uber Fahrer sich illegal horizontal über die Preise abstimmten, indem sie den Uber „Driver Terms" zustimmen. Dadurch zeigten sich die Fahrer damit einverstanden, ihre Preise zentral über den Preissetzungsalgorithmus von Uber steuern zu lassen.[646] Dagegen wurde von der Beklagtenseite eingewendet, dass es die freie und unabhängige Entscheidung eines jeden Fahrers sei, mit Uber einen Vertrag zu schließen und dies keine horizontale Verbindung zwischen den Fahrern schaffe, sondern vielmehr ein ausschließlich vertikales Verhältnis zwischen dem einzelnen Fahrer und Uber begründe, das zudem auch die Unabhängigkeit der Uber Fahrer in keiner Weise beeinträchtige.[647] Stattdessen setze das Geschäftsmodell von

643 *U.S. District Court, Southern District of New York,* Urt. v. 31.03.2020 – 15 Civ. 9796, Meyer ./. Kalanick, S. 2 ff.

644 *U.S. District Court, Southern District of New York,* Urt. v. 31.03.2016 – 15 Civ. 9796, Meyer ./. Kalanick, 174 F. Supp. 3d 817, 817 ff.

645 *U.S. District Court, Southern District of New York,* Urt. v. 31.03.2016 – 15 Civ. 9796, Meyer ./. Kalanick, 174 F. Supp. 3d 817, 820.

646 *U.S. District Court, Southern District of New York,* Urt. v. 31.03.2016 – 15 Civ. 9796, Meyer ./. Kalanick, 174 F. Supp. 3d 817, 823.

647 *U.S. District Court, Southern District of New York,* Urt. v. 31.03.2016 – 15 Civ. 9796, Meyer ./. Kalanick, 174 F. Supp. 3d 817, 823.

Uber lediglich vertikal einen bestimmten Mindestpreis fest und dies sei der „rule of reason"[648] zugänglich.[649] Das Gericht war der Ansicht, es komme eine horizontale Absprache zwischen den Fahrern in Betracht. Zunächst zieht es den Vergleich zu einem vom Supreme Court entschiedenen Fall, bei dem konkurrierende Filmverleiher die Bedingungen eines Kinobetreibers akzeptierten, die bestimmte Preisbeschränkungen vorsahen und die in einem Brief an alle Filmverleiher offengelegt wurden.[650] Dabei sei es laut Supreme Court für eine wettbewerbswidrige Verhaltensweise i.S.d. section 1 Sherman-Act ausreichend gewesen, dass die Wettbewerber wussten, dass es diese wettbewerbsbeschränkende Vorgabe gab und dass sie sich gemeinsam darauf einließen, wenngleich vorher keine unmittelbare Absprache zwischen den Wettbewerbern stattfand.[651] Weiterhin zitiert der District Court den Supreme Court hinsichtlich eines Hub-and-Spoke-Szenarios und stellt heraus, dass im Falle einer Hub-and-Spoke-Konstellation sowohl vertikale als auch horizontale Vereinbarungen vorliegen, indem nicht nur der zentrale Hub den Speichen Bedingungen vorgibt, sondern diese die Bedingungen häufig nur deshalb akzeptierten, weil sie wüssten, dass alle anderen Speichen es ihnen gleich tun.[652] Außerdem war der District Court der Ansicht, dass bei einer Entscheidung über eine „motion to dismiss", also eine Art Klageabweisungsantrag vor dem eigentlichen Prozess, alle Schlussfolgerungen zu Gunsten des Klägers ausgelegt werden müssen.[653] Unter Berücksichtigung dieses Maßstabs ist das Gericht der Ansicht, der Kläger habe hinreichend dargelegt, dass die Uber Fahrer mit dem Bewusstsein tätig sind, dass alle Fahrer den gleichen Preissetzungsalgorithmus verwenden und dies aufgrund des verringerten Preiswettbewerbs auch in ihrem Interesse

---

648 Vgl. zur „rule of reason" die Definition der *OECD*, Glossary of industrial organisation economics and competition law, S. 77: "The Rule of reason is a legal approach by competition authorities or the courts where an attempt is made to evaluate the pro-competitive features of a restrictive business practice against its anticompetitive effects in order to decide whether or not the practice should be prohibited."

649 *U.S. District Court, Southern District of New York*, Urt. v. 31.03.2016 – 15 Civ. 9796, Meyer ./. Kalanick, 174 F. Supp. 3d 817, 823.

650 *U.S. District Court, Southern District of New York*, Urt. v. 31.03.2016 – 15 Civ. 9796, Meyer ./. Kalanick, 174 F. Supp. 3d 817, 824.

651 *U.S. Supreme Court*, Urt. v. 13.02.1939 - 306 U.S. 208 (1939), Interstate Circuit, Inc. ./. US, S. 227.

652 *U.S. Court of Appeals for the 2nd Circuit*, Urt. v. 30.06.2015 - 13-3741-cv (L), US ./. Apple, Inc., S. 52.

653 *U.S. District Court, Southern District of New York*, Urt. v. 31.03.2016 – 15 Civ. 9796, Meyer ./. Kalanick, 174 F. Supp. 3d 817, 824.

liege, sich an dieser abgestimmten Verhaltensweise zu beteiligen.[654] Dem stehe auch nicht entgegen, dass die Fahrer auch wegen anderer Dienstleistungen von Uber wie der Abwicklung der Fahrpreiszahlung oder der Vermittlung der Fahrgäste mit Uber kontrahieren.[655] Eine möglicherweise illegale wettbewerbswidrige Verhaltensweise sieht das Gericht zudem dadurch bestätigt, dass Uber einerseits Events für Fahrer veranstaltete und andererseits weil Herr Kalanick im September 2014 zustimmte, die Fahrpreise zu erhöhen, nachdem Uber Fahrer mit ihm darüber verhandelt hatten.[656] Weiterhin stehe auch die dezentrale und digitale Struktur Ubers nicht entgegen, wenn es um die Frage geht, ob Uber einen Marktplatz geschaffen hat, über den wettbewerbswidrige Verhaltensweisen organisiert werden.[657]

β) Vertikale Koordination von Uber mit den einzelnen Fahrern

Auch eine vertikale wettbewerbswidrige Absprache hält das Gericht für möglich. Zunächst stellt das Gericht auch bezüglich des Vorwurfs einer vertikalen illegalen Absprache zwischen Kalanick bzw. Uber und den Fahrern fest, dass die Klageschrift hinreichend viele Hinweise für einen derartigen Vorwurf enthält.[658] Danach bringt es zum Ausdruck, dass das vorliegende Geschäftsmodell von Uber im Rahmen einer „rule of reason" Abwägung, der die vertikalen Vereinbarungen zugänglich wären, wettbewerbswidrig sein könnte. Der Maßstab des Gerichts ist dabei allerdings wieder nicht allzu streng. Um den Klageabweisungsantrag abzulehnen ist es ausreichend, dass ein bestimmter Produktmarkt unter Berücksichtigung der Methodik, die das Gericht üblicherweise zur Bestimmung von Märkten anwendet, durch die vermeintlich wettbewerbswidrige Absprache tatsächlich nachvollziehbar beeinflusst wurde.[659] Das Gericht kommt zu dem Ergebnis, dass der Kläger vorliegend einen relevanten Markt, der von der Absprache unmittelbar betroffen sein könnte, dargelegt

654 *U.S. District Court, Southern District of New York,* Urt. v. 31.03.2016 – 15 Civ. 9796, Meyer ./. Kalanick, 174 F. Supp. 3d 817, 824.

655 *U.S. District Court, Southern District of New York,* Urt. v. 31.03.2016 – 15 Civ. 9796, Meyer ./. Kalanick, 174 F. Supp. 3d 817, 824 f.

656 *U.S. District Court, Southern District of New York,* Urt. v.. 31.03.2016 – 15 Civ. 9796, Meyer ./. Kalanick, 174 F. Supp. 3d 817, 825.

657 *U.S. District Court, Southern District of New York,* Urt. v 31.03.2016 – 15 Civ. 9796, Meyer ./. Kalanick, 174 F. Supp. 3d 817, 825.

658 *U.S. District Court, Southern District of New York,* Urt. v. 31.03.2016 – 15 Civ. 9796, Meyer ./. Kalanick, 174 F. Supp. 3d 817, 827.

659 *U.S. Court of Appeals for the 2nd Circuit,* Urt. v. 20.12.2001 – 01-7091, Todd ./. Exxon Corp., 275 F.3d 191, 200.

hat. So stellte der Kläger dar, dass Uber Marktführer auf dem Markt der App-basierten Fahrdienste sei. Demnach habe Uber 80 % Marktanteil und Lyft als einziger nennenswerter Konkurrent lediglich 20 %.[660] Zudem befand das Gericht, dass sowohl Taxis als auch Mietwagen keine Substitute zu den Diensten von Uber seien, da erstere nicht unkompliziert und bargeldlos über eine App zu einem exakten Standort gelotst werden könnten und letztere in der Regel nur mit zeitlichem Vorlauf an vorbestimmten Standorten gemietet werden könnten.[661]

Zum anderen habe der Kläger auch die unmittelbaren Auswirkungen der vertikalen Absprache von Kalanick bzw. Uber und den Fahrern auf den relevanten Markt hinreichend deutlich gemacht. Es sei dargelegt worden, dass durch das System von Uber bereits andere Wettbewerber wie Sidecar aus dem Markt gedrängt wurden und zum anderen der Marktneueintritt von möglichen neuen Wettbewerbern durch die hohen Marktanteile und die bekannte Marke Ubers deutlich erschwert wurde.[662] Die von Uber behaupteten wettbewerbsfördernden Auswirkungen des Systems erkennt das Gericht hingegen nicht.[663]

ddd) Rolle der Preissetzungsalgorithmen im Uber Fall

Im Geschäftskonzept von Uber spielt der eingesetzte Preissetzungsalgorithmus eine zentrale Rolle. Dieser ermittelt ständig und automatisiert den besten Preis anhand von Angebot und Nachfrage, auch wenn nach eigenen Angaben eine Preiserhöhung im Vergleich zum Standardtarif nur für weniger als 10 % der Fahrten erfolgen soll.[664] Dennoch analysiert der Preissetzungsalgorithmus permanent das bestehende Angebot und die bestehende Nachfrage und versucht beides durch automatisierte Preisänderungen aneinander anzupassen.[665] Auch eine personalisierte Preisfestsetzung durch den Algorithmus scheint nicht ausgeschlossen.[666] Wettbewerbsrechtlich problematisch erscheint vorliegend, dass

---

660 *U.S. District Court, Southern District of New York,* Urt. v. 31.03.2016 – 15 Civ. 9796, Meyer ./. Kalanick, 174 F. Supp. 3d 817, 823.

661 *U.S. District Court, Southern District of New York,* Urt. v. 31.03.2016 – 15 Civ. 9796, Meyer ./. Kalanick, 174 F. Supp. 3d 817, 823.

662 *U.S. District Court, Southern District of New York,* Urt. v. 31.03.2016 – 15 Civ. 9796, Meyer ./. Kalanick, 174 F. Supp. 3d 817, 828.

663 *U.S. District Court, Southern District of New York,* Urt. v. 31.03.2016 – 15 Civ. 9796, Meyer ./. Kalanick, 174 F. Supp. 3d 817, 828.

664 *Gurley,* A Deeper Look at Uber's Dynamic Pricing Model, abrufbar unter https://abovethecrowd.com/2014/03/11/a-deeper-look-at-ubers-dynamic-pricing-model/.

665 *Gurley,* A Deeper Look at Uber's Dynamic Pricing Model, abrufbar unter https://abovethecrowd.com/2014/03/11/a-deeper-look-at-ubers-dynamic-pricing-model/.

666 *OECD,* Personalised Pricing in the Digital Era, S. 17.

sämtliche Fahrer den identischen Preissetzungsalgorithmus verwenden und es dadurch zu einer Preiskoordination kommt, die zentral vom Algorithmenanbieter Uber gesteuert wird. Erkennt der Algorithmus eine erhöhte Nachfrage, steigt der Preis bei allen Fahrern. Ist dies nicht der Fall, bleibt der Preis bei allen Fahrern geringer. Eine möglicherweise illegale Hub-and-Spoke Konstellation scheint auch nach deutschem bzw. europäischem Wettbewerbsrecht nicht ausgeschlossen.[667]

eee) *Rechtliche Schlussfolgerungen für den Einsatz von Preissetzungsalgorithmen*

Die juristischen Erkenntnisse des hier dargestellten Verfahrens sind trotz der maßgeblichen Rolle des Uber-Preissetzungsalgorithmus überschaubar. Weder der District Court noch der Court of Appeal befassten sich letztlich abschließend mit der Frage, ob eine horizontale Vereinbarung i.S.d. US-amerikanischen Antitrust Rechts zwischen den verschiedenen Uber Fahrern vorliegt, indem sie zur Preissetzung den identischen Preissetzungsalgorithmus verwenden. Vielmehr ging es in dem Verfahren hauptsächlich um die Frage, ob die Uber Fahrer durch Anmeldung bei Uber wirksam einer Schiedsgerichtsklausel zugestimmt haben. Weil dies letztlich bejaht wurde, kam es bislang zu keiner Entscheidung eines ordentlichen Gerichts, sodass eine eingehende gerichtliche materiell-rechtliche Befassung mit den wettbewerbsrechtlichen Problemen nicht stattfand. Die Entscheidung des District Court for the Southern District of New York beinhaltete immerhin einige Aussagen des Gerichts, die unter kartellrechtlichen Gesichtspunkten interessant sind. Dennoch sind die Aussagen im Lichte des Verfahrensstandes zu sehen, in dem das Gericht lediglich die „motion to dismiss"[668] des Beklagten, also eine vorzeitige Klageabweisung aufgrund einer rechtsungültigen Klage aufgrund wesentlicher formeller oder materieller Mängel, prüft.

Zum einen hält es die Marktabgrenzung des Klägers zumindest für plausibel, sodass es Taxis und Mietwagen nicht als Substitute ansieht. Aufgrund der oben genannten Argumente der verschiedenen Arten der Dienstleistungen und dem besonderen Service von Uber erscheint dies im Hinblick auf Mietwagen überzeugend. Nicht zeitgemäß ist jedoch die Annahme, dass Taxi-Angebote nicht mit zum relevanten Markt von Uber zählen sollen, insbesondere wenn man sich vor Augen führt, dass inzwischen auch zahlreiche Taxiunternehmen

---

667 Siehe detaillierter dazu unten ee).

668 Vgl. zur vorliegenden "motion to dismiss because of failure to state a claim" *Hamabe*, Campbell L. Rev. 15 (1993), 119, 119 ff.

über Anbieter wie „Free Now" (ehemals mytaxi)[669] ihre Leistungen App-basiert vermitteln. Die Vermittlung des Transports von einem Punkt zum anderen läuft über diese Apps ähnlich zu Uber. Auch dort können die Kunden problemlos Anfangs- und Endpunkt wählen und sich bereits die voraussichtlichen Kosten anzeigen lassen sowie bargeldlos zahlen.[670] Vor diesem Hintergrund sind zumindest solche Taxi-Angebote, die ähnlich zum Uber System auch App-basiert vermittelt werden können, sehr wohl als Substitute zum Angebot von Uber zu sehen. Weiterhin äußert sich das Gericht im Rahmen der Abwägung der „rule of reason" hinsichtlich der möglichen wettbewerblichen Folgen der algorithmischen Preisfestsetzung und des Geschäftsmodells von Uber generell und bringt zum Ausdruck, dass es positive wettbewerbliche Folgen des Angebots von Uber nicht erkennt. Vielmehr teilt es die Aussagen des Klägers, der behauptet, dass durch das Geschäftsmodell von Uber und die einheitliche Preisfestsetzung sowie die mögliche Koordination von Kalanick mit einzelnen Uber Fahrern bereits Wettbewerber aus dem Markt verdrängt worden seien und ein Markteintritt potenzieller neuer Wettbewerber durch die hohen Marktanteile Ubers erschwert werde. Zudem ist das Gericht der Ansicht, dass durch die einheitliche Verwendung des Preissetzungsalgorithmus aller Uber Fahrer eine illegale horizontale Preiskoordination vorliegen könnte.

ee) Entscheidungen des EuGH zu Uber

Auch der EuGH hat sich bereits mehrfach mit dem Geschäftsmodell von Uber beschäftigt.[671] Dabei ging es jedoch nicht um kartellrechtliche Fragen, sondern im Wesentlichen darum, ob Uber selbst als Verkehrsdienstleister gesehen werden kann. Der EuGH hat dies mit der Konsequenz bejaht, dass das Angebot von Uber nicht unter Art. 56 I AEUV sondern unter Art. 58 I AEUV fällt, sodass es den Mitgliedsstaaten vorbehalten ist, die Bedingungen für den Betrieb von Uber unter allgemeiner Beachtung der Grundsätze des AEUV zu regeln[672] und etwaige Verstöße ggf. auch strafrechtlich zu sanktionieren.[673] Beruhend

---

669 Vgl. zum Free Now Modell die *FreeNow*, Homepage, abrufbar unter https://www.free-now.com/de/.

670 *Oberhuber*, Das Mytaxi-Prinzip, Zeit Online vom 17.01.2018, abrufbar unter https://www.zeit.de/mobilitaet/2018-01/taxiunternehmen-mytaxi-app-kritik-preis-provision-probleme.

671 *EuGH*, Urt. v. 20.12.2017 – Rs. C-434/15, ECLI:EU:C:2017:981; Urt. v 10.04.2018 – Rs. C-320/16, ECLI:EU:C:2018:221.

672 *EuGH*, Urt. v. 20.12.2017 – Rs. C-434/15, ECLI:EU:C:2017:981, Rn. 48.

673 *EuGH*, Urt. v. 10.04.2018 – Rs. C-320/16, ECLI:EU:C:2018:221, Rn. 27.

darauf erging auch in Deutschland eine höchstrichterliche Entscheidung, die den Betrieb von Uber teilweise untersagte, da Uber sich demzufolge an das nationale PBefG halten muss und das damalige Geschäftsmodell gegen § 49 Abs. 4 S. 2 PBefG verstoße.[674] Für die Bewertung des Preissetzungsalgorithmus selbst oder dessen Verwendung in dem derzeitigen Geschäftsmodell von Uber im Hinblick auf einen Verstoß gegen Art. 101 Abs. 1 AEUV oder nationales Kartellrecht sind diese Entscheidungen jedoch nicht relevant.

ff) Die indische Ola und Uber Entscheidung

Auch die indische Wettbewerbsbehörde hat sich zum Geschäftsmodell von Uber bereits geäußert und bezüglich des eingesetzten Preissetzungsalgorithmus bereits eine Entscheidung getroffen.

aaa) Sachverhalt

Die indische Wettbewerbsbehörde wurde von einem Juristen darüber informiert, dass die Taxiapp-Betreiber Ola und Uber gegen Wettbewerbsrecht verstießen, indem sie einheitliche Preissetzungsalgorithmen auf ihren Plattformen einsetzten und dadurch den Preiswettbewerb zwischen den einzelnen Taxifahrern, die Dienstleistungen über die Apps anbieten, ausschalteten.[675] Die Mitfahrer seien aufgrund der einheitlichen Preissetzungsalgorithmen der beiden Unternehmen auf den Plattformen gezwungen, die einheitlichen Preise zu akzeptieren, die die App-Betreiber als Radnabe einheitlich für alle teilnehmenden Taxifahrer als Speichen festsetzten.[676] Die einzelnen Fahrer hätten ein Interesse, sich an diesem Kartell zu beteiligen, indem sie unmittelbar von dem einheitlichen Preissetzungsalgorithmus profitierten.[677] Durch die bestehende Informationsasymmetrie gegenüber den Mitfahrern seien die Beteiligten bei größerer Nachfrage oder höherem Verkehrsaufkommen in der Lage, automatisch höhere Preise zu verlangen.[678] Zudem seien beide Anbieter ausschließlich

---

674 *BGH*, Urt. v. 13.12.2018 – I ZR 3/16, = GRUR 2019, 298; vgl. zur Problematik rund um das PBefG auch C) III. 3) a) hh) eee) α).

675 *Competition Commission of India*, Entscheidung v. 06.11.2018 – Case Nr. 37/2018, Agrawal ./. Ani Technologies/Uber, Rn. 3.

676 *Competition Commission of India*, Entscheidung v. 06.11.2018 – Case Nr. 37/2018, Agrawal ./. Ani Technologies/Uber, Rn. 5.

677 *Competition Commission of India*, Entscheidung v. 06.11.2018 – Case Nr. 37/2018, Agrawal ./. Ani Technologies/Uber, Rn. 9.

678 *Competition Commission of India*, Entscheidung v. 06.11.2018 – Case Nr. 37/2018, Agrawal ./. Ani Technologies/Uber, Rn. 9.

als Plattform, vergleichbar mit Trivago oder Airbnb, tätig, da sie keine eigenen Taxis besitzen.[679] Derartige Plattformen dürften aber keine Preise einheitlich festlegen, sondern lediglich entsprechend des Wunsches beider Plattform-Seiten Geschäfte vermitteln.[680] Die Unternehmen setzten daher mit ihren Preissetzungsalgorithmus künstlich ein höheres Preisniveau fest, weil die einzelnen Fahrer nicht in einer wirtschaftlichen Einheit mit den Plattform-Betreibern zu sehen seien und unter normalen Umständen miteinander im Preiswettbewerb stünden.[681] Schließlich zieht der Informant eine Parallele zu einem Verfahren, in dem die indische Wettbewerbsbehörde eine zentrale Koordination von Mindestpreisen durch einen Branchenverband sanktionierte. Der Fall sei vergleichbar, weil auch durch die Verwendung der Apps von Ola bzw. Uber mit Hilfe des Preissetzungsalgorithmus ein flächendeckender Mindestpreis vorgeschrieben werde und die Betreiber der Apps sich nicht hinter der Behauptung verstecken könnten, dass dies bei einer App-basierten Preissetzung unvermeidlich sei.[682]

bbb) Verfahrensablauf

Am 18.09.2018 prüfte die indische Wettbewerbsbehörde den vorliegenden Sachverhalt und entschied, den Informanten in einer Videokonferenz am 24.10.2018 anzuhören.[683] Daraufhin erschien der Informant noch am selben Tag bei der Wettbewerbsbehörde und erneuerte seine Beschwerde mit der genannten Begründung.[684] Am 06.11.2018 entschied die Behörde schließlich, dass kein Verstoß gegen § 3 Competition Act[685] vorliegt.[686]

---

679 *Competition Commission of India,* Entscheidung v. 06.11.2018 – Case Nr. 37/2018, Agrawal ./. Ani Technologies/Uber, Rn. 7.

680 *Competition Commission of India,* Entscheidung v. 06.11.2018 – Case Nr. 37/2018, Agrawal ./. Ani Technologies/Uber, Rn. 7.

681 *Competition Commission of India,* Entscheidung v. 06.11.2018 – Case Nr. 37/2018, Agrawal ./. Ani Technologies/Uber, Rn. 7.

682 *Competition Commission of India,* Entscheidung v. 06.11.2018 – Case Nr. 37/2018, Agrawal ./. Ani Technologies/Uber, Rn. 8, 10.

683 *Competition Commission of India,* Entscheidung v. 06.11.2018 – Case Nr. 37/2018, Agrawal ./. Ani Technologies/Uber, Rn. 11.

684 *Competition Commission of India,* Entscheidung v. 06.11.2018 – Case Nr. 37/2018, Agrawal ./. Ani Technologies/Uber, Rn. 11.

685 Indischer Competition Act 2002, Gesetz Nr. 12 aus 2003.

686 *Competition Commission of India,* Entscheidung v. 06.11.2018 – Case Nr. 37/2018, Agrawal ./. Ani Technologies/Uber, Rn. 23.

ccc) Rechtliche Ausführungen der indischen Wettbewerbsbehörde

Die indische Wettbewerbsbehörde ist insgesamt der Auffassung, dass im Geschäftsmodell von Ola und Uber kein wettbewerbswidriges Handeln nach indischem Recht angelegt ist. Geregelt sind die wesentlichen Kartellverbote in § 3 Competition Act.[687] Die Informanten weisen vorliegend auf zwei wesentliche Aspekte hin. Angesprochen wird zunächst, dass entgegen der Ansicht des Informanten keine illegale Preisabsprache durch Ola bzw. Uber im Sinne eines Hub-and-Spoke Kartells gemäß § 3 Abs. 1, 3 lit. a) Competition Act vorliege.[688] Die vorliegende Situation unterscheide sich insofern von einem solchen Hub-and-Spoke Kartell, als dass die Preise automatisiert aufgrund von Big Data und damit auch personalisiert festgesetzt würden und daher für unterschiedliche Nutzer auf der gleichen Strecke verschiedene Preise verlangt würden.[689] Weiterhin stelle das System von Ola und Uber auch keine Festsetzung

---

687 § 3 Competition Act im Wortlaut: "*Anti-competitive agreements 3.*
(1) No enterprise or association of enterprises or person or association of persons shall enter into any agreement in respect of production, supply, distribution, storage, acquisition or control of goods or provision of services, which causes or is likely to cause an appreciable adverse effect on competition within India.
(2) Any agreement entered into in contravention of the provisions contained in sub-section (1) shall be void.
(3) Any agreement entered into between enterprises or associations of enterprises or persons or associations of persons or between any person and enterprise or practice carried on, or decision taken by, any association of enterprises or association of persons, including cartels, engaged in identical or similar trade of goods or provision of services, which—
(a) directly or indirectly determines purchase or sale prices;
[…]
(4) Any agreement amongst enterprises or persons at different stages or levels of the production chain in different markets, in respect of production, supply, distribution, storage, sale or price of, or trade in goods or provision of services, including—
[…]
(e) resale price maintenance,
[…]
shall be an agreement in contravention of sub-section (1) if such agreement causes or is likely to cause an appreciable adverse effect on competition in India."

688 *Competition Commission of India*, Entscheidung v. 06.11.2018 – Case Nr. 37/2018, Agrawal ./. Ani Technologies/Uber, Rn. 15.

689 *Competition Commission of India*, Entscheidung v. 06.11.2018 – Case Nr. 37/2018, Agrawal ./. Ani Technologies/Uber, Rn. 15.

von Mindestpreisen zwischen mehreren Wettbewerbern gemäß § 3 Abs. 4 lit. e) Competition Act dar.[690] Zum einen stelle die Situation bereits keine typische Situation eines Weiterverkaufs dar, indem lediglich eine einzige Transaktion stattfindet, bei der ein Preis generiert wird.[691] Der Fahrer verkaufe daher kein Produkt von Ola bzw. Uber weiter, sondern Ola bzw. Uber setzten einmalig für jede einzelne gebuchte Fahrt die Preise automatisiert fest.[692] Zudem werde gerade kein wettbewerbswidriger Mindestverkaufspreis festgelegt, sondern das preissetzungsalgorithmenbasierte System führe sogar zu niedrigeren Preisen, als sie von anderen unabhängigen Taxidienstleistern verlangt würden.[693] Eine ebenfalls behauptete wettbewerbswidrige Preisdiskriminierung scheide bereits aus, weil Ola bzw. Uber nicht marktbeherrschend seien.[694] Ein Vergleich mit anderen Plattformen sei ebenfalls nicht zielführend.[695] Ola bzw. Uber seien keine Vergleichsplattformen, die den Kunden mit vergleichenden Informationen hinsichtlich mehrerer Anbieter versorgten.[696] Den Kunden sei es bei der Buchung schließlich egal, welchen Fahrer sie bekämen, da sie ohnehin über keinerlei Informationen bezgl. der Fahrer verfügten.[697]

ddd) Rolle der Preissetzungsalgorithmen im Ola/Uber Fall

Die Rolle der Preissetzungsalgorithmen im indischen Ola/Uber Fall ist identisch zu dem im Rahmen des US-amerikanischen Verfahrens beschriebenen.[698] Die Preissetzungsalgorithmen von Uber funktionieren weltweit ähnlich (mit

---

690 *Competition Commission of India,* Entscheidung v. 06.11.2018 – Case Nr. 37/2018, Agrawal ./. Ani Technologies/Uber, Rn. 17.

691 *Competition Commission of India,* Entscheidung v. 06.11.2018 – Case Nr. 37/2018, Agrawal ./. Ani Technologies/Uber, Rn. 17.

692 *Competition Commission of India,* Entscheidung v. 06.11.2018 – Case Nr. 37/2018, Agrawal ./. Ani Technologies/Uber, Rn. 17.

693 *Competition Commission of India,* Entscheidung v. 06.11.2018 – Case Nr. 37/2018, Agrawal ./. Ani Technologies/Uber, Rn. 17.

694 *Competition Commission of India,* Entscheidung v.. 06.11.2018 – Case Nr. 37/2018, Agrawal ./. Ani Technologies/Uber, Rn. 19.

695 *Competition Commission of India,* Entscheidung v. 06.11.2018 – Case Nr. 37/2018, Agrawal ./. Ani Technologies/Uber, Rn. 21.

696 *Competition Commission of India,* Entscheidung v. 06.11.2018 – Case Nr. 37/2018, Agrawal ./. Ani Technologies/Uber, Rn. 21.

697 *Competition Commission of India,* Entscheidung v. 06.11.2018 – Case Nr. 37/2018, Agrawal ./. Ani Technologies/Uber, Rn. 21.

698 Siehe dazu oben C) III. 3) a) dd) ddd).

Ausnahme der Schweiz[699]). Auch das algorithmische Preissetzungssystem von Ola funktioniert vergleichbar.

eee) Rechtliche Schlussfolgerungen des indischen Uber/Ola Falls für den Einsatz von Preissetzungsalgorithmen

Die Darstellung der indischen Wettbewerbsbehörde ist hinsichtlich der Annahme, dass keine wettbewerbswidrige Absprache i.S.d. § 3 Abs. 1, 3 lit. a) Competition Act zwischen Uber und den Fahrern oder zwischen den Fahrern untereinander besteht, wenig überzeugend. Bereits der Verweis darauf, dass Uber und Ola mit personalisierten Preisen arbeiten und es daher für einzelne Nutzer auf derselben Strecke aufgrund der Auswertung verschiedenster Daten zu unterschiedlichen Preisen kommen kann, verkennt den eigentlichen Kern der vorliegenden Wettbewerbsbeschränkung. Es kann für die Wettbewerbswidrigkeit nicht entscheidend sein, ob alle Kunden einen identischen Preis zahlen. Vielmehr schützt auch das indische Kartellverbot pauschal vor wettbewerbsbeschränkenden Absprachen, wobei vollkommen identische Preise für alle Abnehmer gerade keine Voraussetzung darstellen. Andernfalls könnte jede Preisabsprache durch eine zusätzliche Preisindividualisierung legalisiert werden. Sinn und Zweck auch des indischen Antitrust Laws ist es, einen wirksamen Wettbewerb zwischen den Anbietern zu schaffen, der dann geschädigt werden kann, wenn ein zentraler Algorithmenanbieter für alle Fahrer, die unter normalen Umständen miteinander im Preiswettbewerb stünden, einen einheitlichen Preis festsetzt und es dadurch zwischen diesen Fahrern zu keinerlei Preiswettbewerb mehr kommt. Dass die einzelnen Kunden abhängig von verschiedenen Kriterien aufgrund einer komplexen algorithmischen Berechnung unterschiedliche Preise zahlen, ändert daran nichts, da sie trotzdem bei jedem Fahrer einen identischen Preis entrichten müssen und somit kein Preiswettbewerb der Fahrer untereinander stattfindet. Demnach wäre vorliegend eine Vereinbarung i.S.d. § 3 Abs. 1, 3 lit. a) Competition Act anzunehmen gewesen, deren konkrete Auswirkungen auf den indischen Wettbewerb zu prüfen gewesen wären.

Die Entscheidung hinsichtlich der Frage einer möglicherweise illegalen Festsetzung von Mindestverkaufspreisen überzeugt hingegen. Uber und Ola verkaufen kein Produkt an die Fahrer, das diese in irgendeiner Form weiterverkaufen könnten. Vielmehr handelt es sich um einen zweiseitigen Markt, bei dem Uber eine Plattform inklusive einer einheitlichen Preisfestsetzung und

---

699 Vgl. dazu C) III. 3) a) hh) eee) β) δδ).

Zahlungsabwicklung zur Verfügung stellt. Zum einen richtet sich das Angebot an Fahrer, die über die Plattform Geld verdienen können. Zum anderen an Mitfahrer, die eine individuelle Transportmöglichkeit suchen. Auch zuzugeben ist, dass Uber nicht zwingend mit Preisvergleichsportalen zu vergleichen ist, wenngleich auch Uber eine Plattform mit einem zweiseitigen Markt zur Verfügung stellt. Bei der Buchung einer Fahrt über Uber ist es dem Kunden jedoch nicht möglich, einen Fahrer auszusuchen, weil ihm jeweils der nächste Uber Fahrer vermittelt wird, auf dessen Identität er keinerlei Einfluss hat. Zu einem Vergleich zwischen verschiedenen Angeboten kommt es daher nicht, was jedoch mit sich bringt, dass neben dem Preiswettbewerb auch der sonstige Qualitätswettbewerb weitgehend ausgeschalten wird. Auch deshalb wäre die indische Wettbewerbsbehörde gehalten gewesen, die konkreten wettbewerblichen Auswirkungen des zentralen Preissetzungsalgorithmus von Uber zu untersuchen.

gg) Luxemburgische Webtaxi Entscheidung

Ähnlich zum Uber-Fall stellte sich der Sachverhalt des Falls Webtaxi[700] dar, der von der luxemburgischen Wettbewerbsbehörde Conseil de la Concurrence entschieden wurde.

aaa) Sachverhalt

Die Gesellschaft Webtaxi S.à r.l. wurde im Zusammenhang mit einem Anteilskauf einer anderen Taxigesellschaft neu gegründet. Die Benelux Taxis S.à r.l., eine 100 %ige Tochtergesellschaft der Voyages Emile Weber S.à r.l., kaufte am 03.02.2017 als bisheriger Inhaber von 51 % an der ProCab S.à r.l. die restlichen 49 % der Anteile der ProCab S.à r.l. von der Inter Taxis S.à r.l. ab.[701] Dadurch erwarb sie die gesamte Gesellschaft und aus der ProCab entstand Webtaxi. Diese neue Gesellschaft führte im Wesentlichen das Geschäftsmodell der vorherigen ProCab fort, indem es eine Zentrale zur Verfügung stellte, bei der ein Kunde Taxifahrten über eine App, die Homepage von Webtaxi oder auch telefonisch in verschiedenen Variationen buchen konnte.[702] Es gab zum Verfahrenszeitpunkt im Wesentlichen vier verschiedene Tarife, die Kunden

---

700 *Conseil de la Concurrence Luxemburg,* Entscheidung v. 07.06.2018 – 2018-FO-01, Cons. d.l. Conc. ./. Webtaxi S.à.r.l.

701 *Conseil de la Concurrence Luxemburg,* Entscheidung v. 07.06.2018 – 2018-FO-01, Cons. d.l. Conc. ./. Webtaxi S.à.r.l, Rn. 32.

702 *Conseil de la Concurrence Luxemburg,* Entscheidung v. 07.06.2018 – 2018-FO-01, Cons. d.l. Conc. ./. Webtaxi S.à.r.l, Rn. 35.

bei Webtaxi zur Verfügung standen.[703] Neben Autos mit Elektro- bzw. Hybridantrieb (Webtaxi Eco) konnten Limousinen (Webtaxi Limo) sowie größere Multivans (Webtaxi Van) gebucht werden.[704] Außerdem gab es einen Tarif für gewerbliche Kunden (Webtaxi Pro).[705] Die Preise waren einheitlich als nicht verhandelbare Festpreise festgelegt und wurden dem Kunden bei der Buchung durch einen Algorithmus berechnet, der die Wegstrecke sowie die Verkehrssituation berücksichtigte.[706] So kostete die Grundgebühr bei Webtaxi Eco 2,50 € bzw. bei Webtaxi Limo sowie Webtaxi Van 2,60 €. Der Kilometerpreis variierte bei den verschiedenen Tarifen zwischen 2,70 €, 2,90 € und 3,50 €.[707] Der Abholpunkt konnte entweder manuell angegeben oder automatisch durch den Standort eines mobilen Endgeräts übermittelt werden.[708] Webtaxi selbst besaß keine Fahrzeuge, sondern ließ die Fahrten durch vertraglich gebundene Mitgliedsunternehmen durchführen. Unterschieden wurde dabei in ständige Mitglieder (adhérents permanent) sowie gelegentliche Mitglieder (adhérents ponctuels).[709] Während die ständigen Mitglieder alle ihre Fahrten über die Plattform Webtaxi durchführten, fuhren die gelegentlichen Mitglieder in der Regel unabhängig von der Webtaxi Zentrale und nahmen Fahrten von Webtaxi nur an, wenn kein ständiges Mitglied zur Durchführung einer bestimmten Fahrt verfügbar war.[710]

bbb) Verfahrensablauf

Am 21. Januar 2016 erhielt die luxemburgische Wettbewerbsbehörde Conseil de la Concurrence eine Beschwerde gegen die Gesellschaft S.à r.l. Voyages

---

703 Vgl. zu aktuellen Tarifen die *Webtaxi,* Webseite - Dienstleistungen, abrufbar unter https://webtaxi.lu/de/dienstleistungen/.

704 *Conseil de la Concurrence Luxemburg,* Entscheidung v. 07.06.2018 – 2018-FO-01, Cons. d.l. Conc. ./. Webtaxi S.à.r.l, Rn. 34.

705 *Conseil de la Concurrence Luxemburg,* Entscheidung v. 07.06.2018 – 2018-FO-01, Cons. d.l. Conc. ./. Webtaxi S.à.r.l, Rn. 34.

706 *Conseil de la Concurrence Luxemburg,* Entscheidung v. 07.06.2018 – 2018-FO-01, Cons. d.l. Conc. ./. Webtaxi S.à.r.l, Rn. 35.

707 *Conseil de la Concurrence Luxemburg,* Entscheidung v. 07.06.2018 – 2018-FO-01, Cons. d.l. Conc. ./. Webtaxi S.à.r.l, Rn. 34.

708 *Conseil de la Concurrence Luxemburg,* Entscheidung v. 07.06.2018 – 2018-FO-01, Cons. d.l. Conc. ./. Webtaxi S.à.r.l, Rn. 34.

709 *Conseil de la Concurrence Luxemburg,* Entscheidung v. 07.06.2018 – 2018-FO-01, Cons. d.l. Conc. ./. Webtaxi S.à.r.l, Rn. 33.

710 *Conseil de la Concurrence Luxemburg,* Entscheidung v. 07.06.2018 – 2018-FO-01, Cons. d.l. Conc. ./. Webtaxi S.à.r.l, Rn. 33.

Emile Weber.[711] Am 16.03.2016 wurden an die Unternehmen Benelux Taxis S.à r.l., Voyages Emile Weber S.à r.l., Inter-Taxis S.à r.l. und Procab S.à r.l. Auskunftsanfragen geschickt. Nach weiteren Beschwerden des Beschwerdeführers vom 25.05.2016 fand am 03.06.2016 ein Treffen in den Räumlichkeiten des Conseil de la Concurrence mit Vertretern von Procab, Benelux und Inter-Taxis statt.[712] Am 07.06.2016 weitete die Wettbewerbsbehörde die Untersuchung auf das gesamte Feld des luxemburgischen Taximarktes sowie des Marktes von Fahrten mit Chauffeur aus und richtete weitere Auskunftsanfragen an sechs Unternehmen, die in diesem Segment tätig sind.[713] Nach einem Treffen von Vertretern der Wettbewerbsbehörde und Procab am 14.07.2016 legten die Unternehmen am 25.07.2016 Unterlagen und Material zu den von ihnen verwendeten Tarifen vor.[714] Am 12.08.2016 wurde der Bericht vom zuständigen Mitarbeiter an den Conseil, den Beschwerdeführer sowie die beteiligten Unternehmen übermittelt.[715] Am 03.02.2017 änderte sich schließlich durch den Anteilskauf die Situation auf dem Taximarkt, sodass sich die Wettbewerbsbehörde am 24.04.2017 zu neuen Beratungen entschloss.[716] Nach weiteren Ermittlungen und einer neuen Auskunftsanfrage an Webtaxi wurde eine Mitteilung von Beschwerdepunkten (communication des griefs) verfasst und an 16 aktive Unternehmen des Taxi-Sektors verschickt.[717] Inter-Taxis, Benelux Taxis, Voyages Emile Weber und Webtaxi nahmen zu der Entscheidung Stellung, sodass am 22.11.2017 eine Anhörung gemäß Art. 26 Abs. 5 loi relative à la concurrence[718] stattfand.[719]

---

711 *Conseil de la Concurrence Luxemburg*, Entscheidung v. 07.06.2018 – 2018-FO-01, Cons. d.l. Conc. ./. Webtaxi S.à.r.l, Rn. 1.

712 *Conseil de la Concurrence Luxemburg*, Entscheidung v. 07.06.2018 – 2018-FO-01, Cons. d.l. Conc. ./. Webtaxi S.à.r.l, Rn. 4 f.

713 *Conseil de la Concurrence Luxemburg*, Entscheidung v. 07.06.2018 – 2018-FO-01, Cons. d.l. Conc. ./. Webtaxi S.à.r.l, Rn. 6.

714 *Conseil de la Concurrence Luxemburg*, Entscheidung v. 07.06.2018 – 2018-FO-01, Cons. d.l. Conc. ./. Webtaxi S.à.r.l, Rn. 7.

715 *Conseil de la Concurrence Luxemburg*, Entscheidung .v 07.06.2018 – 2018-FO-01, Cons. d.l. Conc. ./. Webtaxi S.à.r.l, Rn. 8.

716 *Conseil de la Concurrence Luxemburg*, Entscheidung v. 07.06.2018 – 2018-FO-01, Cons. d.l. Conc. ./. Webtaxi S.à.r.l, Rn. 10.

717 *Conseil de la Concurrence Luxemburg*, Entscheidung v. 07.06.2018 – 2018-FO-01, Cons. d.l. Conc. ./. Webtaxi S.à.r.l, Rn. 11.

718 Loi du 23 octobre 2011 relative à la concurrence (Luxemburg).

719 *Conseil de la Concurrence Luxemburg*, Entscheidung v. 07.06.2018 – 2018-FO-01, Cons. d.l. Conc. ./. Webtaxi S.à.r.l, Rn. 12.

ccc) Rechtliche Ausführungen der Conseil de la Concurrence Luxemburg

α) Anwendbares Recht

Zunächst stellt der Conseil de la Concurrence fest, dass der Taximarkt in Luxemburg ein nahezu ausschließlich nationaler sei[720] und der Handel zwischen den Mitgliedsstaaten daher durch das Geschäftsmodell von Webtaxi nicht betroffen sei.[721] Die Notwendigkeit der Erteilung einer nationalen Lizenz, wie sie auch in Luxemburg zum Betrieb eines Taxiunternehmens notwendig ist, sei zwar prinzipiell geeignet, den Handel zwischen den Mitgliedsstaaten zu beeinträchtigen, allerdings gebe es die Anforderung einer nationalen Lizenz für Taxiunternehmen nahezu in der gesamten Europäischen Union und es handele sich zudem gerade nicht um einen harmonisierten Sektor, weil Verkehrsdienstleistungen explizit vom Anwendungsbereich der Richtlinie 2006/123 EG[722] ausgenommen worden seien.[723] Demgemäß stehe es den Nationalstaaten frei, den Taxisektor im Einklang mit den allgemeinen Grundsätzen des Rechts der Europäischen Union eigenverantwortlich zu regeln.[724]

Aus diesem Grund hält die luxemburgische Wettbewerbsbehörde im vorliegenden Fall ausschließlich luxemburgisches Recht für anwendbar.[725]

β) Marktabgrenzung

Der Conseil de la Concurrence grenzt im Folgenden den Taximarkt ab, wobei zwischen einem Markt für spontane Taxifahrten sowie einem Markt für vorher reservierte Taxifahrten unterschieden wird.[726] Sie kommt zu dem Ergebnis, dass sich der Service von Webtaxi ausschließlich an Kunden richtet, die im

---

720 *Conseil de la Concurrence Luxemburg,* Entscheidung v. 07.06.2018 – 2018-FO-01, Cons. d.l. Conc. ./. Webtaxi S.à.r.l, Rn. 55.

721 *Conseil de la Concurrence Luxemburg,* Entscheidung v. 07.06.2018 – 2018-FO-01, Cons. d.l. Conc. ./. Webtaxi S.à.r.l, Rn. 36 f.

722 Siehe Art. 2 Abs. 2 lit. d) Richtlinie 2006/123 EG über Dienstleistungen im Binnenmarkt sowie deren Erwägungsgrund 21, der Taxis explizit vom Anwendungsbereich ausschließt.

723 *Conseil de la Concurrence Luxemburg,* Entscheidung v. 07.06.2018 – 2018-FO-01, Cons. d.l. Conc. ./. Webtaxi S.à.r.l, Rn. 38.

724 *Conseil de la Concurrence Luxemburg,* Entscheidung v. 07.06.2018 – 2018-FO-01, Cons. d.l. Conc. ./. Webtaxi S.à.r.l, Rn. 38.

725 *Conseil de la Concurrence Luxemburg,* Entscheidung v. 07.06.2018 – 2018-FO-01, Cons. d.l. Conc. ./. Webtaxi S.à.r.l, Rn. 39.

726 *Conseil de la Concurrence Luxemburg,* Entscheidung v. 07.06.2018 – 2018-FO-01, Cons. d.l. Conc. ./. Webtaxi S.à.r.l, Rn. 45.

Voraus Taxis buchen und nicht an solche, die spontan auf der Straße ein Taxi zum schnellen Transport benötigen.[727] Im Folgenden geht die Entscheidung auf mögliche Substitute des Angebots von Webtaxi ein. Mietwagen mit Chauffeur seien kein Substitut zu den von Webtaxi angebotenen Dienstleistungen, da man diese für mindestens eine Stunde buchen müsse und Taxifahrten in der Regel deutlich kürzer dauerten.[728] Zudem müsse vorher ein schriftlicher Vertrag zwischen Mietwagenunternehmen und Mieter geschlossen werden, was der Substituierbarkeit ebenfalls entgegenstünde.[729] Ebenso von verschiedenen Unternehmen und Gemeinden angebotene Sonderbusse seien in der Regel kein Substitut, da diese nicht rund um die Uhr verfügbar seien und sich häufig nur an einen abgeschlossenen Personenkreis richteten.[730] Dennoch könnten einige On-Demand-Busangebote in bestimmten Situationen mit Taxifahrten konkurrieren.[731]

Weiterhin kennzeichnet der Conseil de la Concurrence die Tätigkeit von Webtaxi als zweiseitigen Markt[732], indem zum einen den zahlenden Taxifahrern ermöglicht wird, sich mit Endkunden über die Buchungsplattform von Webtaxi zu verbinden und zum anderen die Kunden über die Plattform ihre Fahrten buchen können. Dieser von Webtaxi geschaffene Markt unterscheide sich zudem von normalen Märkten.[733] Die Taxifahrer konkurrierten nicht wie auf dem Markt für spontane Taxifahrten miteinander.[734] Vielmehr werde durch die Zuteilung der Fahrten von Webtaxi, die sie nicht ablehnen könnten, sowie

---

727 *Conseil de la Concurrence Luxemburg,* Entscheidung v. 07.06.2018 – 2018-FO-01, Cons. d.l. Conc. ./. Webtaxi S.à.r.l, Rn. 46.

728 *Conseil de la Concurrence Luxemburg,* Entscheidung v. 07.06.2018 – 2018-FO-01, Cons. d.l. Conc. ./. Webtaxi S.à.r.l, Rn. 50.

729 *Conseil de la Concurrence Luxemburg,* Entscheidung v. 07.06.2018 – 2018-FO-01, Cons. d.l. Conc. ./. Webtaxi S.à.r.l, Rn. 49 f.

730 *Conseil de la Concurrence Luxemburg,* Entscheidung v. 07.06.2018 – 2018-FO-01, Cons. d.l. Conc. ./. Webtaxi S.à.r.l, Rn. 43 f., 48.

731 *Conseil de la Concurrence Luxemburg,* Entscheidung v. 07.06.2018 – 2018-FO-01, Cons. d.l. Conc. ./. Webtaxi S.à.r.l, Rn. 43.

732 *Conseil de la Concurrence Luxemburg,* Entscheidung v. 07.06.2018 – 2018-FO-01, Cons. d.l. Conc. ./. Webtaxi S.à.r.l, Rn. 52.

733 *Conseil de la Concurrence Luxemburg,* Entscheidung v. 07.06.2018 – 2018-FO-01, Cons. d.l. Conc. ./. Webtaxi S.à.r.l, Rn. 52.

734 *Conseil de la Concurrence Luxemburg,* Entscheidung v. 07.06.2018 – 2018-FO-01, Cons. d.l. Conc. ./. Webtaxi S.à.r.l, Rn. 52.

die zwingende Einhaltung der Höchstpreise ein verändertes Marktumfeld geschaffen.[735]

γ) Wettbewerbsbeschränkende Vereinbarungen

Die Wettbewerbsbehörde sah in den von Webtaxi festgelegten Einheitspreisen, die ab dem 03.02.2017 auch für alle angemeldeten Unternehmen verbindlich waren, eine Art der horizontalen Preisabsprache zwischen allen Taxiunternehmen, die sich über Webtaxi Kunden vermitteln ließen. Gemäß Art. 3 des loi relative à la concurrence sind Preisabsprachen grundsätzlich verboten und ungültig.[736] Entsprechend dem europäischen Wettbewerbsrecht sind demnach Vereinbarungen zwischen Unternehmen, Beschlüsse von Unternehmensvereinigungen und aufeinander abgestimmte Verhaltensweisen, die die Verhinderung, Einschränkung oder Verfälschung des Wettbewerbs auf einem Markt bezwecken oder bewirken, verboten und nichtig. Eine direkte oder indirekte Absprache von Verkaufspreisen ist dabei explizit als erstes Regelbeispiel aufgeführt.[737]

Mit Berufung auf eine Entscheidung des EuGH[738] stellen die Wettbewerbshüter fest, dass horizontale Preisabsprachen als Kernbeschränkungen bezweckte Wettbewerbsbeschränkungen darstellen und daher per se geeignet sind, negative Auswirkungen für den Wettbewerb mit sich zu bringen, sodass konkrete Auswirkungen auf den Markt nicht geprüft werden müssen.[739] Diese Rechtsprechung stehe zudem im Einklang mit anderen Entscheidungen der

735 *Conseil de la Concurrence Luxemburg,* Entscheidung v. 07.06.2018 - 2018-FO-01, Cons. d.l. Conc. ./. Webtaxi S.à.r.l, Rn. 52.

736 Wortwörtlich heißt es im Art. 3 loi relative à la concurrence:
„Les accords, décisions ou pratiques concertées interdits en vertu de dispositions du présent article sont nuls de plein droit. Sont interdits tous accords entre entreprises, toutes décisions d'associations d'entreprises et toutes pratiques concertées qui ont pour objet ou pour effet d'empêcher, de restreindre ou de fausser le jeu de la concurrence sur un marché et notamment ceux qui consistent à:
1) fixer de façon directe ou indirecte les prix d'achat ou de vente ou d'autres conditions de transactions; […]"

737 Vgl. das Regelbeispiel des Art. 3 loi relative à la concurrence : 1) fixer de façon directe ou indirecte les prix d'achat ou de vente ou d'autres conditions de transactions; […]".

738 *EuGH,* Urt. v. 26.11.2015 - Rs. C-345/14, ECLI:EU:C:2015:784, Rn. 19.

739 *Conseil de la Concurrence Luxemburg,* Entscheidung v. 07.06.2018 - 2018-FO-01, Cons. d.l. Conc. ./. Webtaxi S.à.r.l, Rn. 75.

niederländischen, französischen sowie dänischen Wettbewerbsbehörden.[740] Aus diesem Grund ist der Conseil de la Concurrence auch im vorliegenden Fall der Ansicht, dass die horizontalen Preisabsprachen der Taxiunternehmen über die Plattform Webtaxi eine objektive Beeinträchtigung des Wettbewerbs i.S.d. Art. 3 loi relative à la concurrence mit sich bringe.[741]

δ) Individualausnahme

Schließlich hatte der Conseil die Frage zu beantworten, ob die Voraussetzungen einer freistellenden Individualausnahme für Webtaxi gegeben waren. Zu Beginn der Prüfung weist der Conseil darauf hin, dass nach ständiger europäischer Rechtsprechung[742] grundsätzlich jede Vereinbarung individuell freigestellt sein kann, solange sie die gesetzlichen Anforderungen dafür erfüllt.[743] Selbst die im vorliegenden Fall gegebene horizontale Preisabsprache als bezweckte Wettbewerbsbeschränkung kann folglich grundsätzlich freigestellt sein. Die Voraussetzungen einer individuellen Freistellung sind in Art. 4 des loi rélative à la concurrence geregelt, der im Wesentlichen Art. 101 Abs. 3 AEUV bzw. § 2 Abs. 2 GWB entspricht[744].

Eine individuelle Freistellung nach luxemburgischen Recht hat demnach ebenso wie die europäische bzw. deutsche Freistellung gemäß Art. 101 Abs. 3 AEUV bzw. § 2 Abs. 2 GWB insgesamt vier Voraussetzungen. Zum einen muss

740 *Conseil de la Concurrence Luxemburg,* Entscheidung v. 07.06.2018 - 2018-FO-01, Cons. d.l. Conc. ./. Webtaxi S.à.r.l, Rn. 76.

741 *Conseil de la Concurrence Luxemburg,* Entscheidung v. 07.06.2018 - 2018-FO-01, Cons. d.l. Conc. ./. Webtaxi S.à.r.l, Rn. 77 f.

742 *EuG,* Urt. v. 15.07.1994 – Rs. T-17/93, ECLI:EU:T:1994:89, Rn. 85; Urt. v 27.06.2006 – Rs. T-168/01, ECLI:EU:T:2006:265, Rn. 233.

743 *Conseil de la Concurrence Luxemburg,* Entscheidung v. 07.06.2018 - 2018-FO-01, Cons. d.l. Conc. ./. Webtaxi S.à.r.l, Rn. 79.

744 Art. 4 im Wortlaut: „Les dispositions de l'article 3 ne s'appliquent pas:
- aux accords ou catégorie d'accords entre entreprises,
- aux décisions ou catégorie de décisions d'associations d'entreprises et
- aux pratiques concertées ou catégorie de pratiques concertées,
qui contribuent à améliorer la production ou la distribution des produits ou à promouvoir le progrès technique ou économique, tout en réservant aux utilisateurs une partie équitable du profit qui en résulte, et sans:
a) imposer aux entreprises intéressées des restrictions qui ne sont pas indispensables pour atteindre ces objectifs;
b) donner à des entreprises la possibilité, pour une partie substantielle des produits en cause, d'éliminer la concurrence."

die streitgegenständliche Vereinbarung bzw. abgestimmte Verhaltensweise Effizienzgewinne ökonomischer bzw. technischer Art mit sich bringen. An diesen Effizienzgewinnen müssen die Verbraucher zudem angemessen beteiligt werden. Weiterhin muss die Abstimmung unerlässlich sein, um die entsprechenden Effizienzgewinne erzielen zu können. Schließlich darf die Abstimmung nicht dazu führen, dass der Wettbewerb auf dem relevanten Markt für einen wesentlichen Teil der Produkte ausgeschaltet wird.

αα) Effizienzgewinne

Hinsichtlich der Definition des Begriffs der Effizienzgewinne greift der Conseil auf die Definition der Kommission aus den Leitlinien für die Anwendung des Kartellverbots von 2004 zurück.[745] Demnach werden Effizienzgewinne „durch eine Integration der wirtschaftlichen Tätigkeit erzielt, indem Unternehmen ihre Vermögenswerte zusammenlegen, um zu erreichen, was sie alleine nicht ebenso effizient verwirklichen könnten, oder indem sie einem anderen Unternehmen Aufgaben übertragen, die von diesem effizienter erbracht werden können."[746]

Diese Effizienzgewinne konnte Webtaxi nach Ansicht der luxemburgischen Wettbewerbsbehörde vorliegend nachweisen. Zum einen reduziere der Zusammenschluss bei Webtaxi und die damit verbundene Preisabsprache Leerfahrten, indem über die App dem Kunden das nächstgelegene Taxi vermittelt werde.[747] Dies stelle eine verbesserte Nutzung der zur Verfügung stehenden Ressourcen dar, die letztlich auch dazu führe, dass Treibhausgasemissionen reduziert werden könnten, sodass die Umweltbelastung durch den Taxiverkehr sinke.[748] Weiterhin werde durch das Angebot von Webtaxi der Zugang der Kunden zum Taximarkt erleichtert.[749] Diese könnten sich nun rund um die Uhr, sieben Tage die Woche darauf verlassen, vereinheitlicht und konstant ein Taxi über die Plattform bestellen zu können.[750] Zudem steuere die Webtaxi Zentrale

---

745 *Conseil de la Concurrence Luxemburg,* Entscheidung v. 07.06.2018 – 2018-FO-01, Cons. d.l. Conc. ./. Webtaxi S.à.r.l, Rn. 81.

746 *EU Kommission,* Horizontalleitlinien 2004, Rn. 60.

747 *Conseil de la Concurrence Luxemburg,* Entscheidung v. 07.06.2018 – 2018-FO-01, Cons. d.l. Conc. ./. Webtaxi S.à.r.l, Rn. 83.

748 *Conseil de la Concurrence Luxemburg,* Entscheidung v. 07.06.2018 – 2018-FO-01, Cons. d.l. Conc. ./. Webtaxi S.à.r.l, Rn. 83.

749 *Conseil de la Concurrence Luxemburg,* Entscheidung v. 07.06.2018 – 2018-FO-01, Cons. d.l. Conc. ./. Webtaxi S.à.r.l, Rn. 84.

750 *Conseil de la Concurrence Luxemburg,* Entscheidung v.. 07.06.2018 – 2018-FO-01, Cons. d.l. Conc. ./. Webtaxi S.à.r.l, Rn. 84.

das Angebot von Taxiunternehmen sowohl in Spitzenzeiten als auch in Zeiten der Nebensaison und passe das Angebot so an die Nachfrage an.[751]

ββ) Angemessene Beteiligung der Verbraucher an den Effizienzgewinnen

Nach Ansicht des Conseils können die Verbraucher auch angemessen an diesen Effizienzgewinnen partizipieren. Verbraucher i.S.d. Art. 4 loi rélative à la concurrence seien entsprechend den bereits oben zitierten Leitlinien der Kommission von 2004 „alle Nutzer der Produkte, auf die sich die Vereinbarung bezieht, einschließlich Produzenten, die die Ware als Vorprodukt benötigen, Großhändler, Einzelhändler und Endkunden, d. h. natürliche Personen, die außerhalb ihrer Geschäfts- oder Berufstätigkeit handeln."[752] Den Begriff der „angemessenen Beteiligung" (frz. partie équitable) definiert der Conseil ebenfalls wieder mit Hilfe der Leitlinien der Kommission von 2004. Demnach meine eine solche, dass die durch die Vereinbarung entstehenden Effizienzvorteile in angemessener Form auch den Verbrauchern zugutekommen müssen, um die durch die wettbewerbsbeschränkende Abstimmung entstehenden Nachteile auszugleichen, sodass die Nettowirkung einer Vereinbarung aus Sicht der betroffenen Verbraucher mindestens neutral sein muss.[753] Neben einer Preissenkung für die betroffenen Verbraucher komme aber ebenso ein qualitativer Ausgleich in Betracht, falls durch die wettbewerbsbeschränkende Vereinbarung beispielsweise neue und bessere Produkte entstünden.[754]

Vorliegend sieht der Conseil sowohl quantitative als auch qualitative Vorteile für die betroffenen Verbraucher. Die Nettopreisverringerung im Vergleich zu den normalen Taxipreisen führt der Conseil dabei insbesondere auf den Einsatz des Preissetzungsalgorithmus zurück.[755] Dadurch sei es möglich, dem Kunden direkt von der Zentrale einen Festpreis mitzuteilen, den dieser

751 *Conseil de la Concurrence Luxemburg,* Entscheidung v. 07.06.2018 – 2018-FO-01, Cons. d.l. Conc. ./. Webtaxi S.à.r.l, Rn. 84.

752 *Conseil de la Concurrence Luxemburg,* Entscheidung v 07.06.2018 – 2018-FO-01, Cons. d.l. Conc. ./. Webtaxi S.à.r.l, Rn. 85; *EU Kommission,* Horizontalleitlinien 2004, Rn. 84.

753 *Conseil de la Concurrence Luxemburg,* Entscheidung v. 07.06.2018 – 2018-FO-01, Cons. d.l. Conc. ./. Webtaxi S.à.r.l, Rn. 85; *EU Kommission,* Horizontalleitlinien 2004, Rn. 85.

754 *Conseil de la Concurrence Luxemburg,* Entscheidung v. 07.06.2018 – 2018-FO-01, Cons. d.l. Conc. ./. Webtaxi S.à.r.l, Rn. 85; *EU Kommission,* Horizontalleitlinien 2004, Rn. 102.

755 *Conseil de la Concurrence Luxemburg,* Entscheidung v. 07.06.2018 – 2018-FO-01, Cons. d.l. Conc. ./. Webtaxi S.à.r.l, Rn. 86.

dann direkt an Webtaxi bezahle.[756] Der Kunde sei in der Lage, den von Webtaxi anhand objektiver Kriterien festgesetzten Preis während der Fahrt zu kontrollieren, indem jeder Taxifahrer verpflichtend während der Fahrt das Taxameter eingeschaltet haben müsse.[757] Der Preis liege zudem am unteren Ende der Marktpreise.[758] Der Kilometerpreis von 2,50 € bzw. 2,60 € für Webtaxi Limo sei im Vergleich zu Wettbewerberpreisen von 2,80 € bis 3,30 € pro Kilometer vergleichsweise günstig.[759]

Zudem bringe das Angebot von Webtaxi auch qualitative Vorteile für die Verbraucher. Durch die Ortung der Taxis mittels GPS könnten die Wartezeiten für die Kunden verkürzt werden, indem immer das nächste Taxi für die jeweilige Buchung zur Verfügung gestellt werden könne.[760] Die bereits angesprochene einheitliche Plattform und die ständige Buchungsmöglichkeit rund um die Uhr werden ebenfalls als qualitative Vorteile für die Verbraucher gewertet. Ebenso trage das einheitliche Webtaxi-Markenimage durch eine einheitlichere Servicequalität aller teilnehmenden Taxiunternehmen zur Qualität bei dem Buchungsvorgang sowie bei den Taxifahrten selbst bei.[761] Schließlich komme auch die geringere Umweltbelastung den Verbrauchern zugute.[762] Die Kommission habe bereits entschieden[763], dass positive Umweltauswirkungen eine angemessene Partizipation der Verbraucher mit sich bringen könnten.[764]

---

756 *Conseil de la Concurrence Luxemburg,* Entscheidung v. 07.06.2018 – 2018-FO-01, Cons. d.l. Conc. ./. Webtaxi S.à.r.l, Rn. 86.

757 *Conseil de la Concurrence Luxemburg,* Entscheidung v. 07.06.2018 – 2018-FO-01, Cons. d.l. Conc. ./. Webtaxi S.à.r.l, Rn. 86.

758 *Conseil de la Concurrence Luxemburg,* Entscheidung v. 07.06.2018 – 2018-FO-01, Cons. d.l. Conc. ./. Webtaxi S.à.r.l, Rn. 86.

759 *Conseil de la Concurrence Luxemburg,* Entscheidung v. 07.06.2018 – 2018-FO-01, Cons. d.l. Conc. ./. Webtaxi S.à.r.l, Rn. 86.

760 *Conseil de la Concurrence Luxemburg,* Entscheidung v. 07.06.2018 – 2018-FO-01, Cons. d.l. Conc. ./. Webtaxi S.à.r.l, Rn. 87.

761 *Conseil de la Concurrence Luxemburg,* Entscheidung v. 07.06.2018 – 2018-FO-01, Cons. d.l. Conc. ./. Webtaxi S.à.r.l, Rn. 87.

762 *Conseil de la Concurrence Luxemburg,* Entscheidung v. 07.06.2018 – 2018-FO-01, Cons. d.l. Conc. ./. Webtaxi S.à.r.l, Rn. 87.

763 *EU Kommission,* Entscheidung v. 24.01.1999 – IV.F.1/36.718, EU ABl. Nr. L 187 v. 26.07.2000, Rn. 55 f.

764 *Conseil de la Concurrence Luxemburg,* Entscheidung v. 07.06.2018 – 2018-FO-01, Cons. d.l. Conc. ./. Webtaxi S.à.r.l, Rn. 87.

γγ) Unerlässlichkeit der Abstimmung zur Erreichung der Effizienzgewinne

Weiterhin hatte der Conseil zu prüfen, ob die Preisvereinheitlichung auf der Plattform von Webtaxi unerlässlich ist, um die aufgezeigten Effizienzgewinne zu erreichen. Sowohl der Vorteil der Verringerung der Wartezeit durch Vermittlung des nächsten Taxis sowie die Reduzierung von Leerfahrten könne nicht erreicht werden, wenn die Fahrer auf der Plattform im Preiswettbewerb stünden, da selten das günstigste Taxi auch das naheliegendste sei.[765] Zudem werde die Kommunikation zwischen Kunden und Taxiunternehmen im Falle verschiedener Preise erschwert.[766] Im Falle einer telefonischen Buchung müssten sämtliche verschiedene Preise der verschiedenen Unternehmen aufgezählt werden, was die Effizienzgewinne für den Kunden zerstöre.[767] Auch auf der Internetplattform seien verschiedene Preise schwer darzustellen, da das Kunden aufgrund zunehmender Unübersichtlichkeit eher abschrecke.[768] Außerdem profitiere der Kunde auch dadurch, dass im Falle eines Staus durch den bereits feststehenden Gesamtpreis das Risiko jeglicher Verzögerung beim Taxiunternehmen liege, was bei der klassischen Nutzung eines Taxameters, bei der die Kunden die Verzögerungen vergüten, gerade nicht der Fall sei.[769] Aus all diesen Gründen sei die Festsetzung des Einheitspreises über die Plattform von Webtaxi unerlässlich, um die Effizienzvorteile des Systems zu erreichen.[770]

δδ) Verbleibender Wettbewerb auf dem relevanten Markt

Zudem sieht der Conseil auch nicht den grundsätzlichen Bestand des Wettbewerbers auf dem luxemburgischen Taximarkt gefährdet.[771] Die über Webtaxi

---

765 *Conseil de la Concurrence Luxemburg,* Entscheidung v. 07.06.2018 – 2018-FO-01, Cons. d.l. Conc. ./. Webtaxi S.à.r.l, Rn. 91.

766 *Conseil de la Concurrence Luxemburg,* Entscheidung v. 07.06.2018 – 2018-FO-01, Cons. d.l. Conc. ./. Webtaxi S.à.r.l, Rn. 90.

767 *Conseil de la Concurrence Luxemburg,* Entscheidung v. 07.06.2018 – 2018-FO-01, Cons. d.l. Conc. ./. Webtaxi S.à.r.l, Rn. 90.

768 *Conseil de la Concurrence Luxemburg,* Entscheidung v. 07.06.2018 – 2018-FO-01, Cons. d.l. Conc. ./. Webtaxi S.à.r.l, Rn. 90.

769 *Conseil de la Concurrence Luxemburg,* Entscheidung v. 07.06.2018 – 2018-FO-01, Cons. d.l. Conc. ./. Webtaxi S.à.r.l, Rn. 92.

770 *Conseil de la Concurrence Luxemburg,* Entscheidung v. 07.06.2018 – 2018-FO-01, Cons. d.l. Conc. ./. Webtaxi S.à.r.l, Rn. 93.

771 *Conseil de la Concurrence Luxemburg,* Entscheidung v. 07.06.2018 – 2018-FO-01, Cons. d.l. Conc. ./. Webtaxi S.à.r.l, Rn. 95.

vermittelten Dienstleistungen machten lediglich ca. 26 % der Marktanteile aus.[772]

εε) Ergebnis

Daher kommt der Conseil zum Ergebnis, dass die Voraussetzungen einer Individualfreistellung nach Art. 4 loi rélative à la concurrence gegeben und die getroffenen horizontalen Preisabsprachen daher nicht wettbewerbswidrig i.S.d. luxemburgischen Wettbewerbsrechts seien.[773]

ddd) Rolle der Preissetzungsalgorithmen im vorliegenden Fall

Im Gegensatz zum Algorithmus im oben dargestellten Uber-Fall ist der Preissetzungsalgorithmus von Webtaxi denkbar einfach und transparent. Er versucht lediglich anhand vorhandener Verkehrsdaten den schnellsten Weg zu ermitteln und berechnet dann abhängig von der Dauer und Länge der relevanten Strecke den Endpreis, wobei der Kilometerpreis lediglich von der gebuchten Auto-Klasse beeinflusst wird und grundsätzlich einheitlich ist. Die Preissetzung erfolgt bei Webtaxi gerade nicht unter der Berücksichtigung von Parametern wie Angebot und Nachfrage oder erhöhtem Verkehrsaufkommen, sondern ist zu jeder Tages- und Nachtzeit gleich. Hinsichtlich einer möglichen wettbewerbswidrigen Verhaltensweise ist der eingesetzte Algorithmus im Hinblick auf seine Funktionsweise mithin unbedenklich. Das Problem entsteht ähnlich wie bei Uber vielmehr dadurch, dass alle Wettbewerber auf der Plattform Webtaxi einen identischen Algorithmus verwenden und somit auch ihre Preise einheitlich und horizontal abgestimmt festsetzen. Der Kunde zahlt unabhängig vom Taxiunternehmen auf einer bestimmten Strecke in einer bestimmten Autoklasse immer den identischen Preis. Dieser Umstand ist den Anbietern bei Nutzung der Webtaxi-Plattform auch bewusst. Auch hier ist eine Hub-and-Spoke-Konstellation gegeben, wobei die Taxiunternehmen als Speichen ihre Preise zentral über die Webtaxi Plattform als Radnabe koordinieren. Die konkreten Berechnungen der Algorithmen sind dabei für die Bewertung der eigentlichen wettbewerbsbeschränkenden Absprachen erneut irrelevant.

---

772 *Conseil de la Concurrence Luxemburg,* Entscheidung v. 07.06.2018 – 2018-FO-01, Cons. d.l. Conc. ./. Webtaxi S.à.r.l, Rn. 95.

773 *Conseil de la Concurrence Luxemburg,* Entscheidung v .07.06.2018 – 2018-FO-01, Cons. d.l. Conc. ./. Webtaxi S.à.r.l, Rn. 96.

eee) Rechtliche Schlussfolgerungen für den Einsatz von Preissetzungsalgorithmen

α) Horizontale Preisabsprache durch bewusste Nutzung des identischen Preissetzungsalgorithmus

Im Gegensatz zu den Uber-Verfahren hat hier eine europäische Wettbewerbsbehörde ausführlich zur juristischen Behandlung der vorliegenden Konstellation Stellung bezogen. Die luxemburgischen Wettbewerbshüter sind zu Recht der Auffassung, dass das Verwenden der Einheitspreise durch Nutzung desselben Preissetzungsalgorithmus über die Plattform von Webtaxi eine horizontale Preisabsprache darstellt. Die Wettbewerber haben dabei bewusst den klassischen Preiswettbewerb durch ein für sie effizienteres abweichendes System ersetzt. Dies stellt zweifelsohne eine Kernabsprache i.S.d. luxemburgischen und auch des deutschen sowie europäischen Kartellrechts dar. Die Wertungen sind diesbezüglich jeweils sehr ähnlich.

β) Voraussetzungen einer Individualfreistellung für die Nutzung eines einheitlichen Preissetzungsalgorithmus auf einer Plattform

Diskutabel sind vorliegend jedoch die Ausführungen des Conseils zum Vorliegen der Voraussetzungen einer Individualfreistellung. Die dargestellten Voraussetzungen des luxemburgischen Wettbewerbsrechts sind dabei vergleichbar mit denen des Art. 101 Abs. 3 AEUV bzw. des § 2 GWB, sodass die getroffenen Feststellungen der luxemburgischen Wettbewerbshüter auf das europäische bzw. deutsche Wettbewerbsrecht übertragbar sind. Diese Wertungen sind damit relevant für sämtliche in Europa tätige Online-Plattformen, die für verschiedene Wettbewerber einen identischen Preissetzungsalgorithmus anbieten. Der Conseil ging auf die einzelnen Tatbestandsmerkmale unterschiedlich vertieft und nachvollziehbar ein.

αα) Ökonomische Effizienzvorteile

Die verkürzten Wartezeiten, die Verringerung von Leerfahrten sowie die wirtschaftlichere Nutzung der einzelnen Taxis durch eine Verbesserung der Vermittlung durch die Webtaxi Plattform sind klare Effizienzvorteile, die dem Kunden unmittelbar zugutekommen. Auch die dadurch verhältnismäßig günstigen Preise für Taxidienstleistungen sind Vorteile, die das Angebot von Webtaxi mit sich bringt. Letztlich profitiert der Kunde der Webtaxi Plattform daher auf zwei Ebenen. Zum einen durch eine qualitative Verbesserung der Taxidienstleistungen, indem das Taxi schneller bei ihm am gewünschten Ort ankommt. Zum anderen auch quantitativ finanziell durch die verhältnismäßig günstigen Preise. Die einheitliche Buchungsplattform, die dem Kunden einen

Zugang zu gleich einer Vielzahl von potenziellen Taxiunternehmen ermöglicht, stellt im Vergleich zur klassischen wettbewerblichen Situation ebenfalls eine Effizienzsteigerung dar. Der Kunde muss dadurch keinen Kontakt mit verschiedenen Unternehmen aufnehmen, um herauszufinden, wer ihm am schnellsten ein Taxi zur Verfügung stellen kann. Vielmehr bekommt er dank der einheitlichen Plattform in jedem Fall das für ihn am schnellsten zur Verfügung stehende Taxi vermittelt. Dem steht auch nicht entgegen, dass eine höhere Auslastung der Fahrzeuge einen höheren Verschleiß mit sich bringt und ggf. eher als üblich Kosten für die Reparatur und Wartung anfallen.[774] Eine insgesamt effektivere Nutzung der vorhandenen Taxis im vorliegenden Fall wird nicht dazu führen, dass diese in einer Gesamtbetrachtung eher als im Falle einer geringeren Frequentierung Kosten für Wartung bzw. Neuerwerb von Fahrzeugen verursachen werden. Die Nachfrage für Taxidienstleistungen ist insgesamt begrenzt und wird durch das Angebot von Webtaxi nicht maßgeblich erhöht. PKWs haben ohnehin nur eine begrenzte Lebensdauer. Gerade bei Taxidienstleistungen erwarten die meisten Kunden zudem einen Mindeststandard hinsichtlich der Modernität und Funktionalität des Fahrzeugs, sodass in Luxemburg überwiegend modernere Autos zum Einsatz kommen dürften und nur selten Fahrzeuge, die aufgrund ihres Alters ggf. zahlreiche Reparaturen hinter sich haben. Besonders alte PKWs werden ohnehin aus dem Bestand genommen, sodass trotz einer im Einzelfall erhöhten Nutzung der PKWs die Laufzeit dieser innerhalb der Taxiunternehmen nicht wesentlich reduziert wird. Überdies wird die Laufleistung der Taxis insgesamt optimiert, indem jeweils die nächsten Taxis einen Auftrag bekommen und so Leerfahrten erheblich reduziert werden können. Eine Effizienzsteigerung aus rein ökonomischen Gesichtspunkten ist daher gegeben, sodass die Preiskoordination unabhängig von Umweltschutzaspekten zur Verbesserung der Warenverteilung sowie zur Förderung des technischen und wirtschaftlichen Fortschritts i.S.d. nationalen luxemburgischen Rechts beiträgt. Die Wertungen im europäischen sowie deutschen Recht sind im vorliegenden Fall identisch.

ββ) Berücksichtigung von Umweltschutzaspekten im Rahmen einer Individualfreistellung

Zweifelhaft ist allerdings das Argument der umweltbezogenen Vorteile der Plattform durch die Vermittlung des jeweils nächsten Taxis und der damit

774 So etwa für die effektivere Nutzung von Autos durch Uber *Dittmann*, WuW 2016, 467, 469; *Fraiberger/Sundararajan*, Peer-to-Peer Rental Markets in the Sharing Economy, S. 5 f.

verbundenen Reduzierung von CO2-Emmissionen durch die Verringerung von Leerfahrten. Grundsätzlich bereits umstritten ist die Annahme, dass umweltpolitische Belange, wie hier namentlich die Reduzierung des Ausstoßes von CO2-Emmissionen zu berücksichtigende Umstände i.S.d. europäischen bzw. nationalen Wettbewerbsrechts sein können, die geeignet sind, eine Individualfreistellung zu rechtfertigen. Aufgrund dessen, dass Preissetzungsalgorithmen auch dazu führen können, negative Umweltauswirkungen zu minimieren,[775] soll im Folgenden näher auf diese Frage eingegangen werden, die für den Einsatz von Preissetzungsalgorithmen allgemein künftig von größerer Bedeutung sein dürfte.

ααα) Berücksichtigung von wettbewerbsfremden Erwägungen i.R.d. Art. 101 Abs. 3 AEUV

Dies führt zunächst zu der Frage, ob im Rahmen der Bewertung des Tatbestandes des Art. 101 Abs. 3 AEUV und deren nationalen Entsprechungen grundsätzlich wettbewerbsfremde Erwägungen berücksichtigt werden können.
Der EuGH hat dies für die europäischen Kartellverbotsnormen in mehreren Entscheidungen verdeutlicht. Demnach sind Erfordernisse der Aufrechterhaltung eines wirksamen Wettbewerbs mit der Wahrung anderer Ziele der Europäischen Union in Einklang zu bringen, sodass bestimmte Wettbewerbsbeschränkungen zur Erreichung eines anderen Zwecks zulässig sein können, solange diese nicht zu einer völligen Ausschaltung des Wettbewerbs für einen wesentlichen Teil des gemeinsamen Marktes führen.[776] Grundsätzlich sind Berücksichtigungen von wettbewerbsfremden Zielen folglich entgegen der teilweise vertretenen Ansicht in der Literatur[777] möglich. Dabei kann es im

---

775 *7Learnings GmbH,* Abschriften im Modehandel, abrufbar unter https://7learnings.com/de/blog/so-optimieren-sie-abschriften-im-modehandel/; *Gläß,* KI im Handel, S. 12; *prudsys AG,* Dynamische Preisoptimierung im Handel, S. 12.

776 *EuGH,* Urt. v. 25.10.1977 – Rs. 26/76, ECLI:EU:C:1977:167, Rn. 21; Urt. v. 29.10.1980 – verb. Rs. 209/78 u.a., ECLI:EU:C:1980:248, Rn. 176.

777 *T. Hofmann,* GRUR 2000, 555, 562 ff; *Kjolbye,* ECLR 2004, 566, 570 f; *Nordemann/Nyberg in* LMRKM, Art. 101 Abs. 3 AEUV, Rn. 61; *Quellmalz,* WRP 2004, 461, 469 für kulturpolitische Aspekte bezgl. der Buchpreisbindung; *Schwarze/Hetzel,* EuR 2005, 581, 594, 599, allgemein gegen die Berücksichtigung nichtökonomischer Aspekte - vorliegend im Zusammenhang mit der Vermarktung von Sport-Übertragungsrechten; *Manegold,* Zum Spannungsverhältnis zwischen abfallrechtlicher Produktverantwortung und Kartellverbot, S. 226; *C. Mayer,* Ziele und Grenzen des Kartellverbots im Recht der EG und der USA, S. 60 ff; *Teichmann,* Die Verbesserung der Warenerzeugung oder -verteilung und die Förderung des technischen oder wirtschaftlichen Fortschritts nach Art. 85 Abs. 3 EWG-Vertrag, S. 37 f.

Hinblick auf die Einheitlichkeit der Rechtsanwendung innerhalb der Union auch entgegen einiger Stimmen[778] keinen Unterschied machen, ob die Kommission oder eine nationalstaatliche Wettbewerbsbehörde die Wettbewerbsregeln anwendet.[779] Wenngleich es Nationalstaaten noch schwerer fallen dürfte als der Kommission die einzelnen Ziele der Union miteinander im Sinne eines funktionierenden Wettbewerbs in Einklang zu bringen, so gebietet es doch bereits der Grundsatz der Rechtssicherheit, dass eine einheitliche Auslegung der Merkmale des Art. 101 Abs. 3 AEUV zu erfolgen hat.[780] Letztlich sind auch die sog. Querschnittsklauseln, die unter anderem den Umweltschutz in Art. 11 AEUV explizit aufführen, ein wichtiges Argument für die Berücksichtigungsfähigkeit von wettbewerbsfremden Aspekten.[781]

βββ) Tatbestandliches Einfallstor für Umweltschutzaspekte i.R.d. Art. 101 AEUV

Zu klären bleibt, mit welchem Gewicht und in welchem Tatbestandsmerkmal des Art. 101 Abs. 3 AEUV Aspekte des Umweltschutzes Einfluss auf die wettbewerbsrechtliche Zulässigkeit nehmen können.

Die Tatbestandslosigkeit von Umweltschutzvereinbarungen, die bereits keine Koordinationen i.S.d. Art. 101 Abs. 1 AEUV darstellen, sollen hier außen vor bleiben.[782] Für die Berücksichtigung von Umweltschutzaspekten als wertendes Kriterium im Zusammenhang mit Preissetzungsalgorithmen eignet sich ausschließlich der Tatbestand des Art. 101 Abs. 3 AEUV. Dies folgt schon aus der Systematik des Art. 101 AEUV, wonach mit Abs. 1 und Abs. 3 ein

778 *Gierschmann*, Dezentralisierungsmöglichkeiten im EG-Kartellrecht, S. 214; *Quellmalz*, WRP 2004, 461, 469.

779 So auch *Immenga/Mestmäcker in* Immenga/Mestmäcker WettbR, Einleitung A Band I, Rn. 70.

780 *Immenga/Mestmäcker in* Immenga/Mestmäcker WettbR, Einleitung A Band I, Rn. 70; *Koch*, ZHR 169 (2005), 625, 644 ff; *Pohlmann in* FFKK, Grundfragen des Art. 101 Abs. 3 AEUV, Rn. 71.

781 Vgl. ausführlich zur Entscheidungshistorie der Unionsorgane zur Berücksichtigung sämtlicher Querschnittsklauseln i.R.d. Art. 101 AEUV *Breuer*, Das EU-Kartellrecht im Kraftfeld der Unionsziele, S. 322 ff.

782 Vgl. dazu *Ellger in* Immenga/Mestmäcker WettbR, Art. 101 Abs. 3 AEUV, Rn. 522 ff; *EU Kommission*, Horizontalleitlinien 2001, Rn. 184 ff. sowie hinsichtlich künftiger Vereinfachungen *EU Kommission*, Horizontalleitlinien 2022, Rz. 551 ff.

Regel-Ausnahme-Prinzip geschaffen wird.[783] Eine in Abs. 1 genannte Verhaltensweise ist grundsätzlich rechtswidrig, wenn nicht ausnahmsweise eine Freistellung vorliegt, die im Einzelfall ggf. auch andere Kriterien berücksichtigen kann.[784] Der Tatbestand des Art. 101 Abs. 1 AEUV ist zudem ausschließlich auf wettbewerbliche Kriterien ausgelegt.[785] Im Rahmen des Art. 101 Abs. 3 AEUV kommen als Tatbestandsmerkmale neben der Verbesserung der Warenerzeugung ebenso die Förderung des technischen und wirtschaftlichen Fortschritts in Betracht, um Wertungen des Umweltschutzes einfließen zu lassen.[786]

Im Zusammenhang mit Preissetzungsalgorithmen dürfte es um die Frage gehen, ob die Verwendung derartiger Algorithmen im Hinblick auf Umweltschutzgesichtspunkte den technischen und wirtschaftlichen Fortschritt fördern kann. Bezogen auf den vorliegend verwendeten Preissetzungsalgorithmus, der denkbar einfach ist und faktisch nicht anders als ein Taxameter arbeitet, ist dies bezogen auf die Preissetzung selbst zu verneinen. Allerdings existieren inzwischen insbesondere Markdown Pricing Algorithmen, die geeignet sind, Müll zu reduzieren und eine verbesserte Nutzung von Ressourcen ermöglichen.[787] Diese sind dann durch diese unmittelbaren umweltbezogenen Vorteile je nach Einzelfall auch geeignet, den technischen und wirtschaftlichen Fortschritt i.S.d. Art. 101 Abs. 3 AEUV zu fördern. Im vorliegenden Webtaxi-Fall ist jedoch lediglich der Vermittlungsalgorithmus ein umweltbezogener Effizienzvorteil i.S.d. Norm. Dieser trägt unmittelbar dazu bei, Umweltbelastungen zu reduzieren, indem er die vorhandenen Ressourcen optimal einsetzt und Leerfahrten reduziert. Diskussionswürdig dürfte sein, inwieweit die durch (preis-)algorithmischen Umweltschutz entstehenden Effizienzgewinne den Verbrauchern unmittelbar zugutekommen und ob sie angemessen an dem dadurch entstehenden Gewinn beteiligt werden.[788] Auch künftig sollen Umweltvorteile jedenfalls nur dann berücksichtigungsfähig sein, wenn diese „objektiv, konkret und überprüfbar" sind.[789]

---

783 *Ellger in* Immenga/Mestmäcker WettbR, Art. 101 Abs. 3 AEUV, Rn. 54 f.; vgl. auch *Mohr,* Sicherung der Vertragsfreiheit durch Wettbewerbs- und Regulierungsrecht, S. 470.

784 *Zimmer in* Immenga/Mestmäcker WettbR, Art. 101 Abs. 1 AEUV, Rn. 168.

785 *Mohr,* Sicherung der Vertragsfreiheit durch Wettbewerbs- und Regulierungsrecht, S. 455 ff; *Zimmer in* Immenga/Mestmäcker WettbR, Art. 101 Abs. 1 AEUV, Rn. 165.

786 *EU Kommission,* Horizontalleitlinien 2022, Rn. 577; *Frenz,* NuR 2006, 138, 141.

787 Vgl. dazu oben A) IV. 2).

788 Vgl. dazu unten δδ.

789 *EU Kommission,* Horizontalleitlinien 2022, Rn. 579; *Higer,* NZKart 2022, 547, 552.

γγγ) *Bedeutung bzw. Gewichtung der zu berücksichtigenden Umweltschutzaspekte*

Vor dem Hintergrund der Entscheidung des Conseils, die unmittelbar auf die CECED-Entscheidung[790] der Europäischen Kommission verweist, ist zudem zu problematisieren, in welchem Umfang und mit welchem Gewicht Umweltschutzaspekte berücksichtigt werden können.

αααα) Praxis der Kommission

Vor dem Systemwechsel zur Legalausnahme des Art. 101 Abs. 3 AEUV nutzte die Kommission Umweltschutzaspekte im Wesentlichen, um aus ihrer Sicht ohnehin freizustellende Vereinbarungen mit einem zusätzlichen Allgemeinwohl-Argument zu rechtfertigen.[791] Eine solche Betrachtungsweise führt letztlich dazu, dass Umweltschutzbelange selbst nahezu keinerlei Gewichtung zukommt, indem sie nur dann ins Feld geführt werden könnten, wenn sie die ökonomischen Ergebnisse bei Betrachtung des Art. 101 Abs. 3 AEUV nicht in Frage stellen. Abweichend von dieser Praxis entschied die Kommission allerdings im Fall CECED[792]. Trotz der Entstehung von höheren Preisen für die Verbraucher durch eine Koordination mehrerer Wettbewerber sah sie die angemessene Beteiligung der Verbraucher durch Umweltschutzverbesserungen gegeben.[793] Später brachte die Kommission sogar zum Ausdruck, dass sie der Koordination nur zugestimmt habe, um eine Verbesserung der Umweltqualität der Produkte zu erreichen.[794] Hier sah die Kommission mithin ausschließlich Umweltschutzaspekte als geeignet an, um eine Freistellung nach Art. 101 Abs. 3 AEUV zu rechtfertigen. Seit 2004 sprechen die Leitlinien der Kommission davon, dass wettbewerbsfremde und damit auch Umweltschutzaspekte lediglich dann berücksichtigt werden können, wenn sie sich unter eines der Tatbestandsmerkmale des Art. 101 Abs. 3 AEUV subsumieren lassen.[795] Die Horizontalleitlinien von 2011 enthielten zwar kein eigenes Kapitel zu Umweltschutzbestimmungen mehr, allerdings wurden

---

790 *EU Kommission,* Entscheidung v. 24.01.1999 – IV.F.1/36.718, EU ABl. Nr. L 187 v. 26.07.2000, S. 52.

791 *Pohlmann in* FFKK, Grundfragen des Art. 101 Abs. 3 AEUV, Rn. 55.

792 *EU Kommission,* Entscheidung v. 24.01.1999 – IV.F.1/36.718, EU ABl. Nr. L 187 v. 26.07.2000, Rn. 52 ff.

793 *EU Kommission,* Entscheidung v. 24.01.1999 – IV.F.1/36.718, EU ABl. Nr. L 187 v. 26.07.2000, Rn. 55 ff.

794 *EU Kommission,* 30. Bericht über die Wettbewerbspolitik 2000, Rn. 95 f.

795 *EU Kommission,* Horizontalleitlinien 2004, Rn. 42; vgl. *EU Kommission,* Horizontalleitlinien 2022, 576 ff.

diese Aspekte in die anderen Kapitel jeweils eingearbeitet[796], sodass auch demnach Umweltschutzbestimmungen grds. weiterhin berücksichtigungsfähig sein sollten. Die aktuellen Leitlinien enthalten nun wieder ein eigenes Kapitel zu Nachhaltigkeitsvereinbarungen.[797] Insgesamt wird die Praxis der Kommission dahingehend zurecht als intransparent kritisiert.[798] Abgesehen von der CECED-Entscheidung gab es sowohl vor als auch nach der Einführung des Legalausnahmeprinzips keine Entscheidungen, in denen andere Vertragsziele notwendig waren, um das Vorliegen einzelner Tatbestandsmerkmale konstruieren zu können. Seit dem Systemwechsel lässt sich dahingehend auch durch die Leitlinien eine stärkere Bindung an die einzelnen wettbewerblichen Tatbestandsmerkmale erkennen, sodass Umweltschutzaspekte seitdem nie herangezogen wurden, um fehlende Tatbestandsmerkmale des Art. 101 Abs. 3 AEUV konstruieren zu können. Eine Abkehr hiervon ist künftig auch nicht deshalb zu erwarten, weil die Kommission bei der Aktualisierung der Horizontalleitlinien nunmehr erneut ein eigenes Kapitel zur Zusammenarbeit von Unternehmen beim Umweltschutz durch Nachhaltigkeitsvereinbarungen eingefügt hat.[799] Deutlich wird insbesondere, dass Kernbeschränkungen wie Preisfestsetzungen weiterhin nicht mit Umweltvorteilen gerechtfertigt werden können[800] und Umweltvorteile nur im Rahmen der einzelnen Tatbestandsmerkmale des Art. 101 Abs. 3 AEUV Berücksichtigung finden können.[801] Abstrakte Annahmen von Umweltschutzbegünstigungen sollen auch künftig nicht ausreichend sein.[802]

ββββ) Ansichten im Schrifttum

Nach Ansichten im Schrifttum hingegen können Vorteile für die Umwelt selbst geeignet sein, tatbestandlich eine Vereinbarung i.S.d. Art. 101 Abs. 1 AEUV auszuschließen bzw. eine Individualfreistellung nach Art. 101 Abs. 3 AEUV zu rechtfertigen.[803] Der Umweltschutz stehe jedenfalls gleichberechtigt neben dem

---

796 *EU Kommission,* Horizontalleitlinien 2011, Rn. 18, Fn. 1.

797 Vgl. *EU Kommission,* Horizontalleitlinien 2022, Rn. 541 ff.

798 So etwa *Pohlmann in* FFKK, Grundfragen des Art. 101 Abs. 3 AEUV, Rn. 73.

799 Siehe dazu *EU Kommission,* Horizontalleitlinien 2022, Rn. 541 ff.

800 *EU Kommission,* Horizontalleitlinien 2022, Rn. 570.

801 *EU Kommission,* Horizontalleitlinien 2022, Rn. 576 ff.

802 *EU Kommission,* Horizontalleitlinien 2022, Rn. 579.

803 *Becker-Schwarze,* Steuerungsmöglichkeiten des Kartellrechts bei umweltschützenden Unternehmenskooperationen, S. 236 f; *Brouwer,* Sustainability and competition law: Living Apart Together, FS Wiedemann 2020, S. 20; *Seeliger/Gürer,* BB 2021, 2050, 2052 f.

Schutz des Wettbewerbs und sei daher ebenso zu berücksichtigen wie die Wettbewerbsfreiheit.[804] Nach wieder anderer Auffassung genieße der Umweltschutz sogar Vorrang vor anderen Unionszielen und damit auch vor der Wettbewerbsfreiheit.[805] Wieder andere sehen die Wettbewerbsfreiheit in der Bedeutung ranghöher als den Umweltschutz.[806]

γγγγ) Stellungnahme

Die Berücksichtigung von wettbewerbsfremden Unionszielen wie dem Umweltschutz kann nur in einem Rahmen geschehen, den das geschriebene Recht und damit der Tatbestand des Art. 101 Abs. 3 AEUV ausdrücklich zulässt.[807] Umweltschutzaspekte können daher nur dann berücksichtigt werden, wenn sie sich unter ein Tatbestandsmerkmal subsumieren lassen.[808] Im Hinblick auf dem Umweltschutz dienende Preissetzungsalgorithmen gilt, dass diese sowohl Effizienzvorteile darstellen können als auch im Rahmen einer Gesamtbewertung den Verbrauchern eine angemessene Beteiligung am entstehenden Gewinn zukommen lassen können. Insbesondere durch die Verringerung und Vermeidung von Müll ist denkbar, dass im Falle des Gleichlaufs von Preisen durch die Verwendung desselben Preissetzungsalgorithmus durch mehrere Wettbewerber sowohl quantitative als auch qualitative Vorteile für den Verbraucher entstehen. Problematisch bleibt jedoch eine Konstellation, in der die Verwendung derselben Algorithmen zwar zu Umweltvorteilen führt, allerdings gleichzeitig auch zu deutlich höheren Preisen für die Verbraucher.[809] In einem solchen Szenario wären die Voraussetzungen des Art. 101 Abs. 3 AEUV entgegen der Entscheidung CECED nicht erfüllt, weil Umweltschutzvorteile grundsätzlich gerade keine greifbaren, unmittelbaren und damit angemessenen Vorteile für die Verbraucher mit sich

---

804 *Frenz,* NuR 2006, 138, 140 f; *Nowak,* in: *Heselhaus/Nowak* (Hrsg.), § 63, Rn. 24.

805 *Epiney,* NuR 1995, 497, 500; *Scheuing,* EuR 1989, 152, 176 f.

806 *Pohlmann in* FFKK, Grundfragen des Art. 101 Abs. 3 AEUV, Rn. 46; so zu verstehen wohl auch *Nordemann/Nyberg in* LMRKM, Art. 101 Abs. 3 AEUV, Rn. 60.

807 *EuG,* Urt. v. 11.07.1996 – verb. Rs. T-528/93, T-542/93, T-543/93, T-546/93, ECLI:EU:T:1996:99, Rn. 114 ff; *Kjolbye,* ECLR 2004, 566, 570 f; *Mohr in* Berl. Komm. EnergieR, § 1 EEG 2021, Rn. 24; *Wolf in* MüKoWettbR, Art. 101 AEUV, Rn. 995.

808 Vgl. zur Absage an mögliche Tatbestandsrestriktionen *EU Kommission,* Horizontalleitlinien 2022, Rn. 548; *Higer,* NZKart 2022, 547, 552.

809 Die Kommission will auch künftig nur moderate Preiserhöhungen zulassen, wenn es um Nachhaltigkeitsvereinbarungen zwischen Wettbewerbern geht, vgl. *EU Kommission,* Horizontalleitlinien 2022, Rn. 573.

bringen, die geeignet wären, erhebliche Preissteigerungen zu kompensieren. Auch können Vereinbarungen bereits nicht als Nachhaltigkeitsvereinbarungen gelten, sofern diese mit wettbewerbswidrigen Preiserhöhungen einhergehen. Vielmehr handelt es sich dann um wettbewerbswidrige Kernbeschränkungen unter dem Deckmantel des Umweltschutzes.[810] Andernfalls droht die Gefahr, dass sämtliche Koordinationen, die auch die Umwelt schonen, im Rahmen des Art. 101 Abs. 3 AEUV legalisiert werden. Dies verbietet jedoch bereits die Systematik des Art. 101 Abs. 3 AEUV als Ausnahmetatbestand zum grundsätzlich bestehenden Kartellverbot des Art. 101 Abs. 1 AEUV. Eine möglicherweise politisch gewollte Privilegierung von Umweltschutzaspekten müsste demnach ausdrücklich normiert werden und kann nicht im Wege der vorrangigen Berücksichtigung bestimmter Vertragsziele, selbst wenn diese gerade gesellschaftlich besonders bedeutend sind, stattfinden. An dieser grundsätzlichen Systematik ändern auch die aktuellen Horizontalleitlinien der Kommission nichts, die lediglich Vereinbarungen im Bezug auf Nachhaltigkeitsstandards vereinfachen wollen, ohne jedoch das gesamte System reformieren zu können.[811]

δδδ) Berücksichtigung von wettbewerbsfremden Erwägungen i.R.d. Art. 4 loi rélative à la concurrence sowie § 2 GWB

Diskussionswürdig erscheint darüber hinaus die Frage, ob die vorstehenden Ausführungen auch für die anwendbaren nationalen Wettbewerbsregeln gelten. Für das vorliegend ausschließlich geltende luxemburgische Wettbewerbsrecht weist der Conseil in seiner Entscheidung lediglich kurz darauf hin, dass trotz des fehlenden Zwischenstaatlichkeitsbezugs die nationalen Wettbewerbsregeln im Lichte der Praxis des europäischen Rechts und der entsprechenden Rechtsprechung zu sehen sind, da die nationalen und europäischen Normen vergleichbar seien.[812] Im Wesentlichen nimmt er damit eine einheitliche Auslegung vor. Hinsichtlich des deutschen Rechts ist auch dieses Auslegungsverständnis umstritten. Manche Stimmen sehen die Möglichkeit einer gespaltenen Auslegung von § 2 GWB und Art. 101 Abs. 3 AEUV.[813] Andere hingegen befürworten aufgrund des Gleichlaufs des Wortlauts unter

810 Vgl. *EU Kommission,* Horizontalleitlinien 2022, Rn. 570.

811 Vgl. *EU Kommission,* Horizontalleitlinien 2022, Rn. 541 ff; *Higer,* NZKart 2022, 547, 551 ff.

812 *Conseil de la Concurrence Luxemburg,* Entscheidung v. 07.06.2018 – 2018-FO-01, Cons. d.l. Conc. ./. Webtaxi S.à.r.l, Rn. 39.

813 *Heyers in* FFKK, § 2 GWB, Rn. 95 ff; *Quellmalz,* WRP 2004, 461, 469 f.

Gleichbehandlungsgesichtspunkten sowie der Bestimmtheit der Rechtsanwendung eine einheitliche Auslegung von Art. 101 Abs. 3 AEUV und § 2 GWB.[814]

Hinsichtlich des Umweltschutzes dürfte sich das Problem einer möglicherweise gespaltenen Auslegung jedoch nicht stellen. Dies zeigen bereits vereinzelte Entscheidungen des Bundeskartellamtes,[815] die ebenfalls Umweltschutzgesichtspunkte im Rahmen des Tatbestands des § 2 GWB berücksichtigt haben. Schließlich wird der Umweltschutz ähnlich zum europäischen Recht auch im nationalen deutschen Recht als wesentliches Staatsziel in Art. 20a GG genannt. Selbiges gilt zudem auch für das vorliegend gegenständliche nationale luxemburgische Recht, das seit 2007 den Umweltschutz unmittelbar zur Staatsaufgabe mit Verfassungsrang erklärt.[816] Hinsichtlich der Frage der Gewichtung von Umweltschutzaspekten im Rahmen einer Abwägung sei auf die Ausführungen zum europäischen Recht verwiesen. Auch im nationalen Recht kann zumindest eine preiserhöhende Preisabsprache nicht ohne Weiteres dadurch gerechtfertigt werden, dass abstrakte Umweltvorteile entstehen.

γγ) Unerlässlichkeit der Preiskoordination zur Erreichung der Effizienzvorteile

Weiterhin zweifelhaft erscheint die in der Webtaxi Entscheidung sehr knappe Argumentation des Conseils, dass die Einheitspreise auf der Plattform von Webtaxi für das Angebot selbst unabdingbar seien, weil verschiedene Preise den Kunden irritierten und dies in der App, auf der Homepage bzw. bei telefonischer Vermittlung nicht durchführbar sei. Es erscheint sehr wohl denkbar, dass auf einer einheitlichen Plattform verschiedene Taxiunternehmen unterschiedliche Preise anbieten können, ohne dass der Kunde die Plattform dadurch nicht mehr nutzen würde. So könnte man für die mögliche Auswahl des Kunden mehrere verfügbare Taxianbieter auflisten und das nächste Taxi hervorheben. Aufgrund der geringen Anfahrtszeit wäre dieses vermutlich häufig ohnehin das

---

814 *Bärenz,* DB 2003, 375, 376; *Braun/Bahr in* Bunte KartellR, Nach § 2 GWB, Rn. 9; *Koch,* JZ 2006, 277, 282 f; *Meessen,* WuW 2004, 733, 736; *Wolf in* MüKoWettbR, Art. 101 AEUV, Rn. 995.

815 So etwa *BKartA,* Beschluss v. 31.05.2007 – B 4-37203-Kc-1006/06, BeckRS 2007, 31413, Rn. 146 ff.

816 Vgl. den Wortlaut des Artikel 11bis der luxemburgischen Verfassung, der zum Zeitpunkt des Webtaxi Verfahrens galt: „L'Etat garantit la protection de l'environnement humain et naturel, en œuvrant à l'établissement d'un équilibre durable entre la conservation de la nature, en particulier sa capacité de renouvellement, et la satisfaction des besoins des générations présentes et futures. Il promeut la protection et le bien-être des animaux." Seit 2023 ist der Umweltschutz als Staatsziel ähnlich lautend in Art. 41 der luxemburgischen Verfassung normiert.

für den Kunden attraktivste, solange der Preis nicht wesentlich über dem von anderen Taxiunternehmen liegt. Bei einer vom Conseil selbst dargestellten eher schmalen Preispanne von 2,80 € bis 3,30 € pro Kilometer für ein standardmäßiges Taxi wäre auch nicht zu erwarten, dass der Kunde bei typischerweise eher kürzeren Taxifahrten lieber eine längere Zeit wartet bis sein Taxi ankommt, um wenige Euro oder gar Centbeträge zu sparen. Sollte ein Kunde dennoch diese Entscheidung treffen, wäre dies als eine selbstbestimmte marktwirtschaftliche Entscheidung hinzunehmen. Ein Preiswettbewerb würde sich so ebenfalls einstellen, indem die Unternehmen auf der Taxiplattform ein Interesse am Preiswettkampf hätten, um von Kunden gebucht zu werden. Selbst telefonisch gebe es Möglichkeiten, den Kunden zu fragen, ob er das für ihn nächste oder günstigste Taxi haben möchte, falls dies im Einzelfall auseinanderfallen sollte. Denkbar ist zudem, dass Webtaxi als Plattform lediglich eine Preisempfehlung vorgibt und die einzelnen Fahrer in prozentualen Stufen wählen können, ob sie den Preis über- oder unterbieten wollen.[817] Der Kunde hätte dementsprechend wiederum die Wahl zwischen günstigeren und teureren Anbietern, die miteinander im Wettbewerb stünden, ohne aber, dass es zu einem zu komplexen und aufwendigen Bieterverfahren kommen würde, bei dem die Kunden ggf. den Überblick über die verschiedenen Anbieter verlieren würden.

Auch der Hinweis darauf, dass die wesentlichen Effizienzvorteile gerade durch den Preissetzungsalgorithmus entstünden, überzeugt kaum. Dieser legt lediglich abhängig von der Strecke unter Berücksichtigung von Verkehrsdaten einen festen Preis fest und arbeitet daher hinsichtlich der Preisgestaltung ähnlich einem klassischen Taxameter. Die Berechnung und Bezahlung des Preises im Voraus über die Plattform Webtaxi ist zwar nur möglich, weil der Preisalgorithmus diese Preise bereits vor Fahrtantritt ermittelt. Allerdings lassen sich auch mit diesem Transparenzargument keine Einheitspreise rechtfertigen. Der Algorithmus würde schließlich genauso funktionieren, wenn die einzelnen Taxiunternehmen unterschiedliche Kilometerpreise verlangen würden. Auch dann könnte der Kunde wie gewohnt vor Fahrtantritt über die Plattform zahlen und könnte später anhand des Taxameters kontrollieren, ob er nicht zu viel bezahlt hat. Die wesentlichen Vorteile des Systems blieben dem Kunden also erhalten.

Zuzugeben ist jedoch, dass durch die Einheitspreise eine höchstmögliche Effektivierung und Effizienzsteigerung erreicht wird. Anders als im Falle des

---

817 Zu einer solchen Möglichkeit bezüglich Uber *Anderson/Huffman*, Col. Bus. Law Rev. 2017, 861, 914.

Preiswettbewerbs wird sichergestellt, dass in jedem Fall das nächste Taxi zur Verfügung gestellt wird. Insofern ist der Einheitspreis das einzige Mittel, um diese Effizienzen optimal auszuschöpfen. Bei einem Preiswettbewerb käme es zwangsläufig zu einer bestimmten Anzahl von Fahrten, in denen der Kunde nicht das nächste Taxi buchen würde, sodass für diese Fahrten Teile der Effizienzvorteile verloren gingen. Zu klären gewesen wäre dabei allerdings die entscheidende Frage, wie viele Kunden im Falle eines Preiswettbewerbs aufgrund eines niedrigeren Preises eines Wettbewerbers nicht das nächstliegende Taxi buchen würden. Sollte dies, wie zu vermuten ist, lediglich einen geringen Prozentsatz betreffen, so wäre das wesentliche Argument für die Vereinheitlichung der Preise hinfällig. Es kämen dann auch in einer wettbewerblichen Situation nahezu sämtliche Effizienzen des Systems zum Tragen. Hinsichtlich des Merkmals der Unerlässlichkeit verbleiben daher große Zweifel. Insbesondere trifft die Beweislast für das Vorliegen der Voraussetzungen einer Individualausnahme auch nach nationalem luxemburgischem Recht das jeweils betroffene Unternehmen. Im vorliegenden Verfahren wäre also von Webtaxi nachzuweisen gewesen, dass ein Abweichen von Einheitspreisen dazu führen würde, wesentliche Effizienzvorteile zu verlieren. Ein solcher Nachweis ist jedoch nicht ersichtlich.

δδ) Angemessene Verbraucherbeteiligung

Der Conseil begründet die angemessene Beteiligung der Verbraucher am Effizienzgewinn neben den vergleichsweisen niedrigen Preisen insbesondere mit der Verringerung von CO2-Emmissionen. Dabei bedient er sich der bereits angesprochenen CECED-Entscheidung.[818] Damals war die Kommission der Ansicht, dass die Einsparung von Treibhausgasen, namentlich CO2, unmittelbar als dem Verbraucher nicht entstandene Kosten im Sinne einer angemessenen Beteiligung am Gewinn berücksichtigt werden könne.[819] Damit billigte die Kommission die Absprache mehrerer Haushaltsgerätehersteller, nur noch Waschmaschinen mit vergleichsweise geringem Stromverbrauch herzustellen und zu importieren. Die Wertungen dieser Entscheidungen werden vorliegend vom Conseil ohne detaillierte Begründung übernommen. Diskussionswürdig

---

818 *EU Kommission,* Entscheidung v. 24.01.1999 – IV.F.1/36.718, EU ABl. Nr. L 187 v 26.07.2000, S. 52.

819 *EU Kommission,* Entscheidung v. 24.01.1999 – IV.F.1/36.718, EU ABl. Nr. L 187 v 26.07.2000, Rn. 56.

daran erscheint bereits, dass die Entscheidung, auf die Bezug genommen wird, vor Inkrafttreten der VO 1/2003[820] erging. Die Entscheidung stammt damit aus einer Zeit, in der statt des heutigen Legalausnahmeprinzips des Art. 101 Abs. 3 AEUV, das sich demgemäß auch auf die nationalen Wettbewerbsvorschriften und daher auch auf Art. 4 loi rélative à la concurrence auswirkt, das frühere Genehmigungssystem galt, bei dem ein Unternehmen eine Koordination bei Vorliegen der Voraussetzungen des ehemaligen Art. 81 Abs. 3 EGV von der Kommission genehmigen lassen musste.[821] Beide Systeme unterscheiden sich wesentlich, sodass nicht jegliche Wertung aus dem alten System in das aktuelle Recht übernommen werden kann. Auch galten zum Entscheidungszeitpunkt der CECED-Entscheidung 1999 noch andere Leitlinien der Kommission, wohingegen in den neueren Leitlinien bereits zum Ausdruck kommt, dass wettbewerbsfremde Aspekte nur im Rahmen eines Tatbestandsmerkmals des Art. 101 Abs. 3 AEUV berücksichtigungsfähig sein sollen.[822]

Zur Berücksichtigung von Umweltschutzaspekten im Tatbestand des Art. 101 Abs. 3 AEUV bzw. dem vorliegend relevanten Art. 4 loi rélative à la concurrence wurde oben bereits Stellung genommen.[823] Die Umweltschutzaspekte allein genügen jedenfalls nicht, um eine angemessene Verbraucherbeteiligung bejahen zu können. Berücksichtigt werden muss im vorliegenden Fall allerdings, dass die Preiskoordination zunächst zu verhältnismäßig geringen Preisen führt, weil sich die Webtaxi Tarife am unteren Ende der Marktspanne bewegen. Insofern erscheint es vertretbar, anzunehmen, dass die Verbraucher durch diese geringen Preise, die auch durch die Vermittlung des nächsten Taxis über die Plattform begünstigt werden, angemessen an der Preisabsprache partizipieren. Neben dem qualitativen Gewinn der Vermittlung des nächstgelegenen Taxis profitieren die Verbraucher folglich auch unmittelbar quantitativ.

Bezüglich des Einsatzes von Preissetzungsalgorithmen lässt sich generell festhalten, dass der Einsatz desselben Preissetzungsalgorithmus durch mehrere Wettbewerber nur dann die Verbraucher angemessen beteiligt, wenn dieser für die Verbraucher zumindest nicht zu höheren Preisen führt. Es erscheint schwer

820 Verordnung (EG) Nr. 1/2003 des Rates vom 16. Dezember 2002 zur Durchführung der in den Art.n 81 und 82 des Vertrags niedergelegten Wettbewerbsregeln.

821 Vgl. zu den historischen Entwicklungen von der VO 17/62 hin zur VO 1/2003 *Ellger in* Immenga/Mestmäcker WettbR, Art. 101 Abs. 3 AEUV, Rn. 32 ff; *Pohlmann in* FFKK, Grundfragen des Art. 101 Abs. 3 AEUV, Rn. 11 ff.

822 *EU Kommission,* Horizontalleitlinien 2022, Rn. 576 ff.; vgl. auch bereits *EU Kommission,* Horizontalleitlinien 2011, Rn. 329 ff.

823 Vgl. dazu δδδ).

vorstellbar, dass allein durch Faktoren wie die Verringerung von Müll und der besseren Nutzung von Ressourcen die Verbraucher so umfassend und unmittelbar profitieren, dass dies eine Preiserhöhung für einzelne Produkte im Wege der Preisabsprache rechtfertigen würde. Insofern sei auch hier auf die obige Argumentation zur Berücksichtigung von Umweltschutzvorteilen verwiesen. Auch wenn solche Kriterien in die Abwägung einfließen können und argumentationsverstärkend hinzugezogen werden können, darf dies jedoch nicht dazu führen, dass die preiserhöhende Verwendung von Preissetzungsalgorithmen durch mehrere Wettbewerber durch Aspekte des Umweltschutzes legalisiert werden kann.[824]

γ) Stellungnahme und Zusammenfassung der Erkenntnisse

Die Entscheidung des Conseils hinsichtlich der oberflächlichen Feststellung der Unerlässlichkeit der völligen Preisgleichschaltung ist wenig überzeugend. Hier wären auch andere Preismodelle und Gestaltungsmöglichkeiten denkbar gewesen, die den Wettbewerb weniger beschränken als das derzeitige Modell der Einheitspreise.[825] Auf eine möglicherweise angemessene Verbraucherbeteiligung durch die Kombination von Umweltschutzgesichtspunkten und niedrigeren Preisen kommt es daher nicht mehr an.

Die Entscheidung arbeitet sehr ergebnisorientiert und versucht wenig überzeugend, ein zweifellos effizienzsteigerndes System wettbewerbsrechtlich um jeden Preis freizustellen. Grundsätzlich ist das nationale mitgliedsstaatliche Kartellrecht und der Art. 101 Abs. 1, 3 AEUV geeignet, die Hub-and-Spoke Konstellation zu erfassen, ohne modernere Techniken und Formen auszuschließen und innovationshemmend zu wirken. Die einzelfallabhängige Betrachtung des europäischen Kartellrechts, die insbesondere auch im Rahmen des more economic approach[826] die Auswirkungen eines Geschäftsmodells auf die Verbraucher berücksichtigt, ist ein geeignetes Mittel, vertretbare Wertungen im Sinne einer freien marktwirtschaftlichen Wettbewerbssituation unter gleichzeitiger Berücksichtigung von Verbraucherschutzaspekten zu treffen. Vorliegend wird zwar zutreffend erkannt, dass es sich bei der Verwendung der identischen Preissetzungsalgorithmen, die zudem für alle Fahrer mit identischen Preisen pro Kilometer arbeiten, um eine klassische Preisabsprache und

824 Vgl. dazu oben auch γγγγ).

825 Siehe hierzu vor allem die unten diskutierten Alternativen zur Preisberechnung von Uber, die insoweit auf Webtaxi übertragbar sind.

826 Vgl. dazu *Mohr*, ORDO 2018, 259, 277 f. sowie ausführlich *Mohr*, Sicherung der Vertragsfreiheit durch Wettbewerbs- und Regulierungsrecht, S. 420 ff.

damit um eine Kernbeschränkung handelt, die nur ausnahmsweise gemäß Art. 101 Abs. 3 AEUV bzw. der entsprechenden luxemburgischen nationalen Norm freigestellt sein kann. Aufgrund der aufgezeigten Oberflächlichkeiten in der Annahme der Unerlässlichkeit der Preisabsprache für die Erhaltung der Effizienzvorteile sowie der Diskussionswürdigkeit der Art und Weise sowie Bedeutung einer Berücksichtigung von Umweltschutzsaspekten im Rahmen des Tatbestandsmerkmals der Effizienzvorteile bzw. der angemessenen Verbraucherbeteiligung, gelangt der Conseil zu einer wenig überzeugenden Entscheidung. Aufgrund der nur überschaubaren Marktanteile droht zwar keine völlige Ausschaltung wettbewerblicher und marktwirtschaftlicher Mechanismen, sodass auch ein Kippen des luxemburgischen Taximarktes bzw. eine Monopolisierung aufgrund der Einzelfreistellung in näherer Zukunft nicht zu erwarten ist. Allerdings stellt die flächendeckende Preisabsprache eine erhebliche Wettbewerbsbeschränkung dar, die Webtaxi gegenüber anderen Wettbewerbern ungerechtfertigt privilegiert und in Kombination mit sich ergebenden Netzwerkeffekten[827] zu einem erheblichen Gewinn von Marktanteilen führen kann.

hh) Bewertung des Geschäftsmodells Uber als mögliches Hub-and-Spoke Kartell unter deutschem bzw. europäischem Kartellrecht

Trotz mehrerer Entscheidungen hinsichtlich des Geschäftsmodells von Uber und ähnlichen Anbietern ist derzeit nicht abschließend geklärt, ob das Geschäftsmodell von Uber und vergleichbaren Ridesharing Anbietern mit deutschem bzw. europäischem Kartellrecht vereinbar ist. Dies soll im Folgenden untersucht werden. Das Geschäftsmodell von Uber könnte, sollte es sich als wettbewerbswidrig rausstellen, eines der größten Hub-and-Spoke Kartelle in Europa darstellen.

aaa) Uber als Gesamtunternehmen?

Diskutabel ist bereits die Unternehmenseigenschaft der Adressaten. Es ist zu klären, ob Uber mit allen auf der Plattform tätigen Fahrern als Gesamtunternehmen zu sehen ist oder ob die einzelnen Uber Fahrer jeweils als Einzelunternehmen auf einer einheitlichen Plattform tätig sind. Dabei können neben den klassischen kartellrechtlichen Abgrenzungskriterien auch solche

---

827 Vgl. zu Netzwerkeffekten und mehrseitigen Plattformen *Förderer,* Erfolgsmodell Digitale Plattformen, S. 31 ff; *Mohr,* EuZW 2019, 265, 267; *Wolf in* MüKoWettbR, § 18 GWB, Rn. 51 ff.

des Arbeitsrechts Indizien liefern. Aufgrund der einheitlichen Anwendung des Unionsrechts ist auch der europäische Unternehmensbegriff im Wettbewerbsrecht autonom auszulegen.[828] Mangels eines einheitlichen europäischen Arbeitsrechts bestimmt sich der arbeitsrechtliche Arbeitnehmerbegriff hingegen vorrangig nicht autonom, sondern durch Rückverweisung auf nationale Arbeitsrechtsbestimmungen.[829]

α) Entscheidung des EuGH zu Uber Spain

Der EuGH hat in der Entscheidung zu Uber Spain[830] bezüglich des Wettbewerbsrechts nicht entschieden, ob Uber als Gesamtunternehmen angesehen werden kann, indem die Fahrer als Arbeitnehmer zu qualifizieren wären. Die Einordnung von Uber als Anbieter von Fahrdienstleistungen kann nicht gleichgesetzt werden mit einer Entscheidung dahingehend, dass Uber im kartellrechtlichen Sinne als Gesamtunternehmen mit lediglich angestellten Fahrern auftritt.[831] Zwar wird diskutiert, ob man nicht im Sinne der Einheitlichkeit der Rechtsordnung und des *effet utile* das nationale Recht an dieser Entscheidung ausrichten müsse, weil andernfalls Uber zugleich Adressat der Fahrdienstrichtlinien RL 2006/123/EG, 2000/31/EG und 98/34/EG sowie Kartellgehilfe der einzelnen Uber Fahrer sein könnte.[832] Dagegen ist jedoch einzuwenden, dass die Entscheidung die Auslegung einer Richtlinie und damit europäischen Sekundärrechts betraf, das unter Berücksichtigung der Normenhierarchie keinen direkten Einfluss auf die Auslegung des Art. 101 Abs. 1 AEUV als Primärrecht haben kann.[833] Zudem fanden in der Entscheidung keine ökonomischen und kartellrechtlichen Wertungen Berücksichtigung. Vielmehr entschied der EuGH lediglich unter praktischen Gesichtspunkten im Sinne einer effektiven Rechtsdurchsetzung.[834] Einzelne Uber Fahrer können schließlich kaum als separate

---

828 *Mohr*, EuZA 2018, 436, 453 f; *Mohr*, in: *Hanau/Matiaske* (Hrsg.), Soloselbständige zwischen Wettbewerbsrecht und Kollektivarbeitsrecht, S. 119 f; *Säcker/Steffens in* MüKoWettbR, Art. 101 Abs. 1 AEUV, Rn. 2; *Zimmer in* Immenga/Mestmäcker WettbR, Art. 101 Abs. 1 AEUV, Rn. 9.

829 *Junker*, EuZA 2016, 184, 186 f; *Mohr*, in: *Hanau/Matiaske* (Hrsg.), Soloselbständige zwischen Wettbewerbsrecht und Kollektivarbeitsrecht, S. 122 f; *Mohr in* MüKo-WettbR, Grdl., Rn. 1283.

830 *EuGH*, Urt. v. 20.12.2017 – Rs. C-434/15, ECLI:EU:C:2017:981.

831 *M. Bernhardt/Oechslen*, DB 2019, M20, M20 f.

832 *Rottmann/Göhsl*, WuW 2019, 348, 350.

833 So auch *Rottmann/Göhsl*, WuW 2019, 348, 350.

834 *Rottmann/Göhsl*, WuW 2019, 348, 350; *M. Schaub*, EuCML 2018, 109, 115.

Adressaten zur Durchsetzung der Fahrdienstrichtlinien herangezogen werden. Die Einordnung Ubers als Fahrdienstanbieter durch den EuGH schließt jedenfalls die Einordnung der Einzelfahrer als Unternehmer nicht aus.[835]

β) Nationale arbeitsrechtliche Rechtsprechung im europäischen Ausland

Europaweit gibt es bereits arbeitsrechtliche Rechtsprechung zu dem Problem. So entschied ein Arbeitsgericht in Lausanne, dass ein Uber Fahrer als Arbeitnehmer zu qualifizieren sei und ihm daher trotz Löschung seines Kontos Entgeltfortzahlungsansprüche zustünden, weil die Kündigung des Arbeitsverhältnisses unwirksam gewesen sei.[836] Neben einem französischen Berufungsgericht[837] entschied auch ein Gericht in Großbritannien bereits 2016 zugunsten eines Uber Fahrers, dass dieser als Arbeitnehmer zu qualifizieren sei.[838] Im Jahr 2021 bestätigte der britische Supreme-Court dieses Urteil und war der Auffassung, dass Uber seine Fahrer in Großbritannien nicht länger als Selbstständige beschäftigen darf, sondern diese als Angestellte zu klassifizieren sind.[839] Begründet wurde diese Entscheidung insbesondere mit der Preissetzungshoheit Ubers[840], den vorgegebenen Vertragsbedingungen durch Uber[841], einem Zwang zur Annahme von Fahrten, sobald der Fahrer in der App eingeloggt ist[842] sowie mit den Vorgaben von Uber an die Fahrer bezüglich Auto-Kategorien und konkreter Routen.[843] Nicht nur durch den 2020 erfolgten Brexit sind die Auswirkungen dieses Urteils auf das europäische und deutsche Kartellrecht jedoch überschaubar. Allenfalls durch eine Entscheidung des EuGH bzw. eines nationalen höchsten Gerichts eines Mitgliedsstaates bestünde die Möglichkeit einer unmittelbaren Auswirkung auf das jeweilige nationale bzw. europäische Kartellrecht, indem Arbeitnehmer keine Unternehmen i.S.d.

835 *Hatzopoulos/Roma*, CMLR 2017, 81, 97, 120; *Rottmann/Göhsl*, WuW 2019, 348, 350.

836 *Tagesanzeiger Online*, Schweizer Gericht anerkennt Uber-Fahrer als Angestellten, Tagesanzeiger Online vom 06.05.2019, abrufbar unter https://www.tagesanzeiger.ch/schweizer-gericht-anerkennt-uber-fahrer-als-angestellten-111549648805.

837 *Cour de cassation, Chambre sociale*, Entscheidung v. 04.03.2020 – Nr. 19-13.316, Uber France = EuZA 2021, 103.

838 *Employment Tribunal London Central*, Urt. v. 28.10.2016 – 2202550/2015 u.a., Aslam u.a. ./. Uber.

839 *Supreme Court U.K.*, Urt. v. 19.02.2021 – [2021] UKSC 5, Uber ./. Aslam u.a.

840 *Supreme Court U.K.*, Urt. v. 19.02.2021 – [2021] UKSC 5, Uber ./. Aslam u.a., Rn. 94.

841 *Supreme Court U.K.*, Urt. v. 19.02.2021 – [2021] UKSC 5, Uber ./. Aslam u.a., Rn. 95.

842 *Supreme Court U.K.*, Urt. v. 19.02.2021 – [2021] UKSC 5, Uber ./. Aslam u.a., Rn. 96 f.

843 *Supreme Court U.K.*, Urt. v. 19.02.2021 – [2021] UKSC 5, Uber ./. Aslam u.a., Rn. 98.

Art. 101 Abs. 1 AEUV bzw. § 1 GWB sein können.[844] Zudem sind die vorgebrachten Argumente des britischen Supreme-Courts jedenfalls zum Teil zweifelhaft. Das einseitige Stellen von Vertragsbedingungen bis hin zu einem Ausbeutungsmissbrauch durch größere Marktmacht dürfte beispielsweise ebenso häufig zwischen selbstständigen Unternehmen vorkommen.[845] Auch der vermeintliche Zwang zur Annahme von Fahrten, der im Wesentlichen mit dem Bewertungsdruck von Uber gerechtfertigt wird, ist wenig geeignet, um eine arbeitnehmerähnliche Abhängigkeit zu begründen. So mag es stimmen, dass die Fahrer keinen Einfluss auf die konkrete Fahrtstrecke sowie den konkreten Gast haben und nur begrenzt Fahrten ablehnen können ohne dafür von Uber sanktioniert zu werden.[846] Auch ein solches Konstrukt spricht jedoch nicht für eine vollkommene Abhängigkeit. Die Fahrer können sich einerseits nach wie vor über andere Plattformen organisieren, sollten ihnen die Kontrollmechanismen zu streng sein. Andererseits stellen auch viele Generalunternehmen den jeweiligen Subunternehmen zum Teil noch strengere Bedingungen einer Zusammenarbeit, die im Falle des wiederholten Bruchs zu einer Beendigung des Vertragsverhältnisses führen können. Schließlich sprechen auch die Vorgaben hinsichtlich der Auto-Kategorien und der Strecken nicht zwangsläufig für eine Arbeitnehmerschaft der Fahrer. Zum einen ist das Argument, dass Fahrgäste sich beschweren könnten, sollten Uber Fahrer nicht die von der App vorgeschlagene Route wählen,[847] kaum mit konkreten Erfahrungen unterlegt. Es erscheint eher unwahrscheinlich, dass Fahrer, die für eine Fahrt einen im Vorhinein festgelegten Festpreis erhalten, nicht die aus ihrer Sicht kürzeste Strecke wählen. Zum anderen ist auch die Mindestvorgabe hinsichtlich Auto-Standards in den einzelnen PKW-Klassen notwendig, um eine Preisdifferenzierung für die Fahrer und Kunden zu ermöglichen. Eine entsprechende Vereinbarung zur Preisdifferenzierung zwischen selbstständigen Unternehmen sehe nicht anders aus.

---

844 *Mohr in* MüKoWettbR, Grdl., Rn. 1283; *Roth/Ackermann in* FFKK, Grundfragen Art. 101 Abs. 1 AEUV, Rn. 49; *Säcker/Steffens in* MüKoWettbR, § 1 GWB, Rn. 32; *Zimmer in* Immenga/Mestmäcker WettbR, Art. 101 Abs. 1 AEUV, Rn. 11.

845 Vgl. zum Ausbeutungsmissbrauch zwischen selbstständigen Unternehmen *Mohr*, Sicherung der Vertragsfreiheit durch Wettbewerbs- und Regulierungsrecht, S. 479 ff.

846 *Supreme Court U.K.*, Urt. v. 19.02.2021 – [2021] UKSC 5, Uber ./. Aslam u.a., Rn. 97 *Cour de cassation, Chambre sociale*, Entscheidung v. 04.03.2020 – Nr. 19-13.316, Uber France = EuZA 2021, 103, 103 ff.

847 *Supreme Court U.K.*, Urt. v. 19.02.2021 – [2021] UKSC 5, Uber ./. Aslam u.a., Rn. 98.

γ) Arbeitsrechtliche Beurteilung nach deutschem Recht

Sowohl nach Unionsrecht als auch nach deutschem Arbeitsrecht ist zur Beurteilung einer Selbstständigkeit bzw. Arbeitnehmereigenschaft in erster Linie die Weisungsgebundenheit maßgeblich.[848] Hinsichtlich der Uber Fahrer spricht aufgrund fehlender Weisungsgebundenheit und mangels betrieblicher Eingebundenheit einiges gegen die Eigenschaft als Arbeitnehmer.[849] So legen die Uber-Fahrer ihre Fahrtzeiten und -orte selbst fest. Sie bestimmen eigenständig wann und wo sie sich über die App anmelden. Lediglich ab dem Zeitpunkt der Anmeldung erhalten sie im Falle einer Buchung eine Dienstanweisung[850] und stehen dadurch ab diesem Zeitpunkt in einem gewissen Abhängigkeitsverhältnis, weil sie danach nicht mehr selbstbestimmt eine Fahrt ablehnen können. Aufgrund der Entscheidungsfreiheit hinsichtlich Arbeitszeit und -ort bestimmen sie die wesentlichen Rahmenbedingungen des Vertragsverhältnisses allerdings selbst, was deutlich gegen die Annahme einer Arbeitnehmereigenschaft spricht.[851]

Auch der Umstand, dass Uber durch ein Bewertungssystem und bestimmte Vorgaben hinsichtlich der zu verwendenden Autos Einfluss auf die Fahrer und deren Tätigkeit nimmt, ändert an der fehlenden Arbeitnehmereigenschaft der Fahrer nichts. Vielmehr handelt es sich bei den einzuhaltenden Mindeststandards im Wesentlichen um ausreichend positive Kundenbewertungen, die darüber entscheiden, ob Uber mit einem Fahrer weiter zusammenarbeiten möchte. Eine derartige Qualitätskontrolle spricht jedoch nicht für eine Abhängigkeit im Sinne eines Arbeitgeber-Arbeitnehmer-Verhältnisses. Derartige Qualitätskontrollen kommen vielmehr auch bei der Auswahl von Subunternehmen zum Einsatz und dienen letztlich nur der Erhaltung der Qualität der eigenen Dienstleistung von Uber.

Ein weiteres Indiz zur Bestimmung der Arbeitnehmereigenschaft ist die Regelung einer möglichen Exklusivität, also die vertragliche Regelung der Frage, ob die Leistungserbringung nur gegenüber einem einzigen Auftraggeber

---

848 Vgl. *EuGH,* Urt. v. 06.11.2003 – Rs. C-413/01, ECLI:EU:C:2003:600, Rn. 24; Urt. v. 17.11.2016 – Rs. C-216/15, ECLI:EU:C:2016:883, Rn. 27; *Mohr,* ZHR 178 (2014), 326, 333; *Mohr in* MüKoWettbR, Grdl., Rn. 1283; *Rieble,* ZWeR 2016, 165, 171; *Spinner in* MüKoBGB, § 611a BGB, Rn. 91 ff.

849 *M. Bernhardt/Oechslen,* DB 2019, M20, M20 f; *Merz,* jM 2019, 330, 333.

850 Vgl. *Uber,* Homepage - Informationen zur Durchführung von Fahrten, abrufbar unter https://www.uber.com/de/de/drive/basics/how-to-take-trips/

851 *Lingemann/Otte,* NZA 2015, 1042, 1045; *C. Schubert,* RdA 2018, 200, 204.

bzw. Arbeitgeber zu erfolgen hat.[852] Bei Uber sind die Fahrer nicht dauerhaft und exklusiv an Uber als einzigen Anbieter gebunden. Vielmehr können sie sich parallel bei mehreren anderen Vermittlungsdiensten anmelden.

Ein weiteres Kriterium betrifft die Bereitstellung von Betriebsmitteln.[853] Die Fahrer stellen mit ihrem Auto das wesentliche und teuerste Betriebsmittel selbst zur Verfügung und greifen kaum auf Arbeitsmittel von Uber zurück. Auch die Bereitstellung der App durch Uber spricht nicht für ein Arbeitnehmerverhältnis.[854] Schließlich müssen die Fahrer für die Nutzung der App Vermittlungsgebühren zahlen und Uber stellt die App gerade nicht kostenlos als Betriebsmittel zur Verfügung.[855] Auch der Umstand, dass Uber Fahrer kein einheitliches Erscheinungsbild hinsichtlich der Fahrerkleidung oder der Fahrzeuge aufweisen, spricht gegen ein Angestelltenverhältnis der Fahrer mit Uber.[856] Lediglich die zentrale Preisfestsetzung und Zahlungsabwicklung durch Uber spricht für eine Arbeitnehmereigenschaft der Fahrer, indem diese Weisung eine große Einschränkung der unternehmerischen Freiheit darstellt.[857]

Unter Berücksichtigung aller dargestellten Kriterien zur Abgrenzung eines Arbeitnehmers vom selbstständigen Unternehmen überwiegen jedoch die Anhaltspunkte für eine Unternehmenseigenschaft der einzelnen Uber Fahrer im Sinne des deutschen Arbeitsrechts. Insbesondere dass diese in Wahl von Arbeitsort- und Zeit völlig frei und unabhängig sind sowie die wesentlichen Betriebsmittel zur Verfügung stellen, schließt eine Arbeitnehmereigenschaft gegenüber der Plattform Uber aus.

δ) Neudefinition des Unternehmensbegriffs bei Plattformmärkten?

Diskutiert wird darüber hinaus eine mögliche Neudefinition des kartellrechtlichen Unternehmensbegriffs bei Plattformmärkten,[858] die aufgrund ihrer Beschaffenheit und ihrer mehrseitigen Märkte bestimmten ökonomischen Besonderheiten unterliegen.[859]

---

852 *BAG*, Urt. v. 13.11.2002 – 4 AZR 613/01, = NJOZ 2003, 1581; *Löwisch/Rieble*, Tarifvertragsgesetz, § 12a TVG Rn. 27; *Mohr*, in: *Hanau/Matiaske* (Hrsg.), Soloselbständige zwischen Wettbewerbsrecht und Kollektivarbeitsrecht, S. 125.

853 Vgl. *Heckelmann*, NZA 2022, 73, 77; *Preis in* ErfKArbR, § 611a BGB, Rn. 625 ff.

854 *Lingemann/Otte*, NZA 2015, 1042, 1043 f.

855 *Lingemann/Otte*, NZA 2015, 1042, 1043 f.

856 *Lingemann/Otte*, NZA 2015, 1042, 1044; *C. Schubert*, RdA 2018, 200, 204.

857 *Lingemann/Otte*, NZA 2015, 1042, 1044.

858 *Rottmann/Göhsl*, WuW 2019, 348, 349.

859 Dazu eingehend *Mohr*, ORDO 2018, 259, 289 ff.

Ausgehend von der Annahme, dass die vertikale Integration von Unternehmen ursprünglich dazu diente, ein aufwendiges Netz aus Einzelverträgen zu verhindern,[860] wird behauptet, das Geschäftsmodell von Uber sei geeignet, das Gleichgewicht zwischen Unternehmensintegrationen und Einzelverträgen zu anderen Unternehmen zu Gunsten von letzteren zu verschieben.[861] Dies folge daraus, dass durch das Geschäftsmodell von Uber und die Digitalisierung Einzelverträge massenhaft und standardisiert mit zahlreichen Unternehmen geschlossen werden können, ohne dass es für Uber auf dem Taximarkt noch sinnvoll wäre, eigene Fahrer mit eigenen Fahrzeugen zu beschäftigen.[862] Auch andere Skaleneffekte, die durch die vertikale Integration von Unternehmen entstünden, wie die gebündelte Nutzung von Ressourcen, insbesondere von PKWs, spielten im Geschäftsmodell von Uber keine Rolle, da die Fahrer ausschließlich mit eigenen Autos fahren und für sämtliche Wartungs- und Reparaturkosten selbst aufkommen müssen.[863]
Zudem werde der Markt durch das selbstständige Angebot der Fahrer und die Nachfrage durch die Kunden selbst reguliert, wodurch das unternehmerische Risiko von Uber im Falle der Beschäftigung von eigenen Fahrern auf die einzelnen selbstständigen Fahrer übertragen werde.[864]

Eine Neudefinition des kartellrechtlichen Unternehmensbegriffs ist allerdings nicht nötig.[865] Die Verlagerung des unternehmerischen Risikos der Fahrdienstleistung von Uber, das sich auf die Vermittlung der beteiligten Parteien fokussiert, auf externe Unternehmen rechtfertigt keine Neudefinition des bestehenden Unternehmensbegriffs. Die Auslagerung von unternehmerischen Risiken auf Subunternehmen ist in zahlreichen Branchen seit Jahrzehnten üblich und notwendig. Auch der Umstand, dass durch die Digitalisierung Verträge massenhaft und standardisiert geschlossen werden, rechtfertigt keine Neuschaffung eines kartellrechtlichen Plattformunternehmensbegriffs. Standardisierungen durch Digitalisierung kommen auf zahlreichen Ebenen vor und auch der Abschluss von ähnlichen bis identischen Subunternehmerverträgen in teils großer Zahl ist keine ausschließlich neue Entwicklung der

---

860 *Coase,* Economica 1937, 386, 386 ff.

861 *Rottmann/Göhsl,* WuW 2019, 348, 349.

862 *Anderson/Huffman,* Col. Bus. Law Rev. 2017, 861, 885 f.

863 *Rottmann/Göhsl,* WuW 2019, 348, 350.

864 *Rottmann/Göhsl,* WuW 2019, 348, 350; zu den niedrigen Markteintrittschranken, die den flexiblen Marktein- und -austritt der Fahrer begünstigt *Calo/Rosenblat,* Col. Law Rev. 2017, 1625, 1642.

865 So im Ergebnis auch *Rottmann/Göhsl,* WuW 2019, 348, 350.

Plattformökonomie. *De lege lata* lassen sich die Plattform Uber und die einzelnen Fahrer vielmehr anhand der allgemeinen kartellrechtlichen Kriterien als verschiedene Unternehmen einordnen.[866] Dieses Ergebnis führt auch ersichtlich zu keinen unbilligen Folgen, die die Neuschaffung eines kartellrechtlichen Plattformunternehmensbegriffs rechtfertigen könnten.

ε) Bestehende kartellrechtliche Beurteilungskriterien

Nach ständiger Rechtsprechung des EuGH ist ein Unternehmen i.S.d. Kartellrechts „jede eine wirtschaftliche Tätigkeit ausübende Einheit unabhängig von ihrer Rechtsform und der Art ihrer Finanzierung."[867] Die wirtschaftliche Tätigkeit muss folglich von einer „Einheit" erfolgen, um diese Einheit gemeinschaftlich als Unternehmen bewerten zu können.[868] Der Begriff der wirtschaftlichen Einheit ist zudem um das Merkmal der Selbstständigkeit zu erweitern, um so eine Abgrenzung zwischen wirtschaftlich abhängigen Arbeitnehmern und unabhängigen Wirtschaftsakteuren zu erleichtern.[869] Entscheidend ist daher vorliegend, ob Uber und seine Fahrer eine unternehmerische Einheit im Sinne dieser Definition darstellen. Eine Einheit setzt voraus, dass die Verflechtung zwischen mehreren Unternehmen so intensiv ist, dass ein Unternehmen die Möglichkeit hat, wesentlich auf die unternehmerischen Tätigkeiten der anderen Unternehmen Einfluss zu nehmen und diese Möglichkeit auch aktiv wahrnimmt.[870] Es ist daher in einer Gesamtbetrachtung zu ermitteln, ob die Beteiligten die Möglichkeit haben, selbstständig unternehmerisch zu handeln.[871] Auch Soloselbstständige sind grundsätzlich relevante Einheiten i.S.d.

---

866 *Rottmann/Göhsl,* WuW 2019, 348, 350 zum US-amerikanischen Recht *Anderson/ Huffman,* Col. Bus. Law Rev. 2017, 861, 890; siehe dazu ebenfalls ε).

867 *EuGH,* Urt. v. 23.04.1991 – Rs. C-41/90, ECLI:EU:C:1991:161, Rn. 21; Urt. v. 16.11.1995 – Rs. C-244/94, ECLI:EU:C:1995:392, Rn. 14; Urt. v. 11.12.1997 – Rs. C-55/96, ECLI:EU:C:1997:603, Rn. 21; *Grave/Nyberg in* LMRKM, Art. 101 Abs. 1 AEUV, Rn. 97 m.w.N,

868 *Mohr,* in: *Hanau/Matiaske* (Hrsg.), Soloselbständige zwischen Wettbewerbsrecht und Kollektivarbeitsrecht, S. 120.

869 *Mohr,* in: *Hanau/Matiaske* (Hrsg.), Soloselbständige zwischen Wettbewerbsrecht und Kollektivarbeitsrecht, S. 122.

870 *EuGH,* Urt. v. 10.09.2009 – Rs. C-97/08 P, ECLI:EU:C:2009:536, Rn. 60 ff; Urt. v. 20.01.2011 – Rs. C-90/09 P, ECLI:EU:C:2011:21, Rn. 86; *Zimmer in* Immenga/ Mestmäcker WettbR, Art. 101 Abs. 1 AEUV, Rn. 28.

871 *EuGH,* Urt. v 10.09.2009 – Rs. C-97/08 P, ECLI:EU:C:2009:536, Rn. 61; Urt. v. 01.07.2010 – Rs. C-407/08 P, ECLI:EU:C:2010:389, Rn. 100.

Wettbewerbsrechts.[872] Wettbewerbsrechtlich besteht jedoch im Gegensatz zu allgemeinen zivilrechtlichen Grundsätzen die Möglichkeit, dass mehrere juristische und natürliche Personen eine rechtliche Einheit bilden können.[873]

Nicht abstreiten lässt sich, dass ein gewisses gegenseitiges Abhängigkeitsverhältnis von Uber und den einzelnen Fahrern besteht. Dies ergibt sich für die Fahrer vor allem aus der Vermittlung von Fahrgästen, der zentralen Preisfestsetzung sowie der Zahlungsabwicklung mit den Kunden, die Uber für die Fahrer übernimmt. Demgegenüber ist aber auch Uber auf die Fahrer angewiesen, die für sie die Fahrdienstleistungen erbringen, um so ihre Provision für die Vermittlung verdienen zu können. Nach den oben bereits diskutierten Kriterien im Zusammenhang mit der Frage der Arbeitnehmerstellung der Uber Fahrer ist eine unternehmerische Eigenständigkeit der einzelnen Fahrer jedoch auch unter kartellrechtlichen Gesichtspunkten zu bejahen. Zwar gibt Uber mit der Plattform und dem Preis wesentliche unternehmerische Parameter vor und nimmt damit Einfluss auf die Tätigkeit der Fahrer. Allerdings sind diese in der Wahl des Arbeitsortes sowie der Arbeitszeiten frei[874], nutzen zur Fahrt ihren eigenen PKW und tragen auch dauernd dessen laufende Kosten. Diese Faktoren spielen auch für die Frage, ob Uber auf die Fahrer wesentlichen Einfluss nehmen kann, eine entscheidende Rolle. Aufgrund dessen, dass die wesentlichen Betriebsmittel bei den Fahrern verbleiben und dauerhaft ausschließlich von diesen zu unterhalten sind, ist die Einflussnahmemöglichkeit Ubers begrenzt. Dies spricht kartellrechtlich gegen die Qualifikation als rechtliche Einheit. Insofern sind die kartellrechtlichen Wertungen bezogen auf den Fall Uber ähnlich denen zum Arbeitsrecht. Ein weiteres Argument für die unternehmerische Selbstständigkeit ist außerdem die Möglichkeit des Multi-Homings, also der Möglichkeit der Fahrer neben Uber noch für andere Anbieter tätig zu werden.[875] Auch eine gewisse Abhängigkeit der Fahrer von Uber spricht nicht automatisch für das Vorliegen eines Gesamtunternehmens

---

872 *Mohr*, in: *Hanau/Matiaske* (Hrsg.), Soloselbständige zwischen Wettbewerbsrecht und Kollektivarbeitsrecht, S. 120.

873 *EuGH*, Urt. v 10.09.2009 – Rs. C-97/08 P, ECLI:EU:C:2009:536, Rn. 55; *Mohr*, in: *Hanau/Matiaske* (Hrsg.), Soloselbständige zwischen Wettbewerbsrecht und Kollektivarbeitsrecht, S. 120.

874 Vgl. hierzu die Ausführungen oben unter γ).

875 *Edelman/Geradin*, Stanford Tech. Law Rev. 2016, 293, 303; *King*, JECLAP 2015, 729, 732; vgl. zum Begriff des Multi-homings im Rahmen der Marktbeherrschung *Fuchs in* Immenga/Mestmäcker WettbR, § 18 GWB, Rn. 145 ff; *Wolf in* MüKo-WettbR, § 18 GWB, Rn. 56 f.

i.S.d. europäischen Kartellrechts. Vielmehr entstehen Abhängigkeiten auch in anderen Konstellationen, in denen keine Unternehmenseinheit angenommen werden kann, wie beispielsweise bei Franchise- oder Lizenzverträgen sowie bei Abhängigkeiten, die zwischen bestimmten Herstellern und Vertriebspartnern entstehen.[876] Eine digital bedingte Abhängigkeit ergibt sich außerdem auch bei sog. Crowdworkern, auf die das Kartellverbot als Soloselbstständige ebenfalls in der Regel anwendbar ist.[877]

Uber und seine Fahrer sind daher als eine Art Symbiose-Konstrukt zu verstehen, deren Existenz sich zwar gegenseitig begünstigt, ohne dass aber eine Seite von der anderen Seite derart abhängig ist, dass eine Unternehmenseinheit des gesamten Konstrukts angenommen werden könnte. Uber stellt eine Marketing- und Vertriebsplattform zur Verfügung, die die einzelnen Fahrer in eingeschränkter unternehmerischer Selbstbestimmung nutzen können. Dabei verbleibt es aufgrund des möglichen Multihomings sowie der freien Gestaltung von Arbeitszeit und -ort auch jederzeit bei der Möglichkeit, parallel für andere Fahrdienstleister zu arbeiten. Das Konzernprivileg findet daher auch unter Berücksichtigung kartellrechtlicher Abgrenzungskriterien auf das Geschäftsmodell von Uber keine Anwendung.

ζ) Änderung durch Leitlinien zur Anwendung des EU-Wettbewerbsrechts auf Tarifverträge über die Arbeitsbedingungen von Solo-Selbständigen

Zu thematisieren ist zudem, ob sich durch die neuen Leitlinien zur Anwendung des EU-Wettbewerbsrechts auf Tarifverträge über die Arbeitsbedingungen von Solo-Selbständigen[878] eine neue Einordnung ergibt. Demnach sollen Soloselbstständige künftig von der Anwendung des Art. 101 Abs. 1 AEUV ausgenommen sein, wenn diese beispielsweise gemeinschaftlich Verhandlungen mit einer Fahrdienstplattform aufnehmen, um eine Verbesserung von Arbeitsbedingungen zu erreichen.[879] So sollen unter anderem Mindestpreise pro Fahrt dann zulässig sein und vom Anwendungsbereich des europäischen Kartell-

876 *Rottmann/Göhsl,* WuW 2019, 348, 350.

877 *Bourazeri,* NZA 2019, 741, 745.

878 *EU Kommission,* Leitlinien zur Anwendung des EU-Wettbewerbsrechts auf Tarifverträge über die Arbeitsbedingungen von Solo-Selbständigen, Rn. 1 ff.; vgl. ausführlich dazu *Mohr/Mey,* NZKart 2022, 665, 665 ff.

879 Vgl. *EU Kommission,* Leitlinien zur Anwendung des EU-Wettbewerbsrechts auf Tarifverträge über die Arbeitsbedingungen von Solo-Selbständigen, Rn. 31.

verbots ausgenommen werden, wenn diese die Arbeitsbedingungen der Solo-Selbstständigen verbessern.[880]

Zumindest das Festlegen bestimmter Mindestpreise für einzelne Fahrten kann demnach künftig im Hinblick auf die verbesserten Arbeitsbedingungen von Soloselbstständigen ausdrücklich vom Kartellverbot ausgenommen werden. Davon unberührt bleibt jedoch die Illegalität einer umfassenderen Preisabsprache zwischen den Anbietern. Auch Tarifverträge für Soloselbstständige sind schließlich nicht per se vom Anwendungsbereich des Kartellverbots ausgenommen.[881] Die Vorgabe von flächendeckenden Einheitspreisen über eine Plattform kann daher vom Anwendungsbereich des Art. 101 Abs. 1 AEUV und § 1 GWB auch durch die neuen Leitlinien nicht ausgenommen werden. Es ist nicht ersichtlich, dass der vollständige Ausschluss von Preiswettbewerb durch die zentral vorgegebenen Preise nötig ist, um zu einer Verbesserung der Arbeitsbedingungen in Form einer kollektiven Vereinbarung zwischen Soloselbstständigen und Fahrdienstvermittler beizutragen. Die Absicht, verbesserte Arbeitsbedingungen für Solo-Selbstständige auf digitalen Plattformen durch eine größere Möglichkeit zum Abschluss von Kollektivvereinbarungen zwischen den Sozialpartnern zu erreichen,[882] kann nicht dazu führen, wettbewerbswidrige Koordinationen zulasten der Verbraucher zwischen den Solo-Selbstständigen zu legitimieren.[883] Daran ändern auch mögliche Abhängigkeiten der Solo-Selbstständigen von der Plattform nichts. Andernfalls müsste man konsequenterweise auch kleinere Unternehmen vom Kartellverbot ausnehmen, wenn diese sich über einen großen, marktmächtigen Software-Dienstleister mit anderen Wettbewerbern hinsichtlich sämtlicher Preise koordinieren, wenn eine hinreichende Abhängigkeit von diesem besteht. So nachvollziehbar der behördliche Wille zur Stärkung der Arbeitsbedingungen von Soloselbstständigen scheint, so problematisch könnte jedoch die Abgrenzung zwischen tarifvertraglicher Regelung[884] und wettbewerbswidriger

880 *EU Kommission,* Leitlinien zur Anwendung des EU-Wettbewerbsrechts auf Tarifverträge über die Arbeitsbedingungen von Solo-Selbständigen, Rn. 31.

881 *Mohr in* MüKoWettbR, Grdl., Rn. 1258.

882 Vgl. dazu *EU Kommission,* Leitlinien zur Anwendung des EU-Wettbewerbsrechts auf Tarifverträge über die Arbeitsbedingungen von Solo-Selbständigen, Rn. 3.

883 Vgl. *Mohr,* EuZA 2018, 436, 460.

884 Vgl. zu diesem Begriff *EU Kommission,* Leitlinien zur Anwendung des EU-Wettbewerbsrechts auf Tarifverträge über die Arbeitsbedingungen von Solo-Selbständigen, Rn. 14.

Preisabsprache in diesem Bereich künftig werden.[885] Während die Absprache von Mindestpreisen künftig unter Umständen legal sein dürfte, ist die Grenze zur Wettbewerbswidrigkeit jedenfalls dann überschritten, wenn wie im Geschäftsmodell von Uber jegliche Preissetzung für alle Anbieter zentral und einheitlich erfolgt.

η) Ergebnis

Sowohl nach arbeitsrechtlichen als auch nach klassisch kartellrechtlichen Kriterien sind Uber und dessen Fahrer nicht als Gesamtunternehmen einzuordnen. Eine Neuschöpfung eines speziellen plattformbezogenen Unternehmensbegriffs ist derzeit nicht notwendig. Die vorhandenen Anknüpfungskriterien des Kartellrechts führen auch bei der Plattform Uber zu sachgerechten Ergebnissen. Das Kartellverbot des Art. 101 Abs. 1 AEUV sowie des § 1 GWB ist daher auf Vereinbarungen zwischen den Beteiligten anwendbar. Die neuen Leitlinien zur Anwendung des EU-Wettbewerbsrechts auf Tarifverträge über die Arbeitsbedingungen von Solo-Selbständigen führen lediglich zur Ausnahme bestimmter tarifvertraglicher Regelungen aus dem Anwendungsbereich des Kartellverbots. Diese können jedoch allenfalls Mindestpreise legalisieren und Uber-Fahrer nicht bezüglich jeglicher Preissetzung vom Anwendungsbereich des Art. 101 Abs. 1 AEUV bzw. § 1 GWB ausnehmen.

bbb) Wettbewerbswidrige Absprache bzw. abgestimmte Verhaltensweise der Uber Fahrer durch zentrale Preisfestsetzung Ubers

In der einheitlichen Verwendung desselben Preissetzungsalgorithmus und dem dadurch bedingten dauerhaften Gleichlauf der Preise aller Fahrer, die ihre Dienstleistung über Uber anbieten, könnte eine abgestimmte Verhaltensweise i.S.d. Art. 101 Abs. 1 AEUV bzw. § 1 GWB zu sehen sein.[886] Die eingangs dargestellten Definitionen von wettbewerbswidrigen Vereinbarungen und Verhaltensweisen[887] sind nun auf das Geschäftsmodell von Uber anzuwenden.

α) Vertikale Wettbewerbsbeschränkung

Zu denken ist zunächst an eine vertikale Wettbewerbsbeschränkung durch die Vorgabe des Preises von Uber an alle auf der Plattform aktiven Fahrer durch die

885 Vgl. zu weitergehender Kritik an den Richtlinien *Mohr/Mey,* NZKart 2022, 665, 673.

886 Vgl. zum US-amerikanischen Sherman Act die Ausführungen des District Courts unter C) III. 2) a) dd) ccc).

887 Siehe dazu C) I. 2).

verwendeten „Terms and Conditions" und dem damit verbundenen einheitlichen Preissetzungsalgorithmus. Art. 101 Abs. 1 AEUV bzw. § 1 GWB ist auf Verträge zwischen Online-Plattformen und den darauf tätigen Anbietern mangels Handelsvertreter-Eigenschaft der verkaufenden Anbieter in aller Regel grundsätzlich anwendbar.[888] Auch die Uber Fahrer können die Eigenschaften eines Handelsvertreters i.S.d. Vertikal-GVO nicht erfüllen.[889] Auch die vertikale Gruppenfreistellung der Vereinbarungen gem. Art. 2 Vertikal-GVO[890] zwischen Uber und den Fahrern scheidet aus. Die Vereinbarung beinhaltet klare Preisvorgaben und überträgt das Recht zur Preisgestaltung vollumfänglich auf Uber. Dies stellt eine Kernbeschränkung i.S.d. Art. 4 lit. a) Vertikal-GVO dar, sodass die Vereinbarungen nicht freistellungsfähig sind.

Das Vorliegen einer vertikalen Wettbewerbsbeschränkung scheitert jedoch daran, dass Uber als Vermittlungsplattform und die Fahrer als Anbieter von Fahrdienstleistungen auf keiner vor- und nachgelagerten Marktstufe tätig sind.[891] Uber verkauft gerade kein Produkt an die Fahrer, das diese dann an die buchenden Kunden weiterverkaufen.[892] Vielmehr stellt es eine Online-Plattform zur Verfügung, die sowohl Fahrern als auch Mitfahrern hilft, sich gegenseitig zu finden.[893] Das Bundeskartellamt sieht in derartigen Plattformen ebenfalls keinen Anbieter der jeweiligen Produkte sondern stellt hinsichtlich der Marktabgrenzung auf die Vermittlungsleistung selbst ab.[894] Dem steht auch nicht entgegen, dass nach der Uber Spain Entscheidung des EuGH auch Uber als Anbieter von Fahrdienstleistungen i.S.d. Fahrdienstrichtlinien gilt.[895] Diese Entscheidung erging im Hinblick auf eine effektive Durchsetzung des

---

888 *EU Kommission,* Leitlinien für vertikale Beschränkungen, 2022/C 248/01, Rn. 46, 63.

889 So auch *Wolf,* NZKart 2019, 2, 3; aA *König,* in: *Ebers/Heinze/Krügel u. a.* (Hrsg.), KI und Wettbewerbsrecht, Rn. 42, der Uber Fahrer Handelsvertretern gleichsetzen möchte um sie mit dem Plattform-Anbieter in einer einzigen wirtschaftlichen Einheit zu verorten.

890 VERORDNUNG (EU) 2022/720 DER KOMMISSION vom 10. Mai 2022 über die Anwendung des Artikels 101 Absatz 3 des Vertrags über die Arbeitsweise der Europäischen Union auf Gruppen von vertikalen Vereinbarungen und abgestimmten Verhaltensweisen.

891 *Rottmann/Göhsl,* WuW 2019, 348, 350.

892 *Anderson/Huffman,* Col. Bus. Law Rev. 2017, 861, 904.

893 *Anderson/Huffman,* Col. Bus. Law Rev. 2017, 861, 904.

894 *BKartA,* Arbeitspapier - Marktmacht von Plattformen und Netzwerken 2016, S. 31.

895 *EuGH,* Urt. v. 20.12.2017 – Rs. C-434/15, ECLI:EU:C:2017:981, Rn. 1 ff.

EU-Rechts auf diesem Gebiet und nicht im Zusammenhang mit einer kartellrechtlichen Marktabgrenzung.[896] Die in der US-amerikanischen Entscheidung getroffene Aussage, es könne i.S.d. Sherman-Acts auch eine vertikale Wettbewerbsbeschränkung vorliegen, kann für das europäische Kartellrecht nicht geteilt werden. Uber und die Fahrer sind wie dargestellt nicht auf unterschiedlichen Marktstufen tätig, sondern bieten völlig verschiedene Dienstleistungen an. Daran können auch die dargestellten Auswirkungen der Vereinbarung von Uber und den Fahrern auf andere Anbieter von Fahrdienstleistungen nichts ändern. Eine vertikale Wettbewerbsbeschränkung i.S.d. europäischen bzw. deutschen Kartellrechts scheidet daher aus.

β) Horizontale Wettbewerbsbeschränkung in Form eines Hub-and-Spoke Kartells

Stattdessen kommt eine horizontale Wettbewerbsbeschränkung der Fahrer untereinander in Betracht. Das Kartellverbot ist für Verhaltensweisen zwischen Anbietern, die auf derselben Online-Plattform tätig sind, uneingeschränkt anwendbar.[897] Eine aufeinander abgestimmte Verhaltensweise könnte sich vorliegend durch ein plattformbasiertes Hub-and-Spoke Szenario ergeben.

αα) Horizontale Wirkung durch vertikale Preisabsprachen

Mangels unmittelbarer horizontaler Preiskoordination zwischen den Wettbewerbern selbst, bleibt zu klären, unter welchen Voraussetzungen eine horizontale Verhaltenskoordination durch eine Vielzahl gleicher Vertikalvereinbarungen[898] als Absprache bzw. aufeinander abgestimmte Verhaltensweise angesehen werden kann. Mangels eigenständiger gesetzlicher Regelung dieser Konstellation sind hierfür die Voraussetzungen des Art. 101 Abs. 1 AEUV bzw. § 1 GWB zu prüfen.[899] Die vertikalen Vereinbarungen zwischen Uber und den Fahrern müssten für die Subsumtion unter das Kartellverbot folglich im Horizontalverhältnis als abgestimmte Verhaltensweise zu werten sein. Entscheidend dafür ist, ob und wodurch Vertikalvereinbarungen vorliegend im Horizontalverhältnis wirken. Anders als im digitalen Hub-and-Spoke Szenario zwischen Wettbewerbern und einem externen Algorithmenanbieter, bei dem

---

896 Siehe dazu C) III. 3) a) hh) aaa) α).

897 *EU Kommission*, Leitlinien für vertikale Beschränkungen, 2022/C 248/01, Rn. 63.

898 *Kling/Thomas*, Kartellrecht, § 19 Rn. 122.

899 So auch *EU Kommission*, Leitlinien für vertikale Beschränkungen, 2022/C 248/01, Rn. 63, die die Anwendbarkeit des Kartellverbots im horizontalen Verhältnis auch auf Online-Plattformen klarstellt.

lediglich ein indirekter Informationsaustausch über den Algorithmenanbieter stattfindet[900], legt Uber die Preise für alle Wettbewerber unmittelbar einheitlich und zentral über die Plattform fest. Durch die Registrierung auf der Plattform von Uber zeigen sich die jeweiligen Fahrer auch ausdrücklich mit der zentralen Preissetzung Ubers einverstanden.[901] Eine jeweilige Vereinbarung zwischen den Fahrern und Uber hinsichtlich der zentralen Preissetzung ist damit gegeben. Diese einheitliche Preissetzung hat auch auf horizontaler Ebene unmittelbare wettbewerbliche Auswirkungen. Das Festlegen des Preises ist eine wesentliche Beschränkung des Wettbewerbs, die vorliegend unmittelbar auch im Horizontalverhältnis zwischen den Fahrern wirkt. Diese befinden sich in keinem Preiswettbewerb, sondern setzen ausschließlich einheitliche Preise fest. Diese einheitliche Preissetzung als Vereinbarung zwischen Uber und den Fahrern wirkt dadurch auch unmittelbar im Horizontalverhältnis zwischen den Fahrern. Dass die zentrale Preisfestsetzung von einem Algorithmus statt von einem Menschen übernommen wird, kann an dieser Einordnung nichts ändern.

ββ) Fühlungnahme zwischen den Uber Fahrern als Wettbewerber

Weiterhin ist ein eigenständiges kollusives Element zwischen den Wettbewerbern erforderlich.[902] Bildlich gesprochen bedarf es also einer die Speichen umschließenden Felge[903] in Form einer Fühlungnahme der Wettbewerber untereinander, die sowohl über als auch durch einen Dritten erfolgen kann.[904]

Problematisch erscheint zunächst, dass die beteiligten Wettbewerber sich nicht unmittelbar untereinander koordinieren und auch keinen sonstigen direkten Informationsaustausch betreiben. Zudem sind sich die Wettbewerber untereinander in aller Regel unbekannt, sodass bereits dadurch eine direkte Kommunikationsaufnahme schwierig ist. Eine unmittelbare kollusive Fühlungnahme zwischen den Fahrern selbst liegt somit nicht vor.

In Betracht kommt jedoch eine Fühlungnahme zwischen den Fahrern durch die einheitlichen vertikalen Preisregelungen mit Uber oder alternativ jedenfalls durch ein sachgedankliches Mitbewusstsein beim Abschluss der Vertikalvereinbarungen hinsichtlich der Preisgleichschaltung.

---

900 Siehe dazu sogleich C) III. 3) b).

901 Siehe dazu C) III. 3) a) dd) aaa).

902 *Rottmann/Göhsl,* WuW 2019, 348, 351; *Schwartz,* Kartellgehilfen im europäischen Kartellrecht, S. 85.

903 *Hainz/Benditz,* EuZW 2012, 686, 686.

904 *EU Kommission,* Horizontalleitlinien 2022, Rn. 408.

ααα) Horizontale Abstimmung durch vertragliche Vereinbarung mit Uber
Zu denken ist zunächst an eine horizontale Fühlungnahme zwischen den Uber Fahrern durch die Akzeptanz der Vertragsbedingungen im Vertikalverhältnis zu Uber. Eine solche Koordinierung müsste jedoch über die Vertikalvereinbarung mit dem Dritten hinaus eine den Wettbewerbern zurechenbare Abstimmung enthalten, um sich bewusst im Horizontalverhältnis wettbewerbsbeschränkend abzustimmen.[905] Wann eine solche horizontale Abstimmung in Vertikalvereinbarungen enthalten sein kann, entschied das OLG Düsseldorf in einer Entscheidung zu einem Sternvertrag. Demnach ist eine horizontale Abstimmung gegeben, wenn die vertikalen Abreden auch das Nebeneinander der horizontalen Wettbewerber regeln und eine vertikale Vereinbarung nicht eingegangen werden kann, ohne dass gleichzeitig auch einer horizontal wirkenden Vereinbarung beigetreten wird.[906] Wendet man diese Maßstäbe auf das Geschäftsmodell von Uber an, so wird deutlich, dass die vom OLG Düsseldorf aufgestellten Bedingungen nur teilweise erfüllt sind. Die vertikalen Vereinbarungen zwischen Uber und den Fahrern beinhalten zwar die Regelung zur einheitlichen Preisfestsetzung über den Uber Preissetzungsalgorithmus, der sich im horizontalen Verhältnis auch auf alle Fahrer auswirkt. Die vertikale Vereinbarung zwischen Fahrern und Uber kann auch nur zustande kommen, wenn der Preissetzung über den Algorithmus seitens der Fahrer zugestimmt wird. Die Zustimmung zum Preissetzungsmodell Ubers ist damit notwendige Voraussetzung der Nutzung der Plattform. Allerdings regelt die Vertikalvereinbarung nicht ausdrücklich das Verhältnis der Fahrer untereinander. Es existiert gerade keine Klausel in den Uber Bedingungen, die ausdrücklich festlegt, dass Uber sich verpflichtet, mit allen Fahrern dieselben Konditionen abzuschließen oder dass sämtliche Uber Fahrer über den identischen Preissetzungsalgorithmus abgerechnet werden müssen. Theoretisch ist eine Abweichung der Preisberechnung für einzelne Fahrer also denkbar, wenngleich diese praktisch soweit bekannt nicht vorkommt. Zumindest stehen die vertikalen Vereinbarungen von Uber mit den einzelnen Fahrern einer abweichenden Preisberechnung für andere Fahrer aber nicht entgegen. Eine explizite vertikale Vereinbarung hinsichtlich einer horizontal wirkenden Abstimmung lässt sich aus der vertikal vereinbarten Preissetzungshoheit von Uber daher nicht ableiten.

---

905 *Rottmann/Göhsl*, WuW 2019, 348, 351 mit Verweis auf *OLG Düsseldorf*, Urt. v. 12.06.1990 – 34 O (Kart.) 80/00, = WuW/E OLG 4691, 4691.

906 *OLG Düsseldorf*, Urt. v. 12.06.1990 – 34 O (Kart.) 80/00, = WuW/E OLG 4691, 4692.

βββ) Horizontale Abstimmung durch sachgedankliches Mitbewusstsein beim Abschluss der Vertikalverträge

In Betracht kommt ferner eine Fühlungnahme durch das sachgedankliche Mitbewusstsein der jeweiligen Fahrer, bei Vertragsschluss mit Uber eine horizontale Koordination mit allen anderen Fahrern einzugehen.[907] Nach den in der oben dargestellten Eturas Entscheidung dargestellten Maßstäben ist eine solche horizontal abgestimmte Verhaltensweise auf Plattformen auch dann möglich, wenn diese den Beteiligten bekannt ist und sie sich zwar nicht aktiv daran beteiligen, sie allerdings in Kenntnis der Umstände hinnehmen und sich nicht davon distanzieren.[908]

Bezogen auf den Fall Uber dürften diese Voraussetzungen erfüllt sein. Durch die Anmeldung bei Uber ist allen teilnehmenden Fahrern bekannt, dass die Preissetzung zentral durch den Algorithmus von Uber organisiert wird.[909] Dabei haben die über Uber organisierten Fahrer auch das Bewusstsein, dass der Preiswettbewerb durch die zentrale Preisfestsetzung ersetzt wird und dadurch eine Wettbewerbsbeschränkung stattfindet. Indem die Fahrer weiterhin einheitlich den Preissetzungsalgorithmus verwenden und gegenüber Uber gerade nicht auf eine mögliche Abweichung von den zentral festgesetzten Preisen bestehen, distanzieren sie sich auch nicht von der horizontalen Koordination. Dem steht auch nicht entgegen, dass viele Fahrer die Plattform Uber nicht in erster Linie dafür nutzen dürften, um den Preiswettbewerb mit der Konkurrenz auszuschalten bzw. daran unter Umständen sogar kein Interesse haben.[910] Auch dass die jeweiligen vertikalen Verträge keine ausdrücklichen Regelungen über das horizontale Verhältnis zwischen den Fahrern beinhaltet, steht der Fühlungnahme durch sachgedankliches Mitbewusstsein nicht entgegen. Entscheidend ist vielmehr, dass die Fahrer zumindest positive Kenntnis von der horizontalen Koordination haben.[911] Ob auch ein Kennenmüssen ausreicht[912], kann vorliegend dahinstehen. In der vorliegenden Plattformkonstellation ist es

907 *A. Heinemann/Gebicka,* JECLAP 2016, 431, 440; *Rottmann/Göhsl,* WuW 2019, 348, 351.

908 *EuGH,* Urt. v. 21.01.2016 – Rs. C-74/14, ECLI:EU:C:2016:42, Rn. 40 ff.

909 Siehe dazu C) III. 3) a) dd) aaa).

910 *Rottmann/Göhsl,* WuW 2019, 348, 351; *Stöcker,* WuW 2012, 935, 944.

911 *Hainz/Benditz,* EuZW 2012, 686, 687 mit Verweis auf *U.K. Court of Appeal Civil Division,* Urt. v. 19.10.2006 – 2005/1071 u.a., Argos u.a. ./. Office of Fair Trading.

912 Bejahend *Schwartz,* Kartellgehilfen im europäischen Kartellrecht, S. 88; *Stöcker,* WuW 2012, 935, 944; a.A. *Hainz/Benditz,* EuZW 2012, 686, 688; *A. Heinemann/Gebicka,* JECLAP 2016, 431, 441; *Odudu,* ECJ 2011, 205, 232 f., der als Voraussetzung einer Beteiligung an der horizontalen Verhaltensweise sogar eine Absicht fordert; vgl. dazu auch C) III. 3) b) bb) ccc) ε).

jedenfalls für alle Fahrer evident, dass die Preise einheitlich und zentral festgelegt werden. Dies ergibt sich bereits daraus, dass die Fahrer die Preise nicht verändern können und der Buchende in jedem Fall denselben Preis bezahlt, unabhängig davon, wer ihn fährt. Eine vermeintliche Unkenntnis einzelner Fahrer stellte daher ein sich Verschließen vor dem Offensichtlichen dar und wäre einer positiven Kenntnis gleichzusetzen. Es ist offensichtlich, dass bei der Anmeldung alle Fahrer dieselben Bedingungen akzeptieren und die einheitliche App inklusive dem einheitlichen Uber Preissetzungsalgorithmus nutzen, der dementsprechend für den Endkunden auch einheitliche Preise für eine bestimmte Strecke berechnet. Abweichende Preissetzungen von einzelnen Fahrern sind nicht ersichtlich oder bekannt, wenngleich sie nicht vollkommen auszuschließen sind. Dass den Fahrern bekannt ist, dass alle Fahrer denselben Preissetzungsalgorithmus und damit eine identische Preissetzung verwenden, zeigt sich zusätzlich dadurch, dass den Fahrern bei Nutzung der App keine technische Möglichkeit besteht, über Preise oder Abrechnungsmodalitäten mit Uber zu verhandeln.

Neben der Kenntnis soll zudem ein Eigeninteresse an der horizontalen Koordination durch sachgedankliches Mitbewusstsein notwendig sein, um eine aufeinander abgestimmte Verhaltensweise annehmen zu können.[913] Dieses soll immer dann fehlen, wenn die Unternehmen an der horizontalen Abstimmung kein Interesse haben, das über die Pflege ihrer jeweiligen Vertikalbeziehung zu dem Dritten hinausgeht.[914] Die Uber Fahrer haben allerdings ein wesentliches Eigeninteresse an der horizontalen Gleichschaltung der Preise durch Uber, indem dieses Verfahren ein Mindestpreisniveau garantiert und in Zeiten großer Nachfrage automatisch die eigenen Preise anhebt.[915] Ihr Interesse an der vertikalen Vereinbarung mit Uber geht also über die Pflege der Vertragsbeziehung zu Uber hinaus und erfasst gerade auch Interessen im Verhältnis zu horizontalen Mitbewerbern und Kunden.

Die Fahrer haben mithin sowohl Kenntnis von der zentralen Preissetzung als auch ein wesentliches Eigeninteresse daran und beteiligen sich daher bewusst an einer horizontal abgestimmten Verhaltensweise durch gleichartige Vertikalvereinbarungen zum Plattformbetreiber Uber.

---

913 *Rottmann/Göhsl,* WuW 2019, 348, 351; *Stöcker,* WuW 2012, 935, 944 f.

914 *Stöcker,* WuW 2012, 935, 944 f.

915 Siehe dazu C III. 3) a) dd) aaa).

ccc) Bezweckte oder bewirkte Wettbewerbsbeschränkung

Zu klären bleibt, ob die Beteiligten durch ihre abgestimmte Verhaltensweise eine Wettbewerbsbeschränkung bezwecken oder lediglich bewirken. Eine Wettbewerbsbeschränkung wird immer dann bezweckt, wenn eine Form von Kollusion zwischen Unternehmen schon ihrem Wesen nach als geeignet angesehen werden kann, für das Funktionieren des normalen Wettbewerbs schädlich zu sein.[916]

Die Absprache, sämtliche Preise für die angebotenen Fahrten zentral vom Plattformbetreiber Uber festlegen zu lassen, führt dazu, dass der Preiswettbewerb der Fahrer untereinander vollkommen ausgeschaltet wird. Der Kunde zahlt bei der Buchung auf Uber immer jeweils denselben Preis, egal welcher Fahrer ihn befördert. Ein Preiswettbewerb, wie er ohne Uber zwischen den einzelnen Fahrer untereinander bestünde, findet nicht statt. Die vorliegende Koordinierung über die Plattform Uber bezweckt somit unmittelbar eine Ausschaltung des Preiswettbewerbs zwischen den Fahrern. Eine tatsächliche Beschränkung des Wettbewerbs ist im Rahmen des Art. 101 Abs. 1 AEUV bzw. § 1 GWB damit nicht mehr zu prüfen.[917]

ddd) Zwischenergebnis

Das Geschäftsmodell von Uber stellt eine horizontal abgestimmte Verhaltensweise i.S.d. § 1 GWB bzw. Art. 101 Abs. 1 AEUV zwischen den einzelnen Uber Fahrern dar, indem diesen beim Abschluss der Vertikalvereinbarungen mit Uber bewusst ist, dass alle Fahrer einen einheitlichen Preissetzungsalgorithmus nutzen und so einen Preiswettbewerb untereinander vermeiden.

eee) Einzelfreistellung nach Art. 101 Abs. 3 AEUV bzw. § 2 GWB unter Berücksichtigung und Analyse der Webtaxi Entscheidung

In Betracht kommt allerdings eine Einzelfreistellung nach Art. 101 Abs. 3 AEUV bzw. § 2 GWB. Unter Berücksichtigung der Wertungen des oben dargestellten Webtaxi Falls soll vorliegend analysiert werden, inwiefern die Voraussetzungen hierfür bei Uber vorliegen.

---

916 *EuGH,* Urt. v. 04.06.2009 – Rs. C-8/08, ECLI:EU:C:2009:343, Rn. 29; Urt. v. 13.12.2012 – Rs. C-226/11, ECLI:EU:C:2012:795, Rn. 35 f; Urt. v. 14.03.2013 – Rs. C-32/11, ECLI:EU:C:2013:160, Rn. 35; *Grave/Nyberg in* LMRKM, Art. 101 Abs. 1 AEUV, Rn. 227; *Wolf in* MüKoWettbR, Art. 101 AEUV, Rn. 437.

917 Siehe dazu C) I. 3) a).

α) Effizienzvorteile

Hinsichtlich der Effizienzvorteile kann auf die Argumentation im Webtaxi Fall verwiesen werden.[918] Dort Geschriebenes gilt auch hier. Neben den dargestellten Umweltvorteilen durch die Vermittlung des jeweils nächsten Taxis, sind insbesondere die Preisvorteile zu nennen, die auch Uber im Vergleich zu anderen herkömmlichen Taxis mit sich bringt. Zu berücksichtigen ist dabei, dass die Beförderungsentgelte von Taxiunternehmen in Deutschland staatlicher Genehmigung bedürfen und weit überwiegend von den jeweiligen Kommunen festgesetzt werden.[919] Aus diesem Grund ist ein Preiswettbewerb zwischen Taxiunternehmen in Deutschland ausgeschlossen. Hierzu könnte Uber, unabhängig von den wettbewerbsrechtlichen Fragestellungen rund um das PBefG[920], eine günstige Alternative für Nachfragende schaffen. Hinzu kommen auch bei Uber die einheitliche Buchungsplattform und der Service, von dem der Endkunde profitiert. Er muss nicht bei zahlreichen verschiedenen Fahrern anfragen, sondern bekommt jeweils den nächsten Fahrer zugewiesen. Insofern ergibt sich auch hier ein Service Gewinn sowie eine Zeitersparnis für den Endkunden.

β) Unerlässlichkeit der Preiskoordination

Diskutabel ist allerdings auch beim Geschäftsmodell von Uber die Frage, ob die völlige Gleichschaltung der Preise durch den Plattformanbieter tatsächlich unerlässlich ist, um die dargestellten Effizienzvorteile zu erreichen. Ähnlich zum Fall Webtaxi ist nicht gesichert geklärt, ob die wesentlichen Effizienzvorteile einer zentralen und einheitlichen Preissetzung nicht auch erreicht werden könnten, wenn ein Preiswettbewerb zwischen den Fahrern stattfände. Dabei sind mehrere Systeme denkbar, die statt des aktuellen Systems eines einheitlichen zentralen Preissetzungsalgorithmus eingesetzt werden könnten.

---

918 Siehe dazu C) III. 3) a) gg) eee) β) αα).

919 Vgl. § 39 Abs. 2 PBefG sowie § 51 Abs. 1 S. 1, 3 PBefG, der die Landesregierungen ermächtigt, durch Rechtsverordnungen Beförderungsentgelte und -bedingungen festzulegen. In der Regel werden diese Ermächtigungen gemäß Satz 3 auf die Kommunen übertragen, sodass für sämtliche Taxianbieter innerhalb einer Kommune dieselben Entgelte verbindlich vorgeschrieben sind.

920 Uber bemühte sich zeitweise unter die Ausnahmetatbestände des § 1 Abs. 2 PBefG zu fallen, sodass die Preise vermeintlich in der Nähe der Betriebskosten und damit vergleichsweise gering gehalten wurden. Das überzeugte die Rechtsprechung seinerzeit nicht, vgl. *OVG Hamburg*, Urt. v, 24.09.2014 – 3 Bs 175/14. Der Gesetzgeber hat inzwischen mit § 1 Abs. 1a PBefG klargestellt, dass auch Fahrdienstvermittler wie Uber in den Anwendungsbereich des PBefG fallen.

αα) Klassisches Bieterverfahren
In Betracht kommt zunächst ein klassisches Bieterverfahren ohne Beteiligung eines Preissetzungsalgorithmus, bei dem die interessierten Uber Fahrer in einer bestimmten Umgebung für eine Kundenanfrage innerhalb einer bestimmten Zeitspanne ihr Gebot abgeben könnten. Nach Ablauf der Bieterzeit könnte der Zuschlag automatisch an den Fahrer erfolgen, der das geringste Gebot abgegeben hat.

Ein solches Verfahren scheint jedoch wenig praktikabel.[921] Zum einen könnten die Uber Fahrer nicht binnen weniger Sekunden einen angemessenen Preis für eine Strecke ansetzen, die den Verkehrsfluss und andere äußere Faktoren berücksichtigt. Mangels Skalierbarkeit der jeweiligen Fahrt könnte eine Preiskalkulation für die einzelnen Fahrer zu einer echten Herausforderung werden und diese von einer Tätigkeit eher abschrecken.[922] Zum anderen ist die notwendige Zeit bei der Vermittlung über ein solches System zu lang. Nach der Anfrage des Kunden benötigen die Fahrer eine bestimmte Zeit, um sich Gedanken machen zu können, welchen Preis sie für diese Strecke für angemessen erachten. Nach dem Bieterverfahren müsste dann ein zeitnaher Zuschlag an den Geringstbietenden erfolgen, der ggf. aber eine deutlich längere Anfahrt hat als ein anderer Anbieter, der sich direkt in der Nähe des Kunden befindet. Der Kunde hätte dann keine Auswahlmöglichkeit und die Qualität der Schnelligkeit der Transportvermittlung würde leiden. Zum anderen müsste der Kunde schließlich wiederum zustimmen, dass er den Preis akzeptiert, da er bei der anfänglichen Anfrage keine Kenntnis davon hat, wie teuer die Fahrt für ihn wird. Zudem dürften sich bereits verkehrsrechtliche Probleme ergeben, wenn die Uber Fahrer ggf. während einer Fahrt bereits umfangreich über ihr Smartphone ein Bieterverfahren durchlaufen müssten und daher eine ausgiebige Interaktion mit dem Endgerät nötig wäre.[923] Ein klassisches Bieterverfahren würde daher die wesentlichen Vorteile, die die app-basierte Transportvermittlung des Systems Uber mit sich bringt, konterkarieren.

ββ) Anpassung des Preises in Stufen ausgehend vom Preissetzungsalgorithmus
In Betracht kommt darüber hinaus eine Anpassungsmöglichkeit des vom Preissetzungsalgorithmus vorgeschlagenen Preises in Stufen.[924] Demnach

921 So auch *Anderson/Huffman*, Col. Bus. Law Rev. 2017, 861, 914.

922 *Rottmann/Göhsl*, WuW 2019, 348, 352.

923 Bedenken hinsichtlich der Verkehrssicherheit haben auch *Anderson/Huffman*, Col. Bus. Law Rev. 2017, 861, 914, die ein solches Verfahren als „awkward at best" beschreiben.

924 *Anderson/Huffman*, Col. Bus. Law Rev. 2017, 861, 914.

wäre denkbar, dass der Preissetzungsalgorithmus von Uber einen bestimmten Preis vorschlägt, der dann von den einzelnen Fahrern beispielsweise in Fünf-Prozent-Stufen über- bzw. unterboten werden könnte. So stünde es den Fahrern frei, den von Uber empfohlenen Preis jeweils pro Fahrt im Falle höherer eigener Opportunitätskosten zu überbieten, während sie jedoch auch in einem wirksamen Preiswettbewerb den vorgeschlagenen Preis unterbieten könnten, um zusätzliche Aufträge zu generieren. Selbstverständlich müsste das Zeitfenster, in dem der Fahrer die Möglichkeit hat, seinen Preis festzulegen, eng gefasst werden, um die Dynamik der app-basierten Vermittlung nicht zu gefährden. Das hierfür derzeit bestehende Zeitfenster von 15 Sekunden, das ein Fahrer hat, um eine Anfrage zu akzeptieren[925], könnte dafür möglicherweise etwas zu knapp sein und leicht verlängert werden müssen. Allerdings sollte spätestens nach einer halben Minute Klarheit herrschen und der Mitfahrer die einzelnen Angebote vorliegen haben, damit dieser in weiteren maximal 15–20 Sekunden entscheiden kann, welches Angebot er akzeptieren möchte, falls es mehrere Anbieter gibt. Die Vermittlungsdauer von maximal 45–50 Sekunden sollte dabei nach wie vor ausreichend schnell sein, ohne dass ein wesentlicher Service- oder Qualitätsverlust eintritt.

Auch wäre denkbar, dass der Kunde bereits bei der Buchung die sich in der Umgebung befindlichen Fahrer und deren jeweilige Fahrzeuge und Bewertungen angezeigt bekommt inkl. den jeweiligen Preisen, die die Fahrer vorher pauschal für ihre Fahrten einstellen müssten.[926] Auch hier könnte eine Orientierung am Preissetzungsalgorithmus von Uber stattfinden[927], solange die Fahrer die Möglichkeit haben in bestimmten Stufen wesentlich vom Preis abzuweichen. Der Kunde hätte dann die autonome Entscheidung den nächsten Fahrer, den günstigsten Fahrer oder den Fahrer mit dem hochwertigsten Auto oder den besten Bewertungen in einer bestimmten Umgebung zu buchen. Auch dadurch käme es zu einem Preis- sowie Qualitätswettbewerb, den das aktuelle System verhindert.

Beide Varianten sind folglich geeignet, die von Uber geschaffenen Effizienzvorteile zumindest in ähnlichem Umfang umzusetzen, ohne den Wettbewerb in vergleichbarem Maße zu beschränken.

---

925 *Scherff*, Uber im Test - Kann mein Auto auch ein Taxi werden?, Zeit Online vom 08.09.2014, abrufbar unter https://www.faz.net/aktuell/finanzen/meine-finanzen/uber-im-test-kann-mein-auto-auch-ein-taxi-werden-13139363.html.

926 *Passaro,* Mich. Bus. & Law Entr. Rev. 2018, 260, 271.

927 *Rottmann/Göhsl,* WuW 2019, 348, 353.

γγ) Anpassung des algorithmischen Preises nach Qualitäts-Kriterien

Weiterhin wäre denkbar, die algorithmische Preisberechnung neben der Einpreisung der Fahrtstrecke und dem aktuellen Angebot-Nachfrage-Verhältnis um weitere Faktoren wie positive Bewertungen der Fahrer und Qualitätskriterien hinsichtlich des Fahrzeugs zu ergänzen.[928]

Dagegen spricht jedoch, dass die einheitliche und zentrale Preisberechnung dann weiterhin bei Uber liegen würde. Der buchende Mitfahrer hätte dann zwar ggf. die Option zwischen mehreren Fahrern auszuwählen. Allerdings könnte dies dazu führen, dass gerade die Fahrer, die den besten Service bieten und zahlreiche gute Bewertungen erhalten haben, weniger nachgefragt werden als solche, die aufgrund geringerer Fahrzeugqualität oder auch weniger guter Bewertungen einen geringeren Preis zugeschrieben bekommen. Im schlimmsten Fall könnte dies zu einem „race to the bottom" hinsichtlich der Qualität der Fahrdienstleistungen führen,[929] da häufig der im Vergleich zu Taxis geringere Preis einer der Hauptgründe der Kunden sein dürfte, Uber zu nutzen. Daher liegt nahe, dass Uber-Nutzer besonders preisbewusst sind und ein geringer Preis für sie besondere Relevanz hat. Zudem wird zurecht kritisiert, dass eine solche Einpreisung nur objektiv zu bemessene Qualitätskriterien berücksichtigt, während individuelle Faktoren, die bei der Preisbildung eine Rolle spielen, wie die individuellen Oppurtunitätskosten der Fahrer (z.B. die Bedeutung und Wertschätzung eigener Freizeit) unberücksichtigt bleiben.[930]

Aus den aufgezeigten Gründen ist eine automatisierte Berücksichtigung von objektiven Qualitätsmerkmalen bei der algorithmischen Preisberechnung daher nicht geeignet, die Effizienzvorteile zu erreichen, die das aktuelle System des zentralen Preissetzungsalgorithmus mit sich bringt.

δδ) Geschäftsmodell von Uber in der Schweiz

Uber Schweiz nutzt ein anderes rechtskonformes Modell. Hier wird seit 2020 erstmals allen Fahrern freigestellt, ihren Preis individuell zu vereinbaren.[931] Dies geschah zwar vor allem im Hinblick darauf, die Uber-Fahrer als Selbstständige

---

928 *Rottmann/Göhsl*, WuW 2019, 348, 353.

929 *Rottmann/Göhsl*, WuW 2019, 348, 352.

930 *Rottmann/Göhsl*, WuW 2019, 348, 353.

931 *Fumagalli/Mäder*, Uber muss nachgeben: In Genf haben die Food-Kuriere nun einen Arbeitsvertrag, Neue Zürcher Zeitung (NZZ) Online vom 01.09.2020, abrufbar unter https://www.nzz.ch/schweiz/uber-muss-nach-jahrelangem-disput-nachgeben-in-genf-haben-die-food-kuriere-nun-einen-arbeitsvertrag-ld.1574355.

im sozialversicherungsrechtlichen Sinne darstellen zu können[932], offenbart jedoch die widersprüchliche Argumentation dahingehend, dass das Geschäftsmodell von Uber nur mit Einheitspreisen funktionieren könne und diese daher unerlässlich i.S.d. Art. 101 Abs. 3 AEUV bzw. § 2 Abs. 1 GWB seien.

εε) Zwischenergebnis

Eine Anpassung des Preises in Stufen oder eine generelle Individualisierung der Preise, ausgehend von einem vom Preissetzungsalgorithmus vorgeschlagenen Preis, stellt im Gegensatz zu anderen Vorschlägen eine realistische und umsetzbare Alternative zum gegenwärtigen Preismodell von Uber (außerhalb der Schweiz) dar. Die beiden vorgestellten Varianten würden den Wettbewerb insgesamt und den Preiswettbewerb im Speziellen weniger beeinträchtigen, ohne dass die wesentlichen Effizienzvorteile der plattformbasierten Vermittlung verloren gingen. Daher ist die aktuell verwendete Preisberechnung und -koordination unter den Fahrern nicht unerlässlich i.S.d. Art. 101 Abs. 3 AEUV bzw. § 2 GWB.

fff) Ergebnis

Das derzeitige Preissystem von Uber unter Einsatz eines zentralen, für alle Fahrer identischen Preissetzungsalgorithmus, der keinerlei technische Möglichkeit einer Preisabweichung vorsieht, stellt eine wettbewerbswidrige Verhaltensweise i.S.d. Art. 101 Abs. 1 AEUV bzw. § 1 GWB dar. Aufgrund der nicht gegebenen Unerlässlichkeit des vollständigen Ausschlusses von Preiswettbewerb auf der Plattform, ist das System auch nicht gemäß Art. 101 Abs. 3 AEUV bzw. § 2 GWB freistellungsfähig. In den europäischen Ländern mit Ausnahme der Schweiz, in denen Uber derzeit aktiv ist, besteht somit ein illegales Hub-and-Spoke Kartell zwischen den beteiligten Uber Fahrern.

ii) Zusammenfassende Erkenntnisse

Zusammenfassend lässt sich für die Nutzung von gleichen oder ähnlichen Preissetzungsalgorithmen durch mehrere Wettbewerber festhalten, dass eine erhöhte Gefahr eines wettbewerbswidrigen Verhaltens gegeben ist und

---

932 *Fumagalli/Mäder*, Uber muss nachgeben: In Genf haben die Food-Kuriere nun einen Arbeitsvertrag, Neue Zürcher Zeitung (NZZ) Online vom 01.09.2020, abrufbar unter https://www.nzz.ch/schweiz/uber-muss-nach-jahrelangem-disput-nachgeben-in-genf-haben-die-food-kuriere-nun-einen-arbeitsvertrag-ld.1574355.

insbesondere bei der plattformbezogenen Vermittlung von Fahrdienstleistungen bereits wettbewerbswidrige Verhaltensweisen stattfinden.[933]

Auch in anderen Branchen kann es auf Plattformen zu wettbewerbswidrigen Verhaltensweisen kommen. Dabei reicht es in subjektiver Hinsicht aus, wenn die Preiskoordination für die betroffenen Wettbewerber zumindest erkennbar gewesen ist.[934] Die Möglichkeit von vorgegebenen Preisen abzuweichen ist allein kein Garant dafür, dass hinreichender Preiswettbewerb stattfindet und keine wettbewerbswidrige Koordinierung vorliegt.[935]

Insgesamt ist das europäische bzw. deutsche Kartellrecht geeignet, für den Einsatz ähnlicher oder identischer Preissetzungsalgorithmen auf Plattformen angemessene Lösungen zu finden. Insbesondere im Rahmen einer Individualfreistellung lassen sich auch effizienzfördernde Systeme und Preissetzungsalgorithmen legalisieren. Dies setzt jedoch voraus, dass die Wettbewerbsbehörden sich, anders als beispielsweise in der vorgestellten Webtaxi Entscheidung, intensiv und detailliert bezogen auf den jeweiligen Einzelfall mit möglichen weniger wettbewerbsbeschränkenden Alternativen zum Einsatz eines identischen Preissetzungsalgorithmus bzw. einer identischen Preissetzung beschäftigen. Entscheidend wird dabei sein, die Betrachtung der Notwendigkeit von Einheitspreisen gedanklich von den sonstigen Effizienzvorteilen algorithmischer Berechnungen zu trennen und jeweils zu prüfen, ob umsetzbare und weniger wettbewerbsbeschränkende Preissysteme denkbar sind. Wie aufgezeigt ist dies sowohl für Uber (außerhalb der Schweiz) als auch für Webtaxi zu bejahen.

b) Nutzung von Preissetzungsalgorithmen eines Drittanbieters durch mehrere Wettbewerber außerhalb einer Plattform

aa) Darstellung des Szenarios

Im Gegensatz zu den eben dargestellten Fällen betrifft die zweite Konstellation die Nutzung von Preissetzungsalgorithmen desselben Drittanbieters durch verschiedene Wettbewerber außerhalb einer Plattform. Es ist offenkundig, dass Anbieter von Preissetzungssoftware diese an mehrere Unternehmen desselben Marktes verkaufen können und es dadurch zu einem Austausch von Daten kommen kann. Neben den in der Regel hohen Entwicklungskosten für Preissetzungsalgorithmen, die sich häufig nur durch eine Mehrzahl von Kunden amortisieren lassen dürften, kann auch die zentrale Datensammlung zum Zwecke

---

933 Vgl. dazu die Fälle zu Uber, Webtaxi und Ola.
934 Siehe dazu unter bb) den Eturas Fall.
935 Vgl. dazu unter cc) den Ageras Fall.

der Optimierung der Preissetzung der Unternehmen eigene Wettbewerbsvorteile des Algorithmenanbieters gegenüber anderen Anbietern begründen[936], was den Eintritt eines solchen Szenarios zusätzlich wahrscheinlich macht.
Die Informationen zu Preissetzung, Nachfrage und sonstigen Faktoren werden in der nun zu betrachtenden Konstellation zentral bei einem Algorithmenanbieter gespeichert und verwertet. Dieser wird als Hub, (englisch für Radnabe) bezeichnet. Dieser bezieht die Daten von mehreren Informanten, die als Spokes (englisch für Speichen) bezeichnet werden. Dadurch findet eine Abstimmung bzw. ein Informationsaustausch „übers Eck"[937] oder „über Bande"[938] statt. Die Wettbewerber stellen dabei ihre Daten im Rahmen eines Vertrages mit dem Algorithmenanbieter automatisiert zur Verfügung. Dieser sammelt und speichert diese Daten der verschiedenen Wettbewerber und nutzt sie zur Verbesserung der Algorithmen und so schließlich auch zur jeweils besten Preisfindung der einzelnen Wettbewerber.[939] Es besteht also die Möglichkeit, dass im Extremfall ein Anbieter von Preissetzungsalgorithmen auf Preis- und Absatzdaten aller Wettbewerber zugreifen kann, sodass zentral eine Speicherung der marktweit verfügbaren Daten erfolgt.[940] Die Wettbewerber stimmen ihre Preise folglich nicht unmittelbar und persönlich ab wie im Messenger-Szenario, sondern stellen diese lediglich dem Anbieter ihrer Preissetzungssoftware zur Verfügung, damit dieser die Informationen zur Optimierung der Preissetzungsalgorithmen nutzen kann. Letztlich kommt es dadurch zu einem Austausch der Preisinformationen, indem jeder Wettbewerber einen Preissetzungsalgorithmus nutzt, der den eigenen Preis auch aufgrund und mit Hilfe der Daten der anderen Wettbewerber, die diesen Algorithmus ebenfalls nutzen, festsetzt. Die Funktion des Hubs, die nun von Algorithmenanbietern übernommen werden können, haben in der Vergangenheit häufig Verbandszentralen übernommen, die die verschiedenen Informationen der Wettbewerber gesammelt haben, um so die Kommunikation und den Austausch zwischen den Wettbewerbern zu organisieren.[941]

Problematisch an der vorliegenden Konstellation ist insbesondere, dass die einzelnen Wettbewerber häufig gar keine Kenntnis davon haben, welche

---

936 *Doetsch,* Die Haftung Dritter bei Erzeugung von kollusiven Marktergebnissen im europäischen Kartellrecht, S. 25.

937 *Meßmer,* in: *Martinek/Semler/Flohr* (Hrsg.), § 42, Rn. 19.

938 *Künstner/Franz,* K&R 2017, 688, 691.

939 *BKartA/Autorité de la Conc.,* Algorithms and Competition, S. 34.

940 *Hennemann,* ZWeR 2018, 161, 175.

941 *Dohrn/Huck,* DB 2018, 173, 177.

anderen Wettbewerber Algorithmen vom selben Algorithmenanbieter nutzen.[942] Außerdem stellt sich die Frage der Abgrenzung zwischen zulässigem bewussten Parallelverhalten und einer wettbewerbswidrigen Abstimmung durch den Austausch der für die eigene Preissetzung relevanten Daten über den Drittanbieter.

bb) Der Austausch preissetzungsrelevanter Daten als abgestimmte Verhaltensweise i.S.d. Art. 101 Abs. 1 AEUV bzw. § 1 GWB

Der Austausch von für die Preissetzung relevanten Daten unter Wettbewerbern kann eine abgestimmte Verhaltensweise i.S.d. europäischen bzw. deutschen Kartellrechts darstellen.[943] Dies folgt zum europäischen Recht bereits aus ständiger Rechtsprechung des EuGH.[944] Das Selbstständigkeitspostulat gibt zwar dem einzelnen Unternehmen das Recht, sich dem festgestellten oder erwarteten Verhalten von Wettbewerbern anzupassen.[945] Allerdings ist jede mittelbare oder unmittelbare Fühlungnahme, die geeignet ist, entweder das Marktverhalten eines gegenwärtigen oder potenziellen Mitbewerbers zu beeinflussen oder einen solchen Mitbewerber über das eigene künftige Marktverhalten ins Bild zu setzen, verboten.[946] Der BGH hat diese Definition zu § 1 GWB übernommen.[947] Der Austausch von wettbewerblichen Preisdaten ist folglich immer dann verboten, wenn die Schwelle zur wettbewerbswidrigen Fühlungnahme überschritten ist. Ein solcher Informationsaustausch ist auch dann illegal, wenn er nicht unmittelbar zwischen den Wettbewerbern stattfindet, sondern über einen Dritten organisiert wird.[948]

---

942 Siehe zur Verantwortlichkeit für die verschiedenen Algorithmenarten D).

943 *EuGH,* Urt. v. 04.06.2009 – Rs. C-8/08, ECLI:EU:C:2009:343, Rn. 32 ff; *Grave/Nyberg in* LMRKM, Art. 101 Abs. 1 AEUV, Rn. 311; vgl. für das deutsche Recht *BGH,* Urt. v. 12.04.2016 - KZR 31/14, = NZKart 2016, 371; *Zimmer in* Immenga/Mestmäcker WettbR, § 1 GWB, 35 f.

944 Siehe dazu sogleich unter bbb).

945 *EuGH,* Urt. v. 08.07.1999 – Rs. C-199/92, ECLI:EU:C:1999:358, Rn. 158; Urt. v. 08.07.1999 – Rs. C-49/92 P, ECLI:EU:C:1999:356, Rn. 115; Urt. v. 04.06.2009 – Rs. C-8/08, ECLI:EU:C:2009:343, Rn. 33.

946 *EuGH,* Urt. v. 08.07.1999 – Rs. C-199/92, ECLI:EU:C:1999:358, Rn. 159 f; Urt. v. 08.07.1999 – Rs. C-49/92 P, ECLI:EU:C:1999:356, Rn. 116 f; Urt. v 23.11.2006 – Rs. C-238/05, ECLI:EU:C:2006:734, Rn. 52 f; Urt. v. 04.06.2009 – Rs. C-8/08, ECLI:EU:C:2009:343, Rn. 52.

947 Vgl. exemplarisch *BGH,* Urt. v. 12.04.2016 - KZR 31/14, = NZKart 2016, 371, Rn. 44.

948 *EU Kommission,* Horizontalleitlinien 2022, Rn. 408.

Bislang gibt es keine bekannten europäischen Fälle, in denen Wettbewerber sich außerhalb einer Plattform durch die Verwendung von ähnlichen oder identischen Algorithmen wettbewerbswidrig koordiniert haben. Mangels entsprechender Rechtsprechung stellt sich daher die Frage, welche Kriterien in einem solchen Fall zulässiges Parallelverhalten von einer wettbewerbswidrigen Koordination abgrenzen. Dies betrifft insbesondere die Frage des Austausches von preissetzungsrelevanten Daten. Zur Betrachtung hinzugezogen werden soll neben der Rechtsprechung des EuGH zum Informationsaustausch zunächst auch ein relevanter Fall aus US-amerikanischer Rechtsprechung.

aaa) Airline Tariff Publishing Company Entscheidung

Der sog. Airline Tariff Publishing Company-Fall ist ein US-amerikanischer Fall aus den 1990er Jahren. Dabei haben verschiedene Fluggesellschaften Daten über ein zentrales Datenbankunternehmen ausgetauscht und dadurch ihre Preissetzung harmonisiert. Der Fall zeigt, wann die Grenze nach US-amerikanischem Recht vom Parallelverhalten hin zu einem meeting of minds, also einer wettbewerbswidrigen Koordination, überschritten sein kann. Er kann folglich wertvolle Hinweise und Kriterien für die Abgrenzung zwischen zulässigem Parallelverhalten und wettbewerbswidriger Absprache auch nach europäischem Recht liefern, wenngleich nicht alle Wertungen des US-Kartellrechts auf das europäische Recht zu übertragen sind.

α) Sachverhalt

Ende des Jahres 1992 reichte das Department of Justice im Namen der Vereinigten Staaten von Amerika Klage gegen insgesamt neun Fluggesellschaften ein, weil diese mindestens zwischen April 1988 und Mai 1990 durch Absprachen bzw. abgestimmte Verhaltensweisen[949] Preise harmonisiert haben sollen.[950] Dadurch sollen Flugtarife erhöht sowie ermäßigte Tarife abgeschafft worden seien.[951] Konkret soll das beschuldigte Unternehmen ATP, das verschiedenen Fluggesellschaften gehörte, Passagierflugtarifdaten gesammelt und verbreitet

---

949 Der US-rechtliche Begriff der „concerted actions" unterscheidet sich jedoch vom europäischen Begriff der abgestimmten Verhaltensweisen dahingehend, dass auch hierfür ein „Agreement" der Beteiligten nötig ist, siehe dazu *Liesegang*, WuW 2012, 1036, 1038.

950 *U.S. Department of Justice*, Klageschrift (Complaint) v. 21.12.1992 – 92-2854, Rn. 27 f.

951 *U.S. Department of Justice*, Klageschrift (Complaint) v. 21.12.1992 – 92-2854, Rn. 32.

haben.[952] Dabei haben die Fluggesellschaften insbesondere Preisdaten elektronisch und postalisch an ATP vermittelt.[953] Dabei wurden nicht nur die isolierten Preisdaten übermittelt, sondern Datenbündel aus einem Tarif-Basis-Code (dem Name des Tarifs), des Betrages des Tarifs in US-Dollar und den Tarif-Regeln.[954] Diese Tarif-Regeln enthielten die Bedingungen, unter denen ein Tarif genutzt bzw. verkauft werden konnte.[955] Weiterhin konnte zu jedem Tarif durch die jeweilige Airline bis zu zwei Fußnoten hinzugefügt werden.[956] Diese Fußnoten waren durch alphanumerischen Code identifizierbar und enthielten Bedingungen zur Nutzung des jeweiligen Tarifs, insbesondere sog. „first ticket dates" und „last ticket dates" sowie andere Beschränkungen wie geltende Reisezeiträume.[957] Diese „ticket dates" beschrieben den Tag, an dem der jeweilige Tarif erstmalig bzw. letztmalig an Endkunden verkauft werden sollte.[958] Diese Tarife konnten ständig geändert werden und mit Hilfe eines Fußnoten-Designators konnten auch diese Änderungen im jeweiligen Datenpaket gespeichert werden.[959] Diese Tarifänderungen wurden mindestens einmal werktäglich von allen beteiligten Fluggesellschaften an ATP übermittelt.[960] ATP hat die jeweiligen Daten eingearbeitet und mindestens einmal werktäglich gemeinsam mit Preissetzungsregeln der jeweiligen Airline mit den anderen beteiligten US-amerikanischen Fluggesellschaften geteilt.[961] Die Fluggesellschaften haben

952 *U.S. Department of Justice,* Klageschrift (Complaint) v. 21.12.1992 – 92-2854, Rn. 19.
953 *U.S. Department of Justice,* Klageschrift (Complaint) v. 21.12.1992 – 92-2854, Rn. 19.
954 *U.S. Department of Justice,* Klageschrift (Complaint) v. 21.12.1992 – 92-2854, Rn. 20.
955 *U.S. Department of Justice,* Klageschrift (Complaint) v. 21.12.1992 – 92-2854, Rn. 20.
956 *U.S. Department of Justice,* Klageschrift (Complaint) v. 21.12.1992 – 92-2854, Rn. 20 f.
957 *U.S. Department of Justice,* Klageschrift (Complaint) v. 21.12.1992 – 92-2854, Rn. 21.
958 *U.S. Department of Justice,* Klageschrift (Complaint) v. 21.12.1992 – 92-2854, Rn. 22 f.
959 *U.S. Department of Justice,* Klageschrift (Complaint) v. 21.12.1992 – 92-2854, Rn. 24.
960 *U.S. Department of Justice,* Klageschrift (Complaint) v. 21.12.1992 – 92-2854, Rn. 24.
961 *U.S. Department of Justice,* Klageschrift (Complaint) v. 21.12.1992 – 92-2854, Rn. 25.

intelligente Computerprogramme genutzt, um die Tarife aller Wettbewerber zu sortieren und detailliert aufzuschlüsseln.[962] Diese machte es den Wettbewerbern möglich, die Preise der Wettbewerber tagtäglich zu überwachen, zu analysieren und die eigene Preissetzung entsprechend anzupassen.[963] ATP betrieb so letztlich im Auftrag der beteiligten Fluggesellschaften eine zentrale Datenbank mit den Flugpreisdaten verschiedener Wettbewerber. Dadurch war es den Airlines durch die Verfügbarkeit der jeweiligen Preisdaten der Wettbewerber möglich, eigene Tarife zu konstruieren, die sich an denen der Wettbewerber orientierten.

β) Verfahrensablauf

Nach der Klageerhebung und dem damit verbundenen Stellungnahme zur Auswirkung auf den Wettbewerb[964] durch das Department of Justice wurden zahlreiche Stellungnahmen der Fluggesellschaften sowie der Öffentlichkeit durch das Gericht ausgewertet.[965] Letztlich endete das Verfahren auch hier in einem Vergleich zwischen dem anklagenden Department of Justice und den beteiligten Fluggesellschaften, denen der Weiterbetrieb der Plattform untersagt wurde.[966]

γ) Verstoß gegen section 1 Sherman Act

Den Beteiligten wurde vorgeworfen, illegale Absprachen i.S.d. section 1 des Sherman Antitrust Acts[967] getätigt zu haben.

Konkret wurde den beteiligten Flugunternehmen vorgeworfen, dass sie die gegenseitige Preissetzung miteinander geteilt und sich dadurch abgesprochen hätten, künftige Preise zu erhöhen, Rabatte abzubauen und Änderungen in den

---

962 *U.S. Department of Justice,* Klageschrift (Complaint) v. 21.12.1992 - 92-2854, Rn. 26.

963 *U.S. Department of Justice,* Klageschrift (Complaint) .v 21.12.1992 - 92-2854, Rn. 26.

964 *U.S. Department of Justice,* Competitive Impact Statement v. 17.03.1994 - 92-2854.

965 Vgl. *U.S. District Court, District of Columbia,* Final Judgement v. 01.11.1993 - 92-2854.

966 *U.S. District Court, District of Columbia,* Settlement Agreement & Order v. 23.09.2004 - 92-2854, Section IV.

967 Section 1 Sherman Act im Wortlaut:
Every contract, combination in the form of trust or otherwise, or conspiracy, in restraint of trade or commerce among the several States, or with foreign nations, is declared to be illegal.", Sherman Antitrust Act of 1890 (26 Stat. 209, 15 U.S.C. §§ 1–7)

Bedingungen der einzelnen Tarife zu harmonisieren.[968] Dies habe dazu geführt, dass der Wettbewerb zwischen den beteiligten Fluggesellschaften auf bestimmten Strecken zu bestimmten Zeiten ungerechtfertigt beschränkt wurde und den Fluggästen dadurch die Vorteile eines freien wettbewerblichen Marktes entzogen wurden.[969]

Der Tatbestand der section 1 des Sherman Antitrust Acts war auch hier erfüllt. Die Vereinbarung zur Führung einer zentralen Datenbank über ATP, bei der alle künftigen Tarife eingespeist werden, in Kombination mit der Möglichkeit, dass alle beteiligten Wettbewerber auf diese Datenbank zugreifen können und die Daten werktäglich übermittelt bekommen, stellt eine wettbewerbsbeschränkende Vereinbarung i.S.d. section 1 des Sherman Acts dar. Trotz fehlender detaillierter Informationen ist davon auszugehen, dass diese Vereinbarung auch den innerstaatlichen Wettbewerb im Passagierflugverkehr erheblich beeinflusst und beeinträchtigt hat. Dadurch, dass die beteiligten Wettbewerber ihre künftigen Tarife detailliert abgestimmt haben, erscheint es sehr wahrscheinlich, dass es so zur Erhöhung von Preisen sowie der gezielten Reduktion von Rabatten auf bestimmten Strecken zu bestimmten Zeiten kam.

δ) Rolle der Preissetzungsalgorithmen

Im vorliegenden Fall kamen vermutlich keine Preissetzungsalgorithmen zum Einsatz, wie wir sie heute definieren.[970]

Allerdings wurden gezielt Preisdaten der Wettbewerber ausgetauscht, um ein überwettbewerbliches Preisniveau zu erreichen. Diese ausgetauschten Preisdaten wurden zudem mithilfe von zeitgemäßer Software ausgewertet.[971] Die Relevanz dieses Falls für das vorliegende Szenario ergibt sich daher weniger aus den verwendeten Preissetzungsmethoden, sondern vielmehr aus dem Austausch von wettbewerblich relevanten Daten durch mehrere Fluggesellschaften (als Speichen) über eine zentrale Stelle (den sog. Hub, bzw. die Radnabe).

---

968 *U.S. Department of Justice,* Klageschrift (Complaint) v. 21.12.1992 – 92-2854, Rn. 29.

969 *U.S. Department of Justice,* Klageschrift (Complaint) v. 21.12.1992 – 92-2854, Rn. 30.

970 Vgl. zur Definition A) II.

971 *U.S. Department of Justice,* Klageschrift (Complaint) v. 21.12.1992 – 92-2854, Rn. 26.

ε) Rechtslage unter deutschem bzw. europäischem Kartellverbot

Wenngleich zwischen den Wettbewerbern keine Preissetzungsalgorithmen eines Drittanbieters zur Anwendung kamen, ist der ATP-Fall dennoch geeignet, um dessen Erkenntnisse auf das vorliegende Szenario zu übertragen. Zunächst soll daher betrachtet werden, ob der vorliegende Sachverhalt auch unter deutschem bzw. europäischem Kartellverbot wettbewerbswidrig gewesen wäre.

αα) Unternehmenseigenschaft der Wettbewerber

Die beteiligten Fluggesellschaften stellen Unternehmen i.S.d. Art. 101 Abs. 1 AEUV bzw. § 1 GWB dar. Dass ATP ein Unternehmen war, das von verschiedenen Wettbewerbern gegründet wurde, ändert hieran nichts. So kann zwar unter Umständen im Falle einer wirtschaftlichen Einheit zwischen einem beherrschenden Unternehmen und dem Tochterunternehmen der Anwendungsbereich des Kartellverbots ausgeschlossen sein.[972] Allerdings haben sowohl die Kommission[973] und das EuG[974] auf europäischer Ebene zu Art. 101 Abs. 1 AEUV als auch der BGH zu § 1 GWB[975] zum Ausdruck gebracht, dass das Kartellverbot bei Gemeinschaftsunternehmen zwischen allen beteiligten Wettbewerbern anwendbar ist, solange sich die Wettbewerber gemeinsam über dieses Unternehmen abstimmen und das Unternehmen nicht maßgeblich von einem anderen Unternehmen beherrscht wird.

ββ) Abgestimmte und wettbewerbswidrige Verhaltensweise gem. Art. 101 Abs. 1 AEUV bzw. § 1 GWB

Es bleibt zu klären, ob die zentrale Einrichtung einer Datenbank mit Flugtarifdaten in der oben dargestellten Form eine abgestimmte Verhaltensweise i.S.d. europäischen und deutschen Kartellrechts darstellt. Eine abgestimmte Verhaltensweise ist nach ständiger Rechtsprechung des EuGH jede Koordination von Unternehmen, die bewusst eine praktische Zusammenarbeit an die Stelle des mit Risiken verbundenen Wettbewerbs treten lässt.[976] Die Einrichtung einer zentralen Tarif-Datenbank, die werktäglich sämtliche künftigen Tarifdaten

---

972 Vgl. hierzu ausführlich *Thomas,* ZWeR 2005, 236, 236 ff.

973 *EU Kommission,* Entscheidung v. 16.01.1991 – 91/50/EWG, ABl. EG 1991 Nr. L 28/32 - Ijsselcentrale.

974 *EuG,* Urt. v. 06.04.1995 – Rs. T-145/89, ECLI:EU:T:1995:66, Rn. 107 f.

975 *BGH,* Beschluss v. 08.05.2001 – KVR 12/99, = NJW 2001, 3782; Beschluss v. 04.03.2008 – KVZ 55/07, = BeckRS 2008, 16751.

976 *EuGH,* Urt. v. 19.07.1972 – Rs. 48/69, ECLI:EU:C:1972:70, Rn. 64, 67; Urt. v. 16.12.1975 – verb. Rs. 40/73–48/73 u. a., ECLI:EU:C:1975:174, Rn. 26, 28; Urt. v. 14.07.1981 – Rs. 172/80, ECLI:EU:C:1981:178, Rn. 12.

von Fluggesellschaften mit mehreren Wettbewerbern teilt, stellt ein System dar, das den Preiswettbewerb bewusst beschränkt, indem es nahezu vollständig die geplante Preissetzung der Wettbewerber untereinander bekannt macht und so eine Koordination der angebotenen Tarife zu bestimmten Preisen ermöglicht. Die Datenbank von ATP stellt damit eine Koordinationsform dar, die ganz bewusst einen freien Preiswettbewerb ersetzt. Ziel der Datenbank war gerade die Transparenz und Verfügbarkeit der künftigen Tarifdaten aller beteiligter Wettbewerber herzustellen, die in dieser Form in einem wettbewerblichen Markt nicht gegeben sind. Zwar lässt sich einwenden, dass in heutigen Online-Märkten Flugdaten aller wesentlichen Wettbewerber für jeden abrufbar sind.[977] Dabei handelt es sich allerdings ausschließlich um die aktuellen Preis- und Tarifdaten, wohingegen künftige Tarifdaten gerade nicht öffentlich eingesehen werden können. Diese Verfügbarkeit hat auch wesentlichen Einfluss auf die Tarifbildung der beteiligten Wettbewerber, sodass die Daten aus der zentralen Datenbank unmittelbar zu einer angepassten Preissetzung führen. Hinsichtlich der subjektiven Ebene der Koordination ist festzuhalten, dass allen Beteiligten klar war bzw. klar gewesen sein muss, zu welchem Zweck die Datenbank betrieben wird und welche konkreten Daten ausgetauscht werden. Ein solch bewusster Datenaustausch von Preisdaten zur jeweiligen Preis- bzw. Tarifanpassung ist daher als aufeinander abgestimmte Verhaltensweise i.S.d. Art. 101 Abs. 1 AEUV bzw. § 1 GWB einzustufen.

bbb) Rechtsprechung des EuGH zum Informationsaustausch von für die Preissetzung relevanten Daten

Um zu klären, unter welchen Bedingungen eine Preissetzung von mehreren Wettbewerbern über einen dritten Anbieter wettbewerbswidrig ist, soll nun die bislang ergangene Rechtsprechung des Europäischen Gerichtshofes zum Informationsaustausch zwischen Wettbewerbern betrachtet werden. Unabhängig davon, ob die Daten zwischen den Wettbewerbern selbst unmittelbar ausgetauscht werden oder eine Koordination über einen Dritten erfolgt, lassen sich daraus bestimmte Kriterien schlussfolgern, um feststellen zu können, wann eine wettbewerbswidrige Verhaltensweise i.S.d. Art. 101 Abs. 1 AEUV bzw. § 1 GWB vorliegt.

---

977 Vgl. zur Verfügbarkeit von Flugpreisdaten bereits *Christiani,* Agentelligence - Anwendungsmöglichkeiten verteilter Informationssysteme auf ein System zur Flugreiseinformation, S. 40 ff.

α) John Deere Entscheidung

In der wegweisenden Entscheidung des EuGH zu John Deere befasste sich der Gerichtshof mit dem Austausch von detaillierten Marktinformationen verschiedener Wettbewerber über ein zentrales Informationssystem.[978] Dabei hatten sich ca. 200 Hersteller und Einführer von landwirtschaftlichen Zugmaschinen in einem Berufsverband im Vereinigten Königreich, der Agricultural Engineers Association Limited (im Folgenden kurz AEAL) organisiert.[979] Über diesen Verband, dessen Mitglieder einen Marktanteil von ca. 87–88 % hatten, wurden Daten über zuzulassende landwirtschaftliche Zugmaschinen ausgetauscht, die einen Rückschluss auf die Umsätze der einzelnen am Verband beteiligten Unternehmen zuließen.[980] Es wurden so Absatzdaten zwischen den Wettbewerbern ausgetauscht, die geeignet waren eine Beibehaltung von höheren Preisen auf dem relevanten Markt sicherzustellen.[981]

Dabei stellte der EuGH einige Kriterien auf, die im zugrundeliegenden Fall für einen wettbewerbswidrigen Austausch von Informationen sprachen. Bemängelt wurde zum einen, dass der Austausch systematisch[982], das heißt regelmäßig stattfand. Weiterhin war die Art der ausgetauschten Informationen problematisch. Diese waren als Geschäftsgeheimnisse einzustufen und geeignet, um mit ihnen die Umsätze der einzelnen Wettbewerber nachvollziehen zu können.[983] Als weiteres durch das EuG aufgestelltes Kriterium wurde der Ausschluss von anderen Marktteilnehmern angesehen, das für eine wettbewerbswidrige Verhaltensweise sprechen kann.[984] Hinsichtlich der Marktstruktur als wesentliches Merkmal zur Beurteilung eines Informationsaustausches zwischen Wettbewerbern nimmt der EuGH unmittelbar Bezug auf die vom EuG dargelegte Transparenzwirkung auf verschiedenen Märkten. Hinsichtlich wettbewerblicher Märkte hat Transparenz wettbewerbsfördernde Wirkungen, indem einzelne Marktteilnehmer durch einen Informationsaustausch die wettbewerbliche Ungewissheit auf den Märkten durch die Zersplitterung des Angebots nicht wesentlich verringern können.[985] Auf konzentrierten oligopolistischen Märkten hingegen ist nach Auffassung des EuGH ein Austausch von

978 *EuGH,* Urt. v. 28.05.1998 – Rs. C-7/95 P, ECLI:EU:C:1998:256.
979 *EuGH,* Urt. v. 28.05.1998 – Rs. C-7/95 P, ECLI:EU:C:1998:256, Rn. 2.
980 *EuGH,* Urt. v. 28.05.1998 – Rs. C-7/95 P, ECLI:EU:C:1998:256, Rn. 6, 89 f.,119.
981 *EuGH,* Urt. v. 28.05.1998 – Rs. C-7/95 P, ECLI:EU:C:1998:256, Rn. 119.
982 *EuGH,* Urt. v. 28.05.1998 – Rs. C-7/95 P, ECLI:EU:C:1998:256, Rn. 89.
983 *EuGH,* Urt. v. 28.05.1998 – Rs. C-7/95 P, ECLI:EU:C:1998:256, Rn. 89.
984 *EuGH,* Urt. v. 28.05.1998 – Rs. C-7/95 P, ECLI:EU:C:1998:256, Rn. 89.
985 *EuGH,* Urt. v. 28.05.1998 – Rs. C-7/95 P, ECLI:EU:C:1998:256, Rn. 88.

Marktinformationen geeignet, „den Unternehmen Aufschluss über die Marktpositionen und die Strategien ihrer Wettbewerber zu geben und damit den noch bestehenden Wettbewerb zwischen den Wirtschaftsteilnehmern spürbar zu beeinträchtigen.“[986]

Der EuGH hat in der John Deere-Entscheidung unter Bezugnahme auf die Entscheidung des EuG zusammenfassend also die Art der Informationen, die Marktstruktur sowie die Regelmäßigkeit des Austausches als wesentliche Kriterien herangezogen, um zu beurteilen, ob ein Informationsaustausch zwischen Wettbewerbern wettbewerbswidrig ist.

β) Thyssen Stahl Entscheidung

Diese Kriterien konkretisierte der EuGH in der Thyssen Stahl Entscheidung. Dieser lag zunächst eine Krise des europäischen Stahlmarktes ab 1974 sowie eine darauffolgende Festschreibung von verbindlichen Produktionsquoten durch die Kommission zugrunde.[987] Nach dem Ende dieser Produktionsquoten im Jahr 1988 sollte zu einem freien und wettbewerblichen Markt zurückgekehrt werden. Die Kommission führte dazu ein Überwachungssystem bis zum Jahr 1990 ein, das unter anderem auch regelmäßige Treffen zwischen den beteiligten Wettbewerbern beinhaltete.[988] Im Zuge dieses Austausches durch die beteiligten 17 europäischen Stahlunternehmen und einem ihrer Wirtschaftsverbände, der jedoch bezüglich der streitgegenständlichen Vereinbarungen ohne Kenntnis der Kommission stattfand[989], kam es zu einer Reihe von Vereinbarungen, Beschlüssen und verabredeten Praktiken zur Festsetzung von Preisen, zur Marktaufteilung und zum Austausch vertraulicher Informationen.[990] Der EuGH machte unter Bezugnahme auf die John Deere Entscheidung deutlich, dass ein Informationsaustausch nicht nur auf oligopolistischen Märkten eine wettbewerbswidrige Verhaltensweise darstellen kann.[991] Bezogen auf die marktbezogenen Kriterien zur Beurteilung der Wettbewerbswidrigkeit eines Informationsaustausches zwischen Wettbewerbern entschied der EuGH, dass das Angebot lediglich nicht zersplittert sein darf, um eine Wettbewerbswidrigkeit annehmen zu können.[992] Folglich kommt es auf eine Festlegung, ob im

---

986 *EuGH,* Urt. v. 28.05.1998 – Rs. C-7/95 P, ECLI:EU:C:1998:256, Rn. 88.
987 *EuGH,* Urt. v. 02.10.2003 – Rs. C-194/99 P, ECLI:EU:C:2003:527, Rn. 2 f.
988 *EuGH,* Urt. v. 02.10.2003 – Rs. C-194/99 P, ECLI:EU:C:2003:527, Rn. 5.
989 *EuGH,* Urt. v. 02.10.2003 – Rs. C-194/99 P, ECLI:EU:C:2003:527, Rn. 103, 115 f.
990 *EuGH,* Urt. v. 02.10.2003 – Rs. C-194/99 P, ECLI:EU:C:2003:527, Rn. 7.
991 *EuGH,* Urt. v. 02.10.2003 – Rs. C-194/99 P, ECLI:EU:C:2003:527, Rn. 86.
992 *EuGH,* Urt. v. 02.10.2003 – Rs. C-194/99 P, ECLI:EU:C:2003:527, Rn. 86.

Einzelfall eine oligopolistische Marktstruktur gegeben ist, zur Beurteilung der Wettbewerbswidrigkeit eines Informationsaustauschsystems nicht an.[993]

Bezüglich der Art der ausgetauschten Daten wurde deutlich, dass Schnellstatistiken auf Unternehmensebene, die nach Produkten und nationalen Zielmärkten aufgeschlüsselt sind, sodass kein Unternehmen den Marktanteil seiner Konkurrenten ermitteln kann, nicht wettbewerbswidrig sind.[994] Der EuGH war der Ansicht, dass die streitgegenständlichen Informationsaustauschsysteme jedoch im Gegensatz zu diesen Schnellstatistiken, deren Austausch von der Kommission auch nicht beanstandet wurde, die Entscheidungsfreiheit der Teilnehmer erheblich beeinflussten.[995] Aus dieser Unterscheidung wird deutlich, dass die Individualisierbarkeit der jeweils ausgetauschten Daten ein weiteres Kriterium darstellt. Ausgehend vom Selbstständigkeitspostulat ergibt sich, dass der Austausch individuell zurechenbarer Daten eher geeignet ist, eine selbstständige und unabhängige Preissetzung der jeweiligen Wettbewerber zu verhindern, als ein solcher, der nur anonymisierte Daten betrifft und keinen Rückschluss auf bestimmte Preise oder Absatzmengen einzelner Wettbewerber zulässt.

γ) Anic Partecipazioni Entscheidung

Der sog. Polyprolen-Entscheidung des EuGH ging eine Überproduktion auf dem europäischen Polyprolenmarkt voraus. Der Markt bestand vor 1977 aus 10 Herstellern, von denen die vier größten zusammen 64 % Marktanteil hatten.[996] Anic Partecipazioni selbst kam auf 2,7 % bis 4,2 % Marktanteil.[997] Nach dem Auslauf des Patents eines Herstellers traten zahlreiche neue Hersteller in Erscheinung, was zu einer erheblichen Überproduktion führte, ohne dass die Nachfrage im selben Umfang stieg.[998] Infolgedessen kam es zu regelmäßigen Treffen von Vertretern verschiedener Wettbewerber und Anic Partecipazioni, in der Ziel- und Mindestpreise festgelegt wurden, die durch verschiedene Maßnahmen, wie durch vorübergehende Absatzeinschränkungen und den Austausch von Informationen über ihre Verkäufe sowie eine Marktaufteilung durchgesetzt werden sollten.[999]

---

993 *EuGH,* Urt. v. 02.10.2003 – Rs. C-194/99 P, ECLI:EU:C:2003:527, Rn. 87.
994 *EuGH,* Urt. v. 02.10.2003 – Rs. C-194/99 P, ECLI:EU:C:2003:527, Rn. 129.
995 *EuGH,* Urt. v. 02.10.2003 – Rs. C-194/99 P, ECLI:EU:C:2003:527, Rn. 130.
996 *EuGH,* Urt. v. 08.07.1999 – Rs. C-49/92 P, ECLI:EU:C:1999:356, Rn. 5.
997 *EuGH,* Urt. v. 08.07.1999 – Rs. C-49/92 P, ECLI:EU:C:1999:356, Rn. 6.
998 *EuGH,* Urt. v. 08.07.1999 – Rs. C-49/92 P, ECLI:EU:C:1999:356, Rn. 5.
999 *EuGH,* Urt. v. 08.07.1999 – Rs. C-49/92 P, ECLI:EU:C:1999:356, Rn. 8.

Der EuGH nahm in der Entscheidung Stellung zum Verhältnis der Begriffe der Abstimmung, abgestimmten Verhaltensweise und des Beschlusses von Unternehmensvereinigungen zueinander. Der Gerichtshof war der Auffassung, dass mehrere Abstimmungen mit demselben wettbewerbswidrigen Ziel, von denen einige Vereinbarungen und Beschlüsse von Unternehmensvereinigungen sind und andere abgestimmte Verhaltensweisen, als einheitliche Zuwiderhandlung zu bewerten sind.[1000] Eine genauere Festlegung seitens der Kommission hinsichtlich einzelner Abstimmungsteile auf einen der drei Begriffe sei nicht nötig.[1001] Vielmehr sei ausreichend, dass die Kommission „einige dieser Handlungen als „Vereinbarungen" und andere hilfsweise als „abgestimmte Verhaltensweisen" eingestuft habe".[1002]

Er machte weiterhin deutlich, dass eine abgestimmte Verhaltensweise im Gegensatz zu den anderen beiden Varianten ein der Abstimmung entsprechendes Marktverhalten und einen ursächlichen Zusammenhang zwischen beidem voraussetze.[1003] Dieser Kausalzusammenhang wird grundsätzlich widerleglich vermutet.[1004] Die Vermutung wird vorliegend zudem noch dadurch verstärkt, dass die Abstimmungen regelmäßig und über einen langen Zeitraum hinweg stattfanden.[1005] Eine tatsächliche Einschränkung, Verhinderung oder Verfälschung des Wettbewerbs ist demnach nicht zwingend Voraussetzung einer wettbewerbswidrigen Abstimmung.[1006]

Bezüglich der Verantwortlichkeit einzelner Unternehmen im Hinblick auf ein solches kontinuierliches, wettbewerbswidriges System urteilte der EuGH, dass die Beteiligung an einem solchen System zur Folge haben kann, dass ein beteiligtes Unternehmen auch für das Verhalten von anderen beteiligten Unternehmen verantwortlich gemacht werden kann, solange „das betreffende Unternehmen nachweislich von dem rechtswidrigen Verhalten der anderen Beteiligten wusste oder es vernünftigerweise vorhersehen konnte sowie bereit war, die daraus erwachsende Gefahr auf sich zu nehmen."[1007]

Insgesamt stellte die vorgestellte Entscheidung in Sachen Anic Partecipazioni wesentliche Grundweichen für das weitere Verständnis des

---

1000 *EuGH,* Urt. v. 08.07.1999 – Rs. C-49/92 P, ECLI:EU:C:1999:356, Rn. 112 ff.
1001 *EuGH,* Urt. v. 08.07.1999 – Rs. C-49/92 P, ECLI:EU:C:1999:356, Rn. 132.
1002 *EuGH,* Urt. v. 08.07.1999 – Rs. C-49/92 P, ECLI:EU:C:1999:356, Rn. 132.
1003 *EuGH,* Urt. v. 08.07.1999 – Rs. C-49/92 P, ECLI:EU:C:1999:356, Rn. 118 ff.
1004 *EuGH,* Urt. v. 08.07.1999 – Rs. C-49/92 P, ECLI:EU:C:1999:356, Rn. 121.
1005 *EuGH,* Urt. v. 08.07.1999 – Rs. C-49/92 P, ECLI:EU:C:1999:356, Rn. 121.
1006 *EuGH,* Urt. v. 08.07.1999 – Rs. C-49/92 P, ECLI:EU:C:1999:356, Rn. 124.
1007 *EuGH,* Urt. v. 08.07.1999 – Rs. C-49/92 P, ECLI:EU:C:1999:356, Rn. 83.

europäischen Kartellverbotes. Hinsichtlich des wettbewerbswidrigen Informationsaustausches zwischen Wettbewerbern über einen Dritten lässt sich aus der Entscheidung insbesondere ableiten, dass im Falle einer nachgewiesenen wettbewerbswidrigen Abstimmung der Kausalzusammenhang zwischen dieser und dem anschließenden Marktverhalten grundsätzlich nötig ist aber gleichzeitig widerleglich vermutet wird. Weiterhin stellte der EuGH die Häufigkeit und Kontinuität eines Informationsaustausches erneut als wesentliches Kriterium heraus, das für eine Wettbewerbswidrigkeit spricht. Hinsichtlich der persönlichen Verantwortlichkeit des einzelnen beteiligten Unternehmens an einem wettbewerbswidrigen System wurde deutlich, dass die Beteiligung an einem solchen System dazu führen kann, dass das einzelne Unternehmen sich Handlungen anderer Beteiligter zurechnen lassen muss, solange es dieses Verhalten kannte oder es vernünftigerweise hätte voraussehen können und bereit war das entsprechende Risiko mit zu tragen.

δ) Asnef-Equifax Entscheidung

Die in den John Deere und Thyssen Stahl Entscheidungen aufgestellten Kriterien bestätigte und konkretisierte der Gerichtshof erneut in der Asnef-Equifax Entscheidung.[1008] Auf Vorlage des spanischen Tribunal Supremo hatte der EuGH die Frage zu klären, ob das europäische Kartellverbot, damals noch Art. 81 Abs. 1 EG, einen Informationsaustausch zwischen Finanzinstituten bezüglich Zahlungsfähigkeit und Säumigkeit ihrer Kunden verbiete, wenn diese Vereinbarungen ungünstige Auswirkungen auf die Wirtschaftspolitiken der Union und auf den Kreditmarkt der Gemeinschaft haben und eine Beschränkung des Wettbewerbs im Bereich der Finanz- und Kreditinstitute bewirken bzw. ob ein solcher Informationsaustausch durch Vorteile für Verbraucher und Nutzer der Finanzdienstleistungen gemäß Art. 81 Abs. 3 EG freigestellt werden könnte.[1009]

Der EuGH urteilte, dass die Frage nach der kartellrechtlichen Zulässigkeit eines solchen Systems nicht abstrakt zu beurteilen ist, sondern vielmehr „nach den auf den betreffenden Märkten herrschenden wirtschaftlichen Bedingungen und den für das betreffende System charakteristischen Eigenschaften, namentlich seinem Zweck, den Zugangsvoraussetzungen und den Bedingungen der Teilnahme am Austausch, der Natur der ausgetauschten Informationen – bei denen es sich z. B. um veröffentlichte oder vertrauliche, zusammengefasste oder detaillierte, historische oder gegenwärtige Angaben handeln kann –, deren

1008 *EuGH*, Urt. v. 23.11.2006 – Rs. C-238/05, ECLI:EU:C:2006:734.

1009 *EuGH*, Urt. v. 23.11.2006 – Rs. C-238/05, ECLI:EU:C:2006:734, Rn. 11, 26.

Periodizität und ihrer Bedeutung für die Preisbildung sowie dem Umfang oder den Bedingungen der Leistung."[1010] Bezüglich der marktbezogenen Kriterien unterschied der EuGH abermals zwischen hochgradig konzentrierten und zersplitterten Angebotsmärkten und bestätigte die Ambivalenz eines Informationsaustausches je nach Markt, auf dem er stattfindet entsprechend den in der Thyssen Stahl Entscheidung aufgestellten Grundsätzen.[1011]

Damit konkretisierte der EuGH wiederum einige Kriterien hinsichtlich der Abgrenzung eines zulässigen Informationsaustausches von einer wettbewerbswidrigen Verhaltensweise. Bezüglich der datenbezogenen Kriterien stellte der Gerichtshof vor allem auf die Öffentlichkeit sowie die Aktualität der ausgetauschten Informationen ab. Bezüglich des Austauschvorgangs selbst bestätigte er das bereits in der John Deere Entscheidung herausgestellte Kriterium der Regelmäßigkeit (Periodizität). Zudem stellte der Gerichtshof erstmals die Bedeutung der ausgetauschten Daten für die Preisbildung der einzelnen Unternehmen als explizites Kriterium heraus. Bezüglich des systematischen Austausches von Informationen wurde zudem deutlich, dass die Bedingungen sowie die Zugangsvoraussetzungen zu einem Informationsaustauschsystem von besonderer Relevanz sein können. Es macht folglich einen Unterschied, unter welchen Bedingungen bestimmte Marktteilnehmer in den Kreis der Informierten aufgenommen werden. Dies korrespondiert eng mit dem Kriterium der Öffentlichkeit der Daten, da diesbezüglich ähnliche Wertungen gelten.

ε) T-Mobile Netherlands Entscheidung

In der Entscheidung T-Mobile Netherlands[1012] zu einem Vorabentscheidungsersuchen eines niederländischen Gerichts konkretisierte der EuGH die Kriterien für einen wettbewerbswidrigen Informationsaustausch weiter. Dem Verfahren lag ein Treffen von Vertretern von Betreibern zugrunde, die auf dem niederländischen Markt Mobiltelekommunikationsdienste anbieten.[1013] Die Marktanteile der fünf beteiligten Betreiber beliefen sich im Jahr 2001 auf 10,6 %, 42,1 %, 9,7 %, 26,1 % und 11,4 %.[1014] Im Rahmen dieses Treffen sollen Informationen hinsichtlich der Vergütung ausgetauscht worden sein, die die Betreiber für Dienstleistungen von Händlern zu zahlen bereit waren.[1015] Da sich diese

---

1010 *EuGH,* Urt. v. 23.11.2006 – Rs. C-238/05, ECLI:EU:C:2006:734, Rn. 54.
1011 *EuGH,* Urt. v. 23.11.2006 – Rs. C-238/05, ECLI:EU:C:2006:734, S. 58.
1012 *EuGH,* Urt. v. 04.06.2009 – Rs. C-8/08, ECLI:EU:C:2009:343.
1013 *EuGH,* Urt. v. 04.06.2009 – Rs. C-8/08, ECLI:EU:C:2009:343, Rn. 12.
1014 *EuGH,* Urt. v. 04.06.2009 – Rs. C-8/08, ECLI:EU:C:2009:343, Rn. 10.
1015 *EuGH,* Urt. v. 04.06.2009 – Rs. C-8/08, ECLI:EU:C:2009:343, Rn. 19.

Informationen nicht unmittelbar auf die Preise bezogen, die den Endkunden der Betreiber für die Dienste in Rechnung gestellt wurden, war das vorlegende niederländische Gericht der Ansicht, dass dieser Informationsaustausch nicht bezwecke, die Preise für Telekommunikations-Verträge auf dem Einzelhandelsmarkt zu bestimmen.[1016] Zudem hatte das vorlegende Gericht Zweifel an der Anwendbarkeit der aus der Anic Partecipazioni Entscheidung stammenden widerlegbaren Vermutung, dass ausgetauschte Informationen ursächlich für ein späteres Marktverhalten seien, weil im vorliegenden Fall lediglich ein Treffen und gerade kein regelmäßiger Austausch stattgefunden habe.[1017]

Diese Zweifel räumte der EuGH mit seiner Entscheidung aus. Ausgehend vom Selbstständigkeitspostulat bekräftigte der EuGH die Möglichkeit eines wettbewerbswidrigen Informationsaustausches auf einem oligopolistischen Markt wie dem zugrundeliegenden, indem durch einen Austausch von Informationen der Grad der Ungewissheit über das fragliche Marktgeschehen verringert oder beseitigt werden kann und dies zu einer Beschränkung des Wettbewerbs zwischen den Unternehmen führt.[1018] Weiterhin war der EuGH der Ansicht, dass nicht nur solche Informationsaustausche wettbewerbswidrig sein können, die sich unmittelbar auf die von den Endverbrauchern zu zahlenden Preise auswirken.[1019] Ziel des Kartellverbotes ist es aus Sicht des Gerichts nicht, die Interessen einzelner Wettbewerber oder Verbraucher zu schützen, sondern vielmehr die Struktur des Marktes und damit den Wettbewerb als solchen.[1020] Hinsichtlich der Vermutung zwischen Informationsaustausch und Marktverhalten entschied der Gerichtshof, dass diese zudem ausdrücklich auch dann anwendbar ist, wenn der Informationsaustausch einmalig erfolgt, solange die jeweiligen Unternehmen danach auf dem Markt tätig geblieben sind.[1021] Entscheidend sind demnach nicht die Anzahl der Abstimmungen, sondern inwieweit die ausgetauschten Informationen es den beteiligten Wettbewerbern ermöglicht haben, ihr Marktverhalten anzupassen, um so eine praktische Zusammenarbeit an die Stelle der mit dem Wettbewerb verbundenen Risiken treten zu lassen.[1022]

Durch die T-Mobile Netherlands Entscheidung wurde hinsichtlich der Kriterien eines wettbewerbswidrigen Informationsaustausches zusammenfassend

---

1016 *EuGH,* Urt. v. 04.06.2009 – Rs. C-8/08, ECLI:EU:C:2009:343, Rn. 19.
1017 *EuGH,* Urt. v. 04.06.2009 – Rs. C-8/08, ECLI:EU:C:2009:343, Rn. 21.
1018 *EuGH,* Urt. v. 04.06.2009 – Rs. C-8/08, ECLI:EU:C:2009:343, Rn. 33 ff.
1019 *EuGH,* Urt. v. 04.06.2009 – Rs. C-8/08, ECLI:EU:C:2009:343, Rn. 36, 39.
1020 *EuGH,* Urt. v. 04.06.2009 – Rs. C-8/08, ECLI:EU:C:2009:343, Rn. 38.
1021 *EuGH,* Urt. v. 04.06.2009 – Rs. C-8/08, ECLI:EU:C:2009:343, Rn. 58 ff.
1022 *EuGH,* Urt. v. 04.06.2009 – Rs. C-8/08, ECLI:EU:C:2009:343, Rn. 61.

Folgendes deutlich: Zum einen ist die Vermutung der Kausalität zwischen Austausch und Marktverhalten bereits bei einmaligem Informationsaustausch anwendbar. Die Anzahl der stattgefundenen Austausche bleibt dennoch weiterhin ein entscheidendes Kriterium. Zudem müssen die ausgetauschten Informationen nicht unmittelbar die Verbraucherpreise betreffen. Wettbewerbswidrig kann ein Informationsaustausch vielmehr bereits dann sein, wenn die ausgetauschten Informationen „entscheidende Gesichtspunkte für die Festsetzung des Preises“[1023] beinhalten.

ζ) Dole Food Entscheidung

Der Dole Food Entscheidung lag ein Informationsaustausch von Anbietern von Bananen zugrunde, die sich gegenseitig vor der wöchentlichen Verhandlung mit Abnehmern bestimmte „Faktoren für die Festsetzung des Bananenpreises, d. h. für die Festsetzung der Listenpreise der kommenden Woche relevante Faktoren, besprochen oder Preistrends erörtert oder preisgegeben oder Hinweise auf die voraussichtlichen Listenpreise für die kommende Woche gegeben“[1024] haben.

Der EuGH bestätigte das Urteil des EuG unter anderem dahingehend, dass einer wettbewerbswidrigen Verhaltensweise nicht entgegensteht, dass die beteiligten Personen des Informationsaustausches, vorliegend der Area Manager bzw. Sales Executive[1025], nicht für die Festsetzung der kommenden Preise verantwortlich gewesen sind.[1026] Der EuG hat darauf hingewiesen, dass es nach ständiger Rechtsprechung[1027] ausreichend ist, wenn der jeweilige Mitarbeiter überhaupt befugt ist, für das jeweilige Unternehmen tätig zu werden.[1028] Diese Würdigung hat der EuGH nicht beanstandet.[1029] Zudem bestätigte der EuGH im Wesentlichen die in der T-Mobile Netherlands Entscheidung aufgestellten Wertungen hinsichtlich des Vorliegens eines wettbewerbswidrigen Zwecks beim Austausch von Informationen, die der Preissetzung dienen[1030], der Vermutung einer Kausalität zwischen dem Informationsaustausch und dem

1023 *EuGH,* Urt. v. 04.06.2009 – Rs. C-8/08, ECLI:EU:C:2009:343, Rn. 37.
1024 *EuGH,* Urt. v. 19.03.2015 – Rs. C-286/13 P, ECLI:EU:C:2015:184, Rn. 14.
1025 *EuG,* Urt. v. 14.03.2013 – Rs. T-588/08, ECLI:EU:T:2013:130, Rn. 580.
1026 *EuGH,* Urt. v. 19.03.2015 – Rs. C-286/13 P, ECLI:EU:C:2015:184, Rn. 102 ff.
1027 *EuG,* Urt. v. 20.03.2002 – Rs. T-15/99, ECLI:EU:T:2002:71, Rn. 73; *EuGH,* Urt. v. 07.06.1983 – verb. Rs. 100/80–103/80, ECLI:EU:C:1983:158, Rn. 97.
1028 *EuG,* Urt. v. 14.03.2013 – Rs. T-588/08, ECLI:EU:T:2013:130, Rn. 581.
1029 *EuGH,* Urt. v. 19.03.2015 – Rs. C-286/13 P, ECLI:EU:C:2015:184, Rn. 103 f.
1030 *EuGH,* Urt. v. 19.03.2015 – Rs. C-286/13 P, ECLI:EU:C:2015:184, Rn. 124.

folgenden Marktverhalten[1031] sowie den Umstand, dass auch ein Informationsaustausch wettbewerbswidrig sein kann, der sich nicht unmittelbar auf die Verbraucherpreise auswirkt.[1032]

Die Dole Food Entscheidung beinhaltete damit keine wesentlich neuen Kriterien im Hinblick auf den wettbewerbswidrigen Austausch von preissetzungsrelevanten Daten. Der EuGH bestätigte letztlich nur die zuvor aufgestellten Kriterien und machte deutlich, dass diese auch im Jahr 2015 nicht an Aktualität verloren hatten, wenngleich die Wertungen teilweise mehrere Jahrzehnte alt waren.

ccc) Kriterien zur Abgrenzung eines zulässigen Informationsaustausches von einer wettbewerbswidrigen Abstimmung

Im Folgenden sollen nun ausgehend von der Erkenntnis, dass der ATP-Fall auch unter deutschem bzw. europäischem Wettbewerbsrecht sanktionierbar gewesen wäre und unter Berücksichtigung der oben dargestellten Eturas-Entscheidung und soeben dargestellter Rechtsprechung des EuGH zum Austausch von Informationen Kriterien entwickelt werden, um im Einzelfall bewerten zu können, wann ein Austausch von für die Preissetzung relevanten Daten zwischen Wettbewerbern unmittelbar oder über Dritte als wettbewerbswidrige abgestimmte Verhaltensweise einzuordnen ist. Mit Preisdaten sind im vorliegenden Kontext nicht ausschließlich aktuelle, vergangene oder künftige Preise für ein bestimmtes Produkt gemeint, sondern auch alle anderen Daten, die für die Preisbildung der Wettbewerber relevant sein können, wie beispielsweise Absatzdaten oder Informationen über die Relevanz von bestimmten Faktoren für die eigene Preisbildung.[1033]

α) Bezugszeitpunkt der Preisdaten

Die Wertungen des ATP-Falls zeigen, dass jedenfalls in solchen Fällen die Grenze zur wettbewerbswidrigen Abstimmung überschritten sein muss, in denen die Beteiligten nicht nur tagesaktuelle, sondern auch künftige Preis- und Tarifdaten mit den Wettbewerbern teilen. Der Zeitpunkt, auf den sich die veröffentlichten bzw. geteilten Preisdaten beziehen, ist als wesentliches Kriterium heranzuziehen.[1034] Während die Veröffentlichung von aktuellen Preisdaten

---

1031 *EuGH,* Urt. v. 19.03.2015 – Rs. C-286/13 P, ECLI:EU:C:2015:184, Rn. 126.

1032 *EuGH,* Urt. .v 19.03.2015 – Rs. C-286/13 P, ECLI:EU:C:2015:184, Rn. 125.

1033 Siehe zu derartigen Faktoren B) II. 1) a).

1034 *EU Kommission,* Horizontalleitlinien 2022, Rn. 430 f; *EuGH,* Urt. v 23.11.2006 – Rs. C-238/05, ECLI:EU:C:2006:734, Rn. 54.

notwendig ist[1035], besteht diese Notwendigkeit bei der Veröffentlichung von künftigen Preisdaten gerade nicht. Vielmehr ist eine solche Veröffentlichung häufig wettbewerbswidrig.[1036] Auch das Teilen von vergangenen Preisinformationen kann für eine abgestimmte Verhaltensweise sprechen.[1037] Diesbezüglich fehlt es ebenfalls an der Notwendigkeit, solche Daten Mitbewerbern zur Verfügung zu stellen. Die Ungewissheit auf dem Markt für die beteiligten Akteure kann so verringert werden, indem durch die Preisdaten der Vergangenheit mit Hilfe von Preissetzungsalgorithmen auch Rückschlüsse auf die künftige Preissetzung des Wettbewerbers möglich sind.[1038] Werden die Preisdaten der Wettbewerber aus der Vergangenheit in den eigenen Preissetzungsalgorithmus eingespeist, so besteht die Möglichkeit, dass bestimmte selbstlernende Algorithmen einen Zusammenhang zwischen der Preissetzung des Wettbewerbers aus der Vergangenheit mit der eigenen vergangenen Preissetzung nutzen, um künftig die Preissetzung des Wettbewerbers vorhersehen zu können. Durch sog. Clusteranalysen können Zusammenhänge, Ähnlichkeitsstrukturen und Abhängigkeiten von den jeweiligen Preisdaten der verschiedenen Produkte der Wettbewerber aus der Vergangenheit gewonnen werden.[1039] Insofern lässt sich nicht absolut feststellen, dass der Austausch von vergangenen oder historischen Preisdaten wettbewerbsrechtlich nicht zu beanstanden ist.

β) Qualität und Öffentlichkeit der Daten

Weiterhin wird man an der Sensibilität und Qualität der Daten anknüpfen müssen.[1040] Im ATP-Fall wurden umfangreiche Daten zu Tarifen und konkreten Preisen inklusive der jeweiligen Änderungen unter den Wettbewerbern geteilt. Dies ist im Hinblick auf eine verbotene Fühlungnahme strenger zu

---

1035 Die Pflicht zur Veröffentlichung aktueller Preisdaten folgt bereits aus den §§ 3 ff. PAngV und ist einem wettbewerblichen Markt zudem immanent.

1036 Vgl. *EuG*, Urt. v. 15.12.2016 – Rs. T-762/14, ECLI:EU:T:2016:738, Rn. 104; Urt. v. 08.07.2020 – Rs. T-758/14 RENV, ECLI:EU:T:2020:307, Rn. 96.

1037 Vgl. *EU Kommission*, Horizontalleitlinien 2022, Rn. 430; *EuG*, Urt. v. 12.07.2019 – Rs. T-762/15, ECLI:EU:T:2019:515, Rn. 127.

1038 Vgl. *EU Kommission*, Horizontalleitlinien 2022, Rn. 427, die insofern der Ansicht sind, dass ein Informationsaustausch, der die Ungewissheit auf dem Markt verringert, wettbewerbswidrig sein kann, selbst wenn dieser öffentlich geschieht.

1039 *Miao et al.*, Context-Based Dynamic Pricing with Online Clustering, S. 5.

1040 *EU Kommission*, Horizontalleitlinien 2022, Rn. 423 ff; *EuGH*, Urt. v. 28.05.1998 – Rs. C-7/95 P, ECLI:EU:C:1998:256, Rn. 89; Urt. v. 02.10.2003 – Rs. C-194/99 P, ECLI:EU:C:2003:527, Rn. 129 f; Urt. v. 23.11.2006 – Rs. C-238/05, ECLI:EU:C:2006:734, Rn. 54.

sehen als beispielsweise der gemeinsame Austausch von isolierten Absatzzahlen oder Informationen, die keine konkreten Rückschlüsse auf die Preissetzung einzelner Wettbewerber zulassen.[1041] Der Austausch von sensiblen Geschäftsinformationen stellt in aller Regel eine bezweckte Wettbewerbsbeschränkung dar.[1042] Dennoch kann auch der Austausch von solchen Daten wettbewerbswidrig sein, die sich nicht unmittelbar auf die Endpreise für bestimmte Waren oder Dienstleistungen beziehen, sondern nur mittelbar für diese relevant sind.[1043] Weiterhin wird zwischen öffentlich zugänglichen und nicht öffentlich zugänglichen Daten zu unterscheiden sein.[1044] Erstere tragen für alle Marktteilnehmer zu einer höheren Markttransparenz bei, während letztere einigen wenigen einen Informationsvorsprung gewähren.[1045] Die Kommission bringt in ihren Leitlinien zum Ausdruck, dass ein Austausch echter öffentlicher Informationen kaum einen Verstoß gegen Art. 101 Abs. 1 AEUV begründen kann.[1046] Echte öffentliche Informationen liegen demnach immer dann vor, wenn sowohl Wettbewerber als auch Kunden im Hinblick auf die Zugangskosten gleichen Zugang zu den Informationen haben.[1047] Ein solcher Austausch ist im Hinblick auf einen funktionierenden Wettbewerb meist unproblematisch, weil keinem beteiligten Marktteilnehmer ein unangemessener Vorteil gewährt wird, wenn die Markttransparenz insgesamt für alle erhöht wird.[1048]

Folglich wird die Preisanpassung aufgrund der Auswertung von öffentlich zugänglichen Preisdaten für zulässiges Parallelverhalten gehalten.[1049] Die Heranziehung von aktuellen öffentlichen Preisdaten zur Anpassung der eigenen

---

1041 *EuGH,* Urt. v. 02.10.2003 – Rs. C-194/99 P, ECLI:EU:C:2003:527, Rn. 129.

1042 *EU Kommission,* Horizontalleitlinien 2022, Rn. 424, die unter anderem den Austausch von Preisdaten, Absatzdaten, Geschäftsstrategien und Produktionskapazitäten aufführen.

1043 *EuGH,* Urt. v. 04.06.2009 – Rs. C-8/08, ECLI:EU:C:2009:343, Rn. 36, 39.

1044 *EU Kommission,* Horizontalleitlinien 2022, Rn. 425 ff; *EuGH,* Urt. v. 28.05.1998 – Rs. C-7/95 P, ECLI:EU:C:1998:256, Rn. 89; Urt. v. 23.11.2006 – Rs. C-238/05, ECLI:EU:C:2006:734, Rn. 54.

1045 *OECD,* Information Exchanges Between Competitors under Competition Law, S. 33.

1046 *EU Kommission,* Horizontalleitlinien 2022, Rn. 425.

1047 *EU Kommission,* Horizontalleitlinien 2022, Rn. 425 f.

1048 So zu verstehen *EuGH,* Urt. v. 28.05.1998 – Rs. C-7/95 P, ECLI:EU:C:1998:256, Rn. 89, der einen Austausch von Informationen besonders kritisiert, wenn nicht alle Marktteilnehmer partizipieren.

1049 Vgl. *Ebers,* NZKart 2016, 554, 555; *Künstner/Franz,* K&R 2017, 688, 692.

Preissetzung kann jedenfalls ohne sonstige Fühlungnahme nicht wettbewerbswidrig sein.[1050] Dies entspricht letztlich der zulässigen Marktbeobachtung, wie es beispielsweise Tankstellen bereits flächendeckend praktizieren.[1051]

Kritisch zu sehen ist die Annahme, dass bereits die Bereitstellung von Scraping-Software durch einen Dritten für mehrere Wettbewerber einen wettbewerbswidrigen Informationsaustausch begründen können soll.[1052] „Scraping“ bezeichnet ein technisches Verfahren für die Informationsbeschaffung von kommerziell interessanten Informationen und Daten im Web.[1053] Die Technik wird insbesondere auch zur Sammlung von Preisdaten eingesetzt.[1054] Die Kategorisierung und Sammlung von wettbewerblichen Preisdaten durch Wettbewerber oder zentral durch einen Dritten kann für sich genommen nicht wettbewerbswidrig sein. Der Verweis auf die Rechtsprechung des EuG[1055] kann insofern nicht überzeugen, als dass im bezugnehmenden Ausgangsfall gerade keine öffentlich zugänglichen Preisdaten ausgetauscht wurden, sondern solche Listenpreise, die nicht vollkommen und ohne Weiteres öffentlich zugänglich waren.[1056] Es handelte sich gerade nicht um objektive und unmittelbar verfügbare Marktdaten.[1057] Anknüpfungspunkt für die Wettbewerbswidrigkeit des Austauschs von Preisdaten war in diesem Fall gerade, dass die Koordinationen der Wettbewerber es ermöglichte, einfacher und schneller an die Preisdaten zu gelangen, als ohne die Koordination. Beim Scraping von Online-Preisen sind diese Preisdaten jedoch für alle verfügbar, da es sich jeweils ausschließlich um aktuelle bzw. vergangene Preise handeln kann, die öffentlich abrufbar sind. Selbst wenn ein dritter Dienstleister also Scraping in Form einer systematischen Datensammlung über mehrere Wettbewerber betreibt und diese Daten seinen Kunden zur Verfügung stellt, kann daraus keine wettbewerbswidrige Verhaltensweise der Kunden untereinander konstruiert werden.

Anders ist die Situation jedoch wohl zu beurteilen, wenn mehrere Wettbewerber koordiniert vergangene bzw. geplante künftige Preise oder Absatzzahlen flächendeckend öffentlich, beispielsweise online, zugänglich machen.

1050 *Becka,* ÖZK 2019, 9, 15.

1051 *Becka,* ÖZK 2019, 9, 15.

1052 So *BKartA/Autorité de la Conc.,* Algorithms and Competition, S. 39.

1053 *Schönfeld,* Screen Scraping und Informationsfreiheit, S. 41.

1054 Vgl. *Blaudow/Seeger,* WISTA 4/2019, 19, 19 ff., die den Einsatz von Scraping-Techniken bei der Verbraucherpreisstatistik schildern.

1055 Vgl. *BKartA/Autorité de la Conc.,* Algorithms and Competition, S. 39 Fn. 169.

1056 *EuG,* Urt. v. 12.07.2001 – verb. Rs. T-202/98 u.a., ECLI:EU:T:2001:185, Rn. 60.

1057 *EuG,* Urt. v. 12.07.2001 – verb. Rs. T-202/98 u.a., ECLI:EU:T:2001:185, Rn. 60.

Die Öffentlichkeit der Daten kann also nicht in jedem Fall ein Alleinkriterium dafür sein, ob eine abgestimmte Verhaltensweise i.S.d. Art. 101 Abs. 1 AEUV bzw. § 1 GWB vorliegt.[1058]

γ) Art der Datenspeicherung und Umfang des Datenzugriffs

Ein weiteres Kriterium ist die Art und Weise der Datenspeicherung und der Umfang des Zugriffs der jeweiligen Mitbewerber auf Daten der Konkurrenten. Dies hängt in der Konstellation des Austauschs über einen Dritten maßgeblich davon ab, wie dieser die Daten der einzelnen Wettbewerber speichert. Während beim direkten Austausch von Preis- und Absatzdaten zwischen einzelnen Wettbewerbern viel für eine wettbewerbswidrige Fühlungnahme spricht, da diese jeweils ohne Weiteres in vollem Umfang auf die jeweilig geteilten Daten zugreifen können, ist die Situation bei der Preissetzung und Datensammlung durch einen externen Dritten komplexer. Hierbei ist zu unterscheiden, wie der externe Preissetzungsalgorithmenanbieter die jeweiligen Preisdaten der Kunden speichert. Neben einer zentralen Speicherung aller Preisdaten in einem zentralen Datenpool[1059] kommen auch getrennte Speichersysteme für jeden einzelnen Kunden in Betracht. Die zentrale Speicherung von Wettbewerbsdaten mehrerer Wettbewerber, die die Grundlage für die Preissetzung anderer Wettbewerber bildet, legt den Verdacht der Fühlungnahme vorbehaltlich der Erfüllung bestimmter subjektiver Kriterien[1060] jedenfalls nahe. Letztlich ist ein gemeinsamer einheitlicher Datenpool bei einem dritten Algorithmenanbieter nichts anderes als das im ATP Fall als wettbewerbswidrige Abstimmung eingeordnete System. Auch hier werden aktuelle, vergangene sowie mögliche künftige Preis- und Absatzdaten in eine zentrale Datenbank eingespeist, die wiederum alle anderen Wettbewerber bzw. deren Preissetzungsalgorithmen mit Informationen über die Preissetzung der Konkurrenz versorgt.

δ) Häufigkeit und Öffentlichkeit des Austauschvorgangs

Auch die Häufigkeit sowie die Art und Weise des Informationsaustauschs sind Kriterien, die für bzw. gegen eine wettbewerbswidrige Absprache sprechen können.[1061] Die Kommission ist der Auffassung, dass in eher stabilen Märkten ein

1058 So auch *EU Kommission,* Horizontalleitlinien 2022, Rn. 427.

1059 Vgl. dazu *BKartA/Autorité de la Conc.,* Algorithms and Competition, S. 34, die in der zentralen Speicherung der Preisdaten auch die Möglichkeit sehen, identische Algorithmen für alle Kunden zu verwenden.

1060 Siehe dazu sogleich ε).

1061 *EU Kommission,* Horizontalleitlinien 2022, Rn. 439; *EuGH,* Urt. v. 28.05.1998 – Rs. C-7/95 P, ECLI:EU:C:1998:256, Rn. 89; Urt. v. 23.11.2006 – Rs. C-238/05, ECLI:EU:C:2006:734, Rn. 54.

seltenerer Austausch von Informationen für eine wettbewerbswidrige Koordination ausreichen kann, während auf eher instabilen Märkten ein solcher häufiger stattfinden muss, um das gewünschte Ziel der Beteiligten zu erreichen.[1062] Dennoch ist grundsätzlich auch bereits ein einmaliger Austausch von Informationen geeignet, um eine wettbewerbswidrige Verhaltensweise begründen zu können.[1063] Preissetzungsalgorithmen kommen häufig in dynamischen Märkten, insbesondere in Online-Märkten, zum Einsatz, sodass diesbezüglich für eine abgestimmte Verhaltensweise i.S.d. Art. 101 Abs. 1 AEUV bzw. § 1 GWB ein häufiger und regelmäßiger Austausch von Informationen gefordert werden muss. So übertragen im Szenario eines beteiligten dritten Alorithmenanbieters dessen Preissetzungsalgorithmen die Preisdaten der jeweilig beteiligten Wettbewerber sekundenaktuell an einen eigenen Datenpool, auf Grundlage dessen die Preissetzungsalgorithmen in Echtzeit abgleichen, ob es bei einem Anbieter für ein bestimmtes Produkt zu Preisanpassungen kommen sollte. Dies dürfte klar für eine Wettbewerbswidrigkeit sprechen.

Neben der Häufigkeit spielt es auch eine Rolle, ob die Daten öffentlich und für jeden einsehbar ausgetauscht werden oder ob dies im Geheimen erfolgt, ohne dass andere Marktteilnehmer auch nur eine theoretische Möglichkeit zur Kenntnisnahme haben.[1064] Ein Informationsaustausch kann nur dann als öffentlich bezeichnet werden, wenn er allen Marktteilnehmern gleichermaßen zur Verfügung steht, sie also ohne größere Aufwendungen Zugang zu den Daten erhalten können.[1065]

Bezogen auf den Austausch von für die algorithmische Preissetzung relevanten Daten bedeutet dies, dass ein Austausch von Informationen mehrerer Wettbewerber unmittelbar untereinander oder über einen zentralen Dritten eher wettbewerbsrechtlich problematisch ist, wenn er nicht öffentlich geschieht. Tauschen die Wettbewerber öffentlich und für jeden einsehbar Informationen aus, besteht weniger die Gefahr, dass es zu einem wettbewerbsschädigenden Verhalten kommt. Etwas anderes kann allenfalls in oligopolistischen Märkten gelten, bei denen es mangels wirksamen Wettbewerbs zu keiner Reaktion von nicht am Austausch beteiligten Wettbewerbern kommen kann. Diese

---

1062 *EU Kommission,* Horizontalleitlinien 2022, Rn. 439.

1063 *EuGH,* Urt. v. 04.06.2009 – Rs. C-8/08, ECLI:EU:C:2009:343, Rn. 58 ff.

1064 *EuGH,* Urt. v. 28.05.1998 – Rs. C-7/95 P, ECLI:EU:C:1998:256, Rn. 89; Urt. v. 23.11.2006 – Rs. C-238/05, ECLI:EU:C:2006:734, Rn. 54.

1065 *EU Kommission,* Horizontalleitlinien 2022, Rn. 426.

Konstellation des öffentlichen Austauschs von Preisdaten wird insbesondere im Hinblick auf eine mögliche tacit collusion diskutiert.[1066]

ε) Subjektive Kriterien

Ein weiteres wesentliches Abgrenzungskriterium besteht in der subjektiven Seite der Koordination. Der ATP-Fall war dahingehend eindeutig, als dass allen beteiligten Wettbewerbern der Sinn und Zweck sowie der Umfang des Datenaustauschs über ATP bekannt war. Problematischer erscheint die Frage jedoch in Fällen, in denen es zwar zur zentralen Sammlung von Preisdaten bei einem Dritten kommt, die beteiligten Unternehmen aber keine Kenntnis haben, welche Preisdaten von welchen Wettbewerbern einfließen und inwiefern die Preissetzung sich auf Wettbewerberpreise bezieht. Dies dürfte der Regelfall sein, wenn verschiedene Wettbewerber Preissetzungssoftware vom selben Drittanbieter nutzen. Diskutabel scheint die Frage, welche subjektiven Kriterien bei den Unternehmen erfüllt sein müssen, um eine abgestimmte Verhaltensweise bejahen zu können. Anhaltspunkte hierfür liefert die oben bereits dargestellte ETURAS Entscheidung des EuGH. Dieser stellte heraus, dass die Beteiligung an einer einheitlichen und automatisierten Preissetzung ohne den Nachweis der Kenntnisnahme einer Mitteilung dahingehend, dass andere Wettbewerber ihre Preise auch dementsprechend festsetzen, anhand von konkreten subjektiven und objektiven Indizien, nicht ausreichen kann, um eine Billigung und damit eine Beteiligung an der Abstimmung anzunehmen.[1067]

Der EuGH ist demnach der Auffassung, dass für den wettbewerbswidrigen Informationsaustausch jedenfalls ein subjektives Element des jeweiligen Wettbewerbers nötig ist und die objektive Beteiligung an einem Datenaustausch gerade nicht ausreichend ist für eine Fühlungnahme i.S.d. Art. 101 Abs. 1 AEUV bzw. § 1 GWB. Wie genau dieses subjektive Element ausgestaltet sein muss, ist jedoch nicht geklärt. In Betracht kommt die Notwendigkeit der positiven Kenntnis[1068], Vorsatz[1069] des jeweiligen Wettbewerbers sowie das Ausreichen bloßer fahrlässiger Unkenntnis[1070] vom Informationsaustausch.

Vorsatz im Sinne einer Absicht zur Beteiligung an einer wettbewerbswidrigen, aufeinander abgestimmten Verhaltensweise ist nicht nötig, um den

---

1066 Siehe dazu C) III. 4) a).

1067 *EuGH*, Urt. v. 21.01.2016 – Rs. C-74/14, ECLI:EU:C:2016:42, Rn. 45.

1068 *A. Heinemann/Gebicka*, JECLAP 2016, 431, 435; *Thomas*, in: *Zimmer* (Hrsg.), Regulierung für Algorithmen und KI, S. 299.

1069 *Nagel*, Compliance 3/2018, 2, 2.

1070 So wohl *BKartA/Autorité de la Conc.*, Algorithms and Competition, S. 36.

Tatbestand des Art. 101 Abs. 1 AEUV zu erfüllen.[1071] Für das Ausreichen eines Kennenmüssens sprechen zunächst einige Formulierungen im Eturas Fall des EuGH. So verwendet das Gericht an mehreren Stellen die Formulierung, dass in Frage stünde, ob die beteiligten Unternehmen im zugrundeliegenden Fall von der Koordination „Kenntnis erlangt haben oder zwangsläufig Kenntnis von ihr hätten erlangen müssen".[1072] Durch diese Formulierung stellt der EuGH eine fahrlässige Unkenntnis der positiven Kenntnis gleich. Selbiges könnte man durch die Formulierung des zweiten Teils der abschließenden Fragebeantwortung annehmen, in der der EuGH darauf hinweist, dass „[die] Unschuldsvermutung […] dem vorlegenden Gericht [versagt], davon auszugehen, dass das bloße Versenden dieser Mitteilung ein hinreichender Beweis dafür sein könne, dass ihre Adressaten zwangsläufig deren Inhalt kennen mussten."[1073] Im ersten Teil beantwortet der EuGH hingegen die Frage des Ausgangsgerichts dahingehend, dass „[…] vermutet werden kann, dass diese Wirtschaftsteilnehmer ab dem Zeitpunkt, zu dem sie von der vom Systemadministrator versandten Mitteilung Kenntnis erlangten, sich an einer aufeinander abgestimmten Verhaltensweise […] beteiligt haben […]".[1074]

Diese gegenteiligen Formulierungen werden zurecht als widersprüchlich und verwirrend bezeichnet.[1075] Es bleibt letztlich offen, ob in der vorliegenden Situation ein Kennenmüssen ausreichend gewesen wäre, um eine abgestimmte Verhaltensweise i.S.d. Art. 101 Abs. 1 AEUV bzw. § 1 GWB anzunehmen. Eine abgestimmte Verhaltensweise ist nach ständiger Rechtsprechung des EuGH jedoch jede Koordination von Unternehmen, die *bewusst* eine praktische Zusammenarbeit an die Stelle des mit Risiken verbundenen Wettbewerbs treten lässt.[1076] Das Bewusstsein der Zusammenarbeit ist in ständiger Rechtsprechung also ein wesentliches und notwendiges Kriterium für die Annahme einer abgestimmten Verhaltensweise. Nichts anderes kann für den

---

1071 Vgl. *EuGH,* Urt. v. 20.11.2008 – Rs. C-209/07, ECLI:EU:C:2008:643, Rn. 21; Urt. v. 04.06.2009 – Rs. C-8/08, ECLI:EU:C:2009:343, Rn. 27.

1072 *EuGH,* Urt. v. 21.01.2016 – Rs. C-74/14, ECLI:EU:C:2016:42, Rn. 26, 29, 34, 38, 39.

1073 *EuGH,* Urt. v. 21.01.2016 – Rs. C-74/14, ECLI:EU:C:2016:42, Rn. 50, zweiter Gedankenstrich.

1074 *EuGH,* Urt. v. 21.01.2016 – Rs. C-74/14, ECLI:EU:C:2016:42, Rn. 50, erster Gedankenstrich.

1075 *A. Heinemann/Gebicka,* JECLAP 2016, 431, 435.

1076 *EuGH,* Urt. .v 19.07.1972 – Rs. 48/69, ECLI:EU:C:1972:70, Rn. 64, 67; Urt. v. 16.12.1975 – verb. Rs. 40/73–48/73 u. a., ECLI:EU:C:1975:174, Rn. 26, 28; Urt. v. 14.07.1981 – Rs. 172/80, ECLI:EU:C:1981:178, Rn. 12.

Datenaustausch zwischen Wettbewerbern gelten, wenn diese ihre jeweilige Preisbildung ausgliedern und mit Hilfe oder unmittelbar durch einen dritten Dienstleister organisieren. Notwendiger Anknüpfungspunkt für eine wettbewerbsrechtliche Vorwerfbarkeit muss in jedem Fall eine bewusste und mithin wissentliche Koordination der Wettbewerber sein. Solange diese keine Kenntnis davon haben, dass Informationen mit einem Wettbewerber ausgetauscht werden, kann ein solcher Informationsaustausch kein wettbewerbswidriges Verhalten begründen. Ein fahrlässiger Informationsaustausch ist im Rahmen von Art. 101 Abs. 1 AEUV bzw. § 1 GWB nicht sanktionierbar.

Zwar führt der EuGH in der Eturas-Entscheidung aus, dass der Nachweis einer abgestimmten Verhaltensweise nicht durch unmittelbaren Beweis geführt werden muss, sondern „in den meisten Fällen aus einer Reihe von Koinzidenzen und Indizien abgeleitet werden muss, die bei einer Gesamtbetrachtung mangels einer anderen schlüssigen Erklärung den Beweis für eine Verletzung der Wettbewerbsregeln darstellen können."[1077] Allerdings bezieht er sich dabei ausschließlich auf die Nachweisebene und nicht auf den Tatbestand als solchen. Eine aufeinander abgestimmte Verhaltensweise mag zwar nicht positiv bewiesen werden müssen. Jedenfalls muss aber ein beteiligtes Unternehmen positive Kenntnis von einer bestimmten abgestimmten Verhaltensweise haben, um es als Beteiligten eben dieser ansehen zu können. Dabei wird man nicht fordern können, dass die jeweiligen Wettbewerber alle Details und jedes Datenpaket kennen, das ausgetauscht wird. Die Kenntnis über die groben Rahmenbedingungen, dahingehend mit wem, in welchem Abstand und zu welchem Zeitpunkt welche Art von Daten ausgetauscht werden, ist jedoch unerlässlich, um eine Beteiligung annehmen zu können. Die Grenze von der fahrlässigen Unkenntnis hin zur positiven Kenntnis dürfte dort überschritten sein, wo ein Unternehmen bzw. dessen Entscheidungsträger sich offensichtlich bewusst davor verschließen, dass Informationen mit Wettbewerbern ausgetauscht werden. Immer dann, wenn anhand der Umstände jedem ein stattfindender Informationsaustausch geradezu ins Auge springen muss, dürfte ein solches Verhalten der positiven Kenntnis und damit einer bewussten Koordination im Sinne der Anforderungen des EuGH gleichzustellen sein. Dies dürfte beispielsweise dann der Fall sein, wenn einem Wettbewerber bekannt ist, dass auch Mitbewerber Preissetzungsalgorithmen des Anbieters nutzen, mit dem man selbst die Preissetzung organisiert.

1077 *EuGH*, Urt. v. 21.01.2016 – Rs. C-74/14, ECLI:EU:C:2016:42, Rn. 36.

Hinsichtlich der subjektiven Kriterien ist festzuhalten, dass für den Informationsaustausch über Preissetzungsalgorithmen zwischen verschiedenen Wettbewerbern dasselbe gilt, wie für andere Formen des Informationsaustausches auch. Es ist notwendig, dass ein Unternehmen positive Kenntnis von den wesentlichen Rahmenbedingungen eines Informationsaustausches hat, um einen solchen als abgestimmte Verhaltensweise i.S.d. Art. 101 Abs. 1 AEUV bzw. § 1 GWB ansehen zu können. Einfache fahrlässige Unkenntnis kann hierfür nicht reichen.[1078] Erst wenn sich die Beteiligten vor dem Offensichtlichen verschließen, kann eine Unkenntnis der positiven Kenntnis im vorliegenden Fall gleichgestellt werden. Davon getrennt zu betrachten ist die Frage, inwieweit die Kenntnis eines dritten Algorithmenanbieters, der von den beteiligten Unternehmen unabhängig ist, für diese zurechenbar sein kann.[1079]

ζ) Marktstrukturen auf dem relevanten Markt

Ein weiteres objektives Kriterium ist die jeweilige Struktur des betroffenen Marktes, auf dem für die Preissetzung relevante Informationen ausgetauscht werden. Bereits in den John Deere und Thyssen Stahl Entscheidungen des EuGH machte dieser deutlich, dass ein und derselbe Informationsaustausch auf verschiedenen Märkten vollkommen ambivalent wirken kann.[1080] Während auf oligopolistischen Märkten ein Informationsaustausch weitaus schneller die Grenze zur Wettbewerbswidrigkeit überschreitet, ist ein solcher in wettbewerblichen Märkten in der Regel unproblematischer. Jedenfalls dann, wenn das Angebot auf dem relevanten Markt zersplittert ist, kann ein solcher nach Ansicht des EuGH kaum wettbewerbswidrige Folgen nach sich ziehen. Diese Wertungen sind auf das Szenario des Einsatzes von Preissetzungsalgorithmen übertragbar. Gibt es lediglich eine überschaubare Anzahl von Anbietern auf einem bestimmten Markt, die Informationen austauschen und damit den Markt ggf. unter sich aufteilen können, ist ein solcher Austausch wettbewerbsschädlicher und damit eher unter das Kartellverbot des Art. 101 Abs. 1 AEUV bzw. § 1 GWB zu fassen, als wenn ein solcher Austausch zwar zwischen einzelnen Unternehmen stattfindet, der gesamte Markt aber derart zersplittert ist, dass keine nennenswerten Preiseffekte erzielt werden können. Die Grenze ist

---

1078 A.A. *Lübke*, ZHR 185 (2021), 723, 735 f., die für Kernbeschränkungen andernfalls eine Schutzlücke sieht.

1079 Vgl. dazu *EuGH*, Urt. v. 23.11.2006 – Rs. C-238/05, ECLI:EU:C:2006:734, Rn. 54 sowie detaillierter dazu D) III. 2) a) dd).

1080 *EuGH*, Urt. v. 28.05.1998 – Rs. C-7/95 P, ECLI:EU:C:1998:256, Rn. 88; Urt. v. 02.10.2003 – Rs. C-194/99 P, ECLI:EU:C:2003:527, Rn. 86.

jedoch auch auf zersplitterten Märkten erreicht, sobald die Wettbewerber künftige Preise bewusst koordinieren.[1081] Dann kommt es auf die tatsächlichen wettbewerblichen Wirkungen auf dem jeweiligen Markt aufgrund der bezweckten Wettbewerbswidrigkeit des Informationsaustausches nicht mehr an.[1082]

ddd) Zusammenfassende Erkenntnisse

Anhand diverser Kriterien lässt sich auch im Szenario des Einsatzes von Preissetzungsalgorithmen desselben Drittanbieters durch mehrere Wettbewerber feststellen, ob eine abgestimmte Verhaltensweise vorliegt oder die Unternehmen ihre Preisbildung ohne Koordination an denselben Drittanbieter ausgegliedert haben.

Gerade beim Einsatz von Preisbildungssoftware in bestimmten Branchen ist die Wahrscheinlichkeit groß, dass früher oder später mehrere Wettbewerber die Preissetzungsalgorithmen desselben Anbieters nutzen. Wie dargestellt ist dies nach derzeitigem Recht grundsätzlich als wettbewerbskonform einzuordnen. Erst in dem Moment, in dem sich die Unternehmen bewusst einen Preissetzungsalgorithmus oder jedenfalls einen Anbieter mit anderen Konkurrenten „teilen", entsteht die Möglichkeit einer abgestimmten Verhaltensweise. In diesem Fall sind dann sowohl objektive als auch subjektive Kriterien heranzuziehen, um im konkreten Einzelfall beurteilen zu können, inwiefern ein Datenaustausch über den Dritten stattgefunden hat und inwieweit dieser maßgeblich war für eine mögliche wettbewerbswidrige Preiskoordination. Wie aufgezeigt sind objektive Kriterien insbesondere die Qualität der Daten sowie deren Öffentlichkeit. Auch die Art und Weise der Datenverarbeitung muss untersucht werden, um beurteilen zu können, inwiefern der Datenaustausch in die Preisbildung des jeweiligen Wettbewerbers einfließt. Weiterhin kann ein Datenaustausch zwischen Wettbewerbern nur dann wettbewerbsrechtlich sanktioniert werden, wenn der jeweilige Wettbewerber positive Kenntnis von den wesentlichen Umständen des konkreten Datenaustausches hat. Eine Wissenszurechnung des Algorithmenanbieters ist hierbei jedoch denkbar.[1083] Zu berücksichtigen ist weiterhin die konkrete Struktur des Marktes, auf dem der Datenaustausch erfolgt.

1081 Siehe hierzu sogleich c).

1082 *EuGH*, Urt. v. 08.07.1999 – Rs. C-49/92 P, ECLI:EU:C:1999:356, Rn. 124.

1083 Siehe dazu D) III. 2) a) dd).

c) Nutzung von Preissetzungsalgorithmen zur bewussten Preisangleichung

Auch der bewusste Einsatz von ähnlichen oder identischen Algorithmen zur Angleichung von Preisen kommt in Betracht[1084], wobei dies in die Kategorie des Messenger-Szenarios zu fassen ist. Die wettbewerbswidrige Absprache hinsichtlich einer bewussten und kollusiven Preisangleichung findet in einer solchen Konstellation bereits im Vorfeld statt und eine Anknüpfung an die Funktionsweise der algorithmischen Preisberechnung ist wie dargestellt dann nicht mehr notwendig.[1085]

4) Einsatz autonom kollusiver Preissetzungsalgorithmen

Ein weiteres Szenario betrifft Algorithmen, die vom Menschen unabhängige Preissetzungen vornehmen, die dieser nur noch bedingt nachvollziehen kann.[1086] Die Algorithmen handeln in diesem Szenario autonom von menschlicher Kontrolle bzw. dessen Einfluss.

a) Möglichkeit einer tacit collusion?

aa) Beschreibung einer preissetzungsalgorithmischen tacit collusion

Der Einsatz von verstärkendem Lernen sowie deep learning und Q-learning Algorithmen kann theoretisch dazu führen, dass selbstständige Preissetzungsalgorithmen erkennen, dass ein Gleichlauf der Preise auf einem höheren Niveau für alle Wettbewerber die beste Alternative darstellt.[1087] Dadurch käme es zu einer sog. tacit collusion[1088], also einer Form der parallelen Preissetzung, bei der die beteiligten Wettbewerber nicht miteinander kommunizieren und die dennoch zu antikompetitiven Preisen führt.[1089] Der Gleichlauf der Preise

---

1084 *Käseberg/Kalben,* WuW 2018, 2, 4; *Monopolkommission,* XXII. Hauptgutachten 2018, Rz. 190 f.

1085 Vgl. dazu oben C) III. 1).

1086 *Ezrachi/Stucke,* Univ. of Illinois Law Rev 2017, 1775, 1784, unterteilen dieses Szenario nochmals in zwei Szenarien: „Predictable Agent" sowie „Digital Eye". Vorliegend werden diese vorrangig ggf. künftig relevanten Konstellationen aufgrund bislang fehlender Fälle und Erfahrungen in einem Szenario zusammengefasst.

1087 *Ezrachi/Stucke,* Univ. of Illinois Law Rev 2017, 1775, 1804.

1088 *BKartA/Autorité de la Conc.,* Algorithms and Competition, S. 17, 45 ff.

1089 *BKartA/Autorité de la Conc.,* Algorithms and Competition, S. 17; *Ivaldi et al.,* The Economics of Tacit Collusion, S. 5 ff; *Schuchmann,* Die Behandlung von tacit collusion im europäischen und deutschen Kartellrecht, S. 17.

der Wettbewerber auf einem höheren Niveau entsteht allein durch die Zielsetzung der besten Preisfindung, die auch von Wettbewerbspreisen abhängt.[1090] Am stärksten gefährdet sind dabei Märkte, die eine hohe Markttransparenz aufweisen, indem die Wettbewerbspreise allen Wettbewerbern zur Verfügung stehen und diese unmittelbar auf Preisänderungen der Konkurrenz reagieren können.[1091] Mittelfristig könnte die Nachfrage nach digitalisierten Preisinformationen der Wettbewerber steigen, weil immer mehr Unternehmen hoffen, so die eigene Preissetzung optimieren zu können.[1092] Dies könnte insgesamt zu einem Anstieg an verfügbaren Preisdaten für alle Marktteilnehmer und damit zu einer immer höheren Markttransparenz führen.[1093] Weitere marktbezogene Faktoren zur Begünstigung einer tacit collusion sind oligopolistische Märkte[1094] sowie hohe Markteintrittsschranken[1095] und homogene Produkte und Anbieter.[1096]

bb) Argumente für die Möglichkeit einer tacit collusion

Durch die Verwendung von Q-Learning Algorithmen war eine solche tacit collusion zumindest in simulierten, oligopolistischen Marktumgebungen bereits möglich.[1097] Auch in Märkten mit hybrider Preissetzung, das heißt wenn sowohl menschliche als auch algorithmisch-determinierte Preissetzung eingesetzt wird, kam es bei zwei bzw. drei Anbietern zu algorithmisch bedingten höheren Preisen.[1098] Diese Erkenntnis lässt sich wohl im Hinblick auf deutlich andere Rahmenbedingungen nicht ohne Weiteres auf reale Märkte übertragen. Argumentiert wird insbesondere, dass in einem realen Marktumfeld eine deutlich

---

1090 *Klein,* Assessing Autonomous Algorithmic Collusion: Q-Learning Under Sequential Pricing, S. 2; *Wolf,* NZKart 2019, 2, 4.

1091 *Beneke/Mackenrodt,* IIC 2019, 109, 117; *Ezrachi/Stucke,* Virtual Competition, S. 59.

1092 *Ezrachi/Stucke,* Virtual Competition, S. 61.

1093 *Ezrachi/Stucke,* Virtual Competition, S. 61.

1094 Siehe dazu oben B) III. 1).

1095 Siehe dazu oben B) III. 3).

1096 Siehe dazu oben B) III. 4).

1097 *Boer/Meylahn/Schinkel,* Artificial Collusion: Examining Supracompetitive Pricing by Q-Learning Algorithms, S. 35 ff; *Klein,* Assessing Autonomous Algorithmic Collusion: Q-Learning Under Sequential Pricing, S. 1 f., 34; *Salcedo,* Pricing Algorithms and Tacit Collusion, S. 20; *Werner,* Algorithmic and Human Collusion, S. 20 ff.

1098 *Normann/Sternberg,* Human-Algorithm Interaction: Algorithmic Pricing in Hybrid Laboratory Markets, S. 25 f; *Werner,* Algorithmic and human collusion, S. 35 ff.

längere und aufwendigere Lernphase nötig sei, weil das bisherige Lernen ausschließlich in einer stationären Umgebung stattgefunden habe, die nicht mit der realen, sich ständig verändernden Marktrealität gleichgesetzt werden könne.[1099] Dennoch sind einige der Ansicht, dass die technischen Limitierungen durch den rasanten Fortschritt auf dem Gebiet des maschinellen Lernens in absehbarer Zeit entfallen könnten.[1100] Nach teilweiser vertretener Ansicht sei eine tacit collusion auch mit einfachen und weniger komplexen Preissetzungsalgorithmen möglich.[1101] Zum Teil wird sogar vertreten, eine tacit collusion sei unabdingbar, wenn mehrere Wettbewerber Preissetzungsalgorithmen einsetzen, die ihre Preissetzung auch von der eines Wettbewerbers abhängig machen.[1102] Die Algorithmen setzten demnach langfristig Preisniveaus fest, die oberhalb des wettbewerblichen Niveaus liegen aber noch unterhalb der Preise eines Monopolisten.[1103]

Eine Studie aus dem Jahr 2020 kommt zudem zum Ergebnis, dass eine solche tacit collusion im deutschen Tankstellenmarkt bereits im Beobachtungszeitraum von 2016–2018 stattgefunden habe.[1104] Die Studie zeigt, dass Wettbewerber auf Märkten, die duopolistisch organisiert sind, durch den Einsatz von Preissetzungsalgorithmen langfristig ihre Preise erhöhen konnten.[1105] Zunächst ergaben sich demnach zwar keine Preisanstiege, nach einer Phase von ca. einem Jahr stiegen die Preise jedoch bei beiden Wettbewerbern allmählich an.[1106] Daraus leiten die Autoren ab, dass die eingesetzten Algorithmen

---

1099 *Boer/Meylahn/Schinkel,* Artificial Collusion: Examining Supracompetitive Pricing by Q-Learning Algorithms, S. 37; *Calvano et al.*, RoIO 2019, 155, 156 f; *Klein,* Assessing Autonomous Algorithmic Collusion: Q-Learning Under Sequential Pricing, S. 30; *Østbø Hilsen,* Simulating Dynamic Pricing Algorithm Performance in Heterogeneous Markets, S. 147.

1100 *Beneke/Mackenrodt,* IIC 2019, 109, 132; *Harrington Jr,* Developing Competition Law for Collusion by Autonomous Price-Setting Agents, S. 20; *Klein,* Assessing Autonomous Algorithmic Collusion: Q-Learning Under Sequential Pricing, S. 34.

1101 *Calvano et al.*, RoIO 2019, 155, 157; *Harrington Jr,* Developing Competition Law for Collusion by Autonomous Price-Setting Agents, S. 20.

1102 *Salcedo,* Pricing Algorithms and Tacit Collusion, S. 20.

1103 *Calvano et al.,* RoIO 2019, 155, 157.

1104 *Assad et al.,* Algorithmic Pricing and Competition: Empirical Evidence from the German Retail Gasoline Market, S. 1.

1105 *Assad et al.,* Algorithmic Pricing and Competition: Empirical Evidence from the German Retail Gasoline Market, S. 29 ff., 43.

1106 *Assad et al.,* Algorithmic Pricing and Competition: Empirical Evidence from the German Retail Gasoline Market, S. 5.

eine stillschweigende Kollusion gelernt hätten.[1107] Die Preissetzung erfolgte vermutlich über einen dänischen Anbieter von Preissetzungsalgorithmen, der zahlreiche Tankstellenbetreiber direkt oder über einen Dienstleister mit Software ausstattete.[1108] Insofern ist zweifelhaft, ob es sich beim vorliegenden Szenario tatsächlich um eine klassische tacit collusion zwischen Wettbewerbern mit verschiedenen Preissetzungsalgorithmen handelt, oder ob nicht viel mehr ein Hub-and-Spoke Szenario gegeben war, bei dem ein zentraler Algorithmenanbieter mehrere Wettbewerber mit Software belieferte und sich dadurch in verschiedenen lokalen Märkten ähnliche Preisentwicklungen bzw. -steigerungen ergaben.[1109] Da nicht klar ist welche Software genau bei den verschiedenen Betreibern eingesetzt wurde, lässt sich diese Frage nicht abschließend beantworten.

cc) Argumente gegen die Möglichkeit einer tacit collusion

Nach Gegenauffassungen sei ein kollusives Zusammenwirken von Preissetzungsalgorithmen in Form einer tacit collusion zur Steigerung des Gewinns in der Realität unwahrscheinlich.[1110] Die kanadische Wettbewerbsbehörde spricht diesbezüglich von fehlenden Beweisen und einer lediglich theoretischen Möglichkeit.[1111] Teilweise wurden durch den Einsatz von selbstlernenden Preissetzungsalgorithmen auch niedrigere Preise festgestellt[1112], was nahelegt, dass eine Kollusion für Algorithmen häufig nicht die beste Strategie sein könnte. Weitgehend wird eine tacit collusion durch Preissetzungsalgorithmen zudem ausschließlich in oligopolistischen Märkten für wahrscheinlich gehalten.[1113]

1107 *Assad et al.*, Algorithmic Pricing and Competition: Empirical Evidence from the German Retail Gasoline Market, S. 31.

1108 *Assad et al.*, Algorithmic Pricing and Competition: Empirical Evidence from the German Retail Gasoline Market, S. 7 f.

1109 So auch *Lübke*, ZHR 185 (2021), 723, 730.

1110 *L. Bernhardt*, NZKart 2019, 314, 316; *Ittoo/Petit*, in: *Streel/Jacquemin* (Hrsg.), Algorithmic Pricing Agents and Tacit Collusion: A Technological Perspective, S. 256; *Schwalbe*, JCLE 2018, 568, 591.

1111 *Competition Bureau Canada*, Big data and innovation: key themes for competition policy in Canada, S. 10.

1112 Vgl. *Fourberg/Marques-Magalhaes/Wiewiorra*, They are among us - Pricing behavior of algorithms in the field, S. 16.

1113 Vgl. *Beneke/Mackenrodt*, IIC 2019, 109, 117; *Gal*, Berkeley Tech Law Journal 2019, 67, 73; *Horstmann/Kraemer/Schnurr*, Number Effects and Tacit Collusion in Experimental Oligopolies, S. 9; *Potters/Suetens*, Journ. of Econ. Surveys 2013, 439, 448; *Schwalbe*, JCLE 2018, 568, 585; siehe auch *Schuchmann*, Die Behandlung

Andere sind der Ansicht, dass Preissetzungsalgorithmen auch in Polypolen durch die hohe Geschwindigkeit der Informatiksysteme bei ausreichender Markttransparenz dazu in der Lage sein könnten, eine tacit collusion herbeizuführen.[1114] Als Argumente für die Unwahrscheinlichkeit einer tacit collusion durch Preissetzungsalgorithmen in näherer Zukunft wird vor allem angeführt, dass für ein kollusives Zusammenwirken die Möglichkeit der Kommunikation zwischen den verschiedenen Algorithmen notwendig wäre.[1115] Dies sei aktuell jedoch noch nicht möglich und es sei ebenfalls nicht zu erwarten, dass es demnächst Algorithmen geben könnte, die andere Algorithmen dekodieren könnten, um so ein kollusives Zusammenwirken zu erreichen.[1116] Zudem hat eine Studie, die 31 Veröffentlichungen aus den Jahren 1999 bis 2014 analysiert, gezeigt, dass keines der bisher von der Informatik und Wirtschaftswissenschaft gewählten Algorithmenmodelle nachweisen konnte, in der Realität einsetzbar zu sein, um einem Unternehmen tatsächlich Einkommenssteigerungen zu bescheren.[1117] Außerdem verhinderten instabile Rahmenbedingungen sowie eine große Anzahl von Marktteilnehmern eine algorithmische tacit collusion.[1118]

dd) Stellungnahme

Bislang sind keine von Behörden oder Gerichten entschiedenen Fälle bekannt, in denen maschinelles Lernen eines Preissetzungsalgorithmus zu einer wettbewerbswidrigen Koordination zwischen Wettbewerbern geführt hat.[1119]

---

von tacit collusion im europäischen und deutschen Kartellrecht, S. 26, der eine tacit collusion aus ökonomischen Gründen nur im Oligopol für möglich hält, ohne allerdings dabei auf Preissetzungsalgorithmen Bezug zu nehmen. Die Annahme, eine solche sei ausschließlich im Oligopol denkbar, da im Polypol keine Preisentscheidung eines einzelnen Wettbewerbers die anderen beeinflussen kann, erscheint im Hinblick auf die heutige Transparenz im Online-Handel und die Funktionsweise von Regular Pricing bzw. Repricing Algorithmen nicht mehr zwingend.

1114 *A. Heinemann,* SZW 2019, 18, 27; vgl. auch *Zimmer in* Immenga/Mestmäcker WettbR, Art. 101 Abs. 1 AEUV, Rn. 98.

1115 *Schwalbe,* JCLE 2018, 568, 588.

1116 *Schwalbe,* JCLE 2018, 568, 588.

1117 *Østbø Hilsen,* Simulating Dynamic Pricing Algorithm Performance in Heterogeneous Markets, S. 147.

1118 *L. Bernhardt,* NZKart 2019, 314, 316.

1119 *BKartA/Autorité de la Conc.,* Algorithms and Competition, S. 42; *Japan Fair Trade Commission,* Algorithms/AI and Competition Policy, S. 22; *Käseberg/*

Flächendeckende tacit collusions durch selbstlernende, nicht interpretierbare Preissetzungsalgorithmen dürften selbst auf transparenten Online-Märkten nicht unmittelbar bevorstehen.[1120] Durch die enormen Fortschritte auf dem Gebiet der Forschung von Preissetzungsalgorithmen und Künstlicher Intelligenz ist dennoch mittelfristig auf einzelnen Märkten mit einer tacit collusion durch Preissetzungsalgorithmen zu rechnen.[1121] Durch die hohe Markttransparenz dürften dabei zunächst vor allem Online-Märkte mit homogenen Produkten und einer überschaubaren Anzahl von Anbietern betroffen sein. Diese Marktbedingungen ähneln denen der simulierten Umgebungen der bisherigen Studien, sodass die dort nachgewiesenen kollusiven Ergebnisse aufgrund einer gewissen Vergleichbarkeit am ehesten auf realen Märkten mit den genannten Eigenschaften zu erwarten sind.

b) Kartellrechtliche Anknüpfungsmöglichkeiten hinsichtlich preissetzungsalgorithmischer tacit collusion

Aus diesem Grund soll bereits jetzt diskutiert werden, inwiefern das aktuelle Kartellrecht geeignet ist, preissetzungsalgorithmischen tacit collusions zu begegnen und welche legislativen Anpassungen gegebenenfalls nötig werden könnten.

aa) Tacit collusion unter Art. 101 Abs. 1 AEUV bzw. § 1 GWB

Unter dem europäischen und deutschen Kartellverbot ist eine tacit collusion derzeit legal.[1122] Der EuGH ist der Auffassung, dass die bloße Parallelität einer Preissetzung mehrerer Wettbewerber ohne eine konkrete Fühlungnahme als

---

Kalben, WuW 2018, 2, 4; *Künstner,* GRUR 2019, 36, 40; *Schwalbe,* JCLE 2018, 568, 588.

1120 *L. Bernhardt,* NZKart 2019, 314, 316.

1121 Vgl. *Beneke/Mackenrodt,* IIC 2019, 109, 132; *Harrington Jr,* Developing Competition Law for Collusion by Autonomous Price-Setting Agents, S. 20; *Klein,* Assessing Autonomous Algorithmic Collusion: Q-Learning Under Sequential Pricing, S. 34; *Schwalbe,* JCLE 2018, 568, 591; offenlassend *BKartA/Autorité de la Conc.,* Algorithms and Competition, S. 52, die die Frage nach einem tatsächlichen Auftreten einer tacit collusion für derzeit noch nicht abschließend beantwortbar halten.

1122 *EuG,* Urt. v. 08.07.2008 – Rs. T-52/03, ECLI:EU:T:2008:253, Rn. 216; *EuGH,* Urt. v. 31.03.1993 – verb. Rs. C-89/85 u.a., ECLI:EU:C:1993:120, Rn. 71; *Schuchmann,* Die Behandlung von tacit collusion im europäischen und deutschen Kartellrecht, S. 119; *Wolf,* NZKart 2019, 2, 8.

Anpassung hinsichtlich des erwarteten oder festgestellten Verhaltens eines Konkurrenten wettbewerbsrechtlich nicht zu beanstanden ist.[1123] Art. 101 Abs. 1 AEUV bzw. § 1 GWB erlauben eine parallele Preissetzung ohne Koordination zwischen den Unternehmen. Dies folgt bereits aus dem Kern des Selbstständigkeitspostulats. Die tacit collusion, also der Gleichlauf der Preise mehrerer Wettbewerber ohne eine konkrete Fühlungnahme, die den Wettbewerb beschränkt, ist mithin im Rahmen des Kartellverbotes aktuell nicht zu beanstanden. Es fehlt an einem Anknüpfungspunkt für die Vorwerfbarkeit. Art. 101 Abs. 1 AEUV sowie § 1 GWB sanktionieren wettbewerbswidrige Absprachen bzw. Abstimmungen, nicht jedoch mögliche antikompetitive Preissetzungen, die ohne jegliche Koordination zwischen den Wettbewerbern zustande kommt. Die bloße Veröffentlichung von Preisdaten und die darauf beruhende Preisanpassung durch mehrere Wettbewerber kann keine abgestimmte Verhaltensweise begründen.[1124] Diese Preistransparenz ist für die Endkunden notwendig und gerade dem Online-Handel immanent.[1125] Vielmehr muss entsprechend der Vorgaben des EuGH ein Verhalten hinzukommen, das die eigene wettbewerbliche Preissetzung durch eine Preissetzung ersetzt, die das Risiko des Wettbewerbs beschränkt oder sogar ausschaltet.[1126]

Schwierig ist in diesem Zusammenhang bereits die Anknüpfung an ein konkretes Verhalten. Die bloße Verwendung des Preissetzungsalgorithmus kann jedenfalls *de lege lata* keine wettbewerbswidrige Handlung darstellen, solange den Beteiligten nicht bewusst ist, dass die Nutzung des Preissetzungsalgorithmus dazu dient, wettbewerbliches Risiko auszuschalten.[1127] Der Preissetzungsalgorithmus selbst verhält sich nicht in einer bestimmten Weise, sondern setzt auf Grundlage bestimmter mehr oder weniger konkreter Vorgaben einen Preis fest. Die jeweilige Preissetzung des Algorithmus im Einzelfall müsste dann als Verhalten subsumiert werden können, was aufgrund der hohen Komplexität

---

1123 *EuG*, Urt. v. 08.07.2008 – Rs. T-52/03, ECLI:EU:T:2008:253, Rn. 216; *EuGH*, Urt. v. 31.03.1993 – verb. Rs. C-89/85 u.a., ECLI:EU:C:1993:120, Rn. 71.

1124 *Ebers*, NZKart 2016, 554, 555; *Wolf*, NZKart 2019, 2, 9.

1125 Vgl. *Boersma*, in: *Heinemann* (Hrsg.), Web-Excellenz im E-Commerce, S. 29; *Fassauer*, Personalisierung im E-Commerce, S. 1.

1126 Vgl. *EuGH*, Urt. v. 19.07.1972 – Rs. 48/69, ECLI:EU:C:1972:70, Rn 64, 67; Urt. v. 16.12.1975 – verb. Rs. 40/73–48/73 u. a., ECLI:EU:C:1975:174, Rn 26, 28; Urt. v. 14.07.1981 – Rs. 172/80, ECLI:EU:C:1981:178, Rn. 12.

1127 Dann geht der Nutzung von Preissetzungsalgorithmen jedoch bereits eine wettbewerbswidrige Absprache voraus, die Gegenstand der rechtlichen Bewertung sein muss. Vgl. dazu oben unter C) III. 1).

algorithmischer Entscheidungsfindung häufig nicht leichtfallen dürfte.[1128] Die Algorithmen gelangen im Szenario der algorithmischen tacit collusion zudem ausschließlich durch die Zielsetzung der besten Preissetzung sowie durch die Beobachtung der Preise der Wettbewerber zu dem Ergebnis, dass ein Gleichlauf der Preise auf einem Niveau, das über dem Wettbewerbspreis liegt, für alle beteiligten Wettbewerber am besten ist. Dies allein führt zwar zu antikompetitiven, höheren und gleichlaufenden Preisen, ist jedoch mangels Fühlungnahme zwischen Wettbewerbern unter keinem Gesichtspunkt wettbewerbswidrig i.S.d. derzeitigen Art. 101 Abs. 1 AEUV bzw. § 1 GWB.

bb) Ansätze zur Lösung des Problems der preisalgorithmischen tacit collusion

Zur Lösung des Problems, dass eine preisalgorithmische Kollusion zwar zu denselben wettbewerblichen Folgen führt wie eine klassische Kartellabsprache aber zeitgleich im Rahmen des Kartellverbotes derzeit nicht sanktionierbar ist, werden verschiedene Ansätze diskutiert.[1129]

aaa) Tacit collusion als klassische Wettbewerbsabsprache

Zur Behandlung der tacit collusion Problematik wird im US-amerikanischen Recht vorgeschlagen, eine solche sei wie eine klassische Wettbewerbsabsprache zu behandeln.[1130] Für das europäische Recht wird dieser Vorschlag teilweise befürwortet.[1131] Dies sei gerechtfertigt, weil die ökonomischen Ergebnisse einer tacit collusion der von Wettbewerbsabsprachen gleichten.[1132] Eine Anpassung von Mengen oder Preisen eines Wettbewerbers in der Erwartung, der andere Wettbewerber werde es ihm gleich tun, in Kombination mit derselben Handlung und Erwartung bei dem anderen Wettbewerber, stelle eine gegenseitige Absprache dar, trotz dessen es keine ausdrückliche Kommunikation zwischen den Beteiligten gebe.[1133] Bei einer tacit collusion durch Preissetzungsalgorithmen profitiere der Verwender zudem von höheren Preisen und fahre für einen bestimmten Zeitraum überdurchschnittliche Gewinne ein, wodurch er von

---

1128 Siehe dazu die Unterscheidung zwischen interpretierbaren und nicht interpretierbaren Algorithmen oben unter A) III. 3).

1129 *OECD,* Algorithms and Collusion, S. 35.

1130 *Kaplow,* IJoIO 2018, 749, 751 ff; *Posner,* Antitrust law, S. 71.

1131 *Thomas,* JCLE 2019, 159, 162, 185; *Wardhaugh,* CoRe 2021, 122, 124 ff.

1132 *Thomas,* JCLE 2019, 159, 162.

1133 *Posner,* Antitrust law, S. 71.

dieser Kollusion auch Kenntnis haben müsse.[1134] Unternimmt er dann nichts gegen eine solche, könne er für diese Wettbewerbsbeschränkung auch haftbar gemacht werden.[1135] Teilweise wird die Einbeziehung der tacit collusion in den Tatbestand der abgestimmten Verhaltensweisen auch als objektiviertes Begriffsverständnis im Wege einer Analogie gefordert.[1136]

Eine solch extensive Auslegung des Absprachen- bzw. abgestimmten Verhaltensweisenbegriffs erscheint jedenfalls *de lege lata* im europäischen und deutschen Kartellrecht nicht gangbar. Das Kartellrecht knüpft derzeit an bestimmte Verhaltensweisen und subjektive Voraussetzungen an und nicht ausschließlich an objektive ökonomische Folgen. Auch der economic approach kann nicht dazu führen, die drei Begrifflichkeiten der derzeitigen Fassungen des Art. 101 Abs. 1 AEUV bzw. § 1 GWB derart extensiv auszulegen. Dem steht bereits der Grundsatz der Normenklarheit entgegen. Selbiges gilt für den Weg einer möglichen Analogie, wobei hier bereits die Vergleichbarkeit der Interessenlage zwischen menschlichen, expliziten und algorithmischen, impliziten Preiskoordinationen im Hinblick auf die Unterschiedlichkeit der Vorgänge zweifelhaft erscheint. Eine Absprache, ein Beschluss bzw. eine abgestimmte Verhaltensweise setzt dem Wortlaut nach zwingend eine konkrete koordinative Verhaltensweise voraus. Es bedarf außerdem eines subjektiven Elements, um eine wettbewerbswidrige Verhaltensweise bejahen zu können. Beides fehlt jedoch bei algorithmischen, impliziten Kollusionen. Setzt man eine implizite Kollusion nun mit der expliziten gleich, wäre die Abgrenzung vom zulässigen Parallelverhalten nur noch durch die konkreten wettbewerblichen Folgen im Einzelfall möglich. Die Frage, ob ein wettbewerbswidriges Handeln vorliegt, hinge damit von Faktoren ab, die das einzelne Unternehmen als Normenadressat nicht beeinflussen könnte. Auf oligopolistischen Märkten würde dies zudem dazu führen, dass sämtliche parallele Preiserhöhungen als Koordination über den Markt angesehen werden könnten, die dann wettbewerbswidrig i.S.d. Art. 101 Abs. 1 AEUV bzw. § 1 GWB wären.[1137] Jedenfalls darf die parallele Preissetzung „nebeneinander", beispielsweise durch Repricing-Algorithmen, nicht dazu führen, dass allein dadurch bereits eine wettbewerbswidrige Verhaltensweise vorliegt. Dies sollte *de lege ferenda* allenfalls beim Einsatz bestimmter Algorithmenarten der Fall sein.[1138] Insoweit ist die Ausweitung

1134 *Vahrenholt,* Algorithmen und Kartellrecht, 21.
1135 *Vahrenholt,* Algorithmen und Kartellrecht, 21 f.
1136 *Zurth,* ZWeR 2021, 361, 389.
1137 *Zimmer in* Immenga/Mestmäcker WettbR, Art. 101 Abs. 1 AEUV, Rn. 99.
1138 Siehe dazu unten D) III. 2) a) cc).

des Tatbestandes der abgestimmten Verhaltensweisen grundsätzlich zu befürworten. Allerdings ist dies nicht im Rahmen einfacher Rechtsfortbildung möglich, sondern bedarf einer gesetzgeberischen Regelung.[1139]

bbb) Neuer Absprachenbegriff für Algorithmen

Andere sind der Ansicht, der derzeitige Absprachenbegriff als solcher sei nur auf menschliches Verhalten ausgelegt und ist daher zur Regulierung von algorithmischen Berechnungen gänzlich ungeeignet.[1140] Zudem seien Preissetzungsalgorithmen nicht ausschließlich negativ zu sehen, sondern müssten jeweils im Einzelfall bewertet werden, indem man die positiven und negativen Aspekte im Rahmen einer „rule of reason"-Abwägung nebeneinander stellt.[1141] Auch Datenschutzbestimmungen könnten ein Ansatzpunkt zur Lösung des Problems sein.[1142]

Dieser US-amerikanische Lösungsansatz mag für das US-Recht gangbar sein, in Europa scheint er hingegen bereits im Hinblick auf die Systematik schwer umsetzbar. So fehlt es im europäischen Recht gerade an einer dem US-Recht vergleichbaren rule of reason.[1143] Eine solche Einzelfallfreistellung soll gerade nur in den engen Grenzen des Art. 101 Abs. 3 AEUV bzw. § 2 GWB möglich sein. Auch für diesen Lösungsansatz wäre also eine grundlegende Reform des geltenden Kartellrechts notwendig, die derzeit nicht umsetzbar und im Hinblick auf die spezifischen Risiken bei algorithmenbedingter tacit collusion auch nicht angemessen ist.

ccc) Beurteilung der Wettbewerbswidrigkeit anhand von Plus-Faktoren

Ein weiterer Vorschlag zielt darauf ab, die Legalität einer tacit collusion davon abhängig zu machen, ob diese von bestimmten anderen Umständen bzw. objektiven Merkmalen begleitet wird. Diese zusätzlichen Umstände werden als Plus-Faktoren bezeichnet, die sowohl positiv für eine Wettbewerbswidrigkeit als auch negativ gegen eine solche sprechen können.[1144] Als solche „Plus-Faktoren" kommen insbesondere in Betracht, dass es ein rationales Motiv zur

---

1139 Siehe dazu D) III. 2) a) bb) bbb) δ).

1140 Ausführlich zu den drei menschlichen Faktoren des derzeitigen Kartellverbots *Mehra,* Minn. Law Rev. 2016, 1323, 1352 ff.

1141 *Mehra,* Minn. Law Rev. 2016, 1323, 1363.

1142 *Mehra,* Minn. Law Rev. 2016, 1323, 1371.

1143 *Harsdorf-Borsch in* BeckOK KartellR, Art. 101 AEUV, Rn. 122; *Wolf in* MüKo-WettbR, Art. 101 AEUV, Rn. 1010.

1144 *Gal,* Berkeley Tech Law Journal 2019, 67, 95 f.

Koordination zwischen den Unternehmen gibt, dass Handlungen vorgenommen werden, die objektiv dem Eigeninteresse jedes einzelnen Unternehmens zuwiderlaufen, bestimmte Ergebnisse, die rational nur mit dem Vorliegen einer Abstimmung erklärt werden können, wie beispielsweise das Abgeben identischer Gebote, die Beteiligung eines Unternehmens an früheren wettbewerbswidrigen Koordinationen, Beweise zur Kommunikation zwischen den Beteiligten oder auch außergewöhnliche Gewinne beteiligter Unternehmen, die eine Koordination nahelegen.[1145] Grundsätzlich müssen also objektive Anhaltspunkte gegeben sein, die darauf schließen lassen, dass die beteiligten Unternehmen nicht nur unabhängig und parallel voneinander gleichlaufende Preise festgesetzt haben.[1146] Ein solches Vorgehen wird auch als „unnatural parallelism", also unnatürliche Parallelität bezeichnet.[1147] Diese Herangehensweise stammt ursprünglich aus dem US-amerikanischen Antitrust Law, deren Vertreter damit in Fällen fehlender expliziter Kollusion, implizite Kollusionen durch das zusätzliche Vorliegen solcher Faktoren nachweisen wollten.[1148] Die Theorie setzte sich jedoch aufgrund von gegenteiliger Rechtsprechung nicht durch.[1149] Als Begründung wurde insbesondere angeführt, dass derartige Faktoren nicht geeignet seien wettbewerbswidrige Abstimmungen zu beweisen, wenn sie genauso gut auch bei zulässigem Parallelverhalten vorkommen könnten.[1150]

Hinsichtlich der Auslegung des derzeitigen Kartellrechts im Hinblick auf möglicherweise auftretende tacit collusion durch autonome Preissetzungsalgorithmen, kann an dem System der sog. Plus Faktoren teilweise angeknüpft werden. Bei der Frage, ob eine preissetzungsalgorithmische tacit collusion i.S.d. Kartellverbots wettbewerbswidrig ist oder nicht, müssen *de lege lata* zwangsläufig andere Faktoren als die Preisentwicklung einzelner oder mehrerer

---

1145 *Kovacic,* LCLR 1997, 97, 102 f.

1146 *Harrington Jr,* Developing Competition Law for Collusion by Autonomous Price-Setting Agents, S. 23 mit Verweis auf *U.S. Supreme Court,* Urt. v. 20.03.1984 – 465 U.S. 752 (1984), Monsanto Co. v. Spray-Rite Svc. Corp.

1147 *Harrington Jr,* Developing Competition Law for Collusion by Autonomous Price-Setting Agents, 24 f.

1148 *Thomas,* JCLE 2019, 159, 171.

1149 *Thomas,* JCLE 2019, 159, 171, der auch die US-amerikanische Rechtsprechung darlegt, die die Theorie der „Plus-Faktoren" im Wesentlichen obsolet gemacht hat.

1150 *U.S. Court of Appeals for the 3rd Circuit,* Urt. v. 12.01.1999 – 166 F.3d 112, Baby Food Antitrust Litigation; *U.S. Court of Appeals for the 8th Circuit,* Urt. v. 07.05.1999 – 176 F.3d 1055, Blomkest Fertilizer ./. Potash Corp. of Sask.

Produkte berücksichtigt werden. Der EuGH geht davon aus, dass Parallelverhalten am Markt ein starkes Indiz für eine wettbewerbswidrige Verhaltensweise ist, wenn es nicht mit regulären Marktbedingungen zu erklären ist und es sich daher nicht anders als durch eine wettbewerbswidrige Fühlungnahme erklären lässt.[1151] Demnach kann die Parallelität der Preise allein *de lege lata* nicht reichen, um eine abgestimmte Verhaltensweise zu bejahen. Allerdings sollten zusätzliche Umstände, wie dass Wettbewerber sich über den Einsatz von Preissetzungsalgorithmen in irgendeiner Form austauschen oder ein erheblicher Anstieg der Gewinne, der nicht durch andere Umstände erklärbar ist als durch eine kollusive algorithmische Preissetzung mehrerer Wettbewerber, objektiv gemeinsam mit einer festgestellten parallelen Preissetzung geeignet sein, eine wettbewerbswidrige Abstimmung i.S.d. Art. 101 Abs. 1 AEUV bzw. § 1 GWB zwischen Preissetzungsalgorithmen und damit zwischen Unternehmen zu begründen. Kommen mehrere Faktoren zusammen, wie beispielsweise eine zeitlich parallele Einführung bestimmter Preissetzungssoftware, ein gemeinsamer Datenpool und ein darauffolgender Anstieg der Gewinne, muss ein solches Szenario ausreichen, um eine wettbewerbswidrige Verhaltensweise bejahen zu können. Dies muss auch dann gelten, wenn die algorithmischen Berechnungen im Einzelfall nicht nachvollziehbar sind. In einem solchen Fall wäre die koordinierte algorithmische Preissetzung höchstwahrscheinlich an die Stelle des Risikos getreten, das in einem wettbewerblichen Markt aufgetreten wäre. Die Schwelle zur Wettbewerbswidrigkeit wäre dann entsprechend der Definition des EuGH überschritten.[1152] Es obliegt in einem solchen Fall dann den beteiligten Unternehmen und deren Dienstleistern, darzulegen und zu beweisen, dass die Preissetzungsalgorithmen keine kollusiven Preise festgesetzt haben. Andere genannte Faktoren, wie das rationale Interesse von Unternehmen an einer Koordination, müssen hingegen unberücksichtigt bleiben. Ein rationales ökonomisches Interesse zur Preisabsprache besteht in zahlreichen Märkten und lässt keine Rückschlüsse auf eine tatsächliche Koordination zu. Auch die Beteiligung an früheren Kartellen kann nicht als Argument herangezogen werden, um eine preissetzungsalgorithmische Kollusion zu begründen. Dem steht bereits der auch im Verwaltungsverfahren geltende Grundsatz der

---

1151 *EuGH,* Urt. v. 19.07.1972 – Rs. 48/69, ECLI:EU:C:1972:70, Rn. 64, 67; Urt. v. 31.03.1993 - verb. Rs. C-89/85 u.a., ECLI:EU:C:1993:120, Rn. 71, 126.

1152 Vgl. *EuGH,* Urt. v. 19.07.1972 – Rs. 48/69, ECLI:EU:C:1972:70, Rn 64, 67; Urt. v. 16.12.1975 - verb. Rs. 40/73–48/73 u. a., ECLI:EU:C:1975:174, Rn 26, 28; Urt. v .14.07.1981 - Rs. 172/80, ECLI:EU:C:1981:178, Rn. 12.

Unschuldsvermutung entgegen[1153], der dadurch für alle ehemaligen Kartellanten ausgehebelt wäre. Nachzuweisen ist in jedem Einzelfall ein bestimmter Verstoß gegen geltendes Recht. Als Argument hierfür können keine ehemaligen Verstöße dienen, soweit diese nicht im unmittelbaren Zusammenhang mit dem streitgegenständlichen Verfahren stehen.

ddd) Beweislastumkehr bei tacit collusion

Als Lösungsansätze werden zudem mehrere Arten von Beweislastumkehren diskutiert.

α) Beweislastumkehr für selbstlernende Algorithmen

Zum Teil wird eine Beweislastumkehr dahingehend gefordert, dass bei nachgewiesenen koordinierten Preisänderungen durch Preissetzungsalgorithmen eine Vermutung dahingehend aufgestellt werden soll, dass eine abgestimmte Verhaltensweise gegeben ist.[1154] Die Vermutung soll demnach bereits dann greifen, wenn die Preisbildung an ein selbstlernendes Computersystem delegiert wird, das sich mit Preissetzungsalgorithmen von Wettbewerbern koordiniert.[1155] Die Vermutung kann durch den Nachweis umgestoßen werden, dass bloßes Parallelverhalten vorliegt.[1156] Dazu müssen die Unternehmen ihre Preissetzungssoftware dann im Einzelfall den Gerichten und Behörden offenlegen.[1157]

Eine derartige Vermutungswirkung für selbstlernende Preissetzungsalgorithmen scheint sowohl zielführend als auch künftig durch eine Gesetzesänderung umsetzbar.[1158] Bereits heute ist offensichtlich, dass gerade im Online Handel und auf Online-Plattformen zahlreiche Wettbewerber und

---

1153 *EuGH,* Urt. v. 08.07.1999 – Rs. C-199/92, ECLI:EU:C:1999:358, Rn. 149; ausführlich dazu *Henn,* Strafrechtliche Verfahrensgarantien im europäischen Kartellrecht, S. 140 ff.

1154 *A. Heinemann,* SZW 2019, 18, 29; *Dück/Mäusezahl/Symnick,* ZWeR 2019, 94, 120 ff.

1155 *A. Heinemann,* SZW 2019, 18, 29; *Dück/Mäusezahl/Symnick,* ZWeR 2019, 94, 120 ff.

1156 *A. Heinemann,* SZW 2019, 18, 29; *Dück/Mäusezahl/Symnick,* ZWeR 2019, 94, 121 f.

1157 *A. Heinemann,* SZW 2019, 18, 29; *Dück/Mäusezahl/Symnick,* ZWeR 2019, 94, 122 f.

1158 Vgl. zur Möglichkeit der Rechtsfortbildung auf diesem Gebiet unten D) III. 2) a) bb) bbb) δ).

deren Preissetzungsalgorithmen ihre Preise an denen der Konkurrenz ausrichten.[1159] Dabei kommt es häufig auch zu paralleler Preissetzung.[1160] Nahezu jede Preissetzungssoftware arbeitet auch mit Wettbewerberpreisen, die in die eigene Preisberechnung einkalkuliert wird. Bei Repricing-Algorithmen sind Wettbewerberpreise sogar die maßgebliche Anknüpfungsgröße.[1161] Nicht jede parallele Preissetzung zwischen Algorithmen kann jedoch eine wettbewerbswidrige abgestimmte Verhaltensweise darstellen. Dementsprechend bedarf es klarer Kriterien, welche Algorithmen von der Beweislastumkehr erfasst sind und wann davon ausgegangen werden kann, dass eine wettbewerbswidrige Koordination vorliegt. Maßgebliche Anknüpfungsgröße kann dabei nur das Preisniveau auf bestimmten Märkten sein, da sich dieses ohne Einblick in die konkrete Preissetzungssoftware dauerhaft und lückenlos wettbewerbsbehördlich nachvollziehen lässt.[1162]

Die Ermittlung, ob ein Preissetzungsalgorithmus ein selbstlernendes Computersystem darstellt, ist für die Wettbewerbsbehörden hingegen von außen schwer umsetzbar. Eine Wettbewerbsbehörde kann nur mit großem Aufwand analysieren, ob die eingesetzte Software selbstlernend ist oder beispielsweise nur regelmäßig neue, menschlich gesetzte Parameter (wie beim einfachen Repricing) befolgt. Alles, was zunächst extern analysiert werden kann, ist die Entwicklung der Wettbewerbspreise auf einem bestimmten Markt über einen bestimmten Zeitraum. Bei einer bestimmten Preisentwicklung muss die Wettbewerbsbehörde allerdings in der Lage sein, die entsprechenden Algorithmen von den Unternehmen herausverlangen zu können. Dies ist bereits *de lege lata* durch die entsprechenden Auskunftsansprüche möglich.[1163] Wie diese zustande kommen und ob verschiedene Preissetzungsalgorithmen tatsächlich Daten austauschen, lässt sich ohne Einblicke in die jeweilige Preissetzungssoftware nicht feststellen. Zur Aufklärung sind Geschädigte und Wettbewerbsbehörden daher auf eine Beweislastumkehr angewiesen, um die betroffenen Unternehmen und Algorithmenanbieter zur Kooperation zu bewegen. Es sind jedoch

---

1159 Vgl. *Autoridade da Concorrência*, Issues Paper on Digital Ecosystems, Big Data and Algorithms, S. 49 ff; *Nyga*, Repricing im E-Commerce, S. 15.

1160 Vgl. *L. Chen/Mislove/C. Wilson*, in: *Bourdeau/Hendler/Nkambou u. a.* (Hrsg.), Bourdeau et al., Proceedings of the 25th International Conference on World Wide Web, S. 1339 ff.

1161 Siehe dazu vorne A) III. 1) a).

1162 Siehe zum konkreten Gesetzesvorschlag detailliert D) III. 2) a) cc).

1163 Siehe dazu D) III) 2) a) bb) bbb) β) ββ).

nicht nur selbstlernende, sondern auch nicht interpretierbare Algorithmen in die entsprechende Vermutung einzubeziehen, da auch ihre Funktionsweise nicht detailliert nachvollzogen werden kann.[1164]

β) Kritik gegen Beweislastumkehr

Hinsichtlich einer solchen Vermutung zum Vorliegen der Voraussetzungen eines Wettbewerbsverstoßes wird angeführt, dass dadurch zulässiges Parallelverhalten rechtfertigungsbedürftig werde[1165], obwohl ein solches gerade „nur dann als Beweis für eine Abstimmung angesehen werden kann, wenn [sich das Parallelverhalten] nur durch eine Abstimmung einleuchtend erklären lässt."[1166] Zudem sei eine parallele Preissetzung in erster Linie ein Marktergebnis, das, soweit es als unerwünscht angesehen werde, immer unerwünscht sein müsse, unabhängig davon ob es durch eine wettbewerbswidrige Verhaltensweise oder durch sonstige Umstände zustande gekommen sei.[1167] Dieser Wertungswiderspruch zwischen legaler paralleler Preissetzung und illegaler paralleler Preissetzung könne durch eine Beweislastumkehr nicht aufgehoben werden.[1168] Teilweise wird auch eine Beweislastumkehr i.S.d. Erwägungsgrundes 47, Art. 17 Abs. 2 Richtlinie 2014/104/EU bzw. des entsprechenden § 33a Abs. 2 GWB für private Schadenersatzklagen diskutiert.[1169] Davon umfasst wäre lediglich die Beweisfrage, ob bestimmte Preissetzungsalgorithmen zur Herbeiführung eines kollusiven Marktergebnisses beigetragen haben. Ein Unternehmen müsste dann nachweisen, dass der eigene Algorithmus nicht zum kollusiven Marktergebnis beigetragen hat.[1170] Auch werden teilweise Bedenken hinsichtlich möglicher innovationshemmender Wirkungen erhoben, indem durch eine Beweislastumkehr Unternehmen davon abgehalten werden könnten, derartige Preissetzungsalgorithmen zu entwickeln und einzusetzen.[1171]

Diesen Bedenken kann jedoch gesamtheitlich entgegengehalten werden, dass eine parallele Preissetzung unter der Verwendung bestimmter schwer beherrschbarer Algorithmenarten für einen funktionierenden Wettbewerb

---

1164 Siehe dazu A) III. 3).

1165 *Monopolkommission,* XXII. Hauptgutachten 2018, Rz. 243; *Veith,* KI, Haftung und Kartellrecht, S. 263.

1166 *EuGH,* Urt. v. 31.03.1993 – verb. Rs. C-89/85 u.a., ECLI:EU:C:1993:120, Rn. 71.

1167 *Monopolkommission,* XXII. Hauptgutachten 2018, Rz. 244.

1168 *Monopolkommission,* XXII. Hauptgutachten 2018, Rz. 244.

1169 *Monopolkommission,* XXII. Hauptgutachten 2018, Rz. 246 ff.

1170 *Monopolkommission,* XXII. Hauptgutachten 2018, Rz. 247.

1171 *Denga,* CR 2018, 69, 76; *Paal,* GRUR 2019, 43, 51; *Weck,* CoRe 2019, IX, XII.

bereits abstrakt besonders riskant ist. Zudem wird bereits *de lege lata* zwischen zulässigem und unzulässigem Parallelverhalten unterschieden, sodass auch dies keine Abkehr von der bisherigen Systematik wäre. Das Wettbewerbsrecht sanktioniert nicht per se bestimmte ökonomische Ergebnisse, sondern ausschließlich Verhaltensweisen, die für einen funktionierenden Wettbewerb eine besondere Gefahr darstellen. Durch eine Beweislastumkehr wird nicht per se zulässiges Parallelverhalten illegalisiert, sondern abhängig von bestimmten Kriterien widerlegbar vermutet, dass eine Koordination zwischen Wettbewerbern gegeben ist, wenn es zu bestimmten ökonomischen Folgen kommt. Die Beweislastumkehr nur hinsichtlich privater Schadenersatzklagen greift demgegenüber zu kurz, indem die Schwierigkeit des Nachweises gerade in dem Tatbestandsmerkmal der aufeinander abgestimmten Verhaltensweise liegt, ohne dessen Nachweis auch keine Schadenersatzklagen möglich sind. Beschränkt man die Beweislastumkehr nur auf die Beteiligung am kollusiven Marktergebnis, erleichtert man weder Wettbewerbsbehörden noch geschädigten Marktteilnehmern die Rechtsdurchsetzung wesentlich. Auch das Argument der Innovationshemmung vermag nicht zu überzeugen. So werden künftige Algorithmenanbieter lediglich gehalten sein, die eigenen Algorithmen wettbewerbskonform zu gestalten, indem sie sicherstellen, dass es möglichst nicht zu wettbewerbswidrigen Preisen kommt. Selbst wenn es dadurch zu einer Innovationshemmung im Hinblick auf den selteneren Einsatz von nicht nachvollziehbaren, selbstlernenden Algorithmen kommt, so ist diese im Hinblick auf das zu schützende Gut des funktionierenden Wettbewerbs hinzunehmen. Die Alternative bestünde darin, entsprechende nicht interpretierbare algorithmische Berechnungen einer Regulierung nahezu vollständig zu entziehen und entsprechende Kartellpreise nicht effektiv zu verhindern. Eine wettbewerbserhaltende Regelung kann nur gelingen, wenn zumindest kollusionsanfällige Arten von Preissetzungsalgorithmen, die auf Wettbewerberpreise zugreifen und zu antikompetitiven Preisen führen, widerlegbar als wettbewerbswidrig gelten.[1172]

Umsetzbar erscheint eine solch umfassende Beweislastumkehr jedoch nur durch eine Anpassung des europäischen Rechtsrahmens in Art. 101 Abs. 1 AEUV und der entsprechenden nationalen Kartellverbote.[1173]

1172 Siehe dazu den Gesetzesvorschlag unter D) III. 2) a) cc).
1173 Siehe dazu den Gesetzesvorschlag unter D) III. 2) a) cc).

γ) Beschränkte Beweislastumkehr bereits *de lege lata*

Zu fordern ist *de lege lata*, dass eine Beweislastumkehr hinsichtlich der Vermutung einer abgestimmten Verhaltensweise allenfalls dann greifen kann, wenn bestimmte Anhaltspunkte (Plus-Faktoren[1174]), die über den Gleichlauf der Preise hinausgehen, ergeben, dass eine preissetzungsalgorithmische Koordination zwischen Wettbewerbern stattgefunden hat. Diese extensive Auslegung des Begriffs der abgestimmten Verhaltensweisen ist im Vergleich zur gänzlichen Beweislastumkehr beim Einsatz bestimmter Algorithmen weniger weitreichend[1175] und daher noch im Rahmen der Rechtsfortbildung umsetzbar. Es wäre nicht an den Gleichlauf der Preise oder den Einsatz bestimmter Algorithmen anzuknüpfen, sondern in erster Linie an die zusätzlichen Umstände, die eine wettbewerbswidrige Verhaltensweise nahelegen. Stellt sich also heraus, dass neben der parallelen Preissetzung bestimmter Güter zusätzliche Umstände vorliegen, die für eine wettbewerbswidrige Verhaltensweise sprechen, muss dies ausreichend sein, um auch *de lege lata* eine abgestimmte Verhaltensweise vermuten zu können. Dies wäre insbesondere bei einem gemeinsamen Datenpool mehrere Wettbewerber anzunehmen, die beispielsweise ihre Preissetzung über denselben Drittanbieter organisieren. Solche Umstände rechtfertigen es auch bereits nach geltendem Recht eine Fühlungnahme zwischen den Wettbewerbern zu bejahen, wenngleich die konkreten algorithmischen Berechnungen nicht nachvollziehbar sind. Dies folgt bereits aus der Rechtsprechung des EuGH zum Informationsaustausch[1176]. Demnach kann bereits im Falle des einmaligen Informationsaustausches vermutet werden, dass die beteiligten Mitbewerber ihr Marktverhalten anhand des Austausches ausrichten.[1177] Bezogen auf Preissetzungsalgorithmen bedeutet dies, dass die konkrete Berechnung der selbstlernenden Algorithmen nicht mehr nachvollzogen werden muss, sobald feststeht, dass die Wettbewerber bestimmte für die Preissetzung relevante Daten ausgetauscht haben und die Preise parallel und antikompetitiv verliefen. Den Unternehmen und ihren Dienstleistern verbleibt dann die Möglichkeit, die vorliegenden Anhaltspunkte zu entkräften, indem sie den Nachweis führen, dass die algorithmische parallele Preissetzung ohne Fühlungnahme

---

1174 Siehe zu diesen Faktoren oben ccc).

1175 Siehe dazu unten D) III. 2) a) bb) bbb) δ).

1176 *EuGH*, Urt. v. 08.07.1999 – Rs. C-49/92 P, ECLI:EU:C:1999:356, Rn. 132; Urt. v. 04.06.2009 – Rs. C-8/08, ECLI:EU:C:2009:343, Rn. 33 ff.; siehe dazu ausführlich oben C) III. 3) b) bb) bbb).

1177 *EuGH*, Urt. v. 04.06.2009 – Rs. C-8/08, ECLI:EU:C:2009:343, Rn. 58 ff.

stattfand und ausschließlich auf zulässiges Parallelverhalten zurückzuführen ist. Dies dürfte nur durch Offenlegung der Datengrundlagen und der groben Funktionsweise der Algorithmen gelingen. Anhand der oben aufgestellten Kriterien zum Datenaustausch[1178] muss die Wettbewerbsbehörde dann beurteilen, ob ein zulässiges Parallelverhalten oder eine wettbewerbswidrige Koordination vorliegt. Dabei ist auch notwendig, dass das betroffene Unternehmen ggf. in Kooperation mit dem jeweiligen Algorithmenanbieter aufgrund der Beweislastumkehr einen Anreiz hat, vollständig und umfassend mitzuwirken. Andernfalls wäre eine Sachverhaltsaufklärung und mögliche Sanktionierung von wettbewerbswidrigen Verhaltensweisen durch den Einsatz von autonomen Preissetzungsalgorithmen *de lege lata* kaum möglich. Auch den Interessen der Unternehmen an ihren Geschäftsgeheimnissen muss jedoch hinreichend Rechnung getragen werden, sodass diese nicht grundsätzlich zur Veröffentlichung der gesamten Algorithmen verpflichtet werden sollten.[1179]

Zusammenfassend ist eine Beweislastumkehr *de lege lata* nur insoweit möglich, als dass sich diese auf konkrete Anhaltspunkte einer Fühlungnahme beziehen, die es rechtfertigen, von einer kollusiven Preiskoordination durch parallele algorithmische Preissetzung auszugehen. Der Gleichlauf von Preisen sowie der Einsatz von selbstlernenden, nicht interpretierbaren Algorithmen kann derzeit hierfür allein nicht ausreichend sein. Vielmehr bedarf es mindestens eines weiteren Anhaltspunktes für eine wettbewerbswidrige Verhaltensweise, wie beispielsweise der Austausch von preissetzungsrelevanten Daten.

eee) Compliance by Design

Ein anderer Ansatz zielt darauf ab, bereits bei der Erstellung und Programmierung der Preissetzungsalgorithmen darauf zu achten, dass diese keine kollusiven Preise festsetzen.[1180] Der Vorschlag wurde auch von der ehemaligen EU-Wettbewerbskommisarin *Vestager* vertreten, die wörtlich sagte, dass Preissetzungsalgorithmen „so gebaut werden müssen, dass sie nicht kollusiv zusammenwirken können"[1181]. Die IT-Dienstleister und Unternehmen müssten daher bereits bei Programmierung und Implementierung bestimmter

1178 Siehe dazu C) III. 3) b) bb) ccc).

1179 Siehe dazu D) III. 2) a) cc) bbb).

1180 *Monopolkommission,* XXII. Hauptgutachten 2018, Rz. 251.

1181 *Vestager,* Algorithms and competition, Vortrag zur 18. Wettbewerbskonferenz des Bundeskartellamts am 16.03.2017 in Berlin, abrufbar unter https://ec.europa.eu/newsroom/comp/newsletter-archives/2831.

Preissetzungssoftware auf die Einhaltung konkreter Kriterien achten. Nur wenn dies der Fall ist, dürfte die Preissetzungssoftware eingesetzt werden, was zur Kontrolle eine Art staatliches Genehmigungsverfahren notwendig machen würde. Denkbar sind dabei zwei Strategien: Zum einen kann eine Art „Blacklist“ erstellt werden, die diejenigen Aktivitäten definiert, die nicht gewünscht und daher nicht zugelassen werden sollen.[1182] Zum anderen ist auch eine Positivliste denkbar, die bestimmte Aktivitäten und Zustände definiert, die compliant und damit legal sind.[1183] Die Algorithmen könnten zudem in einer Art „Sandbox“, also einer künstlichen Marktumgebung, zunächst auf ihre Wirkungen und Funktionsweisen hin untersucht werden.[1184]

Dabei drängt sich allerdings die problematische Frage auf, welche Kriterien an einen wettbewerbskonformen Preissetzungsalgorithmus anzulegen wären.[1185] Es stellen sich Fragen, wie die grundsätzliche Verwendungsmöglichkeit von Konkurrenzpreisen für die eigene Preissetzung. Preissetzungsalgorithmen, die Preise eines Wettbewerbers berücksichtigen, sind jedoch eher die Regel als die Ausnahme. Bereits heute machen viele Preissetzungsalgorithmen die eigene Preissetzung auch maßgeblich von der Preissetzung von Konkurrenten abhängig. Gerade beim Repricing im Online-Retail sind Konkurrenzpreise von großen Anbietern oft sogar der einzige Anknüpfungspunkt für die eigene Preissetzung.[1186] Ein vollständiges Verbot der Anknüpfung der eigenen Preise an dem der Konkurrenz erscheint weder sachgerecht noch umsetzbar. Preiswettbewerb unter Berücksichtigung der Preise der Konkurrenz ist das wesentliche Merkmal eines funktionierenden Wettbewerbs. Ein regulatorisches Verbot dahingehend würde die Grundmaximen eines freien Marktes aushebeln und käme einer staatlichen Preiskontrolle gleich.[1187] Wenn ein pauschales Verbot der Anknüpfung an Konkurrenzpreisen nicht sachgerecht sein kann, bleibt ein größerer regulatorischer Aufwand zur Herstellung klarer Regeln, wann

---

1182 *Cornelius,* ZIS 2020, 51, 57; *Sackmann,* HMD 2008, 39, 43.

1183 *Cornelius,* ZIS 2020, 51, 57; *Sackmann,* HMD 2008, 39, 43.

1184 *Ezrachi/Stucke,* Two Artificial Neural Networks Meet in an Online Hub and Change the Future, S. 34.

1185 Kritisch dazu *Künstner/Franz,* K&R 2017, 688, 693, die die Idee einer Algorithmengestaltung im Sinne bestimmter wettbewerbspolitischer Ziele durch den Staat für vermessen halten. Ablehnend auch *Louven*, in: *Taeger* (Hrsg.), DSRITB 2018, 477, 486 f.

1186 Vgl. dazu oben A) III. 1) a).

1187 Vgl. *Louven*, in: *Taeger* (Hrsg.), DSRITB 2018, 477, 487, der in derartigen Maßnahmen ein „Verbot mit Erlaubnisvorbehalt“ sieht.

eine Preissetzungssoftware tacit collusion fördert und wann nicht. Allgemeingültige technische Vorgaben, die der Preissetzungsfreiheit auf allen Märkten Genüge tun und gleichzeitig alle möglicherweise wettbewerbswidrigen Koordinationen ausschließen, scheinen kaum realistisch. Vielmehr wären für verschiedene Märkte voraussichtlich auch verschiedene Kriterien nötig, um eine Preiskoordination auszuschließen. Es kann jedoch keine behördliche Aufgabe sein, wettbewerbskonforme Algorithmen zu entwickeln. Vielmehr haben die Verwender sicherzustellen, dass die eigenen Algorithmen den bestehenden gesetzlichen Regelungen genügen.

Ex-ante-Regulierungsmaßnahmen reglementieren ein Marktverhalten zudem vorab und sollten nur dann implementiert werden, wenn aus ökonomischen Gründen zu erwarten ist, dass sich Unternehmen nicht wettbewerbskonform verhalten.[1188] Eine solche Ex-ante Regulierung wäre im Hinblick auf Preissetzungsalgorithmen folglich allenfalls bezüglich einiger besonders kollusiver und nicht interpretierbarer Preissetzungsalgorithmen denkbar. Zudem müsste die jeweilige Marktstruktur berücksichtig werden, da die Wahrscheinlichkeit des Eintritts einer tacit collusion maßgeblich von dieser abhängig ist.[1189] Selbst oligopolistische Märkte benötigen jedoch nicht per se staatliche Eingriffe. Lediglich bei konkreten Anhaltspunkten sollte die ohnehin komplexe und umfangreiche Untersuchung von Preissetzungsalgorithmen bestimmter Marktteilnehmer erfolgen, wobei dann für alle Unternehmen hinsichtlich bestimmter Preiskoordinationen dieselben Regeln gelten sollten, unabhängig davon, ob diese auf oligopolistischen Märkten aktiv sind oder nicht.[1190]

Im Hinblick auf die Preissetzungsfreiheit von Unternehmen sowie die Vielzahl der Anbieter von Preissetzungssoftware sowie der Größe und der Anzahl der Markteilnehmer im Online- und Offline-Handel erscheint eine grundsätzliche Pflicht in allen Märkten zur staatlichen Ex-ante Kontrolle von Preissetzungssoftware nicht zweckmäßig.

fff) Grundsatz der Systemkritikalität - Vorschlag der Datenethikkommission und die neue EU KI-VO

Als Konkretisierung eines Compliance by Design Gedanken ist der Ansatz der Datenethikkommission von 2019[1191] zu sehen. Diese bezieht sich in ihren

1188 *Mohr,* Sicherung der Vertragsfreiheit durch Wettbewerbs- und Regulierungsrecht, S. 628.

1189 Siehe dazu B) III.

1190 Vgl. dazu den Gesetzesvorschlag unter D) III. 2) a) cc).

1191 *Datenethikkommission,* Gutachten 2019, Teil F, S. 159 ff.

Ausführungen zwar nicht ausschließlich auf Preissetzungsalgorithmen. Allerdings sind die dort getroffenen Wertungen auf das Problem der tacit collusion durch autonome Preissetzungsalgorithmen teilweise übertragbar. Die Ethikkommission empfiehlt einen sog. „risikoadaptierten Regulierungsansatz“ für Algorithmen.[1192] Demnach sei bei jedem Algorithmus aus regulatorischer Sicht zu schauen, wie schädlich dieser potenziell sein könnte.[1193] Diese sog. Systemkritikalität setzt sich aus zwei Komponenten zusammen. Zum einen soll ermittelt werden, wie wahrscheinlich ein Schadenseintritt durch einen bestimmten Algorithmus ist und zum anderen, wie schwer ein eventuell zu befürchtender Schaden für bestimmte Rechtsgüter wäre.[1194] Das Gutachten empfiehlt eine Unterscheidung in 5 Stufen innerhalb einer sog. Kritikalitätspyramide.[1195] Während Anwendungen der Stufe 1 ohne oder mit geringem Schädigungspotenzial nicht reguliert werden sollen, seien Anwendungen der Stufe 5 mit unvertretbarem Schädigungspotenzial vollständig oder teilweise zu verbieten.[1196] In den Stufen 2 (Anwendung mit einem gewissem Schädigungspotenzial), 3 (Anwendungen mit regelmäßigem oder deutlichem Schädigungspotenzial) und 4 (Anwendungen mit erheblichem Schädigungspotenzial) werden abgestufte Regulierungsmaßnahmen empfohlen, wie bestimmte Transparenz- und Veröffentlichungspflichten gegenüber Aufsichtsbehörden in Stufe 2 bis hin zu Ex-ante-Zulassungsverfahren in Stufe 3 und beispielsweise einer Live-Schnittstelle zur kontinuierlichen Kontrolle einer Aufsichtsbehörde in Stufe 4.[1197] Die Ethikkommission verwendet als Beispiel für eine Anwendung der Stufe 2 einen Dynamic Pricing Algorithmus, der keine personalisierte Preissetzung verwendet.[1198] Unter Verwendung von personalisierten Preisen gehöre ein Preissetzungsalgorithmus dann aufgrund des Schädigungspotenzials bzw. der Diskriminierungsgefahr bereits in Stufe 3 und sei daher erst nach Durchlaufen eines Zulassungsverfahrens einzusetzen.[1199] Die Regulierung solle dabei zum einen durch allgemein gehaltene Vorgaben im europäischen Recht in einer Verordnung für algorithmische Systeme (EUVAS) festgeschrieben werden.[1200]

1192 *Datenethikkommission,* Gutachten 2019, S. 173.
1193 *Datenethikkommission,* Gutachten 2019, S. 173.
1194 *Datenethikkommission,* Gutachten 2019, S. 174.
1195 *Datenethikkommission,* Gutachten 2019, S. 177.
1196 *Datenethikkommission,* Gutachten 2019, S. 177.
1197 *Datenethikkommission,* Gutachten 2019, S. 177.
1198 *Datenethikkommission,* Gutachten 2019, S. 179, Beispiel 14.
1199 *Datenethikkommission,* Gutachten 2019, S. 179, Beispiel 15.
1200 *Datenethikkommission,* Gutachten 2019, S. 181, 184.

Diese Grundprinzipien sollten dann zum anderen jeweils eine sektorale Konkretisierung unter Berücksichtigung des Prinzips der Systemkritikalität erhalten.[1201] Dieses Konzept wurde nunmehr teilweise mit der Einführung der EU KI-VO[1202] vom europäischen Gesetzgeber übernommen.

Der Vorschlag des Gutachtens der Datenethikkommission leistet insgesamt einen wertvollen Beitrag zur Diskussion rund um die Regulierung von Algorithmen. Hinsichtlich des Problems der autonomen Preissetzungsalgorithmen, die sich ohne explizite Koordination im Wege einer tacit collusion auf ein höheres Preisniveau einigen, kommt der Vorschlag jedoch an seine Grenzen. Wenig detailliert ist zum einen die Einordnung von Preissetzungsalgorithmen ohne Personal Pricing Komponente in Kategorie 2. Damit wird suggeriert, dass ein Großteil der bisher verwendeten Preissetzungsalgorithmen per se lediglich ein gewisses Schädigungspotenzial hat und ausschließlich bestimmte Transparenzgebote und Veröffentlichungspflichten ausreichend wären, um mögliche Probleme zu lösen. Demgegenüber scheint es wenig vertretbar, per se jeden Personal Pricing Algorithmus als Anwendung mit regelmäßigem bzw. deutlichem Schädigungspotenzial anzusehen. Im Hinblick auf mögliche AGG-Verstöße mag ein erhöhtes Gefährdungspotenzial im Vergleich zu anderen Preissetzungsalgorithmen zutreffend sein, aus wettbewerbsrechtlicher Sicht ist diese These aber nicht haltbar. So führen andere Arten von Preissetzungssoftware, wie beispielsweise das Repricing oder das Regular Dynamic Pricing bereits heute zu gleichlaufenden Preisen, die ggf. auch ein überwettbewerbliches Niveau erreichen können.[1203] Personal Pricing Algorithmen erschweren kollusive Ergebnisse hingegen sogar.[1204] Zweckmäßig ist jedoch der Gedanke, dass eine bestimmte Marktmacht eines Akteurs die Systemkritikalität und damit die Notwendigkeit zur stärkeren Regulierung vergrößert.[1205]

1201 *Datenethikkommission,* Gutachten 2019, S. 182, 184.

1202 Verordnung (EU) 2024/1689 vom 13. Juni 2024 zur Festlegung harmonisierter Vorschriften für künstliche Intelligenz und zur Änderung der Verordnungen (EG) Nr. 300/2008, (EU) Nr. 167/2013, (EU) Nr. 168/2013, (EU) 2018/858, (EU) 2018/1139 und (EU) 2019/2144 sowie der Richtlinien 2014/90/EU, (EU) 2016/797 und (EU) 2020/1828 (Verordnung über künstliche Intelligenz), ELI: data.europa.eu/eli/reg/2024/1689/oj.

1203 *Assad et al.,* Algorithmic Pricing and Competition: Empirical Evidence from the German Retail Gasoline Market, S. 5.

1204 *Haucap,* Mögliche Wohlfahrtswirkungen eines Einsatzes von Algorithmen, S. 14 f.

1205 *Datenethikkommission,* Gutachten 2019, S. 180, Beispiel 16, in dem die Marktmacht eines Anbieters zur Ermittlung der Kreditwürdigkeit von Verbrauchern

Grundsätzlich ist die Idee der Einteilung von Preissetzungsalgorithmen anhand ihrer konkreten Gefahr zur Erzeugung überwettbewerblicher Preise im Sinne einer tacit collusion in verschiedene Stufen zumindest flächendeckend nicht umsetzbar. In der Praxis kommt es auf verschiedenen Märkten zum Einsatz verschiedenster Preissetzungsalgorithmen, die sich aufgrund der zahlreichen internationalen Anbieter kaum alle ex-ante überprüfen und regulieren lassen. Zur Beurteilung der Wahrscheinlichkeit des Entstehens einer tacit collusion sind zudem insbesondere das Marktumfeld sowie andere Anbieter und deren Preissetzung entscheidend. Der Ansatz, ausschließlich dort genauer hinzuschauen, wo die Gefahr einer tacit collusion unabhängig von den konkret eingesetzten Preissetzungsalgorithmen durch andere Faktoren am größten ist, ist jedoch zweckmäßig. Preissetzungsalgorithmen von Wettbewerbern, die Preise in einem oligopolistischen Markt autonom festsetzen, dürften meist für einen funktionierenden Wettbewerb auf diesem Markt gefährlicher sein als solche, die in wettbewerblichen, polypolistischen Märkten eingesetzt werden. Dies gilt erst recht, wenn den einsetzenden Unternehmen eine erhebliche Marktmacht zukommt. Auch die neue EU KI-VO ist trotz des vergleichbaren Ansatzes der Systemkritikalität nur sehr eingeschränkt zur Regulierung von Preissetzungsalgorithmen geeignet. Ausschließlich Preissetzungsalgorithmen im Bereich von Lebens- und Risikoversicherungen sind in Anhang III der VO explizit erwähnt und werden in der dortigen Nr. 5 lit. c) als Hochrisikosysteme gemäß Artikel 6 Absatz 2 der Verordnung mit der Folge gelistet, dass für deren Entwickler und Verwender die in Abschnitt 2 genannten Anforderungen gelten. Diese umfassen insbesondere die Schaffung eines Risikomanagementsystems (Art. 9 EU KI-VO), Daten-, Aufzeichnungs- und Transparenzanforderungen (Art. 10–13, 15 EU KI-VO) sowie die Pflicht zur Möglichkeit der Beaufsichtigung der Systeme durch einen Menschen (Art. 14 EU KI-VO). Auch unter Berücksichtigung der umfangreichen weiteren Anforderungen an Hersteller und Verwender solcher Algorithmen (Art. 16–27 EU KI-VO) ergeben sich im Hinblick auf die Kontrolle von selbst-lernenden Preissetzungsalgorithmen zwar nützliche Anhaltspunkte zur Regulierung. Die normierten Anforderungen können jedoch im Hinblick auf den erheblichen Aufwand und damit verbundene Kosten nicht flächendeckend alle Unternehmen treffen, die selbst-lernende Preissetzungssoftware als Künstliche Intelligenz i.S.d. Art. 3 Nr. 1 EU KI-VO einsetzen. Vielmehr sollten die Unternehmen selbstständig entscheiden, wie sie sicherstellen, dass die eigene Preissetzung wettbewerbskonform gelingt. Die

---

und Unternehmern als Begründung für eine erhöhte Systemkritikalität des verwendeten Algorithmus angeführt wird.

umfangreichen Anforderungen der EU KI-VO sollten nur dort gelten, wo über das gewöhnliche Kartellpreisrisiko hinausgehende, besonders grundrechtsrelevante Gefahren für Endkunden bestehen. Insofern ist die zunächst vorgenommene Beschränkung auf Preisbildung im Zusammenhang mit Risiko- und Lebensversicherungen, bei denen persönlichste (Gesundheits-)Daten der Kunden eine Rolle spielen, nachvollziehbar. Die übrigen Transparenzanforderungen unterhalb der für die Hochrisikosysteme geltenden Anforderungen der EU KI-VO erhalten für die Regulierung von Preissetzungsalgorithmen bislang keinen nennenswerten Mehrwert. Insbesondere die Kennzeichnung von Preisen, die durch selbstständig lernende Preissetzungsalgorithmen entstanden sind, wäre jedenfalls für die Wettbewerbsbehörden durchaus hilfreich, findet sich in dieser Form in der geltenden Verordnung aber wohl nicht. Art. 50 Abs. 1 EU KI-VO sieht nur Transparenzanforderungen für Systeme vor, die für die direkte Interaktion mit natürlichen Personen bestimmt sind. Ob die bloße Festsetzung des Preises in einem Onlineshop darunter zu subsumieren ist, ist jedenfalls zweifelhaft und wohl abzulehnen. Die Anforderungen diesbezüglich wären für Verwender und Anbieter jedoch im Vergleich zu den Anforderungen an Hochrisiko-Systeme deutlich überschaubarer, sodass auch eine Geltung dieser Regelungen für sämtliche Preissetzungsalgorithmen, die als KI i.S.d. Art. 3 EU KI-VO angesehen werden können, zu begrüßen wäre. Wettbewerbsbehörden könnten so auf den ersten Blick feststellen, ob ein Unternehmen eigene Preise mithilfe von selbstständig lernenden Algorithmen festsetzt. Im Hinblick auf mögliche Beweislastregelungen wäre die flächendeckende Information für die Wettbewerbsbehörden sehr hilfreich.[1206]

ggg) Markttransparenzstelle für durch Preissetzungsalgorithmen dominierte Märkte

Eine weitere Idee ist die Schaffung einer Markttransparenzstelle zur Kontrolle von eingesetzten Preissetzungsalgorithmen auf verschiedenen Märkten.[1207] Dabei wird jedoch zurecht darauf hingewiesen, dass für eine solche Umsetzung umfangreiche Strukturen bei den Wettbewerbsbehörden geschaffen werden müssten.[1208] Nötig wäre eine große Sammlung von Preisdaten auf verschiedensten Märkten, die wohl ebenfalls allenfalls algorithmisch durchzuführen wäre.

1206 Vgl. D) III. 2) a) cc) aaa) η).

1207 *Ebers*, NZKart 2016, 554, 554; *Künstner/Franz*, K&R 2017, 688, 693, siehe dazu auch D) III. 2) a) cc) ccc).

1208 *Künstner/Franz*, K&R 2017, 688, 693.

Wenngleich die Wettbewerbsbehörden bereits heute weltweit sog. „Screening for collusion“-Verfahren einsetzen, um wettbewerbswidrige Absprachen und Preise erkennen zu können[1209], wäre die Schaffung einer Markttransparenzstelle für preisalgorithmische Märkte eine neue Dimension. Im Gegensatz zu den bisher existierenden Markttransparenzstellen wäre eine umfangreiche und vollumfassende staatliche Preissammlung notwendig, die auf verschiedensten Märkten bezüglich nahezu aller Waren und Dienstleistungen umgesetzt werden müsste, deren Preise mit oder durch Preissetzungsalgorithmen gesteuert werden. Zu Beginn wäre daher denkbar, sich auf die Regulierung bestimmter oligopolistischer Märkte zu konzentrieren, die aufgrund ihrer Marktstruktur für eine preisalgorithmische tacit collusion besonders geeignet bzw. anfällig sind. Trotz der Herausforderungen ist die Schaffung einer Markttransparenzstelle für durch Preissetzungsalgorithmen dominierte Märkte mit erheblichem technischem und algorithmischem Know-how zu befürworten.[1210] Eine solche Stelle wäre aufgrund entsprechender Spezialisierung hervorragend geeignet, um die Preis- und Marktentwicklungen auf Märkten zu beobachten, deren Anbieter Preise überwiegend bis flächendeckend algorithmisch festsetzen. Einher gehen müsste dies freilich mit einer gesetzlichen Anpassung des europäischen und deutschen Kartellrechts in Form einer Beweislastumkehr, um den Aufwand der algorithmischen Aufarbeitung in bestimmten Fällen von den Behörden auf die verwendenden Unternehmen zu übertragen.[1211]

hhh) Regulierung über andere wettbewerbsrechtliche Vorschriften wie das UWG

Hinsichtlich des US-amerikanischen Rechts wird vertreten, dass zumindest bestimmte Arten von Preissetzungsalgorithmen per se wettbewerbsrechtlich illegal sein sollten.[1212] Umsetzbar sei das über section 5 FTC Act.[1213] Dieser besagt: „Unfair methods of competition in or affecting commerce, and unfair or deceptive acts or practices in or affecting commerce, are hereby declared

---

1209 *BKartA/Autorité de la Conc.,* Algorithms and Competition, S. 65, die explizit Brasilien, Deutschland, Mexiko, Portugal, Russland, Südkorea, Spanien, Schweiz sowie Russland nennen.

1210 Siehe dazu auch D) III. 2) a) cc) ccc).

1211 Siehe dazu den Vorschlag unter D) III. 2) a) cc).

1212 *Harrington Jr,* Developing Competition Law for Collusion by Autonomous Price-Setting Agents, S. 49.

1213 *Ezrachi/Stucke,* Sustainable and Unchallenged Algorithmic Tacit Collusion, S. 15.

unlawful.“[1214] Dabei solle der Fokus weg von der Abstimmung hin zu der Veränderung von Marktbedingungen gelegt werden, die eine tacit collusion erleichtern.[1215] Anknüpfungspunkt wäre dann also nicht mehr eine wettbewerbsbeschränkende Verhaltensweise i.S.d. Art. 101 Abs. 1 AEUV bzw. § 1 GWB, sondern die Veränderung von bestimmten Marktbedingungen.

Derartige ggf. zu sanktionierende Marktveränderungen könnten im deutschen Recht in seiner jetzigen Form jedoch nicht unter das deutsche UWG als vergleichbaren Rechtsakt zum FTC Act subsumiert werden. Zudem eignet sich das deutsche UWG zur Sanktionierung einer tacit collusion schon deshalb nicht, weil die Anspruchsdarlegung und der Beweis den Mitbewerbern auferlegt würde. Es scheint kaum denkbar, dass ein Unternehmen in der Lage ist, den Nachweis zu erbringen, bei dem schon Wettbewerbsbehörden weltweit Schwierigkeiten haben dürften. Selbst wenn man die Betrachtung vorverlegt, so müsste dargelegt und bewiesen werden können, dass eine bestimmte Verhaltensweise erstens geeignet ist, bestimmte Marktbedingungen zu verändern und zweitens, dass diese Änderung die Wahrscheinlichkeit einer tacit collusion erhöht bzw. eine solche dadurch begünstigt wird. Bezüglich der flächendeckenden Sicherung eines funktionierenden Wettbewerbs kann nicht von einzelnen Unternehmen erwartet werden, dass sie die Ressourcen aufbringen, um derartige Marktveränderungen von Mitbewerbern zu ermitteln. Das UWG in seiner derzeitigen Systematik ist daher kein geeignetes Mittel, um tacit collusions durch Preissetzungsalgorithmen zu regulieren. Eine umfassende Reform des Wettbewerbs- bzw. Kartellrechts in Deutschland bzw. Europa entsprechend einer Regelung der section 5 FTC Act ist zudem aufgrund der Unbestimmtheit einer solchen Regelung abzulehnen.[1216]

iii) Algorithmic Consumer

Ein weiterer Lösungsansatz besteht in der Annahme, dass sich im Falle einer zunehmenden Algorithmisierung der Preissetzung auf einem Angebotsmarkt auch die Nachfragenden mit algorithmischen Systemen ausstatten, um

---

1214 Section 5 US Federal Trade Commission Act.

1215 *Ezrachi/Stucke,* Algorithmic Collusion: Problems and Counter-Measures, S. 20.

1216 Vgl. *Vahrenholt,* Algorithmen und Kartellrecht, S. 20, der auf die Probleme dieser 100 Jahre alten Generalklausel verweist, siehe dazu auch *Rybnicek/Wright,* G. Mason Law Rev. 2014, 1287, 1304 ff., die die Probleme der Rechtsanwendung bei einer solch allgemeinen Generalklausel darlegen.

ihrerseits die besten Preise zu finden.[1217] Nachfragende könnten durch den Einsatz von algorithmischen Systemen Preisdaten analysieren, um künftige Preisentwicklungen vorherzusagen und überhöhten Preisen auszuweichen.[1218] Es wird insgesamt erwartet, dass Algorithmen häufiger Konsumentscheidungen für Menschen treffen und Käufe autonom getätigt werden, um sie schneller und effizienter zu gestalten.[1219] Dadurch könne eine Bündelung der Nachfragemacht erreicht werden, um so einer Kollusion durch Preissetzungsalgorithmen im Sinne einer künstlichen Preiserhöhung entgegen zu wirken.[1220] In Deutschland könne dies beispielsweise über Verbraucherschutzverbände organisiert werden.[1221] Ein solcher kollektivrechtlicher Regulierungsansatz durch Bündelung von Kompetenzen bei den Verbraucherschutzverbänden könne zudem den entsprechenden Asymmetrien zwischen Unternehmen und Verbrauchern Rechnung tragen.[1222]

Dieser Lösungsansatz wird jedoch zurecht ausschließlich als Teillösung neben anderen Konzepten beschrieben.[1223] So ist es eher unwahrscheinlich, dass es flächendeckend zum Einsatz von algorithmic consumer Technik und damit zur Selbstregulierung des Marktes kommt.[1224] Insbesondere auf Märkten, in denen die Präferenzen der Endkunden sich regelmäßig ändern bzw. schwer vorauszusehen sind, dürfte der Ansatz des algorithmic consumers nicht umsetzbar sein.[1225] Dem stehen bereits die Kosten entgegen, die die Verbraucher für solche Algorithmen aufbringen müssten.[1226] Zudem besteht die

---

1217 Ausführlich zu diesem Konzept *Gal/Elkin-Koren,* Harv. Journ. of Law & Tech. 2017, 309, 309 ff.

1218 *Vahrenholt,* Algorithmen und Kartellrecht, S. 20.

1219 *Monopolkommission,* XXII. Hauptgutachten 2018, Rz. 195.

1220 *Gal/Elkin-Koren,* Harv. Journ. of Law & Tech. 2017, 309, 327; *Monopolkommission,* XXII. Hauptgutachten 2018, Rz. 196.

1221 *Pohlmann*, in: *Kokott/Pohlmann/Polley* (Hrsg.), Algorithmen als Kartellverstöße, S. 653; siehe zur Algorithmenregulierung über Verbraucherschutzverbände auch *EPRS,* A governance framework for algorithmic accountability and transparency, S. 51.

1222 *Martini,* Blackbox Algorithmus, S. 307.

1223 *Beneke/Mackenrodt,* JoAE 2021, 152, 174; *Gal,* Berkeley Tech Law Journal 2019, 67, 96.

1224 *Künstner,* GRUR 2019, 36, 40; *Paal,* GRUR 2019, 43, 46, der auf eine entsprechende Abstimmung des Fachpublikums auf der GRUR Jahrestagung 2018 verweist;

1225 *Beneke/Mackenrodt,* JoAE 2021, 152, 174 f.

1226 *Künstner,* GRUR 2019, 36, 40.

Gefahr, dass derartige Software nicht die Interessen der Verbraucher an erste Stelle stellt, sondern die Interessen der hinter der Software stehenden Unternehmen.[1227] So herrscht bereits heute ein starker Wettbewerb der großen Tech-Konzerne um die Vormachtstellung bei den sog. „digitalen Butlern“, wie Alexa, Siri und Co, die jeweils die Angebote ihres Mutterkonzerns in den Mittelpunkt ihrer Dienstleistung stellen.[1228] Zudem entstünde eine Art Wettstreit zwischen Anbietern und Konsumenten, bei dem es darum ginge wer die besseren Daten und Algorithmen besitzt. Die auf ihren Markt spezialisierten Anbieter dürften dieses Rennen in aller Regel gewinnen.[1229] Zudem ergeben sich für Endkunden aufgrund ihrer Vielzahl und Diversität erhebliche Koordinationsschwierigkeiten, wohingegen gerade in oligopolistischen Angebotsmärkten den Anbietern eine Koordination leichter möglich ist.[1230]

Trotzdem scheint eine gewisse Selbstregulierung durch Nutzung von algorithmic consumer Technologie nicht ausgeschlossen. Gerade die vorgeschlagene Konzentrierung von Nachfragemacht durch die Entwicklung bestimmter Verbraucher-Apps von öffentlichen Stellen, wie beispielsweise Verbraucherzentralen, kann dazu beitragen, das Problem der tacit collusion auf einigen Märkten zu verringern. Die marktbasierten Lösungen können jedoch allenfalls neben ein effektives Kartellverbot treten und sind allein nicht geeignet, das Problem möglicher stillschweigender Kollusion vollumfassend zu lösen.[1231]

cc) Tacit collusion unter Art. 102 AEUV bzw. §§ 18 ff. GWB

Denkbar ist im Rahmen seiner Anwendbarkeit zudem eine Regulierung von auftretenden algorithmischen tacit collusions über das Missbrauchsverbot.[1232] Passgenau erscheint die Lösung insbesondere, weil kollusive Marktergebnisse durch Preissetzungsalgorithmen vorrangig in oligopolistischen Märkten drohen.[1233] Der Einsatz von Preissetzungsalgorithmen von mehreren marktmächtigen Unternehmen, die gemeinschaftlich zu einer antikompetitiven

---

1227 *Gal*, Berkeley Tech Law Journal 2019, 67, 91; *Paal*, GRUR 2019, 43, 46.

1228 *Gal*, Berkeley Tech Law Journal 2019, 67, 91; *Paal*, GRUR 2019, 43, 46.

1229 *Monopolkommission*, XXII. Hauptgutachten 2018, Rz. 196.

1230 *Monopolkommission*, XXII. Hauptgutachten 2018, Rz. 196.

1231 So auch *Beneke/Mackenrodt*, JoAE 2021, 152, 174; *Gal*, Berkeley Tech Law Journal 2019, 67, 96.

1232 *Mundt*, ZVertriebsR 2021, 69, 71; *Salaschek/Serafimova*, WuW 2019, 118, 118 ff; *Zimmer*, in: *Kokott/Pohlmann/Polley* (Hrsg.), Algorithmen, Kartellrecht und Regulierung, S. 1002 ff.

1233 Siehe hierzu oben unter C) III. 4) a).

Preiskoordination führen, können unangemessene Verkaufspreise bzw. Entgelte i.S.d. Art. 102 Abs. 2 lit. a) AEUV bzw. § 19 Abs. 2 Nr. 2 GWB zur Folge haben. Für eine marktmissbräuchliche algorithmische Preissetzung können *de lege lata* jedoch keine anderen Anforderungen gelten als im Falle analoger Preissetzungen.[1234] Die Anforderungen zum Nachweis eines Preishöhenmissbrauchs sind hoch. Nach den Vorgaben der Rechtsprechung ist ein Preishöhenmissbrauch nur anzunehmen, wenn ein übertriebenes Missverhältnis zwischen den tatsächlich entstandenen Kosten und dem Preis besteht und wenn dieser erzwungene Preis unangemessen ist, entweder absolut oder im Vergleich zu Konkurrenzprodukten.[1235] Die Wettbewerbsbehörden waren bislang sehr zurückhaltend hinsichtlich der Anstrengung derartiger Verfahren.[1236] Dennoch kann das Missbrauchsverbot in seiner beschränkten Anwendbarkeit in Einzelfällen geeignet sein, um algorithmische tacit collusions zu sanktionieren. Eine verstärkte Preiskontrolle und -analyse wird im Zusammenhang mit der Regulierung von Preissetzungsalgorithmen künftig ohnehin unumgänglich sein, da der Preis der einzige Parameter ist, den sowohl Mitbewerber als auch Wettbewerbsbehörden nachvollziehen können.[1237] Der Vorteil besteht dabei im Verhältnis zum Kartellverbot darin, dass ausschließlich die Preisentwicklung über einen bestimmten Zeitraum betrachtet werden kann und gerade keine Koordination zwischen den Preissetzungsalgorithmen nachgewiesen werden muss. Das Missbrauchsverbot kann also auch bloße parallele Preissetzungen erfassen, sofern diese antikompetitive Preise zur Folge haben.[1238] Ein gravierender Nachteil ist allerdings jedenfalls mittelfristig die beschränkte Anwendbarkeit auf marktmächtige Unternehmen. Durch die zunehmende Digitalisierung der Preissetzung und die hohe Reaktionsmöglichkeit der Algorithmen kann es möglicherweise künftig auch in Märkten zu tacit collusions kommen, in denen kein Unternehmen als marktmächtig anzusehen ist, wenn mehrere

---

1234 *Salaschek/Serafimova,* WuW 2019, 118, 118.

1235 *EuGH,* Urt. v. 14.02.1978 – Rs. 27/76, ECLI:EU:C:1978:22, Rn. 248/257; Urt. v. 11.12.2008 – Rs. C-52/07, ECLI:EU:C:2008:703, Rn. 28.

1236 *Eilmansberger/Bien in* MüKoWettbR, Art. 102 AEUV, Rn. 339; *Salaschek/Serafimova,* WuW 2019, 118, 118 f.

1237 Siehe zur Preisniveaukontrolle den Gesetzesvorschlag D) III. 2) a) cc).

1238 Vgl. hinsichtlich algorithmischer, wettbewerbswidriger Preise und dem Missbrauchsverbot auch die Ermittlung des BKartA gegen Lufthansa: *BKartA,* Pressemitteilung vom 29.05.2018, abrufbar unter https://www.bundeskartellamt.de/SharedDocs/Publikation/DE/Pressemitteilungen/2018/29_05_2018_Lufthansa.pdf?__blob=publicationFile&v=2.

Unternehmen auf algorithmische Preissetzung setzen.[1239] Diese Märkte von der Regulierung auszunehmen, ist nicht zielführend. Im Hinblick auf die ökonomischen Folgen von Preiskollusionen müssen solche umfassend und unabhängig von Marktanteilen einzelner Wettbewerber reguliert werden. Eine künftige Anpassung des Kartellrechts ist daher nicht im Rahmen des Art. 102 AEUV bzw. §§ 18 ff. GWB vorzunehmen, sondern direkt im umfassend anwendbaren Kartellverbot des Art. 101 Abs. 1 AEUV bzw. § 1 GWB.[1240]

dd) Wettbewerbsverbessernde Maßnahmen nach Sektoruntersuchung gem. § 32 f Abs. 1, 3 GWB

Denkbar ist im Einzelfall zudem eine Regulierung über den mit der 11. GWB Novelle neugeschaffenen § 32 f GWB. Demnach ist es dem Bundeskartellamt künftig möglich, im Falle einer erheblichen, andauernden und wiederholten Störung des Wettbewerbs nach abgeschlossener Sektoruntersuchung bestimmte Abhilfemaßnahmen vorzuschreiben, § 32 f Abs. 1, 3 GWB. Denkbar ist, dass das BKartA damit den Einsatz von wettbewerbsschädigenden Preissetzungsalgorithmen untersagen kann. Unklar scheint gegenwärtig noch, ob und wie effektiv mit den genannten Sektoruntersuchungen tatsächlich wettbewerbswidrige Preise bzw. Preissetzungsalgorithmen festgestellt werden können. Gemäß § 32e Abs. 3 GWB wird bereits die Einleitung jeder Sektoruntersuchung online veröffentlicht, sodass komplexere Algorithmen künftig auch diese Information zur zeitlich befristeten Anpassung der eigenen Preissetzung nutzen könnten. Das Bundeskartellamt muss folglich genauestens darauf achten, dass Algorithmen und die verwendenden Unternehmen wettbewerbsschädigende Praktiken nicht nur zeitweise aussetzen, um die Erfüllung des Tatbestandsmerkmals der andauernden Störung des Wettbewerbs zu umgehen. Ungeachtet dessen dürfte § 32 f GWB künftig einen gewissen Beitrag leisten, um auftretende algorithmische tacit collusions zu beseitigen und diese auf dem entsprechenden Markt für die Zukunft zu verhindern. Gleichwohl dürfte das neue Instrument allein nicht ausreichend sein, um wettbewerbswidrige Preissetzungen durch den Einsatz selbstlernender Algorithmen zu regulieren. Dies folgt bereits daraus,

---

1239 Vgl. *Ebers*, NZKart 2016, 554, 555; *EU Kommission*, Horizontalleitlinien 2022, Rn. 418; *Ezrachi/Stucke*, Virtual Competition, S. 57 f; *Künstner*, GRUR 2019, 36, 38; *OECD*, Algorithms and Collusion, S. 34 ff; *Rützel*, Rechtsfragen algorithmischer Preisdiskriminierung, S. 232; *Zimmer in* Immenga/Mestmäcker WettbR, Art. 101 Abs. 1 AEUV, Rn. 98.

1240 Siehe dazu D) III. 2) a) cc) aaa) α).

dass mit den Abhilfemaßnahmen nach abgeschlossener Sektoruntersuchung ausschließlich künftiges Verhalten modifiziert werden kann während bereits erfolgte wettbewerbswidrige Preissetzungen damit nicht sanktioniert werden können. Insofern bleibt zur umfassenden Verhinderung wettbewerbswidriger Preissetzungen durch selbstlernende und nicht interpretierbare Algorithmen auch eine Ausweitung des Kartellverbots in Form einer Beweislastumkehr[1241] notwendig.

c) Zusammenfassende Erkenntnisse bezüglich des Szenarios der autonom kollusiven Preissetzungsalgorithmen

Unter Berücksichtigung der dargestellten Ansätze wird deutlich, dass das Kartellverbot in seiner jetzigen Form keinen ausreichenden Schutz vor einer tacit collusion durch autonom festsetzende Preissetzungsalgorithmen bietet. Auch das Missbrauchsverbot bietet aufgrund seiner beschränkten Anwendbarkeit keinen umfassenden Schutz. Vielmehr wäre wie zuvor dargestellt eine tacit collusion *de lege lata* für nicht-marktmächtige Unternehmen regelmäßig nicht wettbewerbswidrig i.S.d. deutschen bzw. europäischen Kartellrechts.

aa) Beschränkten Anwendungsbereich des Missbrauchsverbots und des § 32 f Abs. 1,3 GWB nutzen

Das Missbrauchsverbot des Art. 102 AEUV bzw. § 19 GWB bietet sich zur Regulierung möglicher wettbewerbswidriger Preiskoordinationen in seiner beschränkten Anwendbarkeit an. Der Vorteil einer Regulierung über Art. 102 AEUV bzw. § 19 GWB besteht darin, dass den beteiligten Unternehmen gerade keine konkrete Koordination nachgewiesen werden muss. Eine solche lässt sich schließlich beim Einsatz von nicht interpretierbaren Algorithmen häufig nicht nachvollziehen.[1242] Die marktbeherrschenden Unternehmen verfügen bereits ohne Kollusion über vom Wettbewerb nicht kontrollierte Verhaltensspielräume, die ein Eingreifen des Wettbewerbsrechts erforderlich machen können.[1243] Im Gegensatz zum Kartellverbot ist dabei gemäß § 19 Abs. 2 Nr. 2 GWB bzw. Art. 102 Abs. 2 lit. a) AEUV ausreichend, dass die Entgelte an sich antikompetitiv sind. Für die Kartellbehörden

1241 Siehe dazu D) III. 2) a) cc).
1242 Vgl. dazu A) III. 3) b) sowie D) I.
1243 *Mohr*, ORDO 2018, 259, 266.

sind derartige Verstöße folglich noch eher nachzuvollziehen, wenngleich auch der Nachweis vom Preishöhenmissbrauch praktisch schwierig ist.[1244]

Das große Problem des Missbrauchsverbots liegt im Hinblick auf tacit collusions in seiner beschränkten Anwendbarkeit auf marktmächtige Unternehmen. Mittelfristig ist denkbar, dass sich auch Preise von Unternehmen algorithmisch koordinieren, die nicht marktmächtig sind. Zurückzuführen ist dies unter anderem auf hohe Transparenz und unmittelbare Preisreaktionen von Wettbewerbern in Onlinemärkten, die zu ökonomischen Folgen eines Oligopols führen können.[1245] Dementsprechend sollte versucht werden, die Vorteile des Missbrauchsverbots im Hinblick auf die Beweisführung auf das umfassend geltende Kartellverbot zu übertragen, um die Sanktionierung von wettbewerbswidrigen Preisen durch Preissetzungsalgorithmen künftig flächendeckend sicherstellen zu können.[1246]

Auch der neugeschaffene § 32 f Abs. 1, 3 GWB ist aufgrund seiner beschränkten Anwendbarkeit für Märkte, auf denen zuvor eine Sektoruntersuchung durchgeführt wurde, allenfalls partiell geeignet, tacit collusions künftig zu vermeiden. Eine Sanktionierung vergangener wettbewerbswidriger Preissetzungen ist damit nicht möglich.

bb) Keine flächendeckende, technische ex-ante Regulierung von Preissetzungsalgorithmen

Als weder umsetzbar noch zweckmäßig abzulehnen ist eine flächendeckende ex-ante Regulierung von Preissetzungsalgorithmen durch ein Zertifizierungsverfahren. Wie dargestellt ist die Regulierung auf technischer Ebene sehr aufwendig. Es dürfte kaum umsetzbar sein, alle auf dem deutschen bzw. europäischen Markt eingesetzten Preissetzungsalgorithmen von Wettbewerbern technisch zu regulieren. Zum anderen liegt die Problematik in der Frage, inwieweit ein zu überprüfender Preissetzungsalgorithmus Wettbewerberpreise verwenden und eine Abhängigkeit der eigenen Preissetzung von dem eines

---

1244 Vgl. *Eilmansberger/Bien in* MüKoWettbR, Art. 102 AEUV, Rn. 339; *Fuchs in* Immenga/Mestmäcker WettbR, Art. 102 AEUV, Rn. 175.

1245 Vgl. *Ebers,* NZKart 2016, 554, 555; *EU Kommission,* Horizontalleitlinien 2022, Rn. 418; *Ezrachi/Stucke,* Virtual Competition, S. 57 f; *Künstner,* GRUR 2019, 36, 38; *OECD,* Algorithms and Collusion, S. 34 ff; *Rützel,* Rechtsfragen algorithmischer Preisdiskriminierung, S. 232; *Zimmer in* Immenga/Mestmäcker WettbR, Art. 101 Abs. 1 AEUV, Rn. 98; vgl. dazu auch B) III.

1246 Siehe dazu D) III. 2) a) cc).

oder mehrerer Wettbewerber zulassen darf, ohne dass er als wettbewerbswidrig gilt. Als technische Regulierung ist wie beim Repricing allenfalls eine pauschale Obergrenze hinsichtlich einer bestimmten Preisänderungsanzahl pro Zeitabschnitt denkbar, um der Quasi-Oligopolisierung[1247] auf algorithmisch dominierten Onlinemärkten entgegen zu wirken. Bei tacit collusions durch selbstlernende Preissetzungsalgorithmen ist jedoch überaus zweifelhaft, ob dadurch wettbewerbswidrige Preise verhindert werden könnten. Vielmehr ist anzunehmen, dass sich selbstlernende Algorithmen recht schnell auf die geringere Reaktionsintensität einstellen würden, um dennoch möglichst hohe, wettbewerbswidrige Preise zu implementieren. Ein technischer Ansatz zur Behandlung von tacit collusions scheint daher wenig vielversprechend.

cc) *Kombination aus Theorie der „Plus-Faktoren"* de lege lata *sowie künftig zu schaffender Beweislastumkehr*

Eine vollständige Reform des Abstimmungsbegriffs oder des Begriffs der aufeinander abgestimmten Verhaltensweise ist derzeit aufgrund von möglichen tacit collusions durch selbstlernende Preissetzungsalgorithmen nicht notwendig. Das Kartellverbot sollte auch künftig im Falle gleichlaufender Preise zwischen mehreren Wettbewerbern nur dann eingreifen, wenn es zusätzlich zur Parallelität der Preise Anhaltspunkte dafür gibt, dass ein wettbewerbswidriges Preisniveau erreicht wurde.[1248] *De lege lata* lassen sich die Ansätze der „Plus-Faktoren" auf die Problematik der autonom festsetzenden Preissetzungsalgorithmen übertragen. Solange diese nur parallel die Preise festsetzen und es zu keiner Koordination kommt, gibt es keine Möglichkeit, eine solche Parallelität zu sanktionieren. Diese ist vielmehr als ein Ergebnis von erhöhter Markttransparenz hinzunehmen. Sobald es jedoch Anhaltspunkte dafür gibt, dass neben der Parallelität der Preise weitere objektive Anhaltspunkte bestehen, die eine wettbewerbswidrige Absprache zwischen beteiligten Wettbewerbern nahelegen, sollte die Schwelle auch *de lege lata* zur wettbewerbswidrigen Verhaltensweise i.S.d. Art. 101 Abs. 1 AEUV bzw. § 1 GWB überschritten sein. Diesbezüglich dürften sich jedoch erhebliche Beweisprobleme stellen, die *de lege ferenda* bezüglich selbstlernender und nicht interpretierbarer Preissetzungsalgorithmen mit einer Beweislastumkehr zu bewältigen sind.[1249]

1247 Vgl. dazu oben B) III.

1248 Siehe dazu D) III. 2) a) cc).

1249 Siehe dazu D) III. 2) a) cc).

Im Hinblick auf bestimmte Preisniveaus und einen längeren Gleichlauf von Preisen auf bestimmten Märkten ist daher künftig eine Beweislastumkehr auch hinsichtlich der Frage zu befürworten, ob ein Verstoß gegen Art. 101 Abs. 1 AEUV bzw. § 1 GWB vorliegt. Nur durch eine Mitwirkungspflicht der beteiligten Unternehmen lässt sich eine hinreichende Sachverhaltsaufklärung durch Offenlegung der Preissetzungsalgorithmen erreichen. Die Kombination aus der Theorie der Plus-Faktoren sowie einer noch zu schaffenden Beweislastumkehr im Falle des Vorliegens solcher objektiver Anhaltspunkte für eine wettbewerbswidrige Verhaltensweise stellt im Rahmen des Art. 101 Abs. 1 AEUV bzw. § 1 GWB eine effektive, anlassbezogene und zugleich verhältnismäßige Regulierungsoption für Fälle dar, in denen eine preissetzungsalgorithmische Kollusion auftreten sollte, ohne dass das Missbrauchsverbot oder der neugeschaffene § 32 f Abs. 3 GWB anwendbar ist.[1250] Eine Regulierung über andere wettbewerbsrechtliche Vorschriften, wie in den Vereinigten Staaten diskutiert, ist im deutschen bzw. europäischen Recht hingegen kaum umsetzbar. Auch das alleinige Abstellen auf Hoffnungen hinsichtlich einer Selbstreinigung des Marktes durch das Erstarken von nachfrageseitigen Algorithmen ist derzeit allenfalls als optimistisch, nicht aber als realistisch, zu bewerten.

5) Erkenntnisse des bisherigen Einsatzes von Preissetzungsalgorithmen unter deutschem und europäischem Recht

Abschließend zu den dargestellten Fällen und Entscheidungen zu Einsätzen von Preissetzungsalgorithmen gilt es nun, die wesentlichen Erkenntnisse kurz zusammenzufassen.

Hinsichtlich des Einsatzes von Preissetzungsalgorithmen zur Umsetzung von „klassisch" getroffenen Wettbewerbsabsprachen ist festzuhalten, dass das deutsche und europäische Kartellverbot in seiner jetzigen Form bereits vollumfänglich geeignet ist, diese Fälle zu erfassen. Die Verwendung von Preissetzungsalgorithmen stellt in diesem Szenario rechtlich kein Problem dar, sondern dürfte vielmehr regelmäßig dazu führen, dass den Wettbewerbsbehörden dadurch sogar ermöglicht wird, die menschlich getroffenen Abreden zwischen Wettbewerbern leichter nachvollziehen und nachweisen zu können. Insofern besteht hinsichtlich des ersten dargestellten Szenarios kein Anpassungsbedarf des geltenden Rechts.

1250 Siehe zum Gesetzesvorschlag D) III. 2) a) cc).

Der Einsatz von Repricing Algorithmen durch Wettbewerber ist unter derzeitigem deutschen und europäischen Wettbewerbsrecht legal. Dennoch kann der umfassende Einsatz dieser Algorithmen zu Preisstarrheit und einer Beschränkung des Preiswettbewerbs führen. Die unmittelbare Möglichkeit zur Preisanpassung führt zur Gefahr von Fehlanreizen bei der Preissetzung, indem sich Preissenkungen für die Wettbewerber nicht mehr lohnen könnten. Plattformen wie Amazon sind derzeit am stärksten von paralleler Preissetzung durch Repricing Algorithmen betroffen. Hinsichtlich der Verortung einer künftigen Regulierung ist daher vor allem an eine Plattform Regulierung und damit an den Digital Markets Act zu denken. Denkbar wären insbesondere Vorgaben zur maximalen Anzahl von Preisänderungen in einem bestimmten Zeitfenster, um die dauerhafte und sofortige Reaktion von Mitbewerbern auf Preissenkungen anderer Wettbewerber zu unterbinden und den Preiswettbewerb zu stärken. Diesbezüglich bedarf es jedoch noch weiterer Forschung hinsichtlich möglicher ökonomischer Auswirkungen einer solchen Beschränkung.

Im Szenario der Koordination mittels Preissetzungsalgorithmen über eine dritte Stelle ist zwischen Plattform-Fällen und Fällen außerhalb von Plattformen zu unterscheiden. Während die Regulierung von Plattformen unter Umständen auch über das Missbrauchsverbot gelingen kann, ist der Fokus auf das Kartellverbot in derartigen Fällen dennoch geboten. Es wurde deutlich, dass bereits heute im Verkehrssektor in einigen Ländern Systeme weitreichender Preiskoordinationen von Wettbewerbsbehörden gebilligt oder zumindest toleriert werden, wenngleich die Auswirkungen auf die Beschränkung des Wettbewerbs teilweise vorschnell und oberflächlich mit vermeintlichen Effizienzsteigerungen gerechtfertigt werden. Der Preiswettbewerb als wesentlicher Bestandteil von freien Marktwirtschaften darf durch die zunehmende Technologisierung und Digitalisierung nicht auf der Strecke bleiben. Für neue, digitale Geschäftsmodelle müssen dieselben Wettbewerbsbedingungen gelten wie für nicht-digitale Anbieter und deren Produkte. Die sich aufgrund von Netzwerkeffekten ergebenden Monopolisierungstendenzen in verschiedenen Zweigen der Digitalwirtschaft[1251] dürfen nicht dazu führen, dass die Effizienzvorteile digitaler Monopole zur weitreichenden Rechtfertigung von Einheitspreisen genutzt werden. Ein funktionierender Wettbewerb als Motor für künftige Innovationen ist nur dann gewährleistet, wenn zwischen Anbietern im Regelfall auch ein wirksamer Preiswettbewerb stattfindet. Potenziell neue Anbieter müssen die Möglichkeit haben, über einen niedrigeren Preis Kunden zu gewinnen. Wird

---

1251 Siehe dazu *Mohr,* EuZW 2019, 265, 267.

jedoch, wie beispielsweise im Webtaxi oder Uber Fall, dazu übergegangen, für mehrere Anbieter der gleichen Dienstleistung Einheitspreise zu tolerieren, besteht die gefährliche Tendenz, den Preiswettbewerb in bestimmten digitalisierten Branchen vorschnell auszuschalten. Wie aufgezeigt dürfen Einheitspreise auch im Rahmen des Art. 101 Abs. 3 AEUV bzw. § 2 GWB als völlige Aufgabe des Preiswettbewerbs nur das letzte Mittel sein, sodass die Wettbewerbsbehörden und Gerichte künftig streng darauf achten sollten, dass der Preiswettbewerb nicht dort ausgeschalten wird, wo ein vergleichbar effizientes, digitales System funktionieren könnte, das zumindest einen eingeschränkten Preiswettbewerb zulässt.

In der Konstellation der Nutzung von Preissetzungsalgorithmen eines IT-Dienstleisters durch mehrere Wettbewerber ist auf den konkret erfolgenden Datenaustausch zwischen den Wettbewerbern über den Dritten abzustellen. Unter Berücksichtigung der Rechtsprechung zum Datenaustausch lassen sich Kriterien finden, die im Einzelfall für bzw. gegen einen wettbewerbswidrigen Datenaustausch als abgestimmte Verhaltensweise sprechen können. Der Einsatz der Preissetzungsalgorithmen in diesem Szenario ist folglich in erster Linie ein Problem eines möglicherweise wettbewerbswidrigen Datenaustausches.

Hinsichtlich des Einsatzes von autonom preisenden Algorithmen existieren verschiedene Lösungsansätze. Vorzugswürdig erscheint hier zusätzlich zur parallelen Preissetzung weitere objektive Anhaltspunkte im Sinne von „Plus-Faktoren“ zu fordern, die einen Gleichlauf der Preise von mehreren Wettbewerbern wettbewerbswidrig machen. Sind solche objektiven Kriterien, wie beispielsweise der Austausch von preissetzungsrelevanten Daten erkennbar, ist zudem bereits *de lege lata* eine Beweislastumkehr dahingehend zu fordern, dass die beteiligten Unternehmen zur Entlastung des Vorwurfs der abgestimmten Verhaltensweise die jeweiligen Preissetzungsalgorithmen offenlegen müssen. Hinsichtlich der Lösung von diesbezüglichen Beweisproblemen ist *de lege ferenda* eine grundsätzliche Beweislastumkehr für bestimmte Preissetzungsalgorithmen sinnvoll.[1252] Eine tacit collusion ist zunächst vorwiegend auf oligopolistischen Märkten wahrscheinlich, sodass häufig auch das Missbrauchsverbot gemäß Art. 102 AEUV bzw. § 19 GWB eine geeignete Regulierungsmöglichkeit darstellen dürfte. Selbiges gilt für den neugeschaffenen § 32 f Abs. 1, 3 GWB, der nach dem Abschluss von Sektoruntersuchungen ebenfalls dem Wortlaut nach geeignet ist, algorithmische tacit collusions auf einzelnen Märkten zu verhindern.

1252 Siehe dazu D) III. 2) a) cc).

Unter Berücksichtigung der dargestellten Anpassung in der Auslegung und Anwendung des deutschen und europäischen Kartellverbotes bietet der existierende Rahmen *de lege lata* ein weitgehend geeignetes Werkzeug zur Behandlung der bisher aufgetretenen und in näherer Zukunft zu erwartenden Fallkonstellationen im Zusammenhang mit dem Einsatz von Preissetzungsalgorithmen. Aufgrund der enormen Geschwindigkeit der Entwicklungsprozesse auf diesem Gebiet dürfte eine Anpassung des Kartellverbots und anderer Regulierungsvorschriften mittelfristig im Hinblick auf den Einsatz von Repricing Algorithmen auf Plattformen sowie möglichen tacit collusions durch selbstlernende und nicht interpretierbare Algorithmen dennoch nötig werden.[1253]

1253 Siehe dazu D) III. 2) a) cc).

Kapitel D) Durchsetzung von behördlichen und privatrechtlichen Maßnahmen bei horizontalen Preiskollusionen durch den Einsatz von Preissetzungsalgorithmen

Im Folgenden soll näher untersucht werden, unter welchen Bedingungen die Beteiligten für eine wettbewerbswidrige Preissetzung von Preissetzungsalgorithmen haftbar gemacht werden können. Dabei wird zunächst zu erörtern sein, wie die einzelnen Preissetzungsalgorithmen haftungsrechtlich eingruppiert werden können und welche konkreten Folgen das für die kartellrechtliche Haftung der Beteiligten nach sich zieht. Außerdem soll neben der Verantwortlichkeit der Unternehmen als Verwender untersucht werden, unter welchen Voraussetzungen dritte Dienstleister für Wettbewerbsverstöße durch deren Preissetzungsalgorithmen haftbar gemacht werden können. Insbesondere für selbstlernende bzw. nicht interpretierbare Preissetzungsalgorithmen, die sich möglicherweise wettbewerbswidrig stillschweigend koordinieren, wird dabei auch die Notwendigkeit einer Rechtsanpassung zu diskutieren sein.

I. Interpretierbarkeit und Lernfähigkeit als maßgebliche Abgrenzungskriterien

Zur Beantwortung der Frage nach der Verantwortlichkeit für algorithmische Preissetzung soll im Folgenden zwischen den bereits eingangs dargestellten Whitebox und Blackbox Algorithmen unterschieden werden. Das eingangs dargestellte Kriterium der Interpretierbarkeit[1254] dürfte hinsichtlich der Verantwortlichkeit im Hinblick auf eine notwendige Zurechnung von möglichen Rechtsverstößen das Entscheidende sein. Schließlich ist es sowohl für die bußgeldrechtliche Verantwortlichkeit als auch für das private enforcement entscheidend, ob das jeweilige Unternehmen die algorithmisch-kollusive Preissetzung erkennen und verstehen konnte. Damit eng verbunden ist zudem die Frage, inwiefern ein Algorithmus über Lernfähigkeiten verfügt, sodass auch die Fähigkeit zum selbstständigen Lernen eines Algorithmus für die haftungsrechtliche Eingruppierung entscheidend ist.[1255]

1254 Siehe dazu A) III. 3).

1255 Siehe dazu A) III. 2).

In der Praxis dürften hauptsächlich Grau-Formen existieren[1256], sodass im Einzelfall anhand sog. Autonomiekriterien und -grade zu beurteilen ist, zu welcher der beiden Gruppen ein Preissetzungsalgorithmus eher zu zählen ist.[1257] Entscheidend zur Beurteilung dürfte dabei insbesondere sein, inwieweit der Verwender Kontrolle über die für die Berechnung notwendigen Eingangsparameter hat sowie der Anteil der vom System ausgeübten Selbstkontrolle, das im Laufe der Zeit beispielsweise durch bestimmte Erfahrungswerte das Problem selbst anders definieren könnte.[1258] Der Autonomiegrad ist demzufolge umso höher, je stärker die konkrete Preissetzung von intrinsischen Mechanismen gesteuert wird und je mehr sich der jeweilige Preissetzungsalgorithmus an das Marktumfeld und andere für die Preissetzung relevante Daten anpasst.[1259]

Bezogen auf die hier vorliegende Problematik einer möglichen preisalgorithmischen horizontalen Kollusion bedeutet dies, dass ein Blackbox Algorithmus beispielsweise ursprünglich den niedrigsten Preis als den besten Preis definiert, um kurzfristig den Absatz zu erhöhen. Später könnte das System durch die Auswertung von Daten aus der Vergangenheit und einer möglichen Koordinierung mit anderen Preissetzungsalgorithmen zu dem Ergebnis gelangen, dass eine Strategie der Preiserhöhung für alle Wettbewerber langfristig die Gewinne maximieren kann.[1260] Dabei könnte lediglich das Ergebnis dieser Strategie in Form des Outputs im Nachhinein rekonstruiert werden, nicht jedoch die konkreten Berechnungen selbst. Der Algorithmus kann in diesem Szenario die einzelnen Parameter im Hinblick auf die Auswertung immer neuer Daten anpassen.

Folgt ein Algorithmus jedoch ausschließlich nachvollziehbaren und kontrollierbaren Kriterien, die auch nicht selbstständig durch den Input neuer Daten angepasst werden, wie beispielsweise beim einfachen Repricing, so handelt es sich um einen interpretierbaren Whitebox Algorithmus.

Im Folgenden sollen nunmehr die Kategorien der nicht selbstlernenden, interpretierbaren Algorithmen zur algorithmisch-basierten Preissetzung sowie

---

1256 *Datenethikkommission,* Gutachten 2019, S. 162.

1257 Vgl. zu den 10 verschiedenen Autonomiegraden *Ball/Callaghan*, in: *IEEE Computer Society* (Hrsg.), 8th International Conference on Intelligent Environments 2012, S. 114 ff.

1258 *Boden*, in: *Boden* (Hrsg.), Autonomy and Artificiality, S. 95; *Reichwald/Pfisterer,* CR 2016, 208, 210.

1259 *Reichwald/Pfisterer,* CR 2016, 208, 210.

1260 Zur Diskussion, ob ein solches Szenario realistisch ist, siehe C) III. 4) a).

der selbstlernenden, nicht interpretierbaren Algorithmen zur algorithmisch-determinierten Preissetzung unterschieden werden.

II. Nicht selbstlernende, interpretierbare Algorithmen zur algorithmisch-basierten Preissetzung

Zunächst zu betrachten ist die Verantwortlichkeit für sog. statische Preissetzungsalgorithmen, die ihre Rechenabläufe nicht selbstständig verändern und deren Ergebnisse sich nur dann verändern, wenn der Input entsprechend angepasst wird.[1261] Es handelt sich dabei folglich um menschlich interpretierbare Whitebox-Algorithmen.[1262] Insbesondere einfache Regular Pricing und Repricing Algorithmen zählen zu dieser Kategorie. Solche unveränderlichen bzw. nicht-selbstlernenden Preissetzungsalgorithmen können nicht selbstständig wettbewerbswidrig handeln.[1263] Ihre Verwendung und Funktionsweise wird ausschließlich durch den Menschen bestimmt, der die einzelnen Parameter alleinverantwortlich festsetzt.[1264] Diese Art der Preissetzung wird als algorithmenbasiert bezeichnet.[1265] Wettbewerbswidrige Situationen können, wie die bisherigen Fälle zeigen, mit den bestehenden Regelungen des deutschen und europäischen Wettbewerbsrechts gut aufgefangen werden. Sie kommen bislang insbesondere in den Szenarien zur Kontrolle von wettbewerbswidrigen Absprachen sowie im digitalen Hub-and-Spoke Szenario zur Anwendung. Für die Wettbewerbsbehörden gilt in diesen Szenarien, dass sie sich auf die herkömmlichen menschlichen Absprachen konzentrieren können, um ein möglicherweise wettbewerbswidriges Handeln zwischen Wettbewerbern zu beweisen.[1266]

Eine Verantwortlichkeitsproblematik hinsichtlich der Algorithmen ergibt sich bei diesen Preissetzungsalgorithmen nicht. Verantwortlich für die Preissetzung dieser Algorithmen ist daher das Unternehmen, das die Software benutzt. Die einzelnen beteiligten Mitarbeiter und Organe können dabei nachvollziehen, wie es zu einer bestimmten Preissetzung gekommen ist. Der Mensch hält in dieser Konstellation alle Zügel in der Hand und trifft die wesentlichen Entscheidungen.[1267] Diese Algorithmen können also nur dann wettbewerbswidrig

---

1261 *Vahrenholt*, Algorithmen und Kartellrecht, S. 3.
1262 Siehe dazu bereits A) III. 3) a).
1263 *Calvano et al.*, RoIO 2019, 155, 159.
1264 *Calvano et al.*, RoIO 2019, 155, 159.
1265 *Datenethikkommission*, Gutachten 2019, S. 161.
1266 *Calvano et al.*, RoIO 2019, 155, 160.
1267 *Datenethikkommission*, Gutachten 2019, S. 161; *Picht/Freund*, Competition (Law) in the Era of Algorithms, S. 4.

handeln, wenn die Programmierer bzw. Verwender ihnen befehlen, es zu tun.[1268] Programmierer von derartigen Preissetzungsalgorithmen von externen Dienstleistern könnten allenfalls Kartellgehilfen oder Zeugen in den Verfahren sein.[1269] Aufgrund der letztendlichen Verantwortlichkeit des Mitarbeiters, der die Preise und Parameter festlegt, trifft die Entwickler keine besondere Verantwortung bei möglichen Wettbewerbsverstößen. Eine Anknüpfung an ein „Handeln" oder „Verhalten" des Algorithmus selbst ist bei einer algorithmischbasierten Preissetzung ebenfalls nicht notwendig. Eine Zurechnung der konkreten Preissetzung hinsichtlich verschuldensunabhängiger Maßnahmen wie eine Abstellungsverfügung gemäß Art. 7 Abs. 1 VO 1/2003 bzw. § 32 Abs. 1 GWB ist in dieser Konstellation damit ebenso unproblematisch möglich wie die Verhängung von verschuldensabhängigen Bußgeldern oder die Geltendmachung von privaten Schadenersatzklagen.

III. Selbstlernende, nicht interpretierbare Algorithmen zur algorithmisch-determinierten Preissetzung

Komplizierter gestaltet sich die Lage bei solchen Algorithmen, deren Funktionsweise für Menschen nur noch bedingt nachvollziehbar bzw. überprüfbar ist. Diese sog. Blackbox-Algorithmen[1270] werfen die Frage auf, wer und unter welchen Umständen für mögliche kartellrechtswidrige Verhaltensweisen verantwortlich ist und haftbar gemacht werden kann. In Betracht kommen neben den verwendenden Unternehmen auch die Entwickler der Algorithmen als dritte Dienstleister.

1) Abstellungsverfügung und Unterlassungsansprüche

Kein haftungsrechtliches Problem besteht bei Abstellungsverfügungen gemäß Art. 7 Abs. 1 VO 1/2003 bzw. § 32 Abs. 1 GWB oder den verschuldensunabhängigen Beseitigungs- und Unterlassungsansprüchen gemäß § 33 GWB. Für diese ist gerade kein Verschulden notwendig, sodass die Zurechnung des konkreten Algorithmus in die Sphäre des Unternehmens ausreichend ist.[1271] Dies dürfte in aller Regel durch die Verwendung des jeweiligen Algorithmus, unabhängig von dessen konkreter Funktionsweise, gegeben sein.

1268 *Calvano et al.*, RoIO 2019, 155, 159.

1269 *Calvano et al.*, RoIO 2019, 155, 160.

1270 Siehe dazu A) III. 3) b).

1271 *Hennemann*, ZWeR 2018, 161, 179; *Käseberg/Kalben*, WuW 2018, 2, 6.

2) Bußgelder und private Schadenersatzklagen

Problematischer gestaltet sich die Frage bei verschuldensabhängigen Tatbeständen. Relevant sind die Bußgeldverfahren gem. § 81 Abs. 1 Nr. 1 GWB bzw. Art. 23 Abs. 2 lit. a VO 1/2003 sowie die zivilrechtlichen Schadenersatzansprüche von Geschädigten gem. §§ 33a ff. GWB. Die Funktionsweise bei nicht interpretierbaren Preissetzungsalgorithmen ist wie dargestellt selbst für den Programmierer nur noch bedingt überprüfbar, indem die Algorithmen insbesondere beim deep-learning ihre Parameter selbstständig anpassen und verändern.[1272] Mithin handelt es sich bei diesen Preissetzungsalgorithmen um autonome Systeme, die selbstbestimmt und ohne wesentlichen menschlichen Einfluss anhand eigener Verfahren die Preise für bestimmte Güter festsetzen. Bezogen auf die hier zu thematisierenden Verstöße gegen das Kartellverbot ist daher zu fragen, welche dogmatischen Haftungsregime geeignet sein können, um die Verantwortlichkeit und entsprechende Verschuldensmaßstäbe für derartige autonome Preissetzungsalgorithmen angemessen zu regeln.[1273] Dabei wird man eine mögliche Innovationsfeindlichkeit von zu umfassenden Gefährdungshaftungen genauso im Blick haben müssen wie den Umstand, dass der Einsatz von autonomer Preissetzungssoftware im Bereich des europäischen und deutschen Kartellverbotes nicht zu unangemessenen Haftungslücken führen darf. Die Verwendung von Preissetzungsalgorithmen darf nicht dazu führen, sich von kartellrechtlichen Haftungsrisiken mit dem Argument befreien zu können, dass der Algorithmus selbst gehandelt habe[1274] und man dessen Funktionsweise nicht nachvollziehen könne. Die allgemeingültigen Wettbewerbsregeln müssen auf digitalen Märkten ebenso anwendbar und durchsetzbar sein wie auf herkömmlichen, nicht-digitalen Märkten. Zur Darstellung der Haftungs- und Verschuldensfrage sollen im Folgenden verschiedene Haftungsansätze diskutiert werden, um zu beurteilen, inwiefern die jeweiligen Ansätze für selbstlernende, nicht interpretierbare Preissetzungsalgorithmen *de lege lata* bzw. *de lege ferenda* geeignet sein könnten.

1272 Siehe dazu A) III. 2) b).

1273 Vgl. dazu eingehend auch *Andreas*, Die Haftung für Kartellverstöße durch Preisalgorithmen, S. 190 ff.

1274 So auch *Sims*, The ACCC's approach to colluding robots, Vortrag am 16.11.2017 in Sydney, abrufbar unter https://www.accc.gov.au/about-us/news/speeches/the-accc%E2%80%99s-approach-to-colluding-robots-address: „In Australia, we take the view that you cannot avoid liability by saying "my robot did it."

a) *Kartellrechtliche Haftung des den Preissetzungsalgorithmus verwendenden Unternehmens*

aa) *Autonome Preissetzung des Algorithmus als Verhalten des Unternehmens*

Ein erster Ansatz besteht darin, die Berechnungen der autonomen Preissetzungsalgorithmen entsprechend einer Handlung eines Menschen dem jeweiligen Unternehmen gemäß § 1 GWB bzw. Art. 101 Abs. 1 AEUV zuzurechnen.[1275] Dies sei bereits dadurch gerechtfertigt, dass das Kartellrecht als Normadressaten das Unternehmen benenne, das sich aus personellen, materiellen und immateriellen Mitteln zusammensetze.[1276] Der funktionale Unternehmensbegriff mache es folglich notwendig, die Handlungen von technischen Unternehmensbestandteilen genauso zuzurechnen wie die von personellen.[1277] Es bestünden in dem Fall keine Unterschiede zur algorithmisch-basierten Preissetzung durch einen Menschen. Der Algorithmus wäre hinsichtlich möglicher Wettbewerbsverstöße rechtlich als verlängerter Arm der ihn verwendenden Person zu qualifizieren.[1278] Als dogmatischer Anknüpfungspunkt wird hierfür auch der sog. Äquivalenztest ins Feld geführt, wonach der Algorithmus gedanklich durch einen Menschen zu ersetzen sei, um zu beurteilen, ob die entsprechende Verhaltensweise wettbewerbswidrig sei und dem Unternehmen zugerechnet werden könne.[1279]

Dieser Ansatz ist jedoch allenfalls bei sog. Preisempfehlungsalgorithmen vorstellbar, bei denen die Software einen Preis lediglich vorschlägt und ein Mensch die finale Preissetzung vornimmt.[1280] Hier erledigt zwar der Algorithmus die wesentliche Preissetzung, allerdings handelt letztlich ein Mensch als final ausführender Akteur. Dies rechtfertigt es, das algorithmische Verhalten menschlichem gleichzustellen, weil sich der ausführende Mensch in dieser Konstellation den Algorithmus nur als eine Art Werkzeug zu Hilfe nimmt.

1275 *A. Heinemann*, in: *Hochreutener/Stoffel/Amstutz* (Hrsg.), Algorithmenbasierte Kartelle, S. 21.

1276 *A. Heinemann*, in: *Hochreutener/Stoffel/Amstutz* (Hrsg.), Algorithmenbasierte Kartelle, S. 21.

1277 *A. Heinemann*, in: *Hochreutener/Stoffel/Amstutz* (Hrsg.), Algorithmenbasierte Kartelle, S. 21.

1278 *Käseberg/Kalben*, WuW 2018, 2, 4.

1279 *Künstner/Franz*, K&R 2017, 688, 690, die den Test aus dem strafrechtlichen Computerbetrug ins Wettbewerbsrecht übertragen.

1280 *König*, in: *Ebers/Heinze/Krügel u. a.* (Hrsg.), KI und Wettbewerbsrecht, Rn. 7.

Hinsichtlich der algorithmisch-determinierten Preissetzung kommt dieser Ansatz jedoch an seine Grenzen. Mag es bei dem einfachen Austausch von Preisdaten zwischen Wettbewerbern untereinander oder über einen Dritten noch möglich sein, den Algorithmus gedanklich durch einen Menschen zu ersetzen, so ist ein solcher Vergleich hinsichtlich der autonomen, algorithmisch-determinierten Preissetzung nicht mehr möglich. Der wesentliche Unterschied zwischen einem Austausch von Daten durch Mitarbeiter von Unternehmen und selbstlernenden Preissetzungsalgorithmen besteht darin, dass das menschliche Verhalten für betroffene Unternehmen und deren Organe nachvollziehbar und damit auch kontrollierbar ist. Wie dargestellt ist es hingegen bei sog. „Blackbox" Algorithmen für den jeweiligen Verwender und teilweise selbst für den Entwickler nicht mehr nachzuvollziehen, wie der Preissetzungsalgorithmus zu einer bestimmten Preissetzung gelangt ist. Die Parameter und Lernebenen sind zu komplex, um diese mit einem menschlichen Austausch von Daten und einer darauf basierenden Preissetzung durch einen Mitarbeiter gleichzusetzen. Eine menschliche Berechnung entsprechend der Komplexität der algorithmischen Entscheidung ist nicht möglich. Die algorithmische Preissetzung kann aufgrund ihrer Komplexität und Nichtinterpretierbarkeit nicht mit einer menschlichen Handlung gleichgesetzt werden.[1281] Die Zurechnungskette von algorithmischer Preissetzung zum Unternehmen ist aufgrund der Autonomie und Nichtinterpretierbarkeit der algorithmischen Berechnungen daher als unterbrochen zu bewerten.[1282] Ist ein erlerntes Verhalten für den Verwender der Algorithmen nicht vorhersehbar, so kann man ihm regelmäßig kein Verschulden hinsichtlich eines etwaigen Rechtsverstoßes nachweisen.[1283] Dogmatisch ist der Äquivalenztest daher nicht geeignet, um einen Wettbewerbsverstoß durch algorithmisch-determinierte Preissetzung einem Unternehmen zuzurechnen. Es bedarf folglich anderer Haftungsansätze, um eine unternehmerische Zurechnung im Sinne eines Verschuldens der algorithmisch-determinierten Preissetzung zu rechtfertigen.

1281 A.A. wohl *Andreas*, Die Haftung für Kartellverstöße durch Preisalgorithmen, S. 189, der die algorithmische Preissetzung wie eine menschliche Preissetzung unter dem Begriff der wirtschaftlichen Einheit dem Unternehmen zurechnet.

1282 *Hennemann*, ZWeR 2018, 161, 179, der im Ergebnis allerdings eine solche Zurechnungskette dennoch bejaht.

1283 *Bräutigam/Klindt*, NJW 2015, 1137, 1139; so zu verstehen wohl auch *Reichwald/Pfisterer*, CR 2016, 208, 212.

bb) Gefährdungshaftung der Benutzer de lege lata

In Betracht kommt weiterhin eine Gefährdungshaftung desjenigen Unternehmens, das den jeweiligen Preissetzungsalgorithmus zur eigenen Preissetzung verwendet.[1284] Eine Gefährdungshaftung für selbstlernende Software wird schon länger diskutiert.[1285] Dabei werden Parallelen zur Tierhalterhaftung nach § 833 BGB gezogen[1286] aber auch zur Gefährdungshaftung für Kraftfahrzeuge gem. § 7 StVG[1287] und Arzneimittelhaftung gem. § 84 AMG.[1288]

aaa) Gefährdungshaftungen de lege lata als Risikoverteilung für Schäden aus schuldlosen Handlungen

Das Konstrukt der Gefährdungshaftung geht in Deutschland zurück auf eine Regelung des Preußischen Gesetzes über die Eisenbahn-Unternehmungen vom 3.11.1838, die heute weitgehend unverändert in § 1 HPflG fortbesteht und die erstmals eine verschuldensunabhängige Gefährdungshaftung für den Betreiber eines Bahnbetriebsunternehmens vorsah.[1289] Seither wurden Gefährdungshaftungen in vielen weiteren Bereichen eingeführt, unter anderem bei Kraftfahrzeugen (§ 7 StVG) und Arzneimitteln (§ 84 AMG). Insbesondere ist festzustellen, dass der Gesetzgeber immer wieder dort Gefährdungshaftungstatbestände schafft, wo ihm neuartige Gefahrenquellen bekannt werden oder bestehende, bislang nicht einer Gefährdungshaftung unterworfene Gefahrenquellen durch bestimmte Ereignisse wieder präsenter in der öffentlichen Wahrnehmung werden.[1290] Genannt werden hierfür als Beispiele aus der Vergangenheit die Regelungen zur Gentechnik (§§ 32 ff. GenTG) oder umwelthaftungsrechtliche Tatbestände (§§ 1 ff. UmweltHG), die auf bestimmte Unfälle wie unter anderem der Nuklearkatastrophe in Tschernobyl zurückgehen.[1291] Gemein haben alle diese Haftungstatbestände, dass sie bestimmte Gefahrenquellen verschuldensunabhängig bestimmten Personengruppen zuordnen, die

---

1284 *Hennemann*, ZWeR 2018, 161, 179 ff; *Käseberg/Kalben*, WuW 2018, 2, 8.

1285 Vgl. statt vieler zum Meinungsstand *Martini*, Blackbox Algorithmus, S. 287.

1286 *Borges*, NJW 2018, 977, 981; *Bräutigam/Klindt*, NJW 2015, 1137, 1139; *Martini*, Blackbox Algorithmus, S. 288.

1287 *Borges*, NJW 2018, 977, 980; *Bräutigam/Klindt*, NJW 2015, 1137, 1138; *Martini*, Blackbox Algorithmus, S. 288.

1288 *Martini*, Blackbox Algorithmus, S. 288.

1289 *Lenz*, Haftung ohne Verschulden in deutscher Gesetzgebung und Rechtswissenschaft des 19. Jahrhunderts, S. 57 ff; *Wagner in* MüKoBGB, Vor § 823 BGB, Rn. 18.

1290 Vgl. *Wagner in* MüKoBGB, Vor § 823 BGB, Rn. 18.

1291 *Wagner in* MüKoBGB, Vor § 823 BGB, Rn. 18.

mindestens mittelbar Einfluss auf die einzelnen Gefahrenquellen nehmen können. Die Schaffung und Nutzung dieser Gefahrenquellen werden folglich von der Rechtsordnung gestattet. Gleichzeitig wird allerdings im Sinne einer angemessenen Risikoverteilung eine verschuldensunabhängige Verantwortlichkeit für bestimmte Schäden demjenigen zugerechnet, der die Gefahrenquelle geschaffen hat bzw. für sich einsetzt.[1292]

bbb) Rechtslage bei selbstlernenden, nicht interpretierbaren Preissetzungsalgorithmen

Zu klären bleibt, inwieweit diese bisher geltenden Rechtsinstitute einer Ausweitung auf technische Neuerungen, insbesondere im Zusammenhang mit Künstlicher Intelligenz, bedürfen. Vorliegend soll spezifisch für selbstlernende, nicht interpretierbare Preissetzungsalgorithmen geklärt werden, inwieweit eine solche Gefährdungshaftung entweder de *lege lata* im Wege einer möglichen Rechtsfortbildung bereits bestehen kann oder aber jedenfalls *de lege ferenda*[1293] geschaffen werden sollte. Diskutiert wird zunächst eine kartellrechtliche Verkehrssicherungspflicht, die im Wege einer Rechtsfortbildung durch Literatur und Gerichte umgesetzt werden könnte.[1294] Als Vorbilder und Ausgangspunkte könnten dabei andere Verkehrssicherungspflichten aus dem Deliktsrecht[1295] sowie aus dem Lauterkeits- und Immaterialgüterrecht dienen.[1296]

α) Deliktsrechtliche Anknüpfung

Die deliktsrechtliche Verkehrssicherungspflicht wurde als eine Erweiterung der drei ursprünglich bestehenden Gründe für deliktische Handlungsgruppen (Gesetz, Vertrag, Ingerenz) geschaffen.[1297] Da diese als unzureichend eingestuft wurden, schuf man unter anderem das Konstrukt der Überwachungsgaranten und stellte dazu auf ein bestimmtes Näheverhältnis zwischen dem Haftenden und einer bestimmten überwachungsbedürftigen Gefahrenquelle ab.[1298] Wegweisend hierfür waren bereits die Entscheidungen des Reichsgerichts, die die Gefahr eines umgestürzten morschen Baumes[1299] sowie die Gefahr, die aus

1292 *Zech,* JZ 2013, 21, 21.
1293 Vgl. dazu sogleich unter cc).
1294 *Hennemann,* ZWeR 2018, 161, 179; *Paal,* GRUR 2019, 43, 51.
1295 *Paal,* GRUR 2019, 43, 50 f.
1296 *Hennemann,* ZWeR 2018, 161, 179.
1297 *Wagner in* MüKoBGB, § 823 BGB, Rn. 500.
1298 *Deutsch,* Allgemeines Haftungsrecht, Rn. 102 f; *Wagner in* MüKoBGB, § 823 BGB, Rn. 500.
1299 *RG,* Urt. v. 30.10.1902 – VI 208/02, RGZ 52, 373.

einer ungestreuten und mangelhaft instandgehaltenen Treppe resultierten[1300], den jeweiligen Eigentümern haftungsrechtlich zuwies. Unterschieden wird dabei in verhaltensbezogene und sachbezogene Sicherungspflichten.[1301] Deren Nichtbeachtung oder Vernachlässigung wird durch deliktsrechtliche Haftungstatbestände wie § 823 oder auch §§ 831, 833 BGB haftungsrechtlich sanktioniert. Die Verkehrspflichten erfüllen dabei eine doppelte Funktion: zum einen begründen sie die Haftung eines Verantwortlichen durch Unterlassen, zum anderen wirken sie gleichzeitig haftungsbegrenzend als Pflichtenumschreibung und -konkretisierung.[1302] Generalisierend lassen sich die deliktsrechtlichen Verkehrssicherungspflichten damit beschreiben, dass das Verhalten von jedermann anderen gegenüber in zumutbarer Weise so zu gestalten ist, dass vermeidbare Rechtsgutsverletzungen unterbleiben.[1303]

Die Verhinderung von wettbewerbswidrigen Verhaltensweisen durch den Einsatz von selbstlernenden Preissetzungsalgorithmen ähnelt einer verhaltensbezogenen Sicherungspflicht. Die Gefahr möglicher Wettbewerbsverstöße ergibt sich nicht aus der bloßen Existenz des Algorithmus beim Unternehmen. Vielmehr entsteht sie dadurch, dass die wesentliche Preissetzung durch den Algorithmus erfolgt und damit unternehmenseigenes Verhalten auf den Algorithmus übertragen wird. Die Schädigung möglicher Rechtsgüter entsteht unmittelbar durch die Verwendung der Preissetzungsalgorithmen durch die Unternehmen. Anknüpfungspunkt für eine deliktsrechtliche Sicherungspflicht muss daher der Einsatz des selbstlernenden Preissetzungsalgorithmus sein, nicht jedoch dessen konkrete Preissetzungen im Einzelfall, da diese wie dargestellt oft für die Verwender weder nachvollziehbar noch kontrollierbar sind. Die Sicherungspflicht kann sich nur auf eine Handlung beziehen, die vom Verantwortlichen auch beeinflussbar ist. Ähnlich der Gefährdungshaftung nach dem StVG kommt es also durch die bloße Verwendung einer Gefahrenquelle zu einer potenziellen Gefahr für Rechtsgüter. Folglich könnte auch diese Verwendung, ähnlich der Verwendung eines Kraftfahrzeugs, Anknüpfungspunkt für haftungsrechtliche Zurechnungen sein.

1300 *RG,* Urt. v. 23.02.1903 – VI 349/02, RGZ 54, 53.

1301 *Wagner in* MüKoBGB, § 823 BGB, Rn. 507.

1302 *Hager in* Staudinger, § 823 BGB, Rn. E 3; *Spindler in* BeckOGK, § 823 BGB, Rn. 96.

1303 Vgl. *BGH,* Urt. v. 23.10.1975 – III ZR 108/73, = NJW 1976, 291, 292; *Spindler in* BeckOGK, § 823 BGB, Rn. 97; *Wietfeld,* NJW 2014, 1206, 1207 f.

β) Lauterkeitsrechtliche Anknüpfung

Hinsichtlich des Lauterkeitsrechts wird auf die Rechtsprechung des BGH verwiesen, der beispielsweise bezüglich des Vertriebs von jugendgefährdenden Medien entschieden hat, dass denjenigen eine wettbewerbsrechtliche Verkehrssicherungspflicht und Verantwortlichkeit i.S.d. § 3 UWG trifft, „der durch sein Handeln im geschäftlichen Verkehr die ernsthafte Gefahr begründet, dass Dritte durch das Wettbewerbsrecht geschützte Interessen von Marktteilnehmern verletzen."[1304] Im hiesigen Kontext der Preissetzungsalgorithmen wären die selbstlernenden Algorithmen folglich als Dritte zu sehen. Deren Gefahr in Form von Wettbewerbsverstößen durch kartellrechtswidrige Preissetzungen wäre in dieser Konstellation durch die bloße Verwendung dieser Algorithmen durch die Unternehmen geschaffen worden. Insofern wäre es denkbar, den Verstoß nach Art. 101 Abs. 1 AEUV bzw. § 1 GWB durch die selbstlernenden Algorithmen ebenso zuzurechnen wie ein wettbewerbswidriges Verhalten nach § 3 UWG. Dagegen spricht jedoch, dass Preissetzungsalgorithmen gerade nicht als vom Unternehmen unabhängige Dritte angesehen werden können. Zwar kann das Unternehmen im Zweifel die konkrete Preissetzung nicht nachvollziehen oder kontrollieren. Die Gefahr der Wettbewerbsverletzung entsteht aber bereits durch den Einsatz von selbstlernenden Preissetzungsalgorithmen und nicht erst durch die konkrete Preissetzung im Einzelfall. Wenngleich es erst durch die konkrete Preissetzung zu möglichen Wettbewerbsverstößen kommt, so wurde die Gefahr hierfür dennoch unmittelbar durch das Unternehmen geschaffen, das sich einer solchen Preissetzungssoftware bedient. Ein Preissetzungsalgorithmus ist kein Dritter ähnlich einem Intermediär, sondern lediglich ein eingesetztes Werkzeug des Unternehmens selbst. Insofern lässt sich die Rechtsprechung des BGH zum Lauterkeitsrecht nicht als Anknüpfungspunkt heranziehen, um eine Gefährdungshaftung in Form einer Verkehrssicherungspflichtverletzung durch ein Unternehmen zu begründen, das sich selbstlernender Preissetzungsalgorithmen bedient. Davon unabhängig zu betrachten bleibt die Frage, inwieweit dritte Algorithmenanbieter in die Haftung einbezogen werden können.[1305]

γ) Anknüpfung an immaterialgüterrechtliche Störerhaftung

Weiterhin wird auch eine dogmatische Anknüpfung an die Störerhaftung von digitalen Plattformen und anderen Intermediären auf dem Gebiet des Immaterialgüterrechts vorgeschlagen.[1306] Diesbezüglich haftet ein Unternehmen auch

---

1304 *BGH*, Urt. v. 12.07.2007 – I ZR 18/04, = NJW 2008, 758.

1305 Siehe dazu D) III. 2) b).

1306 *Hennemann*, ZWeR 2018, 161, 179.

dann, wenn es nicht selbst Störer ist aber in irgendeiner Weise willentlich und adäquat kausal an der Herbeiführung einer rechtswidrigen Beeinträchtigung mitgewirkt hat und zugleich rechtliche und technisch mögliche Überwachungspflichten verletzt hat, deren Beachtung und Einhaltung ihm zumutbar gewesen wären.[1307] Der Umfang dieser Prüfpflichten richtet sich dabei allerdings danach, ob und inwieweit dem in Anspruch Genommenen nach den Umständen des Einzelfalls eine Prüfung zuzumuten ist.[1308] Insbesondere ist für eine Störerhaftung in aller Regel notwendig, dass der in Haftung Genommene Kenntnis von der Rechtsverletzung erlangt hat.[1309]

Überträgt man diese Rechtsgedanken auf eine mögliche Störerhaftung für wettbewerbswidrige Handlungen durch Preissetzungsalgorithmen, zeigt sich, dass die Wertungen bei selbstlernenden, nicht interpretierbaren Preissetzungsalgorithmen nicht zu einer Haftung der verwendenden Unternehmen führen könnten. Eine Haftung dürfte in aller Regel bereits an fehlender Kenntnis der Unternehmen von der konkreten wettbewerbswidrigen Handlung durch den Algorithmus scheitern. Sobald ein oder mehrere Unternehmen positive Kenntnis vom wettbewerbswidrigen Handeln der Algorithmen haben und diese trotzdem weiter eingesetzt werden, dürfte bereits dadurch der Tatbestand einer wettbewerbswidrigen, abgestimmten Verhaltensweise erfüllt sein, sodass eine solche Konstellation in die Kategorie des Messenger-Szenarios einzuordnen wäre, bei der Algorithmen nur noch vom Menschen getroffene bzw. tolerierte, abgestimmte Verhaltensweisen umsetzen. Hinsichtlich der Prüfpflichten ist festzuhalten, dass es dem einzelnen Unternehmen bei der Verwendung von Algorithmen von externen Anbietern nicht möglich ist, deren Funktionsweise im Einzelfall auf Wettbewerbskonformität zu prüfen. Diesbezüglich lässt sich daher auch keine besondere Überwachungs- oder Prüfpflicht konstruieren. Folglich kann auch die Störerhaftung von Intermediären im Immaterialgüterrecht kein Anknüpfungspunkt sein, um eine Störerhaftung für selbstlernende Preissetzungsalgorithmen im Wege einer Rechtsfortbildung zu rechtfertigen.

1307 *Hennemann*, ZWeR 2018, 161, 179, mit Verweis auf die Rechtsprechung des *BGH*, Urt. v. 22.07.2010 – I ZR 139/08, = GRUR 2011, 152, 155 f.

1308 *BGH*, Urt. v. 22.07.2010 – I ZR 139/08, = GRUR 2011, 152, 155 f.

1309 *Petersdorff-Campen in* HambK MedienR, § 7 TMG, Rn. 10; *Wagner in* MüKoBGB, § 823 BGB, Rn. 968.

δ) Kartellrechtliche Gefährdungshaftung für Preissetzungsalgorithmen im Wege behördlicher und richterlicher Rechtsfortbildung?

Während das Lauterkeitsrecht wenig Argumente bietet, auf die eine Gefährdungshaftung für selbstlernende, nicht interpretierbare Preissetzungsalgorithmen gestützt werden könnte, scheint eine Gefährdungshaftung *de lege lata* im Wege einer Rechtsfortbildung durch Literatur, Wettbewerbsbehörden und Gerichte in Anknüpfung an das Deliktsrecht auf den ersten Blick nicht ausgeschlossen. Zu diskutieren bleibt jedoch, inwiefern eine solche Haftungsregelung für selbstlernende Preissetzungsalgorithmen überhaupt der Rechtsfortbildung zugänglich ist. Rechtsfortbildung in diesem engeren Sinne meint die das Gesetz ergänzende oder ersetzende Rechtsentwicklung, deren Ergebnisse als Richterrecht gelten.[1310] Eine solche wortlautüberschreitende Rechtsfortbildung ist nur dann möglich, wenn die Bedürfnisse des Rechtsverkehrs sowie Zweckmäßigkeits- und Gerechtigkeitsinteressen das Rechtssicherheitsinteresse überwiegen.[1311] Für eine mögliche Regelung im Wege der Rechtsfortbildung durch Behörden und Gerichte spricht zunächst, dass auch die deliktrechtlichen Verkehrspflichten des § 823 Abs. 1 BGB im Wege der gerichtlichen Rechtsfortbildung geschaffen wurden.[1312] Selbiges gilt für die lauterkeitsrechtliche Verkehrssicherungspflicht.[1313] Auch der unionsrechtliche *effet utile* könnte dafür sprechen, dass eine Erweiterung der Haftungsregelungen durch eine im Rahmen der Rechtsfortbildung eingeführte Gefährdungshaftung für Wettbewerbsverstöße durch den Einsatz von selbstlernenden Preissetzungsalgorithmen zur effektiven Umsetzung der Vertragsziele, insbesondere des Art. 101 Abs. 1 AEUV, geboten ist.[1314]

Demgegenüber steht jedoch, dass es sowohl bei der deliktischen als auch bei der lauterkeitsrechtlichen Gefährdungshaftung trotz der Einführung über den klaren Wortlaut hinaus ausschließlich um die Haftung für menschliches Tun oder Unterlassen geht. Die Frage der verschuldensunabhängigen

---

1310 *Wiedemann*, NJW 2014, 2407, 2410.

1311 *Rüthers/C. Fischer/Birk*, Rechtstheorie, Rn. 982.

1312 *Hager in* Staudinger, § 823 BGB, Rn. E 1; *Wagner in* MüKoBGB, § 823 BGB, Rn. 483; siehe auch oben unter αα) Deliktsrechtliche Anknüpfung.

1313 Siehe dazu oben ββ) Lauterkeitsrechtliche Anknüpfung

1314 Vgl. zum *effet utile* als Auslegungsgrundsatz des Kartellrechts *W.-H. Roth*, WRP 2013, 257, 257 ff. und ausführlich *Schwietert*, Der effet utile und das Kartellzivilrecht, S. 17 ff. sowie die Diskussion zur Notwendigkeit einer allgemeinen Gefährdungshaftung im europäischen Kartellrecht *Zimmer/Logemann*, ZEuP 2009, 489, 507 f.

Gefährdungshaftung für autonome Systeme ist eine eigene, spezifische Rechtsfrage, die in der Literatur bezüglich der verschiedensten Rechtsgebiete und Anwendungsbereiche breit diskutiert wird.[1315] Dabei müssen in jedem Fall die spezifischen Probleme und Regelungssysteme der einzelnen Rechtsgebiete entscheidend sein für die Frage, ob, wie und in welchem Umfang eine Gefährdungshaftung für autonome Systeme einzuführen ist.[1316] Für Bußgelder der Kartellbehörden oder Schadenersatzforderungen privater Dritter wegen eines Verstoßes gegen das Kartellverbot, das bislang keine verschuldensunabhängige Gefährdungshaftung kennt, ist eine solche nicht im Wege einer gerichtlichen oder behördlichen Rechtsfortbildung umsetzbar. Dagegen spricht bereits die Systematik der einschlägigen Normen. Sowohl die deutschen als auch die europäischen Normen zum kartellrechtlichen Bußgeldverfahren beinhalten in § 81 Abs. 1 Nr. 1 GWB bzw. Art. 23 Abs. 2 lit a) VO 1/2003 ausdrücklich die Voraussetzung der vorsätzlichen bzw. fahrlässigen Begehung eines Wettbewerbsverstoßes. Auch § 33a Abs. 1 GWB nennt als ausdrückliches und ausschließliches zusätzliches Tatbestandsmerkmal im Vergleich zu den Unterlassungs- und Beseitigungsansprüchen nach § 33 GWB die vorsätzliche bzw. fahrlässige Begehung eines Verstoßes gegen § 33 GWB, § 1 GWB bzw. Art. 101 Abs. 1 AEUV. Daran wird deutlich, dass sowohl der Unionsgesetzgeber als auch der deutsche Gesetzgeber bewusst auf eine Verschuldenshaftung bei Verhängung von Bußgeldern sowie Schadenersatzansprüchen von privaten Dritten gesetzt haben. Bereits die erste Durchführungsverordnung zu den damaligen Artikeln 85 und 86 des Vertrages, Verordnung Nr. 17 des EWG Rates aus dem Jahre 1962 beinhaltete in Art. 15 Abs. 2 das Tatbestandsmerkmal des Vorsatzes und der Fahrlässigkeit als Voraussetzung zur Verhängung von Kartellbußgeldern durch die Kommission.[1317] Seitdem wurde die entsprechende Verordnung häufig angepasst.[1318] Am System der Verschuldenshaftung als notwendiges Tatbestandsmerkmal für Bußgelder wurde dabei stets festgehalten. Der Unionsgesetzgeber hat in den letzten 60 Jahren bewusst auf ein System gesetzt, das für Bußgelder und Schadenersatzklagen ein Verschulden in Form von Vorsatz

---

1315 Für eine ausführliche Übersicht zum Streitstand siehe *Martini,* Blackbox Algorithmus, S. 287, Fn. 475.

1316 *Borges,* NJW 2018, 977, 982; *Martini,* Blackbox Algorithmus, S. 289 f.

1317 Die VO ist online abrufbar unter https://eur-lex.europa.eu/legal-content/de/ALL/?uri=CELEX:31962R0017, zuletzt abgerufen am 18.09.2024.

1318 Siehe zu den zahlreichen Änderungen die Übersicht unter https://eur-lex.europa.eu/legal-content/de/ALL/?uri=CELEX:31962R0017, zuletzt abgerufen am 18.09.2024.

oder Fahrlässigkeit hinsichtlich wettbewerbswidriger Verhaltensweisen voraussetzt. Dieses über lange Zeit gewachsene System kann nun nicht im Wege der Rechtsfortbildung durch Behörden oder Gerichte umgekehrt werden. Dem steht im deutschen Recht bereits der Wesentlichkeitsvorbehalt entgegen, der aus Art. 20 Abs 3 GG sowie dem Demokratieprinzip gemäß Art. 20 Abs 1 und 2 GG abgeleitet wird. Demnach ist nach ständiger Rechtsprechung des BVerfG der Gesetzgeber verpflichtet, grundlegende normative Entscheidungen, insbesondere im Bereich der Grundrechtsausübung, selbst zu treffen.[1319] Diese Entscheidungen dürfen nicht anderen Normgebern überlassen werden, soweit die jeweilige Entscheidung einer gesetzlichen Regelung zugänglich ist.[1320] Insbesondere hat das BVerfG zum Unterhaltsrecht entschieden, dass die Rechtsprechung ein Regelungsmodell des Gesetzgebers nicht im Wege der Rechtsfortbildung über den Wortlaut hinaus durch ein eigenes Modell ersetzen darf.[1321] Auch hat das BVerfG entschieden, dass Haftungserleichterungen zugunsten bestimmter Berufsgruppen entgegen des klaren Wortlauts des § 823 Abs. 1 BGB nicht im Wege der Rechtsfortbildung umsetzbar sind.[1322]

Diese allgemeinen Grundsätze sind folglich auch hinsichtlich der Frage zu beachten, ob im Wege behördlicher oder richterlicher Rechtsfortbildung eine Gefährdungshaftung für selbstlernende Preissetzungsalgorithmen geschaffen werden kann. Das „Ob“ einer Gefährdungshaftung im Kartellrecht stellt dabei wie aufgezeigt bereits aufgrund der historischen Gegebenheiten eine wesentliche Rechtsfrage dar, die allein der parlamentarische Gesetzgeber entscheiden kann. Hierfür spricht auch die erhebliche Grundrechtsrelevanz der entsprechenden Frage, indem mit einer solchen Regelung gleich in mehrere Grundrechte der betroffenen Unternehmen eingegriffen würde.[1323] Dem steht

---

1319 Vgl. *BVerfG,* Beschluss v. 08.08.1978 – 2 BvL 8/77, = BVerfGE 49, 89, 126; Beschluss v. 29.10.1987 – 2 BvR 624, 1080, 2029/83, = BVerfGE 77, 170, 230 f; Urt. .v 14.07.1998 – 1 BvR 1640/97, = BVerfGE 98, 218, 251; Beschluss v. 01.04.2014 – 2 BvF 1, 3/12, = BVerfGE 136, 69, 114; Urt. v. 19.09.2018 – 2 BvF 1/15, 2 BvF 2/15, = BVerfGE 150, 1, 96 f.

1320 Vgl. *BVerfG,* Beschluss v. 08.08.1978 – 2 BvL 8/77, = BVerfGE 49, 89, 126 f; Beschluss v. 01.04.2014 – 2 BvF 1, 3/12, = BVerfGE 136, 69, 114; Beschluss v. 21.04.2015 – 2 BvR 1322, 1989/12, = BVerfGE 139, 19, 45; Urt. v. 19.09.2018 – 2 BvF 1/15, 2 BvF 2/15, = BVerfGE 150, 1, 96 f.

1321 *BVerfG,* Beschluss v. 25.01.2011 – 1 BvR 918/10, = NJW 2011, 836.

1322 *BVerfG,* Beschluss v. 11.10.1978 – 1 BvR 84/74, = NJW 1979, 305.

1323 Zu denken ist zuvorderst an die Berufsausübungsfreiheit aus Art. 12 GG sowie das Recht am eingerichteten und ausgeübten Gewerbebetrieb aus Art. 14 GG.

auch nicht entgegen, dass die Rechtsprechung bereits im Rahmen der Rechtsfortbildung Beweiserleichterungen oder Beweislastumkehren im Kartellrecht geschaffen hat. Zu nennen sind hinsichtlich des Kartellschadenersatzrechts insbesondere der Anscheinsbeweis sowie die sog. tatsächliche Vermutung.[1324] Diese beziehen sich jedoch ebenso wie der aufgrund Art. 17 Abs. 2 SchadensersatzRL im Rahmen der 7. GBW-Novelle geschaffene § 33a Abs. 2 GWB ausschließlich auf Fragen der haftungsausfüllenden Kausalität. Es geht dabei um die Frage, ob ein bestimmtes Kartell einen bestimmten Schaden verursacht hat.[1325] Gerade nicht im Rahmen einer richterlichen Rechtsfortbildung geregelt wurde jedoch bisher die Frage der haftungsbegründenden Kausalität. In jedem der entschiedenen Fälle war Voraussetzung für eine Haftung der Kartellanten, dass diese schuldhaft, d.h. vorsätzlich oder fahrlässig an einem Kartell beteiligt waren. Genau an dieser Schuldhaftigkeit dürfte es in aller Regel jedoch bei einer wettbewerbswidrigen Verhaltensweise von selbstlernenden Preissetzungsalgorithmen fehlen. Insofern können weder die Rechtsgedanken der § 33a Abs. 2 und § 33c Abs. 2 GWB noch die im Wege der Rechtsfortbildung geschaffenen Anscheinsbeweise oder die tatsächliche Vermutung eine Ausweitung der Rechtsfortbildung auf eine mögliche Gefährdungshaftung für selbstlernende Preissetzungsalgorithmen im Rahmen des § 33a Abs. 1 GWB oder § 81 Abs. 1 Nr. 1 GWB rechtfertigen.

cc) *Ausgestaltung einer kartellrechtlichen Gefährdungshaftung durch eine Beweislastumkehr für selbständig-lernende, nicht interpretierbare Preissetzungsalgorithmen* de lege ferenda

aaa) *Gesetzesvorschlag*

Da wie gerade aufgezeigt die Einführung einer Gefährdungshaftung im Rahmen behördlicher oder richterlicher Rechtsfortbildung nicht möglich ist, bleibt zu klären, wie ein entsprechendes Haftungssystem künftig gesetzgeberisch gestaltet werden könnte.

α) Regelungsort

Im Hinblick auf den Vorrang der europäischen Wettbewerbsregeln[1326] ist eine Regelung durch den europäischen Gesetzgeber nötig, der das Kartellverbot in

---

1324 Vgl. zu beidem ausführlich: *Hutschneider/Stieglitz,* NZKart 2019, 363, 364 ff.

1325 Vgl. *Franck in* Immenga/Mestmäcker WettbR, § 33a GWB, Rn. 75 f; *Hutschneider/Stieglitz,* NZKart 2019, 363, 364 ff; *Lübbig in* MüKoWettbR, § 33a GWB, Rn. 32 ff.

1326 Dazu *Brömmelmeyer in* FFK EUV/GRC/AEUV, Art. 101 AEUV, Rn. 229.

Art. 101 Abs. 1 AEUV entsprechend ergänzen sollte, um eine einheitliche Regelung für den gesamten Binnenmarkt zu erreichen. Durch Art. 3 Abs. 1 S. 1 VO 1/2003 wäre sichergestellt, dass die nach europäischem Recht verbotenen Verhaltensweisen durch selbstlernende algorithmische Preissetzungsalgorithmen auch durch die Wettbewerbsbehörden der Mitgliedsstaaten im jeweiligen nationalen Kartellrecht entsprechend umgesetzt werden. Systematisch bietet sich im Hinblick auf eine flächendeckende Regulierung unabhängig von Marktmachtverteilungen der Regelkatalog des Art. 101 Abs. 1 AEUV an.

β) Wortlaut der Neuregelung

Hier wäre ein neuer lit. f) mit folgendem Wortlaut einzufügen:

> *„lit. f) Preissetzung von mindestens zwei Wettbewerbern unter Nutzung von autonomen algorithmischen Systemen, soweit der Einsatz dieser Systeme auf einem bestimmten Markt oder einem erheblichen Teil eines Marktes für bestimmte Güter zu einem wettbewerbswidrigen Preisniveau führt.*
>
> *Ein autonomes algorithmisches System liegt vor, wenn die zugrundeliegende Preisberechnung nicht vollständig durch den Verwender nachvollzogen werden kann oder das System selbstständig Parameter zur Preisberechnung ändern kann.*
>
> *Ein Preisniveau ist wettbewerbswidrig, wenn es nach der Einführung von autonomen algorithmischen Systemen durch mindestens zwei Wettbewerber auf dem relevanten Markt erheblich von einem Preisniveau abweicht, das auf einem entsprechenden wettbewerblichen Markt bestünde oder vor der Einführung der Systeme auf dem entsprechenden Markt bestand. Dies gilt nicht, wenn die Preisniveauänderung nicht auf den Einsatz algorithmischer Systeme zurückzuführen ist oder die beteiligten algorithmischen Systeme nicht auf Preisdaten von Wettbewerbern zugreifen.“*

γ) Autonome algorithmische Systeme

Der Begriff der autonomen algorithmischen Systeme ist dabei entsprechend des oben dargestellten Begriffs der selbstlernenden, nicht interpretierbaren Preissetzungsalgorithmen auszulegen, wobei entweder die Nichtinterpretierbarkeit oder die Selbstanpassung von Preisparametern ausreichend sein muss. Beides kann auch kumulativ gegeben sein. Demnach sind von der Vermutung nur solche Algorithmen umfasst, deren konkrete Funktionsweise nicht im Detail nachvollzogen werden können. Für alle Preissetzungsalgorithmen zur algorithmisch-basierten Preissetzung besteht hinsichtlich der Verantwortlichkeit keine Problematik, sodass eine Ausweitung der Gefährdungshaftung bzw. Beweislastumkehr auf solche Preissetzungsalgorithmen nicht notwendig ist.[1327]

1327 Siehe dazu D) II.

δ) Wettbewerbswidriges Preisniveaus

Zentraler Anknüpfungspunkt der Neuregelung wäre das Preisniveau von bestimmten Waren und Dienstleistungen, die die Wettbewerbsbehörden flächendeckend und effektiv nur mit eigenen Algorithmen und entsprechendem technischen Know-how, bevorzugt gebündelt in einer Markttransparenzstelle, kontrollieren könnten.[1328] Ergibt sich bei der Betrachtung eines Produktpreises auf einem bestimmten Markt, dass eine wettbewerblich negative Veränderung im Zusammenhang mit dem Einsatz von Preissetzungsalgorithmen von mehreren Wettbewerbern steht, erscheint es gerechtfertigt, die oben genannte Vermutung aufzustellen. Dies gilt neben antikompetitiv hohen Preisen ebenso für mögliche Unterbietungsstrategien von Algorithmen, um andere Anbieter langfristig vom Markt zu verdrängen. Kernproblematik künftiger Verfahren wäre die Frage, ab wann ein Preisniveau das normale Maß des regulären Wettbewerbs verlässt und damit wettbewerbswidrig ist. Hierfür wären alle Umstände des Einzelfalls, insbesondere die Preisentwicklungen auf den jeweiligen Märkten sowie alle für die Preissetzung relevanten Faktoren zu berücksichtigen. Zudem kann hinsichtlich der Feststellung eines wettbewerblichen Preisniveaus auf die bewährten Mittel des Missbrauchsverbots, insbesondere Vergleichsmarktkonzept, Kostenanalyseverfahren und Gewinnbegrenzungskostenkonzept[1329] zurückgegriffen werden. Auch der Vergleich mit ähnlichen, räumlich anders liegenden Abnehmermärkten (sog. Preisspaltungsmethode) kann zur Beurteilung der Wettbewerbswidrigkeit des Preisniveaus helfen.[1330]

Durch die zweite alternative Möglichkeit des erheblichen Abweichens des Preisniveaus nach Einführung der autonomen Algorithmen wird eine weitere Vermutung dahingehend aufgestellt, dass die Algorithmen sich kollusiv koordiniert haben, sobald es nach Einführung der Systeme erhebliche Änderungen im Preisniveau auf einem bestimmten Markt gibt. Diese Alternative dürfte für die Wettbewerbsbehörden noch etwas leichter nachzuvollziehen sein, indem hierfür unter Berücksichtigung allgemeiner Faktoren wie Inflation und Kostenentwicklung ein einfacher Vergleich zwischen den Preisen vor und nach Einführung der algorithmischen Systeme anzustellen ist.

1328 Siehe dazu D) III. 2) a) cc) ccc).

1329 Vgl. *Paal,* GRUR 2019, 43, 48.

1330 Vgl. dazu *Huttenlauch in* LMRKM, Art. 102 AEUV, Rn. 183, 192.

Im Hinblick auf die europäische Wettbewerbspolitik und der zunehmenden Bedeutung des more economic approach[1331] erscheint es folgerichtig, auch die Wettbewerbswidrigkeit des Einsatzes von selbstlernenden Preissetzungsalgorithmen anhand von konkreten ökonomischen Folgen zu bewerten. Das Preisniveau ist das beste objektive Kriterium, das sich mit technischen Hilfsmitteln bereits heute gerade auf besonders kollusionsanfälligen Online-Märkten transparent nachvollziehen lässt.

ε) Erheblichkeit

Die Einschränkung der erheblichen Abweichung stellt zudem sicher, dass unwesentliche Preisänderungen außen vor bleiben.[1332] Es muss sichergestellt werden, dass nicht jede Preiserhöhung auf bestimmten Märkten wettbewerbswidrig ist. In einer Marktwirtschaft existiert nicht nur ein zulässiger Preis, der wettbewerbsrechtlich vorgeschrieben werden könnte.[1333] Vielmehr existieren viele subjektiv zulässige Preise und das Wettbewerbsrecht darf allenfalls solche sanktionieren, denen aufgrund ihrer negativen Auswirkungen auf den Wettbewerb und damit auf Dritte die Rechtsgültigkeit versagt werden kann.[1334] Gerade auf oligopolistischen Märkten hätte eine zu weitgehende Regulierung zur Folge, dass nahezu jede algorithmische Preiserhöhung eine wettbewerbswidrige Verhaltensweise darstellen könnte. Daher muss das Preisniveau über einen gewissen Zeitraum erheblich verändert worden sein. Spätestens bei einer relativen Preiserhöhung von 25–30 % auf einem bestimmten Markt dürfte die Erheblichkeitsschwelle regelmäßig erreicht sein.[1335] Für ein möglicherweise

1331 Dazu eingehend *Brömmelmeyer in* FFK EUV/GRC/AEUV, Art. 101 AEUV, Rn. 13; *Mohr*, Sicherung der Vertragsfreiheit durch Wettbewerbs- und Regulierungsrecht, S. 420 ff; *Mohr*, ORDO 2018, 259, 277 f; *Rusche in* Immenga/Mestmäcker WettbR, Art. 107 AEUV, Rn. 43 ff.

1332 Ähnliche Konzepte werden bereits bei der missbrauchsrechtlichen Entgeltregulierung durch einen sogenannten Erheblichkeitszuschlag praktiziert, vgl. *Mohr*, Sicherung der Vertragsfreiheit durch Wettbewerbs- und Regulierungsrecht, S. 494 f.

1333 *Mohr*, Sicherung der Vertragsfreiheit durch Wettbewerbs- und Regulierungsrecht, S. 495.

1334 *Mohr*, Sicherung der Vertragsfreiheit durch Wettbewerbs- und Regulierungsrecht, S. 495.

1335 Diese Schwelle von Preissteigerungen nahm auch das BKartA zum Anlass für eine Untersuchung algorithmischer Preissetzungen von Lufthansa nach dem Wegfall des Mitbewerbers Air Berlin, vgl. *BKartA*, Pressemitteilung vom

wettbewerbswidrig niedriges Preisniveau gilt die Systematik des predatory pricings und die entsprechenden Vorgaben des Art. 102 AEUV bzw. § 19 GWB.[1336]

Die Erheblichkeitsschwelle beim Preisniveau dient der Ausklammerung von Ereignissen, bei denen es nur vorrübergehend und in geringem Umfang zu algorithmisch bedingten höheren Preisen kommt, die jedoch keine wesentlichen und dauerhaften Auswirkungen auf das Marktgeschehen und den Wettbewerb haben. Die Einschränkung dient der effektiven Durchsetzung des Kartellrechts. Die Wettbewerbsbehörden können sich so auf Fälle beschränken, die dauerhafte und wesentliche Veränderungen des Preisniveaus auf einem bestimmten Markt zum Gegenstand haben. Nicht jede vorrübergehende Preiserhöhung in von Preissetzungsalgorithmen dominierten Märkten wäre daher zu überprüfen. Ein ähnliches Ziel verfolgt das Tatbestandsmerkmal der Einschränkung des Marktes bzw. eines wesentlichen Teils eines Marktes. Auch damit sollen Bagatellfälle ausgeschlossen werden, in denen die möglicherweise wettbewerbswidrige Koordination sich nur auf kleinen Teilen eines Marktes ausgewirkt hat aber für den Gesamtmarkt ohne Relevanz blieb.

ζ) Exkulpationsmöglichkeiten

Entsprechend der Neuregelung wären zudem nur solche Preisniveauänderungen wettbewerbswidrig bzw. von der Vermutungsregel des S. 4 erfasst, die wenigstens partiell auf den Einsatz von autonomen algorithmischen Systemen zurückgeführt werden können. Erfolgt die Preisniveauänderung, ohne dass autonome algorithmische Systeme beteiligt sind, besteht kein Anlass für eine Beweislastumkehr. Art. 101 Abs. 1 lit. f) AEUV n.F. wäre daher nicht einschlägig.

Hinsichtlich der Vermutung zur Wettbewerbswidrigkeit des Preisniveaus muss die Wettbewerbsbehörde im Falle eines Anfangsverdachts entweder nachweisen, dass ein Preisniveau erreicht wurde, das erheblich oberhalb eines Preisniveaus liegt, das in einem wettbewerblichen Markt anzutreffen wäre. Alternativ ist ausreichend, dass sich das Preisniveau für bestimmte Güter nach Einführung von autonomen algorithmischen Systemen erheblich verändert hat. Es obliegt dann in beiden Fällen den Unternehmen nachzuweisen, dass

---

29.05.2018, abrufbar unter https://www.bundeskartellamt.de/SharedDocs/Publikation/DE/Pressemitteilungen/2018/29_05_2018_Lufthansa.pdf?__blob=publicationFile&v=2.

1336 Siehe dazu *Eilmansberger/Bien in* MüKoWettbR, Art. 102 AEUV, Rn. 672 ff; *Kerber/Schwalbe in* MüKoWettbR, Bd. 1 Grundlagen, Rn. 598 ff; *Lange*, ZHR 169 (2005), 495, 495 ff.

das überwettbewerbliche Preisniveau bzw. die Preisniveauänderung nicht im Zusammenhang mit der algorithmischen Preissetzung entstanden ist. Dies wird einerseits dann möglich sein, wenn sich das Preisniveau ausschließlich aufgrund von der Wettbewerbsbehörde bislang nicht berücksichtigter externer objektiver Umstände ergibt, beispielsweise aufgrund eines flächendeckenden Anstiegs von bestimmten Rohstoffpreisen, Lohnkosten, allgemeiner Inflation oder bestimmten regulatorischen Änderungen, die eine Preiserhöhung flächendeckend nötig erscheinen lassen und die auch stattgefunden hätten, wenn die jeweiligen Unternehmen ihre Preissetzung nicht autonom algorithmisch vorgenommen hätten. Andererseits muss eine Exkulpation auch mit dem Nachweis gelingen, dass die beteiligten algorithmischen Systeme keine Möglichkeit haben, auf Wettbewerberpreise zuzugreifen. Ist ein solcher Zugriff auf Wettbewerbspreise technisch ausgeschlossen, ist auch eine Fühlungnahme und ein wettbewerbswidriger Datenaustausch zwischen den Algorithmen zu verneinen. Eine Exkulpation gelingt also in allen Fällen, indem der Verwender schlüssig darlegen und beweisen kann, dass Wettbewerberpreise keinen Eingang in die Input Daten des eigenen Algorithmus finden. Aufgrund der Komplexität von selbstlernender Preissetzungssoftware dürfte diese Entlastung jedoch nur in Ausnahmefällen gelingen, weil sich die konkreten Berechnungen oft nicht rekonstruieren lassen.[1337] Dennoch ist eine solche Exkulpationsmöglichkeit notwendig, um den Verwendern derartiger Systeme Möglichkeiten zu schaffen, wie sie rechtssicher selbstlernende Preissetzungsalgorithmen verwenden können. Auch selbstlernende, algorithmische Preissetzungssysteme ohne Verwendung von Wettbewerberpreisen können einen erheblichen Mehrwert für den jeweiligen Verwender bringen. Vor allem bei Preisindividualisierungen oder Markdown Algorithmen scheint eine Nutzung von Wettbewerberpreisen nicht zwingend nötig.[1338]

η) Beweislastumkehr und Gefährdungshaftung zugunsten der Wettbewerbsbehörden

Für die Wettbewerbsbehörden ergeben sich durch die Neuregelung im Wesentlichen drei Prüfungspunkte.

Im ersten Schritt muss sie beobachten, ob sich auf preisalgorithmisch dominierten Märkten bestimmte Preisniveaus erheblich ändern. Wird eine solche festgestellt, ist im zweiten Schritt zu klären, ob es sich bei dem Preisniveau um ein wettbewerbswidriges handelt.

1337 Siehe dazu A) III. 2) b).

1338 Vgl. dazu die jeweiligen Strategien unter A) III. 1) c) und d).

Dies ist zum einen der Fall, wenn es sich erheblich vom Preisniveau unterscheidet, das auf einem wettbewerblichen Markt anzutreffen wäre. Dies wäre durch entsprechende ökonomische Verfahren ähnlich zu denen des Preishöhenmissbrauchs zu ermitteln. Ausreichend ist jedoch auch die Feststellung, dass sich das Preisniveau erheblich verändert hat im Vergleich zur Zeit, in der zwei oder mehrere Wettbewerber noch keine autonomen, nicht interpretierbaren Preissetzungsalgorithmen eingesetzt haben.

Im Falle der Feststellung eines wettbewerbswidrigen Preisniveaus oder einer erheblichen Preisniveauänderung ist dann in einem dritten Schritt zu prüfen, ob die beteiligten Unternehmen autonome algorithmische Systeme verwenden. Dies wird in aller Regel durch die bereits bestehenden Auskunftsansprüche der Behörden gelingen. Kann der Verwender nicht lückenlos darlegen, auf welcher Datengrundlage und aufgrund welcher Berechnungen ein Preissetzungsalgorithmus einen bestimmten Preis festgesetzt hat oder kann das System selbstständig Preisparameter verändern, so handelt es sich um ein nicht nachvollziehbares autonomes System. Dabei kann sich das jeweilige Unternehmen möglichen dritten Dienstleistern als Entwickler bedienen, die dann im Detail nachweisen müssen, warum kein autonomes System vorliegt oder dass keine Wettbewerberpreise berücksichtigt wurden. Im Ergebnis entsteht eine faktische Gefährdungshaftung durch die Einführung der genannten Beweislastumkehr für autonome Preissetzungssoftware, die den Unternehmen im Einzelfall bei hinreichenden technischen Sicherungsmöglichkeiten dennoch die Möglichkeit der Exkulpation belässt. Zudem entsteht hierdurch ein erheblicher Anreiz zu wirksamen Compliance-Maßnahmen. Diese können jedoch für sich genommen im Falle einer wettbewerbswidrigen Preissetzung nicht zur Exkulpation führen.[1339] Vielmehr ist aufgrund der besonderen Gefahr für den funktionierenden Wettbewerb ein Compliance-System für selbstlernende, nicht interpretierbare Preissetzungsalgorithmen erst dann als haftungsbefreiend anzuerkennen, wenn es die wettbewerbswidrigen Preissetzungen verhindert und sicherstellt, dass algorithmisch keine Koordination stattfindet bzw. kein antikompetitives Preisniveau erreicht wird.

θ) Zusammenfassung

Die hier vorgeschlagene Lösung nimmt eine ausgewogene Regulierung preisalgorithmischer Märkte vor, ohne zugleich komplexere Algorithmen vollständig zu verbieten. Sie stellt einen angemessenen Ausgleich zwischen einer

---

1339 A.A. etwa *Lübke*, ZHR 185 (2021), 723, 753 f., die dahingehend eine Privilegierung gegenüber menschlichem Handeln in Kauf nimmt.

notwendigen Regelung und der Freiheit der Märkte sicher, indem erst bei der Feststellung eines antikompetitiven Preisniveaus oder einer auffälligen Preisniveauänderung für die Wettbewerbsbehörden die Möglichkeit besteht, die entsprechenden algorithmischen Berechnungen, die zulasten der Nachfragenden gehen, zu sanktionieren. Dabei müssen Wettbewerbsbehörden keine konkrete Fühlungnahme zwischen den beteiligten Algorithmen nachweisen. Entscheidend ist allein, ob der Einsatz von nicht nachvollziehbaren autonomen Preissetzungsalgorithmen durch mehrere Wettbewerber zu einem im Hinblick auf den Wettbewerb erheblich negativ veränderten Preisniveau führt. Ist dies der Fall, so kann allein an dem Einsatz der abstrakt wettbewerbsgefährdenden Algorithmen angeknüpft werden, um ein Verschulden der verwendenden Unternehmen zu begründen. Insbesondere für die kommende Phase des Übergangs von analoger zu digitaler Preissetzung kann so das Funktionieren des Wettbewerbs auch beim flächendeckenden Einsatz von komplexen, nicht interpretierbaren Preissetzungsalgorithmen sichergestellt werden. Zudem reiht sich diese Regelung ein in die aktuellen Bestrebungen des europäischen Gesetzgebers zur stärkeren zivilrechtlichen Gefährdungshaftung für sog. Blackbox-Algorithmen, insbesondere in Form des Entwurfs zu einer Richtlinie über KI-Haftung.[1340] Der grundsätzliche Ansatz, nicht nachvollziehbare Algorithmen einer stärkeren Gefährdungshaftung zu unterwerfen, wurde insofern bereits vom europäischen Gesetzgeber aufgegriffen und könnte mit dem vorliegenden Vorschlag auch wirksam bezüglich des Kartellverbots implementiert werden.

bbb) Konflikt zu Geschäftsgeheimnissen der Algorithmenanbieter und -verwender

Durch die eben dargestellte Beweislastumkehr ergibt sich freilich ein erheblicher Konflikt zwischen dem Aufklärungsinteresse der Wettbewerbsbehörden auf der einen und dem berechtigten Interesse am Schutz der Geschäftsgeheimnisse, insbesondere der konkreten Funktionsweise der eigenen Algorithmen auf der anderen Seite. So sind die Algorithmen und deren konkrete Funktionsweise aufgrund ihrer Bedeutung für die Unternehmen besonders schützenswert.[1341]

1340 Vgl. *EU Kommission,* Vorschlag für eine Richtlinie des europäischen Parlaments und des Rates zur Anpassung der Vorschriften über außervertragliche zivilrechtliche Haftung an künstliche Intelligenz (Richtlinie über KI-Haftung), COM(2022) 496 final, S. 1 ff.

1341 *Monopolkommission,* XXII. Hauptgutachten 2018, Rz. 1176; *Paal,* GRUR 2019, 43, 49; *Pohlmann,* in: *Kokott/Pohlmann/Polley* (Hrsg.), Algorithmen als Kartellverstöße, S. 636; *Scheja,* CR 2018, 485, 487.

Folglich bedarf es im Hinblick auf die Grundrechtsrelevanz bezgl. Art. 12 GG und Art. 14 GG klarer gesetzlicher Rechtsgrundlagen. Der Gesetzgeber hat an verschiedenen Stellen allerdings zum Ausdruck gebracht, dass öffentlich-rechtliche Belange auch die Preisgabe von wertvollen und streng geheimen Geschäftsgeheimnissen rechtfertigen können. Dies folgt im deutschen Recht beispielhaft bereits aus § 1 Abs. 2 GeschGehG, der auf die Umsetzung der europäischen Geschäftsgeheimis-Richtlinie[1342] zurückgeht.[1343] Dieser privilegiert öffentlich-rechtliche Vorschriften zur Offenlegung von Geschäftsgeheimnissen durch eine Ausnahme im Anwendungsbereich des GeschGehG.[1344] Mithin können öffentlich-rechtliche Vorschriften grundsätzlich geeignet sein, auch Geschäftsgeheimnisse der Unternehmen i.S.d. § 2 GeschGehG offenlegen zu lassen.[1345]

Das Interesse einer umfassenden Aufklärung zur Sicherstellung eines funktionierenden Wettbewerbs, die nur durch Offenlegung bestimmter Informationen gelingen kann, überwiegt in einem solchen Fall auch gegenüber sonstigen rechtsstaatlichen und verfahrensrechtlichen Garantien der Unternehmen, wie beispielsweise dem nemo-tenetur Grundsatz, der im Kartellrecht aufgrund der umfassenden Auskunftspflicht des Art. 18 Abs. 1, 3 S. 1 VO (EG) 1/2003 bzw. § 59 GWB ohnehin nur eingeschränkt gilt[1346]. Andernfalls wäre eine Sachverhaltsaufklärung und mögliche Sanktionierung von wettbewerbswidrigen

1342 Richtlinie (EU) 2016/943 des Europäischen Parlaments und des Rates vom 8.6.2016 über den Schutz vertraulichen Know-hows und vertraulicher Geschäftsinformationen (Geschäftsgeheimnisse) vor rechtswidrigem Erwerb sowie rechtswidriger Nutzung und Offenlegung, ABl. 2016 L 157/1.

1343 Vgl. *Bach in* Immenga/Mestmäcker WettbR, § 33g GWB, Rn. 137; *Makatsch/Kacholdt in* MüKoWettbR, § 33g GWB, Rn. 94; *Preuß in* LMRKM, § 33g GWB, Rn. 91.

1344 § 1 Abs. 2 GeschGehG im Wortlaut: „Öffentlich-rechtliche Vorschriften zur Geheimhaltung, Erlangung, Nutzung oder Offenlegung von Geschäftsgeheimnissen gehen vor."; vgl. auch *Hiéramente in* BeckOK GeschGehG, § 1, Rn. 6 ff.

1345 Vgl. *Hauck in* MüKoUWG, § 1 GeschGehG, Rn. 6; *Hiéramente in* BeckOK GeschGehG, § 1, Rn. 8.

1346 A.A. *Henn,* Strafrechtliche Verfahrensgarantien im europäischen Kartellrecht, S. 172, 185 ff.; der zwar zugibt, dass der nemo-tenetur Grundsatz im Kartellrecht nur eingeschränkt gilt, dies aber kritisiert und der Auffassung ist, selbst ein öffentliches Aufklärungsinteresse könne den Grundsatz entsprechend der vom EGMR aufgestellten Kriterien nicht unterlaufen, sodass es hinzunehmen sei, wenn bestimmte Informationen der Unternehmen den Wettbewerbsbehörden vorenthalten blieben. Zur kartellrechtlichen Unschuldsvermutung im Zusammenhang mit Beweiserleichterungen siehe auch *BGH,* Urt. v. 13.07.2020 – KRB 99/19, = WM 2021, 2347, Rn. 43 ff.

Verhaltensweisen durch den Einsatz von autonomen Preissetzungsalgorithmen kaum möglich. Nur die Unternehmen bzw. ihre IT-Dienstleister sind in der Lage, umfassend technische Unterlagen zur Funktionsweise und dem konkreten Datenaustausch der einzelnen Preissetzungsalgorithmen zur Verfügung zu stellen.

Zudem sind die Unternehmen nur im Verdachtsfall[1347] eines bereits eingetretenen kollusiven Marktergebnisses zur Preisgabe der Informationen verpflichtet. Hierzu müssen sie ggf. nicht die gesamten Algorithmen veröffentlichen. Es genügt vielmehr entweder der Nachweis, dass der eigene Preissetzungsalgorithmus nicht auf Wettbewerbspreise zugreifen kann. Hierfür müsste lediglich das algorithmische Umfeld bzw. die Datengrundlage der Berechnungen plausibel offengelegt werden. Alternativ genügt bei der Exkulpationsmöglichkeit, dass die Preissteigerungen nicht mindestens teilweise auf den Einsatz bestimmter Arten von Preissetzungsalgorithmen zurückzuführen sind, die Darlegung der sonstigen Faktoren, die ausschließlich zur entsprechenden Preissteigerung im gesamten Markt geführt haben sollen. Auch diesbezüglich ist folglich nicht der gesamte Algorithmus offen zu legen. Eine Preisgabe des Algorithmus und dessen konkreter Funktionsweise ist lediglich bei einer Exkulpation mit dem Argument nötig, dass es sich bei dem eingesetzten Preissetzungssystem nicht um ein autonomes System i.S.d. Art. 101 Abs. 1 lit f.) n.F. handelt. Dieser Nachweis gelingt dem Unternehmen vermutlich in aller Regel nur, wenn diese den eingesetzten Algorithmus offen legen. Dabei verbleibt es jedoch grundsätzlich bei der Beweispflicht der Behörden, die nachweisen müssen, dass es sich um solche Systeme handelt.

Hierfür können diese auf die bestehenden Auskunftsansprüche zurückgreifen, die es auch ermöglichen, die Offenlegung der entsprechenden Algorithmen von den Unternehmen zu verlangen. Zu unterscheiden sind dabei privatrechtliche Auskunftsansprüche von Kartellgeschädigten gemäß § 33g Abs. 1 GWB sowie behördliche Auskunftsansprüche gemäß § 59 Abs. 1 GWB bzw. Art. 18 Abs. 1 VO Nr. 1/2003. Während das Auskunftsrecht der Kartellbehörden recht umfassend ist, Geschäftsgeheimnisse umfasst[1348] und ein Recht auf Durchsuchungen von Geschäftsräumen beinhaltet[1349], findet bei den

---

1347 Siehe zu den Anforderungen des Anfangsverdachts *Bischke/Neideck in* MüKoWettbR, Art. 18 VO Nr. 1/2003, Rn. 13; *Hennig in* Immenga/Mestmäcker WettbR, Art. 18 VO Nr. 1/2003, Rn. 9.

1348 *Hennig in* Immenga/Mestmäcker WettbR, Art. 18 VO Nr. 1/2003, Rn. 67.

1349 Vgl. dazu den Wortlaut von Art. 20 Abs. 2 VO Nr. 1/2003 sowie *Bischke/Neideck in* MüKoWettbR, Art. 20 VO Nr. 1/2003, Rn. 7 ff; *Hennig in* Immenga/Mestmäcker WettbR, Art. 20 VO Nr. 1/2003, Rn. 42 ff.

Auskunftsansprüchen privater Dritter eine stärkere Abwägung der Interessen statt. § 33g Abs. 3 GWB nimmt bei den Auskunftsansprüchen eine Abwägung der widerstreitenden Interessen vor und berücksichtigt eine Vielzahl von Faktoren, um zu beurteilen, ob im konkreten Fall eine Herausgabe an private Dritte gerechtfertigt sein kann.[1350]

Aufgrund der Komplexität der Ermittlungen dürfte es sich bei privatrechtlichen Klagen wegen preisalgorithmischen Kartellverstößen in aller Regel um „follow on"- Klagen handeln, bei denen eine Kartellbehörde bereits vorher die entsprechend wettbewerbswidrige Preissetzung festgestellt hat. Durch die Bindungswirkung der Entscheidung nach § 33b GWB steht dann ein konkreter Verstoß fest, wodurch häufig vor allem über das Verschulden und die konkrete Schadenshöhe gestritten wird.[1351] Abhängig davon, inwiefern es in den Ausführungen der behördlichen Entscheidung konkrete Anhaltspunkte für die Schadensberechnung für einzelne Wettbewerber gibt, wird auch eine weitere Herausgabe der Funktionsweise der Preissetzungsalgorithmen ggf. entbehrlich. Auch wenn eine solche zur konkreten Schadensberechnung nötig wäre, dürfte eine direkte Herausgabe der Algorithmen an Wettbewerber nicht in jedem Fall geschuldet sein. Gemäß § 33g Abs. 6 S. 1 GWB kann die Herausgabe solcher Beweismittel verweigert werden, die gemäß § 384 Nr. 3 ZPO als Gewerbegeheimnisse von einem Zeugnisverweigerungsrecht einer betroffenen Person umfasst wären. Insbesondere Preissetzungsalgorithmen, die die konkrete Preiskalkulation und -berechnung der Unternehmen enthalten, dürften hiervon in aller Regel umfasst sein.[1352] Dem Anspruchsteller bliebe in einem solchen Fall regelmäßig die Möglichkeit des gerichtlichen Offenlegungsantrags nach § 89b Abs. 6 GWB, bei dem das Gericht unter Berücksichtigung aller Umstände des Einzelfalls entscheidet, ob bestimmte Geheimnisse preisgegeben werden müssen. Dies stellt ein ausgewogenes Verfahren dar, bei der sich das zuständige Gericht mit allen relevanten Folgen befassen muss, bevor es per begründetem Beschluss entscheidet, ob bestimmte Informationen bezüglich eines Preissetzungsalgorithmus veröffentlicht werden müssen. Denkbar scheint darüber hinaus künftig auch eine explizit zu normierende Herausgabepflicht

---

1350 Vgl. *Bach in* Immenga/Mestmäcker WettbR, § 33g GWB, Rn. 81 ff; *Makatsch/Kacholdt in* MüKoWettbR, § 33g GWB, Rn. 76 ff; *Preuß in* LMRKM, § 33g GWB, Rn. 85 ff.

1351 Vgl. *Franck in* Immenga/Mestmäcker WettbR, § 33b GWB, Rn. 27; *Kersting in* LMRKM, § 33b GWB, Rn. 12; *Spiecker in* MüKoWettbR, § 33b GWB, Rn. 19.

1352 *Damrau/Weinland in* MüKoZPO, § 384 ZPO, Rn. 14; *Gehle in* Anders/Gehle ZPO, § 384 ZPO, Rn. 16; *Scheuch/Thönissen in* BeckOK ZPO, § 384 ZPO, Rn. 12.1.

für Preissetzungsalgorithmen, die die betroffenen Interessen noch konkreter gewichten könnte.[1353]

ccc) Praktische Umsetzung durch spezialisierte Markttransparenzstelle der Wettbewerbsbehörden

Die neugeschaffene Beweislastumkehr kann eine effektive Regulierung von preisalgorithmischen Märkten nur dann gewährleisten, wenn die europäischen Wettbewerbsbehörden mit den nötigen Sach- und Personalmitteln ausgestattet werden, um mögliche wettbewerbswidrige Preissetzungen frühzeitig zu erkennen. Hierzu bietet sich auf nationaler Ebene die Schaffung einer eigenen Markttransparenzstelle beim Bundeskartellamt an, die die Fähigkeiten im Hinblick auf die Nachverfolgung von preisalgorithmischen Wettbewerbsverstößen bündelt.[1354] Insbesondere mit Hilfe von Screening-Algorithmen und Künstlicher Intelligenz sollte es den Wettbewerbsbehörden möglich sein, jene Märkte verstärkt zu kontrollieren und zu überwachen, bei denen die Preissetzung weitgehend algorithmisch stattfindet.[1355] Hervorzuheben sind diesbezüglich derzeit vor allem oligopolistische Online-Märkte und Online-Retail-Plattformen wie Amazon oder Ebay. Die Wettbewerbsbehörden können so gezielt die Preisentwicklung beobachten und bei Auffälligkeiten mittels bestehender Auskunftsansprüche Nachforschungen anstellen, um gezielt nach möglichen antikompetitiven, algorithmischen Preissetzungen zu fahnden. Der Kritik, durch eine solche Markttransparenzstelle entstehe ein „Sonderkartellrecht" für bestimmte Sektoren,[1356] kann entgegengehalten werden, dass es sich bei der Frage von algorithmischer Preissetzung nicht um eine Thematik handelt, die nur in bestimmten Bereichen anzutreffen ist. Neben dem Online-Handel ist zunehmend auch der Offline-Handel in verschiedenen Branchen von algorithmischer Preissetzung geprägt.[1357] Auch das Argument, dass eine Überwachung preisalgorithmischer Märkte zu komplex und hinsichtlich Ausstattung

---

1353 Vgl. *Lübke,* ZHR 185 (2021), 723, 767.

1354 So auch *Ebers,* NZKart 2016, 554, 554; *Künstner/Franz,* K&R 2017, 688, 693, a.A. *Rützel,* Rechtsfragen algorithmischer Preisdiskriminierung, S. 256; siehe dazu auch bereits C) III. 4) b) bb) ggg).

1355 *Künstner,* GRUR 2019, 36, 42; *OECD,* Big Data: Bringing Competition Policy to the Digital Era, Rn. 82 f.; skeptisch aufgrund der Komplexität *Lübke,* ZHR 185 (2021), 723, 764.

1356 *Veith,* KI, Haftung und Kartellrecht, S. 291.

1357 Siehe dazu bereits A) IV. 1) b) cc).

der Wettbewerbsbehörden deutlich aufwändiger sei[1358], vermag nicht zu überzeugen. Die Zunahme der Komplexität der wettbewerbsrechtlichen Regulierung folgt unmittelbar aus dem Einsatz von selbstlernenden und nicht interpretierbaren Preissetzungsalgorithmen. Dieser Komplexität muss eine funktionierende Rechtsordnung auch durch ausreichende Ausstattung der verantwortlichen Behörden Rechnung tragen. Zudem wäre die Einrichtung einer solchen Transparenzstelle sowohl kumulativ als auch alternativ in der Generaldirektion Wettbewerb bei der Europäischen Kommission denkbar, wodurch zusätzlich internationales Know-How und finanzielle Ressourcen gebündelt werden könnten. Dass die Einrichtung einer solchen Stelle möglich und zweckmäßig ist, zeigt nicht zuletzt der Umstand, dass in den USA bereits eine vergleichbare Stelle existiert, die sich spezialisiert mit fachlich herausfordernden algorithmischen Thematiken beschäftigt.[1359]

Abzulehnen ist hingegen eine Verlagerung der Rechtsdurchsetzung auf Verbraucherschutzverbände, da diese bereits im Hinblick auf ihre Ausstattung nicht in der Lage sein dürften, mögliche Kartellrechtsverstöße durch selbstlernende, nicht interpretierbare Preissetzungsalgorithmen zu ermitteln.[1360] Die Komplexität der Sachverhalte macht eine Ermittlung und Rechtsdurchsetzung durch gut ausgestattete öffentliche Wettbewerbsbehörden unumgänglich.

dd) Zurechenbarkeit von Verstößen durch Drittanbieter-Algorithmen

Klärungsbedürftig scheint außerdem, ob es einen Unterschied macht, wenn Unternehmen eigene Algorithmen verwenden oder sie auf solche eines Drittanbieters zurückgreifen. Während bei der Verwendung von eigens entwickelten Algorithmen, wie beispielsweise im Fall von Uber, keinerlei Probleme der Zurechnung entstehen, unabhängig davon, um welche Art von Algorithmus es sich handelt, stellt sich bei Verwendung von selbstlernenden, nicht interpretierbaren Preissetzungsalgorithmen von externen Anbietern die Frage, wann einem Unternehmen eine wettbewerbswidrige Preissetzung durch den Algorithmus eines dritten Algorithmenanbieters zurechenbar ist. Entsprechend der Grundsätze des EuGH, der in der Entscheidung VM Remonts[1361] Voraussetzungen für die Verantwortlichkeit von Kartellrechtsverstößen durch dritte

---

1358 *Veith,* KI, Haftung und Kartellrecht, S. 291.

1359 Vgl. *Käseberg/Kalben,* WuW 2018, 2, 7, die auf das „Office of Technology Research and Investigation" verweisen, das beim Bureau of Consumer Protection der Federal Trade Commission (FTC) angesiedelt ist.

1360 So aber *Veith,* KI, Haftung und Kartellrecht, S. 292.

1361 *EuGH,* Urt. v. 21.07.2016 – Rs. C-542/14, ECLI:EU:C:2016:578.

Beratungsunternehmen aufgestellt hat, gilt es im Folgenden zu klären, inwieweit diese bei dritten Algorithmenanbietern passen und wann Unternehmen dementsprechend für die Verstöße der Softwareanbieter unmittelbar haften.

Der EuGH hatte im Rahmen des Vorabentscheidungsersuchen eines lettischen Gerichts zu klären, „ob Art. 101 Abs. 1 AEUV dahin auszulegen ist, dass ein Unternehmen aufgrund des Fehlverhaltens eines selbständigen Dienstleisters, der für das Unternehmen Leistungen erbringt, für eine abgestimmte Verhaltensweise verantwortlich gemacht werden kann."[1362] Der Gerichtshof klassifizierte unter Bezugnahme auf ältere Rechtsprechung[1363] drei Konstellationen, von denen eine gegeben sein muss, damit eine Haftung für das Fehlverhalten Dritter bejaht werden kann.

Alternative 1 betrifft die Situation, dass der handelnde dritte Dienstleister in Wirklichkeit unter der Leitung oder der Kontrolle des Unternehmens tätig war.[1364] Diese Alternative dürfte für dritte Algorithmenanbieter so gut wie nie einschlägig sein. Die wenigsten Unternehmen können hinsichtlich der Funktionsweise der Algorithmen konkrete und inhaltlich entscheidende Vorgaben geben. In aller Regel kauft sich ein Unternehmen den Algorithmus eines Drittanbieters in der Annahme ein, dass dieser die eigene Preissetzung optimieren kann. Dementsprechend findet die Preissetzung selbst weder unter der Leitung des Unternehmens noch unter dessen Kontrolle statt. Das technische Knowhow liegt schließlich in aller Regel bei den Algorithmenanbietern und nicht bei den Unternehmen, die den Algorithmus zur Preissetzung einsetzen.

Alternative 2 umfasst einen Sachverhalt, in dem das Unternehmen von den wettbewerbswidrigen Zielen seiner Konkurrenten und des Dienstleisters Kenntnis hatte und durch eigenes Verhalten hierzu beitragen wollte.[1365] Auch diese Alternative dürfte nur selten eine Zurechenbarkeit ermöglichen, indem hierfür positive Kenntnis von einem konkreten, wettbewerbswidrigen Informationsaustausch mit Wettbewerbern notwendig wäre. Häufig dürften die Unternehmen jedoch keine Kenntnis davon haben, mit wem die Preissetzungssoftware Informationen austauscht, da ihnen nicht bekannt ist, welche Unternehmen zum Kundenkreis des Algorithmenanbieters gehören und wer diesem in welchem Umfang Informationen übermittelt.

1362 *EuGH*, Urt. v. 21.07.2016 – Rs. C-542/14, ECLI:EU:C:2016:578, Rn. 20.

1363 Insbesondere *EuGH*, Urt. v. 08.07.1999 – Rs. C-49/92 P, ECLI:EU:C:1999:356, Rn. 87.

1364 *EuGH*, Urt. v. 21.07.2016 – Rs. C-542/14, ECLI:EU:C:2016:578, Rn. 33.

1365 *EuGH*, Urt. v. 21.07.2016 – Rs. C-542/14, ECLI:EU:C:2016:578, Rn. 33.

Die dritte und letzte Alternative stellt schließlich auf eine Vorhersehbarkeit eines Wettbewerbsverstoßes ab. Demnach ist ein Unternehmen für das wettbewerbswidrige Verhalten eines Dritten verantwortlich, wenn es dieses Verhalten vernünftigerweise vorhersehen konnte und bereit war, die daraus erwachsende Gefahr auf sich zu nehmen.[1366] Bei der Hinzuziehung von dritten Algorithmenanbietern wird man eine Zurechnung der wettbewerbswidrigen Preissetzung jedenfalls dann bejahen können, wenn dem Unternehmen bekannt war, dass es sich bei der Software um eine selbstlernende, nicht interpretierbare Preissetzungssoftware handelt. Dies wird man im Zweifel annehmen können, da die Algorithmenanbieter vor Vertragsschluss die groben Funktionsweisen des eigenen Algorithmus erläutern und die Unternehmen sich für keine Preissetzungssoftware entscheiden werden, ohne deren groben Funktionsweise und Vorzüge zu kennen. Kommt es also im Rahmen der Verwendung von derartigen Algorithmen zu Wettbewerbsverstößen im Zusammenhang mit der Preissetzung, so wird man allein durch die Verwendung derartiger nur schwer nachvollziehbarer und kontrollierbarer Algorithmen eine Vorhersehbarkeit von möglichen Wettbewerbsverstößen bejahen können. Der Charakter dieser Software als Blackbox[1367] rechtfertigt es, dem Verwender zu unterstellen, er habe bei einer Software, dessen Preissetzung weder er selbst noch der Algorithmenanbieter im Detail nachvollziehen kann, auch mit wettbewerbswidrigen Preissetzungsmethoden rechnen müssen.

Die dritte Alternative macht eine Zurechnung im Regelfall daher möglich. Meist dürfte es für die Verantwortlichkeit für eine mögliche wettbewerbswidrige Preissetzung durch selbstlernende, nicht interpretierbare Preissetzungsalgorithmen daher keinen großen Unterschied machen, ob die Software selbst entwickelt wurde oder – was deutlich häufiger vorkommen dürfte – von einem externen Dienstleister zur Verfügung gestellt wird. Diesbezügliche Haftungslücken sind durch die Rechtsprechung des EuGH bei entsprechender Auslegung des Merkmals der Vorhersehbarkeit des Risikos von autonomer Preissetzungssoftware daher nicht zu erwarten.

ee) Zwischenergebnis

Zur künftigen effektiven Regulierung von Märkten, in denen selbstlernende Preissetzungsalgorithmen bei mehreren Wettbewerbern die Preise festsetzen, erscheint es nötig, eine Gefährdungshaftung für den Einsatz solcher

---

1366 *EuGH*, Urt. v. 21.07.2016 – Rs. C-542/14, ECLI:EU:C:2016:578, Rn. 33.
1367 Siehe dazu A) III. 3) b).

Algorithmen zu schaffen. Diese greift in den Fällen, in denen der Einsatz dieser Algorithmen zu wettbewerbswidrigen Preisen führt. Eine solche Rechtsfortbildung kann nicht allein im Wege behördlicher oder richterlicher Rechtsfortbildung geschaffen werden, sodass eine Anpassung des europäischen Kartellverbots nötig wird. Hinsichtlich der Verantwortlichkeit ist eine Vermutung dahingehend zu schaffen, dass allein das Entstehen eines wettbewerbswidrigen Preisniveaus oder eine erhebliche Änderung im Preisniveau nach Einführung der Algorithmen für die Vermutung einer wettbewerbswidrigen Koordination ausreichen muss, solange sich eine Preisniveauänderung nicht allein mit außerhalb der Algorithmen liegenden Faktoren erklären lässt oder die Algorithmen keine Wettbewerberpreise berücksichtigen. Koordinieren sich die Preissetzungsalgorithmen, haben die Unternehmen eine solche wettbewerbswidrige Verhaltensweise dann ebenso zu vertreten, wie eine wettbewerbswidrige Verhaltensweise eines Organs oder Mitarbeiters. Dies muss unabhängig davon gelten, ob das Unternehmen den Algorithmus selbst entwickelt hat oder auf die Software eines dritten Anbieters zurückgreift.

Diese Regelung ist in der Lage, auftretende tacit collusions durch autonome Preissetzungsalgorithmen angemessen zu sanktionieren, ohne zugleich den Einsatz von selbstlernender Preissetzungssoftware gänzlich zu illegalisieren. Die Haftung von Unternehmen, die durch den Einsatz von solcher Software die Gefahr von Wettbewerbsverstößen schafft, wäre im Falle wettbewerbswidriger Marktergebnisse so *de lege ferenda* sichergestellt. Zugleich reiht sich dieser Ansatz in die zunehmende Ökonomisierung des Kartellrechts im Rahmen des more economic approach ein, indem er die Legalität des Einsatzes von selbstlernenden Preissetzungsalgorithmen im Wesentlichen davon abhängig macht, welche Ergebnisse der konkrete Output auf einem bestimmten Markt hinterlässt. Zudem sollte es in aller Regel keinen Unterschied machen, ob ein Algorithmus selbst entwickelt oder von einem externen Anbieter zur Verfügung gestellt wird. Aufgrund der abstrakten Vorhersehbarkeit möglicher wettbewerbswidriger Preissetzungen durch Blackbox-Algorithmen ist die Zurechnung einer solchen zum einsetzenden Unternehmen in beiden Fällen gerechtfertigt.

b) Kartellrechtliche Haftung eines dritten Dienstleisters als Programmierer bzw. Entwickler des Algorithmus

Neben der Haftung der Unternehmen, die Preissetzungsalgorithmen einsetzen, stellt sich zudem die Frage nach der Mitverantwortlichkeit von nicht unmittelbar am Kartell beteiligten Dritten. In der Praxis dürfte dies Drittanbieter von Preissetzungssoftware betreffen, die die jeweilige Software entwickeln und zugleich für die Unternehmen bereitstellen, beispielsweise in Form von sog. „Software as a Service" (SaaS) - Dienstleistungen. Davon zu unterscheiden ist die Zurechnung von kartellrechtswidrigem Verhalten der Algorithmenanbieter auf die den Preissetzungsalgorithmus verwendenden Unternehmen.[1368] Betrachtet werden soll zunächst die kartellrechtliche Bußgeldverantwortlichkeit für Verstöße gegen Art. 101 Abs. 1 AEUV bzw. § 1 GWB ehe danach die zivilrechtliche Komponente der Haftung durch Schadenersatzansprüche Dritter betrachtet werden soll.

aa) Kartellrechtliche Haftung von nicht unmittelbar am Kartell beteiligten Algorithmenanbietern

Zunächst ist die Form der Kartellbeteiligung des Algorithmusanbieter zu klären, wenn dieser keine bewusste Kartellumsetzung für Unternehmen realisiert,[1369] sondern ein überwettbewerbliches Preisniveau allein durch den Einsatz von selbstlernenden Preissetzungsalgorithmen erreicht wird. In Betracht kommt eine Rolle als Kartellgehilfe sowie als nicht am Kartell beteiligter Dritter.[1370] Während Kartellgehilfen die Kartellanten lediglich bei der Umsetzung eines Kartells unterstützen, so ist das Handeln des Dritten konstitutiv für das Entstehen des Kartells. Während also das Kartell im Falle des Kartellhelfers auch ohne dessen Zutun bereits unter Art. 101 Abs. 1 AEUV bzw. § 1 GWB zu subsumieren wäre, ist das Handeln des nicht unmittelbar am Kartell beteiligten Dritten erst ursächlich für die Entstehung eines Kartells.[1371] Softwareanbieter dürften daher bei der Zurverfügungstellung von selbstlernenden, nicht interpretierbaren Preissetzungsalgorithmen meist als nicht am Kartell beteiligte Dritte zu werten sein, indem der Wettbewerbsverstoß ohne die Entwicklung und den Vertrieb des Algorithmus an die beteiligten Wettbewerber nicht entstanden wäre. Der Datenaustausch und die wettbewerbswidrige Preiskollusion wird erst durch das Produkt des Algorithmenanbieters möglich.

1368 Siehe dazu D) III. 2) a) dd).

1369 Vgl. dazu das Messenger-Szenario unter C) III. 1).

1370 Zur Unterscheidung eingehend *Doetsch,* Die Haftung Dritter bei Erzeugung von kollusiven Marktergebnissen im europäischen Kartellrecht, S. 27.

1371 *Doetsch,* Die Haftung Dritter bei Erzeugung von kollusiven Marktergebnissen im europäischen Kartellrecht, S. 27.

aaa) Rechtsprechung des EuGH zur Haftung von Kartellgehilfen (AC-Treuhand II)

Im Folgenden wird die Rechtsprechung des EuGH in der Rechtssache AC-Treuhand II[1372] zur Haftung von Kartellhelfern dargestellt, um in einem zweiten Schritt zu erörtern, ob eine Übertragung der Kriterien des EuGH für die Haftung von Kartellgehilfen auf Algorithmenanbieter als nicht am Kartell beteiligte Dritte möglich ist.

Der EuGH stellte in dieser Entscheidung einige Kriterien für die Haftung von Kartellgehilfen auf. Dem Fall lagen verschiedene Vereinbarungen und abgestimmte Verhaltensweisen zugrunde, an dem sich das schweizerische Beratungsunternehmen AC Treuhand beteiligt haben soll. Das Beratungsunternehmen war unter anderem mit der Beschaffung und Präsentation von Marktdaten beauftragt, welche unter den verschiedenen Wettbewerbern auf dem Markt der Zinnstabilisatoren sowie im Bereich Epoxid Sojaöle und Ester über die AC Treuhand ausgetauscht wurden.[1373] Der Datenaustausch umfasste insbesondere auch die Festsetzung von Preisen sowie die Aufteilung des Marktes.[1374] Gegen die AC Treuhand wurden zwei Geldbußen verhängt, gegen die sich das Unternehmen vor dem EuGH zur Wehr setzte.[1375]

Der EuGH war der Ansicht, dass es einer Verantwortlichkeit i.S.d. Art. 101 Abs. 1 AEUV nicht entgegen steht, dass ein Unternehmen nicht unmittelbar auf dem Markt der getätigten Kartellabsprachen aktiv ist.[1376] Ein nicht unmittelbar am Kartell beteiligtes und auf einem anderen Markt tätiges Unternehmen kann demnach immer dann für einen Kartellverstoß von anderen Unternehmen mithaftbar gemacht werden, wenn es sich aktiv und in voller Kenntnis der Sachlage an der Durchführung oder der Überwachung eines Kartells beteiligt.[1377] Weiterhin verwies der EuGH auf die Entscheidung Anic Partecipazioni[1378], wonach bei abgestimmten Verhaltensweisen mit wettbewerbswidrigem Zweck eine Verantwortlichkeit eines Unternehmens immer dann in Betracht kommt, wenn „das betreffende Unternehmen durch sein Verhalten zur Erreichung der von allen Beteiligten verfolgten gemeinsamen Ziele beitragen wollte und von dem

1372 *EuGH,* Urt. v. 22.10.2015 – Rs. C-194/14 P, ECLI:EU:C:2015:717.
1373 *EuGH,* Urt. v. 22.10.2015 – Rs. C-194/14 P, ECLI:EU:C:2015:717, Rn. 7 f.
1374 *EuGH,* Urt. v. 22.10.2015 – Rs. C-194/14 P, ECLI:EU:C:2015:717, Rn. 8.
1375 *EuGH,* Urt. v. 22.10.2015 – Rs. C-194/14 P, ECLI:EU:C:2015:717, Rn. 10.
1376 *EuGH,* Urt. v. 22.10.2015 – Rs. C-194/14 P, ECLI:EU:C:2015:717, Rn. 27.
1377 *EuGH,* Urt. v. 22.10.2015 – Rs. C-194/14 P, ECLI:EU:C:2015:717, Rn. 26.
1378 Siehe dazu C) III. b) bb) bbb) γ).

von anderen Unternehmen in Verfolgung dieser Ziele beabsichtigten oder an den Tag gelegten tatsächlichen Verhalten wusste oder dieses vernünftigerweise vorhersehen konnte und es bereit war, die daraus erwachsende Gefahr auf sich zu nehmen"[1379]

Die Höhe des Bußgeldes darf dabei von den Wettbewerbsbehörden unter Berücksichtigung der Schwere und Dauer der Zuwiderhandlung pauschal festgesetzt werden, wobei der Umsatz des Dritten oder die Entgelte für eventuelle Beratungsleistungen keine Anhaltspunkte für die Intensität des konkreten Verstoßes des Dritten liefern und daher kein tauglicher Anknüpfungspunkt zur Ermittlung der Bußgeldhöhe darstellen.[1380]

Voraussetzung der Haftung eines Kartellgehilfen als nicht auf dem Markt tätiges Unternehmen ist demnach zusammenfassend, dass sich der Gehilfe entweder selbst aktiv und in voller Kenntnis der Sachlage an dem Kartell beteiligt, es also bewusst zum Erreichen der Kartellziele beiträgt oder aber das eigene Handelns vernünftigerweise zumindest als Förderung einer wettbewerbswidrigen Verhaltensweise hätte erkennen können und es dadurch zugleich das Risiko einer solchen auf sich genommen hat.

bbb) Übertragbarkeit der Kriterien auf Algorithmenanbieter von selbstlernender, nicht interpretierbarer Preissetzungssoftware

Zu klären bleibt, ob diese Grundsätze auch auf Algorithmenanbieter von selbstlernender Preissetzungssoftware übertragbar sind, da es sich wie dargestellt häufig um Dritte handelt, die das Kartell erst konstitutiv begründen und daher ein Unterschied zu der vom EuGH entschiedenen Konstellation der Kartellhelfer besteht.

Die Kriterien des EuGH ähneln sich bei der Frage, ob eine Verantwortlichkeit von einem Dritten bejaht werden kann sowie der Frage ab wann einem Unternehmen Tatbeiträge Dritter zugerechnet werden können. Jeweils stellt der EuGH neben den Alternativen der bewussten und absichtlichen Beteiligung des Dritten darauf ab, ob und inwiefern die wettbewerbswidrige Verhaltensweise für die jeweiligen Beteiligten, die die Verantwortlichkeit nach Art. 101 Abs. 1

1379 *EuGH,* Urt. v. 22.10.2015 – Rs. C-194/14 P, ECLI:EU:C:2015:717, Rn. 30. Diese Kriterien, die der Anic Partecipazioni Entscheidung entnommen wurden, sind später auch auf die Frage übertragen wurden, unter welchen Umständen ein am Kartell beteiligtes Unternehmen für das Handeln Dritter verantwortlich gemacht werden kann, siehe dazu D) III. 2) a) dd).

1380 *EuGH,* Urt. v. 22.10.2015 – Rs. C-194/14 P, ECLI:EU:C:2015:717, Rn. 62 ff.

AEUV treffen soll, vorhersehbar war und inwiefern sie ein bestimmtes Risiko der Kartellentstehung in Kauf genommen haben.[1381] Diese Kriterien dürften auf die vorliegend zu betrachtende Konstellation, in der ein oder mehrere Drittanbieter durch die Zurverfügungstellung von selbstlernenden Preissetzungsalgorithmen ein Kartell zwischen den verwendenden Unternehmen begründen, übertragbar sein.[1382]

Identisch zum Kartellhelfer ist es auch bei einem Dritten, der das Kartell erst begründet, kein Hindernis für die Anwendbarkeit des Kartellverbotes, dass dieser nicht auf demselben Markt tätig ist wie die beteiligten Unternehmen.[1383] Das Hauptziel des Kartellverbotes ist die Aufrechterhaltung des unverfälschten Wettbewerbs, weshalb es nicht dadurch zu Haftungslücken kommen kann, dass ein Dritter, der einen aktiven Kartellbeitrag leistet, nicht selbst auf dem relevanten Markt tätig ist.[1384] Diese Ausführungen sind daher ohne Weiteres auf dritte Algorithmenanbieter übertragbar.

Als weitere Voraussetzung nennt der EuGH die Tatbeiträge des jeweiligen Dritten für das Kartell. So kann eine rein nebensächliche Dienstleistung, die nichts mit den kartellbedingten Wettbewerbsbeschränkungen zu tun hat, nicht ausreichend sein, um eine Verantwortlichkeit eines Dritten zu bejahen.[1385] Eine Haftung des Dritten kommt jedoch dann in Betracht, wenn ein Dritter eine „zentrale Rolle“[1386] gespielt hat. In den relevanten Tatbeiträgen liegt der wesentliche Unterschied zwischen dem entschiedenen Kartellhelfer-Fall sowie dem Fall der dritten Algorithmenanbieter. Dabei leistet der Algorithmenanbieter in der Regel sogar den größeren und entscheidenderen Tatbeitrag, indem sein Handeln im Gegensatz zum Handeln des Kartellhelfers das Kartell erst begründet. Ohne ihn gebe es folglich kein Kartell, während der Kartellhelfer bei einem möglicherweise ohnehin entstandenen Kartell nur unterstützende Tätigkeiten ausführt. Der Tatbeitrag der Algorithmenanbieter von selbstlernender

---

1381 *EuGH,* Urt. v. 22.10.2015 – Rs. C-194/14 P, ECLI:EU:C:2015:717, Rn. 30; Urt. v. 21.07.2016 – Rs. C-542/14, ECLI:EU:C:2016:578, Rn. 33.

1382 So auch *Doetsch,* Die Haftung Dritter bei Erzeugung von kollusiven Marktergebnissen im europäischen Kartellrecht, S. 138, der davon ausgeht, dass die Kriterien sowohl für Kartellhelfer als auch für Dritte gelten und der EuGH bei einem Sachverhalt mit einem das Kartell erst begründenden Dritten eine analoge Entscheidung getroffen hätte.

1383 *EuGH,* Urt. v. 22.10.2015 – Rs. C-194/14 P, ECLI:EU:C:2015:717, Rn. 33 ff.

1384 *EuGH,* Urt. v. 22.10.2015 – Rs. C-194/14 P, ECLI:EU:C:2015:717, Rn. 36.

1385 *EuGH,* Urt. v. 22.10.2015 – Rs. C-194/14 P, ECLI:EU:C:2015:717, Rn. 39.

1386 *EuGH,* Urt. v. 22.10.2015 – Rs. C-194/14 P, ECLI:EU:C:2015:717, Rn. 37.

Preissetzungssoftware ist damit wesentlicher und entscheidender für das Entstehen und Funktionieren eines Kartells anzusehen als die vom EuGH als ausreichend empfundene „zentrale Stellung“ des Beratungsunternehmens in der AC-Treuhand II Entscheidung. Wenn bereits ein Kartellhelfer im Hinblick auf seinen Tatbeitrag als Verantwortlicher i.S.d. Art. 101 Abs. 1 AEUV angesehen werden kann, so muss das im Hinblick auf den noch größeren Tatbeitrag folglich erst recht für Algorithmenanbieter gelten, die durch die Zurverfügungstellung ihrer selbstlernenden, nicht interpretierbaren Software ein Kartell zwischen mehreren Unternehmen erst begründen.

Auch hinsichtlich der subjektiven Seite der Tatbeiträge können die Kriterien des EuGH für die Verantwortlichkeit von dritten Algorithmenanbietern analog gelten. Ein Unternehmen haftet für die wettbewerbswidrige Preissetzung mittels Algorithmen eines dritten Anbieters bereits dann, wenn es davon Kenntnis haben musste, dass die Preissetzungssoftware selbstständig lernt und für den Nutzer die Zusammensetzung der einzelnen konkreten Preissetzung nicht mehr nachvollziehbar ist.[1387] Wenn nun für das verwendende Unternehmen eine Haftung unter diesen Gesichtspunkten bejaht werden kann, so muss dies analog auch für den jeweiligen Algorithmenanbieter gelten, der durch seine Software das Kartell erst ermöglicht und im Vergleich zum Unternehmen sogar deutlich mehr Einflussnahme und Kontrollmöglichkeiten hinsichtlich der Funktionsweise der eigenen Preissetzungssoftware hat. Der Algorithmenanbieter wird in aller Regel positive Kenntnis von der groben Funktionsweise des eigenen Produkts haben und insbesondere wissen, ob es sich um eine selbstlernende Preissetzungssoftware handelt. Ist dies der Fall, so gilt das für die verwendenden Unternehmen ausgeführte entsprechend, sodass der Algorithmenanbieter allein durch den Einsatz solcher Algorithmen in Kauf nimmt, dass es zu einer horizontalen Preiskollusion und damit zu einer Kartellbildung kommen kann.

Auch die Ausführungen zur Bußgeldhöhe lassen sich übertragen, da insofern keine Wertungsunterschiede zwischen Kartellhelfern und Algorithmenanbietern bestehen. Auch bei Algorithmenanbietern kann die Höhe des Bußgelds nicht davon abhängig gemacht werden, wie viel Umsatz oder Gewinn das Unternehmen mit der entsprechenden Preissetzungssoftware generiert. Vielmehr muss auch diesbezüglich auf den konkreten Tatbeitrag und die Wirkungen des Kartells abgestellt werden.

1387 Siehe dazu bereits D) III. 2) a) dd).

ccc) Zwischenergebnis

Wie aufgezeigt ist die Rechtsprechung des EuGH zur Haftung von Kartellhelfern sowie für die Haftung von Unternehmen für Tatbeiträge Dritter entsprechend auf dritte Algorithmenanbieter übertragbar. Dabei haftet ein Algorithmenanbieter immer dann, wenn er durch zur Verfügungstellung von Preissetzungssoftware zur Bildung eines Kartells maßgeblich beigetragen hat.[1388] Er muss dabei gerade nicht auf demselben Markt oder auf vor- bzw. nachgelagerten Märkten tätig sein, in denen das Kartell wirkt. Häufig dürfte der Einsatz der Preissetzungsalgorithmen erst ursächlich für die Kartellentstehung sein, sodass der Tatbeitrag in der Regel noch schwerer wiegt als in den vom EuGH entschiedenen Fällen zu Kartellhelfern. Eine Kartellbildung muss für den Algorithmenanbieter bereits immer dann zurechenbar und vorhersehbar sein, wenn er sich selbstlernender, nicht interpretierbarer Algorithmen bedient, die es verhindern, die Preissetzung durch den Nutzer nachvollziehbar und kontrollierbar zu machen. Bereits durch den Einsatz dieser Blackbox-Algorithmen muss mit möglichen wettbewerbswidrigen Verhaltensweisen durch den Preissetzungsalgorithmus gerechnet werden, die im Falle eines solchen Eintritts auch dem Anbieter als Verantwortlichen i.S.d. Art. 101 Abs. 1 AEUV zurechenbar sein müssen. Dies hat zur Folge, dass den Anbieter auch die Konsequenzen etwaiger Verstöße, insbesondere vom Umsatz des Anbieters unabhängige Bußgelder der Kartellbehörden gem. Art. 23 Abs. 2 UAbs. 1 lit. a Alt. 1 VO 1/2003 treffen können. Der dafür nötige Vorsatz bzw. zumindest eine entsprechende Fahrlässigkeit dürfte wie aufgezeigt durch das Wissen der Anbieter um die abstrakten wettbewerbsrechtlichen Gefahren des Einsatzes eines selbstlernenden Preissetzungsalgorithmus in aller Regel vorliegen.

bb) Kartellschadenersatzrechtliche Haftung von Dienstleistern für selbstlernende Preissetzungssoftware

Neben der kartellrechtlichen Bußgeld-Haftung stellt sich die Frage, inwiefern Preissetzungsalgorithmenanbieter zivilrechtlich zur Verantwortung gezogen werden können. Betrachtet werden soll hier ausschließlich das deutsche Recht, da es insofern an einer Anspruchsgrundlage zur Durchsetzung von kartellbedingten Schadenersatzansprüchen im europäischen Recht fehlt.[1389] In Betracht

1388 A.A. *Monopolkommission,* XXII. Hauptgutachten 2018, Rz. 264 ff., die eine Haftung unter anderem wegen des fehlenden Gewinninteresses der Algorithmenanbieter bezüglich des Kartells für „problematisch" halten.

1389 *Franck in* Immenga/Mestmäcker WettbR, Vor §§ 33-34a GWB, Rn. 12; *Säcker/Steffens in* MüKoWettbR, Art. 101 Abs. 1 AEUV, Rn. 823.

kommen als Anspruchsteller unmittelbare und mittelbare Abnehmer, insbesondere auch Endverbraucher sowie alle sonstigen Marktteilnehmer, die mögliche Schäden erlitten haben.[1390] Anspruchsgrundlage im deutschen Recht ist § 33a Abs. 1 GWB, der auf § 33 Abs. 1 GWB Bezug nimmt. Demnach können Geschädigte eines Verstoßes gegen Art. 101 Abs. 1 AEUV bzw. § 1 GWB Schadenersatz von einem am Kartell beteiligten bzw. wie aufgezeigt auch von einem für das Kartell verantwortlichen dritten Unternehmen verlangen, falls dieses vorsätzlich oder fahrlässig gegen das Verbot von wettbewerbsbeschränkenden Verhaltensweisen verstoßen hat. Die Voraussetzung des fahrlässigen Verstoßes dürfte wie aufgezeigt bereits aufgrund der Kenntnis des Einsatzes von selbstlernender, nicht interpretierbarer Software häufig bejaht werden, solange keine expliziten technischen Maßnahmen getroffen wurden, um einen wettbewerbswidrigen Datenaustausch und damit eine wettbewerbswidrige Preissetzung aktiv und dauerhaft zu verhindern. Kommt es trotz solcher Maßnahmen zu einem Verstoß gegen § 1 GWB bzw. Art. 101 Abs. 1 AEUV wird man dennoch davon ausgehen müssen, dass die entsprechenden technischen und organisatorischen Compliance Maßnahmen nicht ausreichend waren, sodass dem jeweiligen Anbieter auch diesbezüglich ein Organisationsverschulden im Sinne einer Fahrlässigkeit angelastet werden kann. Ein Verschulden wird also nur in Ausnahmefällen zu verneinen sein, beispielsweise wenn es durch unbemerkte Angriffe auf die Software von außen zu Veränderungen und darauf basierenden wettbewerbswidrigen Preissetzungen kommt.

Problematischer scheint die Ermittlung der Höhe des Schadens, den Algorithmenanbieter gegenüber am Kartell beteiligten Unternehmen bzw. gegenüber Kartellgeschädigten verursacht haben sowie die Haftungsbeiträge der Kartellverantwortlichen im Innenverhältnis. Beides soll im Folgenden separat für die Haftung gegenüber Kartellgeschädigten sowie die Haftung im Innenverhältnis untersucht werden.

aaa) Haftung im Außenverhältnis gegenüber Kartellgeschädigten

Zu betrachten ist zunächst die Außenhaftung der Algorithmenanbieter gegenüber Kartellgeschädigten. Anspruchsberechtigt ist grundsätzlich jeder, der gem. § 33 Abs. 3 GWB als Mitbewerber oder sonstiger Marktbeteiligter durch

1390 *Franck in* Immenga/Mestmäcker WettbR, § 33a GWB, Rn. 18 ff; *Kersting in* LMRKM, § 33a GWB, Rn. 14 ff; *Lübbig in* MüKoWettbR, § 33a GWB, Rn. 24 ff.

den Wettbewerbsverstoß beeinträchtigt ist.[1391] Gemäß § 33a Abs. 2 S. 1 GWB wird dabei in Umsetzung von Art. 17 Abs. 2 KartSERL[1392] widerleglich vermutet, dass Kartelle einen Schaden verursachen.[1393] Nicht umfasst von der Vermutung ist jedoch eine konkrete Schadenshöhe.[1394] Durch die Ausrichtung des Tatbestandes des Art. 101 Abs. 1 AEUV bzw. § 1 GWB auf Absprachen zwischen Wettbewerbern liegt es nahe, dass weder der Richtliniengeber noch der deutsche Gesetzgeber bei Schaffung der entsprechenden Normen berücksichtigt hat, dass es zur Haftung von Kartellverantwortlichen kommen kann, die nicht auf dem jeweiligen vom Kartell betroffenen Markt tätig sind.[1395] Ungeachtet dessen ist die Haftung von Algorithmenanbietern für Kartellverstöße durch die gesamtschuldnerische Haftung der Kartellbeteiligten gem. § 33d Abs. 1 GWB i.V.m. §§ 830, 840 Abs. 1 BGB im Außenverhältnis unproblematisch gegeben. Für eine Differenzierung der Tatbeiträge der einzelnen Kartellverantwortlichen im Verhältnis zu Kartellgeschädigten besteht daher kein Raum.[1396] Weder kann es im Außenverhältnis zu einer überwiegenden Verantwortlichkeit der Algorithmenanbieter kommen, noch können sich diese mit dem Argument exkulpieren, keinen Gewinn durch die Wettbewerbsbeschränkung erlangt zu haben.[1397] § 33a Abs. 3 GWB ist ausdrücklich als Kann-Vorschrift formuliert, sodass der anteilige Gewinn nicht das entscheidende Kriterium für die Höhe des Schadens nach §§ 33a Abs. 1 BGB sein muss und bei nicht auf dem Markt des Kartells tätigen Algorithmenanbietern auch nicht sein kann.[1398] Der Algorithmenanbieter haftet im Falle eines durch das Kartell entstandenen Schadens

1391 *Doetsch*, Die Haftung Dritter bei Erzeugung von kollusiven Marktergebnissen im europäischen Kartellrecht, S. 140; *Schwarzkopf*, Externe Kartellunterstützer im Europäischen Kartellrecht, S. 225.

1392 Richtlinie 2014/104/EU vom 26. November 2014 über bestimmte Vorschriften für Schadensersatzklagen nach nationalem Recht wegen Zuwiderhandlungen gegen wettbewerbsrechtliche Bestimmungen der Mitgliedstaaten und der Europäischen Union.

1393 *Franck in* Immenga/Mestmäcker WettbR, § 33a GWB, Rn. 73; *Kersting in* LMRKM, § 33a GWB, Rn. 58; *Lübbig in* MüKoWettbR, § 33a GWB, Rn. 32.

1394 *Bechtold/Bosch in* Bechtold/Bosch, § 33a GWB, Rn. 10; *Franck in* Immenga/Mestmäcker WettbR, § 33a GWB, Rn. 73; *Lübbig in* MüKoWettbR, § 33a GWB, Rn. 37; Begründungserwägung (47) S. 1 KartSERL.

1395 *Schwarzkopf*, Externe Kartellunterstützer im Europäischen Kartellrecht, S. 225.

1396 *C. Krüger*, WuW 2012, 6, 6; *Rust*, NZKart 2015, 502, 506.

1397 *Schwarzkopf*, Externe Kartellunterstützer im Europäischen Kartellrecht, S. 226.

1398 Vgl. zur Höhe von Bußgeldern *EuGH*, Urt. v. 22.10.2015 – Rs. C-194/14 P, ECLI:EU:C:2015:717, Rn. 66, der zum Ausdruck bringt, dass in der Konstellation

für diesen daher im Außenverhältnis vollständig gesamtschuldnerisch, ohne dass es auf die Umstände des Einzelfalls und die jeweiligen Verursachungsbeiträge im Innenverhältnis ankommt.

bbb) Haftung im Innenverhältnis im Rahmen eines Gesamtschuldnerausgleiches

Diskutabler scheint die Frage, inwiefern der Algorithmenanbieter ggf. im Innenverhältnis im Wege eines Gesamtschulderausgleichs überwiegend haftet, wenn er durch seine Preissetzungssoftware ein Kartell begründet hat. Ausgangspunkt für derartige Überlegungen ist § 33d Abs. 2 S. 1 GWB, der das Verhältnis des Innenregresses von den Umständen des Einzelfalls und insbesondere davon abhängig macht, in welchem Maß die einzelnen Kartellbeteiligten den Schaden verursacht haben.[1399] Nach dem Willen des deutschen Gesetzgebers soll es beim Innenregress im Regelfall abgestuft in erster Linie auf den Verursachungsbeitrag und in zweiter Linie auf den Grad des Verschuldens ankommen.[1400] Mögliche Marktanteile der Verantwortlichen sowie Umsätze und Mehrerlöse können nur subsidiär weitere Merkmale zur Bestimmung der Haftungsanteile sein.[1401] Grundsätzlich kann es sowohl zu einer Quotelung als auch zu einer Alleinbelastung eines überwiegend Verantwortlichen kommen.[1402]

Im Zusammenhang mit der Verteilung der Haftungsanteile bei der Kartellbildung durch eine von einem dritten Anbieter zur Verfügung gestellten Preissetzungssoftware stellt sich die Frage, inwiefern eine Alleinhaftung oder überwiegende Haftung des Algorithmenanbieters zweckmäßig ist. Wie festgestellt ist der Algorithmenanbieter in der hier diskutierten Konstellation als Dritter regelmäßig durch Bereitstellung der Software für mehrere Anbieter

---

der Beteiligung von Dritten der Gewinn der Dritten kein taugliches Kriterium sein kann um das Gewicht des Kartellverstoßes zu beurteilen. Selbiges dürfte analog für die Höhe des Schadenersatzes im Außenverhältnis gelten. Es ist nicht ersichtlich warum Dritte gegenüber Kartellgeschädigten nur aufgrund keiner unmittelbaren Beteiligung am kartellbedingten Gewinn privilegiert sein sollten, zumal wenn sie selbst das Kartell durch ihre Tätigkeit erst begründet haben.

1399 § 33d Abs. 2 S. 1 GWB geht auf die Umsetzung von Art. 11 Abs. 5 KartSERL zurück, sodass die Ausführungen zum deutschen Recht je nach Umsetzung mit Abstrichen auch auf andere europäische Mitgliedsstaaten übertragbar sind.

1400 *Regierungsbegründung zur 9. GWB-Novelle,* BT-Drs. 18/10207, S. 58.

1401 *Regierungsbegründung zur 9. GWB-Novelle,* BT-Drs. 18/10207, S. 58.

1402 *Regierungsbegründung zur 9. GWB-Novelle,* BT-Drs. 18/10207, S. 58 mit Verweis auf *BGH,* Urt. v 10.07.2014 – III ZR 441/13, = NJW 2014, 2730, 2732, Rn. 21.

bzw. dem Austausch von Daten zwischen Wettbewerbern durch die Algorithmen im Wesentlichen dafür verantwortlich, dass das Kartell überhaupt entsteht. Während den Unternehmen selbst durch die regelmäßig mangelnde Sachkunde nur der Einsatz selbstständiger, nicht interpretierbarer Algorithmen vorgeworfen werden kann, der für sich genommen bereits eine kartellrechtliche Verantwortlichkeit rechtfertigt[1403], ist der Algorithmenanbieter als Entwickler und Vertreiber der Software hingegen näher an der Ursache der Kartellentstehung anzusiedeln und daher auch regelmäßig im Verhältnis zu den Unternehmen als überwiegend Verantwortlicher für kartellbedingte Schäden anzusehen.[1404] Sowohl die Verantwortlichkeit des Schadens als primär genannter Anknüpfungspunkt als auch der Grad des Verschuldens sprechen für eine überwiegende Verantwortlichkeit des Sofwareanbieters. Nur dieser hat durch regelmäßige Kontrollen und Tests der selbstlernenden, nicht interpretierbaren Preissetzungssoftware die Möglichkeit, dessen Funktionsweise und Kartellrechtskonformität sicherzustellen. Das verwendende Unternehmen verlässt sich in aller Regel auf eine wettbewerbskonforme Funktionsweise, wenngleich bei einem Einsatz von selbstlernender Software auch das Unternehmen allein durch die potenziellen wettbewerbsrechtlichen Gefahren der Algorithmen besondere Veranlassung haben muss, im Rahmen der zur Verfügung stehenden Möglichkeiten die jeweilige Preissetzung und den Datenaustausch zu überprüfen. Insofern liegt es unter Zugrundelegung der vom Gesetzgeber vorgegebenen Haftungsmaßstäbe nahe, regelmäßig von einer mindestens überwiegenden Haftung der Algorithmenanbieter bis hin zu einer Alleinhaftung im Einzelfall auszugehen, da die Kausalität für die Entstehung des Kartells unmittelbar in der algorithmischen Preissetzung liegt, die im Falle eines externen Algorithmenanbieters überwiegend in dessen Verantwortungsbereich fällt. Das verwendende Unternehmen hat in aller Regel nur begrenzten Zugriff auf die Funktionsweise des Algorithmus des Anbieters, sodass dieser auch im Verhältnis gegenüber dem Unternehmen überwiegend bis alleinverantwortlich ist für die Wettbewerbskonformität der Software. Die Gesetzesmaterialien der 9. GWB Novelle verweisen zudem ausdrücklich auf § 254 Abs. 1 S. 1 BGB, sodass auch diesbezügliche zivilrechtliche Haftungsmaßstäbe herangezogen werden

---

1403 Siehe dazu D) III. 2) a) dd).

1404 A.A. wohl *Andreas,* Die Haftung für Kartellverstöße durch Preisalgorithmen, S. 189, 199, der auch die technische Verantwortlichkeit in erster Linie bei den verwendenden Unternehmen sieht.

können.[1405] Demgemäß spielt insbesondere auch das Verhältnis zwischen den Kartellverantwortlichen eine Rolle. In der vorliegenden Konstellation dürfte regelmäßig ein Vertrag zur Bereitstellung und Wartung der Preissetzungssoftware zwischen dem Verwender und Anbieter bestehen. Innerhalb dieses Vertragsverhältnisses spielt auch der Vertrauensgrundsatz eine besondere Rolle, wonach sich das verwendende Unternehmen grundsätzlich darauf verlassen kann, dass der Algorithmenanbieter als Vertragspartner über die notwendigen Fähigkeiten und Kenntnisse verfügt, um seine vertraglichen Pflichten ordnungsgemäß zu erfüllen.[1406] Ohne konkrete Anhaltspunkte ist ein Vertragspartner daher auch nicht verpflichtet, die Kompetenz eines Vertragspartners zu überprüfen[1407], wobei in der vorliegenden Konstellation bereits fraglich wäre, inwiefern das dem verwendenden Unternehmen überhaupt technisch und organisatorisch möglich wäre. Als vertragliche Nebenpflicht besteht bei einem Vertrag zur Bereitstellung von Preissetzungsalgorithmen die Pflicht, nur solche Algorithmen zur Verfügung zu stellen, die den gültigen gesetzlichen Anforderungen entsprechen und insbesondere keine wettbewerbswidrigen Preissetzungen vornehmen. Andernfalls ist die Software mangelhaft.[1408] Die Software wird in aller Regel im Rahmen von Software as a Service – Verträgen bereitgestellt, wodurch für die Software während der Vertragslaufzeit die mietrechtliche Mängelgewährleistung gilt.[1409] Dementsprechend ist es auch im Hinblick auf die vertragliche Beziehung zwischen den beiden Parteien unabhängig von ggf. bestehenden Schadenersatzansprüchen des Verwenders gegenüber dem Anbieter billig und konsequent, die überwiegende bis alleinige Verantwortung für einen algorithmischen Wettbewerbsverstoß im Innenverhältnis beim Algorithmenanbieter zu verorten. Ob sich das verwendende Unternehmen tatsächlich vollständig durch eine Alleinhaftung des Algorithmenanbieters gegenüber privaten Kartellgeschädigten schadlos halten kann, hängt dabei vor allem von dem Einfluss des Unternehmens auf die algorithmische Preissetzung sowie den Input des Algorithmus ab. Bestimmt das Unternehmen Parameter der algorithmischen Berechnung selbst, so scheidet eine Alleinhaftung des Entwicklers aus. Ist die Preissetzung vollständig ausgelagert und automatisiert, ohne dass

1405 *Regierungsbegründung zur 9. GWB-Novelle,* BT-Drs. 18/10207, S. 58.

1406 *Looschelders in* BeckOGK, § 254 BGB, Rn. 193.

1407 *BGH,* Urt. v. 12.01.1993 – X ZR 87/91, = NJW 1993, 1191, 1192.

1408 Vgl. ausführlich zu Rechtsmängeln bei Softwarelieferungen *Bartsch,* CR 2005, 1, 1 ff.

1409 *BGH,* Urt. v. 15.11.2006 – XII ZR 120/04, = MMR 2007, 243, S. 244; *Heydn,* MMR 2020, 435, 439.

das verwendende Unternehmen wesentlichen Einfluss auf die Preissetzungsberechnungen hätte, so kann im Einzelfall auch eine Alleinhaftung des Algorithmenanbieters im Innenverhältnis in Betracht kommen.

ccc) Zwischenergebnis

Wie aufgezeigt haftet ein Algorithmenanbieter von selbstlernenden, nicht interpretierbaren Preissetzungsalgorithmen in der Regel auch im Wege schadenersatzrechtlicher Ansprüche von Kartellgeschädigten für Wettbewerbsverstöße der eigenen Software. Zum einen haftet dieser schadenersatzrechtlich im Außenverhältnis gegenüber den Kartellgeschädigten unbeschränkt als Gesamtschuldner gemäß § 33d Abs. 1 GWB i.V.m. §§ 830, 840 Abs. 1 BGB. Zum anderen dürfte es beim kartellrechtlichen Gesamtschuldnerausgleich im Innenverhältnis häufig zu einer überwiegenden oder gar alleinigen Verantwortung des Softwareanbieters kommen, da dieser deutlich mehr Einfluss- und Kontrollmöglichkeiten hinsichtlich der eingesetzten Software hat als die verwendenden Unternehmen. Anbieter von selbstlernender, nicht interpretierbarer Preissetzungssoftware sind damit nicht nur dem Risiko empfindlicher Kartellbußgelder ausgesetzt. Vielmehr besteht auch die Gefahr der privatrechtlichen Haftung für softwarebedingte Kartellschäden gegenüber Dritten und anderen Kartellbeteiligten.

c) Schaffung einer elektronischen Person für Preissetzungsalgorithmen

Neben der dargestellten Haftung der verwendenden Unternehmen und der Algorithmenanbieter wird in der Literatur bei Haftungsfragen in anderen Rechtsgebieten zusätzlich die künftige Einführung einer E-Person diskutiert.[1410] Als Argument für eine solche Konstruktion wird insbesondere angeführt, dass der Einsatz von autonomer Software und Robotern in vielen Bereichen zu Haftungslücken führen könnte, die eine eigene Identität inklusive eigener Haftungsmasse des jeweiligen Systems nötig machen könnte.[1411] Speziell für die Haftung von Robotern wurde dies ursprünglich auch vom europäischen Parlament in Betracht gezogen[1412], wobei dieses inzwischen wieder davon abgerückt

---

1410 Zum Meinungsstand statt vieler *Martini,* Blackbox Algorithmus, S. 290 f.

1411 *Teubner,* AcP 2018, 155, 155 ff.

1412 *EU Parlament,* Entschließung des Europäischen Parlaments v. 16.2.2017 mit Empfehlungen an die Kommission zu zivilrechtlichen Regelungen im Bereich Robotik, Nr. 59 lit. f.

zu sein scheint.[1413] Neben der rechtsphilosophischen Frage, ob Algorithmen überhaupt die Eigenschaften einer Rechtspersönlichkeit haben können[1414], stellt sich im Zusammenhang mit Preissetzungsalgorithmen zudem die Frage des Mehrwertes einer solchen Lösung. Als Argument für eine eigene Rechtpersönlichkeit und Haftungsmasse einer E-Person wird angeführt, dass dies auf dem Gebiet der Forschung und Entwicklung künstlicher Intelligenz erhebliche Anreizwirkungen zur Folge hätte, indem es zu einer Art Risikopooling kommen würde und die potenziellen wirtschaftlichen Gefahren von derartigen Systemen externalisiert und letztlich vergemeinschaftet würden.[1415] Vergleicht man dieses potenzielle Ergebnis mit den Zielsetzungen des Kartellrechts im Allgemeinen und des Verbots wettbewerbsbeschränkender Verhaltensweisen gem. Art. 101 Abs. 1 AEUV bzw. § 1 GWB im Speziellen so wird schnell deutlich, dass die Schaffung einer E-Person und die damit verbundene Kollektivierung von möglichen Wettbewerbsverstößen und -schäden kein gangbarer Weg sein kann. Zentraler Anknüpfungspunkt im Kartellrecht ist die Verantwortlichkeit für Wettbewerbsverstöße und die Sanktionierung der jeweils Verantwortlichen. Durch die Kollektivierung der Schäden in Form einer Fonds- oder Versicherungslösung als Haftungsmasse für eine selbstlernende Preissetzungssoftware als eigenständiges Rechtssubjekt würden diese zentralen Prinzipien ausgehebelt. Die Entwickler von wettbewerbskonformer Preissetzungssoftware würden die Wettbewerbsverstöße der wettbewerbsschädlichen Software von Mitbewerbern gewissermaßen querfinanzieren.[1416] Ähnlich wie in Teilen des Zivilrechts, beispielsweise bei der Auslegung von elektronischen und automatisierten Willenserklärungen[1417], wird man Erklärungen und Handlungen auch von intelligenten selbstlernenden Preissetzungsalgorithmen vielmehr den dahinterstehenden natürlichen und juristischen Personen zuordnen müssen, um eine hinreichende Verantwortlichkeit für Wettbewerbsverstöße

---

1413 *EU Parlament,* Entschließung des Europäischen Parlaments v. 20.10.2020 mit Empfehlungen an die Kommission für eine Regelung der zivilrechtlichen Haftung beim Einsatz künstlicher Intelligenz, Nr. 7.

1414 Vgl. eingehend dazu *Erhardt/Mona*, in: *Gleß/Seelmann* (Hrsg.), Rechtsperson Roboter, S. 83 ff.

1415 *Scheufen,* Witschaftsdienst 2019, 411, 413.

1416 So im Ergebnis auch *Andreas,* Die Haftung für Kartellverstöße durch Preisalgorithmen, S. 162.

1417 *BGH,* Urt. v. 16.10.2012 – X ZR 37/12, = NJW 2013, 598, 598, Rn. 17; *Bräutigam/Klindt,* NJW 2015, 1137, 1137 f; *Singer in* Staudinger, Vorbem. §§ 116 ff. BGB, Rn. 57.

sicherstellen zu können. Gleichzeitig entsteht dadurch ein Anreiz für mögliche Kronzeugen, auch bei digitalen Kartellen zur Aufklärung und Entdeckung beizutragen. Die E-Person für Preissetzungsalgorithmen ist für die Zuordnung individueller Verantwortlichkeit daher eher kontraproduktiv und läuft dem System der Verantwortlichkeit im Kartellrecht zuwider.

3) Ergebnis

Im Vergleich zu nicht selbstlernenden Preissetzungsalgorithmen ist die Frage der Verantwortlichkeit und haftungsrechtlichen Zuordnung bei selbstlernenden, nicht interpretierbaren Preissetzungsalgorithmen komplexer. Bei den verwendenden Unternehmen kann eine haftungsrechtliche Zurechnung *de lege lata* nicht im Wege einer Rechtsfortbildung vorgenommen werden. Dem entgegen steht der Wesentlichkeitsvorbehalt und das im aktuellen Kartellrecht zentral verankerte Verschuldensprinzip als Anknüpfung für kartellverwaltungsrechtliche Sanktionen sowie für zivilrechtliche Ansprüche Dritter.

Zur Behebung von Beweisproblemen hinsichtlich Kenntnis und Verantwortlichkeit für bestimmte Wettbewerbsverstöße durch selbstlernende Software ist *de lege ferenda* eine Gefährdungshaftung für algorithmische Preissetzung zu schaffen. Anknüpfungspunkt hierfür kann nur ein bestimmtes Preisniveau auf einem bestimmten Markt sein, das im Zeitpunkt vor und nach Einführung von Preissetzungsalgorithmen verglichen werden kann oder aber anhand bereits beim Preishöhenmissbrauch etablierter Verfahren als wettbewerbswidrig eingestuft werden kann. Ist ein wesentlicher Anstieg der Preise zum Zeitpunkt nach Einführung von Preissetzungsalgorithmen von mehreren Wettbewerbern zu beobachten, so erscheint es gerechtfertigt, im Rahmen einer Beweislastumkehr die verwendenden Unternehmen und ihre Dienstleister zu verpflichten, den Beweis zu erbringen, dass keine wettbewerbswidrige Abstimmung der verschiedenen Preissetzungssysteme stattgefunden hat. Dabei macht es für die Haftung des verwendenden Unternehmens in der Regel keinen Unterschied, ob es einen Algorithmen selbst entwirft und nutzt oder aber auf Preissetzungssysteme Dritter zurückgreift. Die Wettbewerbsbehörden haben bereits *de lege lata* die Möglichkeit, bei entsprechenden Verdachtsmomenten Algorithmen und andere Geschäftsgeheimnisse von Unternehmen einzusehen und zu untersuchen. Algorithmenanbieter können zudem neben den verwendenden Unternehmen unter bestimmten Voraussetzungen ebenfalls für mögliche Wettbewerbsverstöße durch den Einsatz der Algorithmen verantwortlich sein. Insbesondere dann, wenn der Anbieter die Preissetzungssoftware regelmäßig wartet und dauerhaft betreut, beispielsweise im Rahmen sog. Software-as-a-Service (SaaS)-Verträge dürfte die Verantwortlichkeit des Dritten nicht nur gegeben sein, sondern im Innenverhältnis gegenüber dem verwendenden Unternehmen sogar regelmäßig überwiegen.

Eine elektronische Person für Preissetzungsalgorithmen scheint in den bisher diskutierten Ausführungen kontraproduktiv für die Durchsetzung des Kartellrechts. Mögliche Wettbewerbsverstöße und die entsprechenden Schäden und Sanktionen würden kollektiviert, wodurch eine Aufweichung des bislang verankerten Verschuldensprinzips gegeben wäre. Demgegenüber vorzugswürdig erscheint die Schaffung einer Gefährdungshaftung für besonders wettbewerbsriskante, nicht interpretierbare Preissetzungsalgorithmen, die die Legalität des Einsatzes vor allem von den konkreten ökonomischen Folgen auf dem jeweiligen Markt abhängig macht.

Zusammenfassung und Ausblick

1. Der Einsatz von Algorithmen führt gemeinsam mit der Digitalisierung zu erheblichen Veränderungen in nahezu allen Bereichen des Wirtschaftslebens. Algorithmen dienen der Kommunikation und Datensammlung und sollen menschliche Entscheider unterstützen und zum Teil ersetzen. Davon betroffen ist im Besonderen die Preissetzung, wodurch in verschiedenen Konstellationen horizontale Preiskollusionen zwischen Wettbewerbern begünstigt werden können.
2. Preissetzungsalgorithmen sind als eine klar definierte, in ein Computerprogramm implementierte Rechenvorschrift, die aus einem bestimmten Dateninput einen bestimmten Preisvorschlag oder eine konkrete Preisfestsetzung erzeugt, zu definieren.[1418] Dabei gibt es verschiedene Arten von Preissetzungsalgorithmen, die entsprechend ihrer jeweiligen Zielsetzung, der Fähigkeit zum selbstständigen Lernen sowie der menschlichen Interpretierbarkeit unterschieden werden können.[1419] Diese Unterscheidung ist in jedem Einzelfall im Hinblick auf die rechtliche Bewertung des jeweiligen Algorithmus notwendig. Bereits heute werden Preissetzungsalgorithmen mit unterschiedlicher Funktionsweise und Zielsetzung in verschiedenen Branchen und Märkten eingesetzt.[1420]
3. Preissetzungsalgorithmen stützen ihre Berechnungen auf ökonomische Preissetzungsmodelle, in denen Wettbewerberpreise und andere für die Preissetzung relevante Daten berücksichtigt werden.[1421] Der Einsatz von Preissetzungsalgorithmen bringt für die Verwender verschiedene Vorteile mit sich. Neben der Professionalisierung der Preissetzung durch die Berücksichtigung von zahlreichen preissetzungsrelevanten Daten in Echtzeit ist auch eine Ressourcenoptimierung durch bestimmte Markdown-Algorithmen möglich.[1422] Zudem kann es durch algorithmische Preisindividualisierungen zu einer besseren Markträumung kommen, was auch im Hinblick auf die Gesamtwohlfahrt positive Auswirkungen haben kann.[1423] Demgegenüber stehen jedoch erheblich ökonomische Risiken, die der Einsatz von

1418 Siehe A) II. 7).
1419 Siehe A) III.
1420 Siehe A) IV.
1421 Siehe B) II. 1).
1422 Siehe A) III. 1) c) sowie B) II. 1).
1423 Siehe A) III. 1) d) aa) sowie B) II. 1).

Preissetzungsalgorithmen zur Folge haben kann. Insbesondere besteht aus Sicht der Verwender die Gefahr der mangelnden Akzeptanz der Kundschaft durch die wenig transparenten und häufig wechselnden Preise.[1424] Zudem ergeben sich in verschiedenen Konstellationen wettbewerbsökonomische und kartellrechtliche Probleme, die in die ökonomische Betrachtung von Preissetzungssoftware einfließen müssen. So führt der Einsatz von Repricing Algorithmen bereits heute zu gleichlaufenden Preisen auf bestimmten Online-Märkten, sodass diesbezüglich oligopolistische Ergebnisse wie Preisstarrheit und ein eingeschränkter Preiswettbewerb auf eigentlich polypolistischen Märkten entstehen können.[1425]

4. Bestimmte Marktbedingungen fördern die Wahrscheinlichkeit des Entstehens von wettbewerbswidrigen Preiskollusionen. Oligopolistische Märkte mit hoher Transparenz und homogenen Gütern, hohen Markteintrittsbarrieren sowie hinsichtlich Produktionskapazitäten und Kosten ähnlichen Anbietern sind besonders anfällig für eine algorithmenbedingte antikompetitive Preiskoordination.[1426] Preissetzungsalgorithmen sind zudem anfälliger für wettbewerbswidrige Preissetzungen, wenn sie sich besonders stark an der Preissetzung von Wettbewerbern orientieren.[1427]
5. Hinsichtlich möglicher Wettbewerbsverstöße im Zusammenhang mit dem Einsatz von Preissetzungsalgorithmen sind vier grobe Kategorien zu unterscheiden. In der ersten Kategorie findet die wettbewerbswidrige Preiskoordination ohne die direkte Beteiligung von Algorithmen statt, sondern wird bereits im Vorfeld durch menschliches Handeln initiiert.[1428] Algorithmen werden im Folgenden nur eingesetzt, um die analogen Wettbewerbswidrigkeiten zu überwachen. Diese Konstellation ist kartellrechtlich unproblematisch, indem hinsichtlich des Tatbestands des § 1 GWB bzw. Art. 101 Abs. 1 AEUV unmittelbar an der menschlichen Verhaltensweise angeknüpft werden kann, um eine mögliche Kartellrechtswidrigkeit zu beurteilen.[1429]
6. Der derzeitig häufigste Einsatz von Preissetzungsalgorithmen ist auf großen Online-Händler-Plattformen, namentlich vor allem dem Amazon-Marketplace, zu beobachten.[1430] Hierbei stellen sowohl Amazon selbst

1424 Siehe B) II. 2).
1425 Siehe B) II. 2) sowie C) III. 2).
1426 Siehe B) III.
1427 Siehe B) IV.
1428 Siehe C) III. 1).
1429 Siehe C) III. 1) d).
1430 Siehe C) III. 2).

als auch Drittanbieter Preissetzungssoftware in Form von Repricing-Algorithmen zur Verfügung.[1431] Der flächendeckende Einsatz dieser Algorithmen führt dazu, dass sich die Preise aller Anbieter ausschließlich in einem bestimmten Korridor bewegen und sowohl Preissteigerungen als auch Preissenkungen von allen beteiligten Anbietern gleichzeitig umgesetzt werden.[1432] Dies führt zur Gefahr einer Preisstarrheit und im schlimmsten Fall zu antikompetitiv hohen Preisen, da sich insbesondere Preissenkungen spieltheoretisch nicht lohnen.[1433] Nach geltendem Recht sind derartige Systeme legal und wettbewerbsrechtlich als zulässiges Parallelverhalten in einem wettbewerblichen Markt nicht zu beanstanden.[1434] Künftig sollte über eine stärkere Regulierung im Rahmen des Digital Markets Act beispielsweise durch eine Höchstzahl von täglichen Preisänderungen auf derartigen Gatekeeper-Plattformen nachgedacht werden.[1435] Hierzu ist weitere Forschung zu den konkreten ökonomischen Auswirkungen nötig.

7. Rechtlich differenziert zu beurteilen ist die dritte Kategorie, die sich wiederum in zwei Unterkategorien klassifizieren lässt. So kann es zu Preiskoordinationen kommen, wenn mehrere Wettbewerber einen identischen oder ähnlichen Algorithmus zur Preissetzung verwenden.[1436]
8. Der erste Unterfall betrifft die Preiskoordination durch die einheitliche Nutzung eines Preissetzungsalgorithmus auf einer Plattform, die gegenwärtig insbesondere bei Fahrdienstvermittlungs-Apps anzutreffen ist.[1437] Dabei kann in einem sog. Hub-and-Spoke-Szenario über den App-Anbieter als Preissetzer zwischen den verwendenden, anbietenden Unternehmen eine wettbewerbswidrige horizontale Preiskollusion stattfinden.[1438] Eine solche betrifft derzeit vor allem Plattformen zur Vermittlung von Fahrdienstleistungen.[1439] Diese Preiskoordinationen sind auch nicht ohne Weiteres durch Effizienzvorteile im Wege einer Einzelfreistellung zu rechtfertigen. Hier bedarf es einer ausführlichen Einzelfallprüfung durch die Wettbewerbsbehörden, wobei nicht vorschnell jede mit der Digitalisierung einhergehende

1431 Siehe B) IV 1) sowie C) III. 2).
1432 Siehe B) IV 1) sowie C) III. 2).
1433 Siehe C) III. 2).
1434 Siehe C) III. 2).
1435 Siehe C) III. 2) d).
1436 Siehe C) III. 3).
1437 Siehe C) III. 3) a).
1438 Siehe C) III. 3) a).
1439 Siehe C) III. 3) a) dd), ff) und gg).

Modernisierung zur Rechtfertigung für Wettbewerbseinschränkungen herangezogen werden darf, sondern insbesondere Alternativen zu strengen Einheitspreisen zu prüfen sind.[1440] Gerade das Tatbestandsmerkmal der Unerlässlichkeit im Rahmen des Art. 101 Abs. 3 AEUV bzw. § 2 GWB sollte bei Kernbeschränkungen auf digitalen Märkten stärker in den Mittelpunkt gestellt werden. Auch digitalbedingte Effizienzvorteile dürfen nur im Einzelfall und nicht zu niedrigschwellig zu Freistellungen von Preiskoordinationen führen.[1441] Hinsichtlich der Fahrdienstvermittlungsplattformen bedeutet dies, dass eine einheitliche Preissetzung aller Anbieter auf einer Plattform nicht unerlässlich ist, um die Effizienzvorteile sicherzustellen.[1442] Denkbar sind insbesondere Wahlmöglichkeiten der Kunden zwischen dem schnellsten Anbieter, dem günstigsten Anbieter und anderen Anbietern unter Berücksichtigung weiterer Kriterien wie beispielsweise der Umweltverträglichkeit eines Fahrzeugs oder Bewertungen des Fahrers.[1443] Auch ein Bieterverfahren zwischen den Fahrern untereinander scheint unter Umständen denkbar, ohne dass die wesentlichen Effizienzvorteile des Geschäftsmodells der Plattformen verloren gehen.[1444] Noch vorzugswürdiger erscheint die Möglichkeit der Fahrer, den vom Preissetzungsalgorithmus vorgeschlagenen Preis stufenweise[1445] oder vollkommen frei über- bzw. unterbieten zu können. Dies kommt einem freien Preiswettbewerb am nächsten und wird beispielsweise in der Schweiz bereits so praktiziert.[1446]

9. Bei der zweiten Unterkategorie findet die Koordination außerhalb einer Plattform über einen einheitlichen Anbieter von Preissetzungsalgorithmen statt. Dabei kommt es nicht zu einer Bildung von strengen Einheitspreisen wie im Falle der Plattformen, allerdings werden auch in diesen Fällen preissetzungsrelevante Daten zwischen mehreren Wettbewerbern über eine zentrale Stelle ausgetauscht.[1447] Durch die Preissetzung mehrerer Wettbewerber unter Nutzung eines Datenpools ist bezüglich der Wettbewerbskonformität auf den Datenaustausch zwischen den beteiligten

1440 Siehe C) III. 3) a) hh) eee) β).
1441 Siehe C) III. 3) a) hh) eee) β) εε).
1442 Siehe C) III. 3) a) hh) eee) β).
1443 Siehe C) III. 3) a) hh) eee) β) γγ).
1444 Siehe C) III. 3) a) hh) eee) β) αα).
1445 Siehe C) III. 3) a) hh) eee) β) ββ).
1446 Siehe C) III. 3) a) hh) eee) β) δδ).
1447 Siehe C) III. 3) b).

Unternehmen abzustellen.[1448] Dabei lassen sich die bestehenden Kriterien der EuGH-Rechtsprechung[1449] heranziehen, die unter anderem auf die Qualität und den Umfang der Daten, den Übermittlungszeitpunkt, die Häufigkeit und Öffentlichkeit des Datenaustauschs sowie die jeweiligen Marktstrukturen abstellen.[1450] Relevant sind zudem subjektive Kriterien. Eine wettbewerbswidrige Verhaltensweise setzt voraussetzt, dass den beteiligten Unternehmen bewusst war, dass die eigene Preissetzung auf einem Informationsaustausch mit Wettbewerbern basiert.[1451] Ob dies zu bejahen ist, hängt maßgeblich von den Umständen des Einzelfalls sowie insbesondere von der Beschaffenheit des eingesetzten Preissetzungsalgorithmus ab.[1452] Zwar ist bei den verwendenden Unternehmen die fahrlässige Unkenntnis einer Preiskoordination über eigene Algorithmen nicht ausreichend für eine wettbewerbswidrige Verhaltensweise i.S.d. Art. 101 Abs. 1 AEUV bzw. § 1 GWB.[1453] Allerdings kann den Unternehmen die Kenntnis von dritten Algorithmenanbietern zugerechnet werden, sofern diese mögliche Wettbewerbsverstöße hätten vorhersehen können.[1454] Im Falle des Einsatzes selbstlernender und nicht interpretierbarer Preissetzungsalgorithmen ist dies im Hinblick auf deren abstrakte Kollusionsgefahr die Regel.[1455]

10. Eine vierte Kategorie betrifft den häufig diskutierten Fall der autonom kollusiven Preissetzung durch Algorithmen, ohne dass Menschen dabei unmittelbar beteiligt sind.[1456] Ein solches Szenario ist derzeit nicht flächendeckend zu erwarten, künftig jedoch vor allem in oligopolistischen und preistransparenten Onlinemärkten nicht auszuschließen.[1457] Zur Vermeidung derartiger wettbewerbswidriger Ergebnisse werden verschiedene Ansätze diskutiert.[1458] Zu bevorzugen ist die Schaffung einer Gefährdungshaftung für den künftigen Einsatz von selbstlernenden, nicht

1448 Siehe C) III. 3) b) bb).
1449 Siehe C) III. 3) b) bb) bbb).
1450 Siehe C) III. 3) b) bb) ccc).
1451 Siehe C) II. 2) b) bb) ccc) ε).
1452 Siehe C) II. 2) b) bb) ddd).
1453 Siehe C) II. 2) b) bb) ccc) ε).
1454 Siehe D) III. 2) a) dd).
1455 Siehe D) III. 2) a) dd).
1456 Siehe C) III. 4).
1457 Siehe B) III. und C) III. 4) a).
1458 Siehe C) III. 4) b) bb).

interpretierbaren Preissetzungsalgorithmen.[1459] Zusätzlich kann *de lege lata* die Theorie der Plus-Faktoren zur Anwendung kommen, wonach die Schwelle zur vermuteten Wettbewerbswidrigkeit jedenfalls dann erfüllt ist, wenn neben gleichlaufenden Preisen bestimmte andere Faktoren auftreten, die eine wettbewerbswidrige Abstimmung zwischen den Unternehmen bzw. deren Preissetzungsalgorithmen wahrscheinlich machen.[1460] In solchen Fällen kann es dann entsprechend der Rechtsprechung des EuGH zum Informationsaustausch bereits *de lege lata* zu einer Beweislastumkehr kommen.[1461] Aufgrund dessen, dass derartige Konstellationen aktuell vorwiegend in oligopolistischen Märkten wahrscheinlich sind, ist zudem soweit anwendbar eine Regulierung über das Missbrauchsverbot zu prüfen.[1462] Abzulehnen ist hingegen eine umfassende staatliche Ex-Ante-Regulierung von Preissetzungsalgorithmen, da eine solche nicht praktikabel umsetzbar wäre.[1463] Auch das vollständige Vertrauen auf eine Selbstreinigung des Marktes durch Algorithmic Consumer-Bewegungen erscheint nicht realistisch.[1464] Im Rahmen ihrer jeweils beschränkten Anwendbarkeit sind auch das Missbrauchsverbot und der neugeschaffene § 32 f Abs. 1, 3 GWB geeignet, auftretende tacit collusions zu regulieren.

11. Hinsichtlich der Durchsetzung von behördlichen und privatrechtlichen Maßnahmen ist zuerst zwischen nicht selbstlernenden, interpretierbaren sowie selbstlernenden, nicht interpretierbaren Algorithmen zu unterscheiden.[1465] Während bei ersteren der ausführende Mensch unmittelbar verantwortlich gemacht werden kann und ein Unternehmen sich ein solches Verschulden in der Regel zurechnen lassen muss,[1466] ist die Frage der Verantwortlichkeit bei der zweiten Gruppe komplexer. Zu unterscheiden sind bezüglich der zweiten Algorithmengruppe die unproblematische Haftung für verschuldensunabhängige Maßnahmen der Kartellbehörden[1467] sowie die komplexeren Haftungsprobleme für verschuldensabhängige Bußgelder und private Schadenersatzklagen.[1468] Außerdem ist zu unterscheiden

1459 Siehe C) III. 4) c) cc) sowie D) III. 2) a) cc).
1460 Siehe C) III. 4) c) cc).
1461 Siehe C) III. 4) c) cc).
1462 Siehe C) III. 4) b) cc) und C) III. 4) c) aa).
1463 Siehe C) III. 4) c) bb).
1464 Siehe C) III. 4) b) bb) iii).
1465 Siehe D) I.
1466 Siehe D) II.
1467 Siehe D) III. 1).
1468 Siehe D) III. 2).

zwischen den an der Preiskollusion beteiligten Unternehmen[1469] und dritten Algorithmenanbietern[1470].

12. Im Hinblick auf die Verantwortlichkeit der verwendenden Unternehmen für derartige algorithmische Preissetzungen kann auf Grundlagen der Gefährdungshaftung zurückgegriffen werden.[1471] Zur Beseitigung von Beweisproblemen dürfte mittelfristig eine Änderung des Kartellrechts notwendig werden, wonach der Einsatz selbstlernender, nicht interpretierbarer Preissetzungsalgorithmen grundsätzlich als wettbewerbsrechtliche Gefahrenquelle einzustufen ist.[1472] Ergeben sich auf Märkten, auf denen derartige Algorithmen verwendet werden, nach Einführung der Algorithmen wesentliche Änderungen des Preisniveaus, so erscheint es gerechtfertigt, eine wettbewerbswidrige Koordination zwischen den beteiligten Algorithmen und damit auch zwischen den jeweiligen Unternehmen anzunehmen.[1473] Eine vergleichbare Vermutung muss zudem gelten, wenn auf einem Markt, auf dem selbstlernende, nichtinterpretierbare Preissetzungsalgorithmen eingesetzt werden, ein wettbewerbswidriges Preisniveau festgestellt werden kann.[1474] Die Wettbewerbswidrigkeit ist dabei anhand der beim Preishöhenmissbrauch etablierten ökonomischen Verfahren zu bestimmen.[1475] Den Unternehmen verbleibt dann in beiden Fällen die Möglichkeit des Nachweises, dass die Algorithmen sich nicht wettbewerbswidrig koordiniert haben.[1476] Die Exkulpation kann zum einen durch den Nachweis gelingen, dass die Algorithmen nicht auf Wettbewerberpreise zugegriffen haben.[1477] Zum anderen muss eine Entlastung vom Vorwurf der algorithmischen Kollusion auch dann gelingen, wenn bestimmte Preisanstiege ausschließlich durch Faktoren entstanden sind, die nicht im Zusammenhang mit der algorithmischen Preissetzung stehen, indem die Preise auch im Falle manueller Preissetzung so entstanden wären.[1478] Dies betrifft beispielsweise einen Kostenanstieg durch

1469 Siehe D) III. 2) a).
1470 Siehe D) III. 2) b).
1471 Siehe D) III. 2) a) bb).
1472 Siehe D) III. 2) a) cc).
1473 Siehe D) III. 2) a) cc).
1474 Siehe D) III. 2) a) cc).
1475 Siehe D) III. 2) a) cc) aaa) δ).
1476 Siehe D) III. 2) a) cc) aaa) ζ).
1477 Siehe D) III. 2) a) cc) aaa) ζ).
1478 Siehe D) III. 2) a) cc) aaa) ζ).

höhere Rohstoff- oder Lohnpreise, den die Wettbewerbsbehörde in ihrer Prüfung zuvor noch nicht vollumfänglich berücksichtigt hat.[1479] Durch diese Beweislastumkehr werden die beteiligten Unternehmen sowie dritte Anbieter verpflichtet, bei Verdachtsfällen von kollusiver Preissetzung die Funktionsweise der eigenen Preissetzungssoftware offenzulegen, um den Behörden und Gerichten eine umfassende Prüfung zu ermöglichen.[1480] Diese Offenlegung gelingt bereits mit den *de lege lata* bestehenden Auskunftsansprüchen der Behörden.[1481] Auskunftsansprüche privater Dritter, die Schadenersatzansprüche geltend machen wollen, sind diesbezüglich im Hinblick auf die Wahrung von Geschäftsgeheimnissen zurecht wesentlich eingeschränkt.[1482] Die Schaffung einer elektronischen Person für Preissetzungsalgorithmen scheint zudem aufgrund der Kollektivierung möglicher Wettbewerbsrisiken nicht zweckmäßig.[1483]

13. Bezüglich der Verantwortlichkeit von nicht unmittelbar am Kartell beteiligten dritten Algorithmenanbietern ist festzuhalten, dass diesbezüglich die Rechtsprechung des EuGH zu AC-Treuhand II[1484] entsprechend herangezogen werden kann.[1485] Demnach haftet ein Algorithmenanbieter für Wettbewerbsverstöße durch die Algorithmen der verwendenden Unternehmen, wenn es selbst aktiv und in voller Kenntnis der Sachlage an dem Kartell beteiligt ist, es also bewusst zum Erreichen der Kartellziele beiträgt oder aber das eigene Handeln vernünftigerweise zumindest als Förderung einer wettbewerbswidrigen Verhaltensweise hätte erkennen können.[1486] Zudem bestehen kartellschadenersatzrechtliche Haftungsrisiken für die Anbieter sowohl im Außenverhältnis gegenüber geschädigten Dritten[1487] als auch im Innenverhältnis gegenüber den Kartellanten im Rahmen eines Gesamtschuldnerausgleichs.[1488] Der Haftungsanteil der Anbieter selbstlernender, nicht interpretierbarer Algorithmen dürfte im Innenverhältnis gegenüber den Kartellanten regelmäßig überwiegen.[1489]

1479 Siehe D) III. 2) a) cc) aaa) ζ).
1480 Siehe D) III. 2) a) cc) aaa) η).
1481 Siehe D) III. 2) a) cc) aaa) η) und D) III. 2) a) cc) bbb).
1482 Siehe D) III. 2) a) cc) bbb).
1483 Siehe D) III. 2) c).
1484 *EuGH*, Urt. v. 22.10.2015 – Rs. C-194/14 P, ECLI:EU:C:2015:717, Rn. 1 ff.
1485 Siehe D) III. 2) b) aa).
1486 Siehe D) III. 2) b) aa) aaa).
1487 Siehe D) III. 2) b) bb) aaa).
1488 Siehe D) III. 2) b) bb) bbb).
1489 Siehe D) III. 2) b) bb) ccc).

14. Zur Beurteilung der wettbewerbsrechtlichen Auswirkungen einzelner Algorithmen ist zudem weitere Forschung auf dem Gebiet der Wirtschaftswissenschaften und der Informatik notwendig. Insbesondere ist nicht absehbar, wie stark Preissetzungsalgorithmen künftig nicht nur online, sondern auch im stationären Handel eingesetzt werden könnten. Dies dürfte für die Wettbewerbsbehörden zusätzlich zu Beweisproblemen führen. Preise lassen sich im stationären Handel deutlich schwieriger dauerhaft überwachen als online. Auch der technische Fortschritt lässt sich nur bedingt abschätzen, sodass insbesondere im Bereich der selbstlernenden Algorithmen künftig große Quantensprünge möglich sind, die das bestehende Wettbewerbssystem und -recht vor Herausforderungen stellen können. Denkbar ist unter anderem ein Wettstreit der Algorithmen, bei dem die Preissetzungssoftware der Unternehmen mit den Screening-Algorithmen der Behörden in eine Art Wettbewerb treten, wobei die Unternehmensalgorithmen zunehmend lernen könnten, die Preissetzung so zu optimieren, dass diese nicht auf den Radar der Wettbewerbsbehörden gelangen und dennoch antikompetitive Preise erzeugen. Insgesamt ist in diesem Bereich der Digitalisierung die genaue Entwicklung der nächsten Jahre und Jahrzehnte nicht absehbar. Wichtig wird deshalb sein, dass sowohl die Wissenschaft als auch die staatlichen Institutionen diesen Bereich künftig weiterhin sehr genau beobachten, um mögliche Gefahren für einen funktionierenden Wettbewerb frühzeitig zu erkennen. Wie aufgezeigt kann und muss das europäische und deutsche Kartellrecht als Form des Privatrechts mit öffentlich-rechtlichen Einflüssen[1490] im Hinblick auf Preissetzungsalgorithmen auch künftig seinen Beitrag leisten, um zu einem funktionierenden Wirtschafts- und Wettbewerbssystem in Deutschland und Europa beizutragen.

1490 *Mohr,* Sicherung der Vertragsfreiheit durch Wettbewerbs- und Regulierungsrecht, S. 655

Literaturverzeichnis

7Learnings GmbH, So optimieren Sie Abschriften im Modehandel, abrufbar unter https://7learnings.com/de/blog/so-optimieren-sie-abschriften-im-modehandel/ - zuletzt abgerufen am 18.9.2024 (zit. als *7Learnings GmbH*, Abschriften im Modehandel).

acardo Group AG, Pressemitteilung vom 08.04.2022 zum acardo Report 2021, abrufbar unter https://static.acardo.com/website/Production/pressrelease/127_2022-04-08_11-16_acardo-Report-2021_Pressemitteilung_DE.pdf - zuletzt abgerufen am 18.9.2024 (zit. *als acardo Group AG*, Pressemitteilung zum acardo Report 2021).

Adida, Elodie/Özer, Özalp, Why Markdown as a Pricing Modality?, Management Science 2018, 2161–2178 (zit. als *Adida/Özer*, Management Science 2018, 2161,).

aifora GmbH, Markdown Optimization, Nutzen Sie den richtigen Preisabschlag zur richtigen Zeit, abrufbar unter https://aifora.com/abschriftenopti mierung/ - zuletzt abgerufen am 18.9.2024 (zit. als *aifora*, Abschriftenoptimierung).

Alderighi, Marco/Gaggero, Alberto A./Piga, Claudio A., The Hidden Side of Dynamic Pricing: Evidence from the Airline Market, SSRN Journal 2017, abrufbar unter https://papers.ssrn.com/sol3/papers.cfm?abstract_id=3085 585 - zuletzt abgerufen am 18.9.2024 (zit. als *Alderighi/Gaggero/Piga*, The Hidden Side of Dynamic Pricing: Evidence from the Airline Market,).

Alpaydın, Ethem, Maschinelles Lernen, 3. Aufl., Berlin, Boston, 2022 (zit. als *Alpaydın*, Maschinelles Lernen).

Alphabet Incorporated, Google Deep Mind, abrufbar unter https://deepmind.com/research/case-studies/alphago-the-story-so-far - zuletzt abgerufen am 18.9.2024 (zit. als *Alphabet Inc.*, Webseite Deep Mind).

Alsuwaiyel, M. H., Algorithms, Design techniques and analysis, Singapore u.a., 2016 (zit. als *Alsuwaiyel*, Algorithms).

Amazon Europe Core S.à r.l., Seller University: Intro to Automate Pricing, abrufbar unter https://www.youtube.com/watch?v=btS45RGqEec - zuletzt abgerufen am 18.9.2024 (zit. als *Amazon*, Seller University: Intro to Automate Pricing).

Anders, Monika/Gehle, Burkhard (Hrsg.), Zivilprozessordnung, Mit GVG und anderen Nebengesetzen, 81. Auflage, München, 2023 (zit. als *Bearbeiter* in Anders/Gehle ZPO).

Anderson, Mark/Huffman, Max, The Sharing Economy Meets the Sherman Act, Is Uber a Firm, a Cartel, or Something in Between?, Colombia Business Law Review 2017, 861–933 (zit. als *Anderson/Huffman*, Col. Bus. Law Rev. 2017, 861,).

Andreas, Alexander, Die Haftung für Kartellverstöße durch Preisalgorithmen, Verantwortlichkeit und bußgeldrechtliche Folgen für Verstöße gegen das Kartellverbot, Tübingen, 2022 (zit. als *Andreas*, Die Haftung für Kartellverstöße durch Preisalgorithmen).

Angwin, Julia/Mattu, Surya, Amazon Says It Puts Customers First. But Its Pricing Algorithm Doesn't, abrufbar unter https://www.propublica.org/article/amazon-says-it-puts-customers-first-but-its-pricing-algorithm-doesnt - zuletzt abgerufen am 18.9.2024 (zit. als *Angwin/Mattu*, Amazon says it puts customers first. But its Pricing Algorithm doesn't).

Anitha, P./Krithika, G./Choudhry, Mani Deepak, Machine Learning Techniques for learning features of any kind of data: A Case Study, International Journal of Advanced Research in Computer Engineering & Technology (IJARCET) (3) 2014, 4324–4331 (zit. als *Anitha/Krithika/Choudhry*, IJARCET 2014, 4324,).

Assad, Stephanie/Clark, Robert/Ershov, Daniel/Xu, Lei, Algorithmic Pricing and Competition: Empirical Evidence from the German Retail Gasoline Market, CESifo Working Paper No. 8521, SSRN Journal 2020, abrufbar unter https://papers.ssrn.com/sol3/papers.cfm?abstract_id=3682021# - zuletzt abgerufen am 18.9.2024 (zit. als *Assad* et al., Algorithmic Pricing and Competition: Empirical Evidence from the German Retail Gasoline Market,).

Australian Competition & Consumer Commission, The ACCC's approach to colluding robots, 2017, abrufbar unter https://www.accc.gov.au/speech/the-accc%E2%80%99s-approach-to-colluding-robots - zuletzt abgerufen am 18.9.2024 (zit. *als ACCC*, The ACCC's approach to colluding robots).

Autoridade da Concorrência, Issues Paper on Digital Ecosystems, Big Data and Algorithms, 2019, abrufbar unter https://www.concorrencia.pt/sites/default/files/processos/epr/Digital%20Ecosystems%2C%20Big%20Data%20and%20Algorithms%20-%20Issues%20Paper.pdf - zuletzt abgerufen am 18.9.2024 (zit. als *Autoridade da Concorrência*, Issues Paper on Digital Ecosystems, Big Data and Algorithms).

Autoriteit Consument & Markt, Position Paper - Toezicht op algoritmes, 2020, abrufbar unter https://www.acm.nl/sites/default/files/documents/position-paper-toezicht-op-algoritmes.pdf - zuletzt abgerufen am 18.9.2024 (zit. als *Autoriteit Consument & Markt*, Position Paper - Toezicht op algoritmes).

Bacher, Klaus/Hempel, Rolf/Wagner-von Papp, Florian (Hrsg.), BeckOK Kartellrecht, 13. Edition, Stand: 01.04.2024, München, 2024 (zit. als *Bearbeiter* in BeckOK KartellR).

Ball, Matthew/Callaghan, Vic, Explorations of Autonomy: An Investigation of Adjustable Autonomy in Intelligent Environments, in: IEEE Computer Society (Hrsg.), Proceedings of the 2012 8th International Conference on Intelligent Environments, 2012 8th International Conference on Intelligent Environments (IE) in Guanajuato, Mexico, 26.06.2012–29.06.2012, 2012, S. 114–121 (zit. als *Ball/Callaghan*, Ball et al., Explorations of Autonomy: An Investigation of Adjustable Autonomy in Intelligent Environments, 114–121).

Ballestrem, Johannes/Bär, Ulrike/Gausling, Tina/Hack, Sebastian/Oelffen, Sabine von, Künstliche Intelligenz, Rechtsgrundlagen und Strategien in der Praxis, Wiesbaden, 2020 (zit. als *Ballestrem* et al., Künstliche Intelligenz).

Bärenz, Christian, Die Auslegung der überschießenden Umsetzung von Richtlinien am Beispiels des Gesetzes zur Modernisierung des Schuldrechts, Der Betrieb (DB) 2003, 375–376 (zit. als *Bärenz*, DB 2003, 375,).

Barth, Armin P., Algorithmik für Einsteiger, Für Studierende, Lehrer und Schüler in den Fächern Mathematik und Informatik, 2. Aufl., Wiesbaden, 2013 (zit. als *Barth*, Algorithmik für Einsteiger).

Bartsch, Michael, Rechtsmängelhaftung bei der Überlassung von Software, Computer und Recht (21) 2005, 1–10 (zit. als *Bartsch*, CR 2005, 1,).

Bechtold, Rainer/ Bosch, Wolfgang (Hrsg.), Gesetz gegen Wettbewerbsbeschränkungen, (§§ 1–96, 185, 186): Kommentar, 10. Auflage, München, 2021 (zit. als *Bearbeiter* in Bechtold/Bosch).

Becka, Marcus, Preisabsprachen zwischen selbstlernenden Preisalgorithmen, ÖZK (Österreichische Zeitschrift für Kartellrecht) (12) 2019, 9–16 (zit. als *Becka*, ÖZK 2019, 9,).

Becker-Schwarze, Kathrin, Steuerungsmöglichkeiten des Kartellrechts bei umweltschützenden Unternehmenskooperationen, Das Beispiel der Verpackungsverordnung, Baden-Baden, 1997 (zit. als *Becker-Schwarze*, Steuerungsmöglichkeiten des Kartellrechts bei umweltschützenden Unternehmenskooperationen).

Behnke, Joachim, Logistische Regressionsanalyse, Eine Einführung, Wiesbaden, 2015 (zit. als *Behnke*, Logistische Regressionsanalyse).

Bell, Jason, Machine Learning, Hands-On for Developers and Technical Professionals, 2. Aufl., Newark, 2020 (zit. als *Bell*, Machine Learning).

Beneke, Francisco/Mackenrodt, Mark-Oliver, Artificial Intelligence and Collusion, IIC - International Review of Intellectual Property and Competition Law (IIC) (50) 2019, 109–134 (zit. als *Beneke/Mackenrodt*, IIC 2019, 109,).

Beneke, Francisco/Mackenrodt, Mark-Oliver, Remedies for algorithmic tacit collusion, Journal of Antitrust Enforcement (JoAE) (9) 2021, 152–176 (zit. als *Beneke/Mackenrodt*, JoAE 2021, 152,).

Berman, Kenneth A./Paul, Jerome L., Algorithms, Sequential, parallel and distributed, Boston, Mass., 2005 (zit. als *Berman/Paul*, Algorithms).

Bernhardt, Lea, Algorithmen, Künstliche Intelligenz und Wettbewerb, NZKart - Neue Zeitschrift für Kartellrecht 2019, 314–317 (zit. als *L. Bernhardt*, NZKart 2019, 314,).

Bernhardt, Marion/Oechslen, Verena, Legal Tech im Arbeitsrecht: Scheinselbstständigkeit, Der Betrieb (DB) 2019, M20 (zit. als *M. Bernhardt/Oechslen*, DB 2019, M20,).

Beta Writer, Lithium-ion batteries, A machine-generated summary of current research, Cham, 2019 (zit. als *Beta Writer*, Lithium-ion batteries).

Bixer, Valentin/Heimeshoff, Ulrich, Künstliche Intelligenz, Preisalgorithmen und ihre wettbewerbspolitischen Implikationen, in: Zur Ökonomik von Sport, Entertainment und Medien, Berlin 2021, S. 273–290 (zit. als *Bixer/Heimeshoff*, Künstliche Intelligenz, Preisalgorithmen und ihre wettbewerbspolitischen Implikationen).

Blaudow, Christian/Seeger, Daniel, Fortschritte beim Einsatz von Web Scraping in der amtlichen Verbraucherpreisstatistik – ein Werkstattbericht, WISTA – Wirtschaft und Statistik 2019, 19–30, abrufbar unter https://www.destatis.de/DE/Methoden/WISTA-Wirtschaft-und-Statistik/2019/04/fortschritte-einsatz-web-scraping-042019.pdf;jsessionid=A01633A07BC8B014BB39D74AE0EC150D.live712?__blob=publicationFile - zuletzt abgerufen am 18.9.2024 (zit. als *Blaudow/Seeger*, WISTA 4/2019, 19,).

Blum, Ulrich, Grundlagen der Volkswirtschaftslehre, Berlin, Boston, 2016 (zit. als *Blum*, Grundlagen der Volkswirtschaftslehre).

Boden, Margaret A., Autonomy and Artificiality, in: Margaret A. Boden (Hrsg.), The philosophy of artificial life, Repr, Oxford readings in philosophy, Oxford 2005, S. 95–107 (zit. als *Boden*, Autonomy and Artificiality).

Boer, Arnoud V. den/Meylahn, Janusz/Schinkel, Maarten Pieter, Artificial Collusion: Examining Supracompetitive Pricing by Q-Learning Algorithms, SSRN Journal 2022, abrufbar unter https://papers.ssrn.com/sol3/papers.cfm?abstract_id=4213600 - zuletzt abgerufen am 18.9.2024 (zit. als *Boer/*

Meylahn/Schinkel, Artificial Collusion: Examining Supracompetitive Pricing by Q-Learning Algorithms,).

Boersma, Thorsten, Warum Web-Exzellenz Schlüsselthema für erfolgreiche Händler ist, Wie das Internet den Handel revolutioniert, in: Gerrit Heinemann (Hrsg.), Web-Exzellenz im E-Commerce, Innovation und Transformation im Handel, Lehrbuch, Wiesbaden 2010, S. 21–42 (zit. als *Boersma*, Web-Excellenz im E-Commerce).

Bolz, Laura Marie, Kartellrechtliche Grenzen der Preisberatung, Baden-Baden, München, Nomos; C.H. Beck; Nomos Verlagsgesellschaft, 2021.

Borges, Georg, Rechtliche Rahmenbedingungen für autonome Systeme, Neue Juristische Wochenschrift (NJW) 2018, 977–982 (zit. als *Borges*, NJW 2018, 977,).

Bourazeri, Konstantina, Neue Beschäftigungsformen in der digitalen Wirtschaft am Beispiel soloselbstständiger Crowdworker, Neue Zeitschrift für Arbeitsrecht (NZA) 2019, 741–746 (zit. als *Bourazeri*, NZA 2019, 741,).

Bourdeau, Jacqueline et al. (Hrsg.), Proceedings of the 25th International Conference on World Wide Web, WWW '16: 25th International World Wide Web Conference, Montréal, Québec, Canada, 11–15.04.2016, 11–15.04.2016.

Böventer, Edwin von, Einführung in die Mikroökonomie, 9. Aufl., Berlin, 1997 (zit. als *Böventer*, Mikroökonomie).

Bräutigam, Peter/Klindt, Thomas, Industrie 4.0, das Internet der Dinge und das Recht, Neue Juristische Wochenschrift (NJW) 2015, 1137–1142 (zit. als *Bräutigam/Klindt*, NJW 2015, 1137,).

Breuer, Ludger, Das EU-Kartellrecht im Kraftfeld der Unionsziele, Die finale Programmierung der Unionstätigkeit durch die Querschnittsklauseln am Beispiel des Art. 101 AEUV, Zugl.: Bonn, Univ., Diss., 2012, Baden-Baden, München, Nomos; Beck, 2013.

Brouwer, Onno W., Sustainability and competition law: Living Apart Together, in: Tobias Klose, Martin Klusmann, Stefan Thomas (Hrsg.), Das Unternehmen in der Wettbewerbsordnung, Festschrift für Gerhard Wiedemann zum 70. Geburtstag, München 2020, S. 13–26 (zit. als *Brouwer*, Sustainability and competition law: Living Apart Together).

Brown, Zach/MacKay, Alexander, Competition in Pricing Algorithms, SSRN Journal 2019, 1–64, abrufbar unter https://papers.ssrn.com/sol3/papers.cfm?abstract_id=3485024 - zuletzt abgerufen am 18.9.2024 (zit. als *Brown/MacKay*, Competition in Pricing Algorithms).

Brunner, Sibylle, Volkswirtschaftslehre, 3. Aufl., München, 2014 (zit. als *Brunner*, Volkswirtschaftslehre).

Bundeskartellamt, Arbeitspapier - Marktmacht von Plattformen und Netzwerken, Az. B6-113/15, Juni 2016, abrufbar unter https://www.bundeskartellamt.de/SharedDocs/Publikation/DE/Berichte/Think-Tank-Bericht.pdf%3F__blob%3DpublicationFile%26v%3D2 - zuletzt abgerufen am 18.9.2024 (zit. als *BKartA*, Arbeitspapier - Marktmacht von Plattformen und Netzwerken 2016).

Bundeskartellamt, Pressemitteilung vom 29.05.2018, Lufthansa-Tickets nach Air Berlin Insolvenz um 25–30 Prozent teurer – „Preisanstieg rechtfertigt nicht die Einleitung eines Missbrauchsverfahrens", abrufbar unter https://www.bundeskartellamt.de/SharedDocs/Publikation/DE/Pressemitteilungen/2018/29_05_2018_Lufthansa.pdf?__blob=publicationFile&v=2 - zuletzt abgerufen am 18.9.2024 (zit. als *BKartA*, Pressemitteilung vom 29.05.2018).

Bundeskartellamt/Autorité de la Concurrence, Algorithms and Competition, 2019, abrufbar unter https://www.bundeskartellamt.de/SharedDocs/Publikation/EN/Berichte/Algorithms_and_Competition_Working-Paper.pdf;jsessionid=B917D9E912B2EA1938B597E736F7DC61.1_cid387?__blob=publicationFile&v=5 - zuletzt abgerufen am 18.9.2024 (zit. als *BKartA/Autorité de la Conc.*, Algorithms and Competition).

Bundesministerium für Wirtschaft und Energie, Bericht über die Ergebnisse der Arbeit der Markttransparenzstelle für Kraftstoffe und die hieraus gewonnenen Erfahrungen, Drucksache 19/3693, 03.08.2018, abrufbar unter https://www.bundeskartellamt.de/SharedDocs/Publikation/DE/Berichte/Evaluierungsbericht_MTS-K_.pdf?__blob=publicationFile&v=3 - zuletzt abgerufen am 18.9.2024 (zit. als *BMWI*, BT-Drucksache 19/3693).

Bundesverband Informationswirtschaft, Telekommunikation und neue Medien e.V., Blick in die Blackbox, Nachvollziehbarkeit von KI-Algorithmen in der Praxis, 2019, abrufbar unter https://www.bitkom.org/sites/default/files/2019-10/20191016_blick-in-die-blackbox.pdf - zuletzt abgerufen am 18.9.2024 (zit. als *Bitkom*, Blick in die Blackbox).

Bunte, Hermann-Josef (Hrsg.), Kommentar zum Kartellrecht, Band I, 14. Auflage, Köln, 2021 (zit. als *Bearbeiter* in Bunte KartellR).

Busse, Caspar, Tanken als Glücksspiel, Süddeutsche Zeitung vom 31.12.2016, abrufbar unter https://www.sueddeutsche.de/wirtschaft/spritpreis-tanken-als-gluecksspiel-1.3315250 - zuletzt abgerufen am 18.9.2024 (zit. als *Busse*, Tanken als Glücksspiel, SZ vom 31.12.2016).

Calliess, Christian/Ruffert, Matthias (Hrsg.), EUV/AEUV, Das Verfassungsrecht der Europäischen Union mit Europäischer Grundrechtecharta: Kommentar, 6. Auflage, München, 2022 (zit. als *Bearbeiter* in Calliess/Ruffert).

Calo, Ryan/Rosenblat, Alex, The Taking Economy: Uber, Information, and Power, Colombia Law Review 2017, 1625–1690 (zit. als *Calo/Rosenblat*, Col. Law Rev. 2017, 1625,).

Calvano, Emilio/Calzolari, Giacomo/Denicolò, Vincenzo/Pastorello, Sergio, Algorithmic Pricing What Implications for Competition Policy?, Review of industrial organization (55) 2019, 155–171 (zit. als *Calvano* et al., RoIO 2019, 155,).

Champin, Pierre-Antoine et al. (Hrsg.), Proceedings of the 2018 World Wide Web Conference on World Wide Web - WWW '18, the 2018 World Wide Web Conference, Lyon, France, 23.04.2018–27.04.2018, New York, New York, USA, 2018.

Chawla, Shuchi/Hartline, Jason D./Kleinberg, Robert, Algorithmic pricing via virtual valuations, in: Jeffrey MacKie-Mason, David Parkes, Paul Resnick (Hrsg.), Proceedings of the 8th ACM conference on Electronic commerce - EC '07, the 8th ACM conference in San Diego, California, USA, 11.06.2007–15.06.2007, 11.06.2007–15.06.2007, S. 243–251 (zit. als *Chawla/Hartline/Kleinberg*, Algorithmic pricing via virtual valuations).

Chen, Le/Mislove, Alan/Wilson, Christo, An Empirical Analysis of Algorithmic Pricing on Amazon Marketplace, in: Jacqueline Bourdeau, Jim A. Hendler, Roger Nkambou Nkambou et al. (Hrsg.), Proceedings of the 25th International Conference on World Wide Web, WWW '16: 25th International World Wide Web Conference in Montréal, Québec, Canada, 11–15.04.2016, 11–15.04.2016, S. 1339–1349 (zit. als *L. Chen/Mislove/C. Wilson*, An Empirical Analysis of Algorithmic Pricing on Amazon Marketplace).

Christiani, Dennis, Agentelligence - Anwendungsmöglichkeiten verteilter Informationssysteme auf ein System zur Flugreiseinformation, Diplomarbeit, Universität Karlsruhe, 2002.

Cleve, Jürgen/Lämmel, Uwe, Data Mining, 3. Aufl., Berlin, Boston, 2020 (zit. als *Cleve/Lämmel*, Data Mining).

Coase, R. H., The Nature of the Firm, Economica (4) 1937, 386–405 (zit. als *Coase*, Economica 1937, 386,).

Competition & Markets Authority, Algorithms, How they can reduce competition and harm consumers, 2021, abrufbar unter https://www.gov.uk/government/publications/algorithms-how-they-can-reduce-competition-and-harm-consumers/algorithms-how-they-can-reduce-competition-and-harm-consumers - zuletzt abgerufen am 18.9.2024 (zit. als *CMA*, Algorithms).

Competition & Markets Authority, Pricing algorithms, Economic working paper on the use of algorithms to facilitate collusion and personalised pricing, abrufbar unter https://assets.publishing.service.gov.uk/government/uploads/system/uploads/attachment_data/file/746353/Algorithms_econ_report.pdf - zuletzt abgerufen am 18.9.2024 (zit. als *CMA*, Pricing Algorithms).

Competition Bureau Canada, Big data and innovation: key themes for competition policy in Canada, 2018, abrufbar unter https://www.competitionbureau.gc.ca/eic/site/cb-bc.nsf/eng/04342.html - zuletzt abgerufen am 18.9.2024 (zit. als *Competition Bureau Canada*, Big data and innovation: key themes for competition policy in Canada).

Cormen, Thomas H./Leiserson, Charles Eric/Stein, Clifford/Rivest, Ronald Linn, Algorithmen - eine Einführung, Introduction to algorithms, 4. Aufl., München, 2017 (zit. als *Cormen* et al., Algorithmen - eine Einführung).

Cornelius, Kai, "Künstliche Intelligenz", Compliance und sanktionsrechtliche Verantwortlichkeit, Zeitschrift für Internationale Strafrechtsdogmatik (ZIS) 2020, 51–64 (zit. als *Cornelius*, ZIS 2020, 51,).

Cosgun, Özlem/Kula, Ufuk/Kahraman, Cengiz, Markdown optimization for an apparel retailer under cross-price and initial inventory effects, Knowledge-Based Systems (120) 2017, 186–197 (zit. als *Cosgun/Kula/Kahraman*, Knowledge-Based Systems 2017, 186,).

Council of Economic Advisers, Big Data and Differential Pricing, Executive Office of the President of the United States, abrufbar unter https://obamawhitehouse.archives.gov/sites/default/files/whitehouse_files/docs/Big_Data_Report_Nonembargo_v2.pdf - zuletzt abgerufen am 18.9.2024 (zit. als *Council of Economic Advisers*, Big Data and Differential Pricing).

Creditreform Boniversum GmbH/Bundesverband E-Commerce und Versandhandel Deutschland e.V., Die Wirtschaftslage im deutschen InteraktivenHandelB2C2016/2017,EineTrendauswertungderaktuellenOnline-Befragung, 2017, abrufbar unter https://www.boniversum.de/wp-content/uploads/2017/07/Boniversum_bevh_B2C-Trendauswertung_2016-17.pdf - zuletzt abgerufen am 18.9.2024 (zit. als *Creditreform/ BEVH*, Die Wirtschaftslage im deutschen Interaktiven Handel B2C).

Danish Competition and Consumer Authority, Ageras has infringed competition law, 2020, abrufbar unter https://www.en.kfst.dk/nyheder/kfst/english/decisions/20200630-danish-competition-council-ageras-has-infringed-competition-law/ - zuletzt abgerufen am 18.9.2024 (zit. als *Danish Competition and Consumer Authority*, Ageras has infringed competition law).

Danish Competition and Consumer Authority, Digital platform pays a fine of DKK 1.275.000 for violating the Danish Competition Act, 2020, abrufbar unter https://www.en.kfst.dk/nyheder/kfst/english/judgements/20210712-digital-platform-pays-a-fine-of-dkk-1-275-000-for-violating-the-danish-competition-act/ - zuletzt abgerufen am 18.9.2024 (zit. als *Danish*

Competition and Consumer Authority, Digital platform pays a fine of DKK 1.275.000 for violating the Danish Competition Act).

Datenethikkommission der Bundesregierung, Gutachten der Datenethikkommission 2019, Berlin, 2019, abrufbar unter https://www.bmi.bund.de/SharedDocs/downloads/DE/publikationen/themen/it-digitalpolitik/gutachten-datenethikkommission.pdf?__blob=publicationFile&v=6 - zuletzt abgerufen am 18.9.2024 (zit. als *Datenethikkommission*, Gutachten 2019).

Del Toro Barba, Alexander, Marktmacht durch Big Data in der künstlichen Intelligenz, ORDO - Jahrbuch für die Ordnung von Wirtschaft und Gesellschaft 2018, 217–248 (zit. als *Del Toro Barba*, ORDO 2018, 217,).

Demmler, Horst, Einführung in die Volkswirtschaftslehre, Übungsbuch zur Preistheorie, 3. Aufl., Berlin/München/Boston, 2018 (zit. als *Demmler*, Einführung in die VWL).

Denga, Michael, Deliktische Haftung für künstliche Intelligenz, Computer und Recht (34) 2018, 69–78 (zit. als *Denga*, CR 2018, 69,).

Der Standard, Warum ein Buch über Fliegen auf Amazon 23 Millionen Dollar kostet vom 30.09.2015, abrufbar unter https://www.derstandard.at/story/2000023026993/warum-ein-buch-ueber-fliegen-auf-amazon-23-millionen-dollar - zuletzt abgerufen am 18.9.2024.

Deutsch, Erwin, Allgemeines Haftungsrecht, 2. Aufl., Köln u.a., 1996 (zit. als *Deutsch*, Allgemeines Haftungsrecht).

Deutsches Forschungszentrum für Künstliche Intelligenz GmbH/Bitkom e.V., Gipfelpapier zur Künstlichen Intelligenz, 2017, abrufbar unter https://www.dfki.de/fileadmin/user_upload/import/9744_171012-KI-Gipfelpapier-online.pdf - zuletzt abgerufen am 18.9.2024 (zit. als *DFKI/ Bitkom*, Gipfelpapier zur Künstlichen Intelligenz).

Dittmann, Heidi, Der Streitfall Uber: Eine ökonomische Analyse bestehender Probleme und Lösungsansätze, Wirtschaft und Wettbewerb (WuW) 2016, 467–472 (zit. als *Dittmann*, WuW 2016, 467,).

Doetsch, Matthias, Die Haftung Dritter bei Erzeugung von kollusiven Marktergebnissen im europäischen Kartellrecht, Frankfurt a.M., Peter Lang GmbH, Internationaler Verlag der Wissenschaften, 2020.

Dogan, Ibrahim/Güner, Ali R., A reinforcement learning approach to competitive ordering and pricing problem, Expert Systems (32) 2015, 39–48 (zit. als *Dogan/Güner*, Expert Systems 2015, 39,).

Dohrn, Daniel/Huck, Linda, Der Algorithmus als "Kartellgehilfe"?, Kartellrechtliche Compliance im Zeitalter der Digitalisierung, Der Betrieb (71) 2018, 173–179 (zit. als *Dohrn/Huck*, DB 2018, 173,).

Dück, Hermann/Mäusezahl, Steffen/Symnick, Inga, Kartell der Algorithmen – das Verbot wettbewerbsbeschränkenden Zusammenwirkens im Lichte fortschreitender Digitalisierung bei der Preissetzung, Zeitschrift für Wettbewerbsrecht (ZWeR) (17) 2019, 94–132 (zit. als *Dück/Mäusezahl/Symnick*, ZWeR 2019, 94,).

Ebers, Martin, Dynamic Algorithmic Pricing: Abgestimmte Verhaltensweise oder rechtmäßiges Parallelverhalten?, NZKart - Neue Zeitschrift für Kartellrecht 2016, 554–555 (zit. als *Ebers*, NZKart 2016, 554,).

Ebke, Werner F. (Hrsg.), Münchener Kommentar zum Handelsgesetzbuch Bd. 4: Drittes Buch. Handelsbücher § 238–342e HGB, 5. Auflage, München, 2024 (zit. als *Bearbeiter* in MüKoHGB).

Edelman, Benjamin G./Geradin, Damien, Efficiencies and Regulatory Shortcuts: How Should We Regulate Companies like Airbnb and Uber?, Stanford Technology Law Review 2016, 293–328 (zit. als *Edelman/Geradin*, Stanford Tech. Law Rev. 2016, 293,).

Engelkamp, Paul/Sell, Friedrich L./Sauer, Beate, Einführung in die Volkswirtschaftslehre, 8. Aufl., Berlin, Heidelberg, 2020 (zit. als *Engelkamp/Sell/Sauer*, Einführung in die VWL).

Epiney, Astrid, Umweltrechtliche Querschnittsklausel und freier Warenverkehr: die Einbeziehung umweltpolitischer Belange über die Beschränkung der Grundfreiheit, Natur und Recht: Zeitschrift für das gesamte Recht zum Schutze der natürlichen Lebensgrundlagen und der Umwelt (NuR) 1995, 497–504 (zit. als *Epiney*, NuR 1995, 497,).

Erhardt, Jonathan/Mona, Martino, Rechtsperson Roboter – Philosophische Grundlagen für den rechtlichen Umgang mit künstlicher Intelligenz, in: Sabine Gleß, Kurt Seelmann (Hrsg.), Intelligente Agenten und das Recht, Nomos eLibrary Open Access Band 9, Baden-Baden 2016, S. 61–94 (zit. als *Erhardt/Mona*, Rechtsperson Roboter).

Escobari, Diego/Rupp, Nicholas/Meskey, Joseph, An Analysis of Dynamic Price Discrimination in Airlines, 2018, abrufbar unter https://mpra.ub.uni-muenchen.de/88287/1/MPRA_paper_88287.pdf - zuletzt abgerufen am 18.9.2024 (zit. als *Escobari/Rupp/Meskey*, An Analysis of Dynamic Price Discrimination in Airlines).

Europäische Kommission, Abschlussbericht über die Sektoruntersuchung zum elektronischen Handel, COM(2017) 229 final, abrufbar unter https://ec.europa.eu/transparency/regdoc/rep/1/2017/DE/COM-2017-229-F1-DE-MAIN-PART-1.PDF - zuletzt abgerufen am 18.9.2024 (zit. als *EU Kommission*, Abschlussbericht über die Sektoruntersuchung zum elektronischen Handel, COM(2017) 229 final).

Europäische Kommission, Kartellrecht: Kommission leitet Untersuchung möglicher wettbewerbswidriger Verhaltensweisen von Amazon ein, IP/19/4291, Brüssel, Pressemitteilung vom 17.07.2019, abrufbar unter https://ec.europa.eu/commission/presscorner/detail/de/ip_19_4291 - zuletzt abgerufen am 18.9.2024.

Europäische Kommission, Kartellrecht: Kommission richtet Mitteilung der Beschwerdepunkte an Amazon wegen Nutzung nichtöffentlicher Daten unabhängiger Verkäufer und leitet zweite Untersuchung der E-Commerce-Geschäftspraxis des Unternehmens ein, IP/20/2077, Pressemitteilung vom 10.11.2020, abrufbar unter https://ec.europa.eu/commission/presscorner/detail/de/ip_20_2077 - zuletzt abgerufen am 18.9.2024.

Europäische Kommission, Leitlinien der Kommission zur Anwendbarkeit von Art. 81 EGV auf Vereinbarungen über horizontale Zusammenarbeit vom 6.1.2001, ABl. 2001/C 3/02, Horizontalleitlinien 2001, 06.01.2001 (zit. als *EU Kommission*, Horizontalleitlinien 2001).

Europäische Kommission, Leitlinien für vertikale Beschränkungen, 2022/C 248/01, 30.06.2022 (zit. als *EU Kommission*, Leitlinien für vertikale Beschränkungen, *2022/C 248/01).*

Europäische Kommission, Leitlinien zur Anwendbarkeit des Artikels 101 des Vertrags über die Arbeitsweise der Europäischen Union auf Vereinbarungen über horizontale Zusammenarbeit, 2022/C 164/01, 19.04.2022 (zit. als *EU Kommission*, Horizontalleitlinien 2022).

Europäische Kommission, Leitlinien zur Anwendbarkeit von Artikel 101 des Vertrags über die Arbeitsweise der Europäischen Union auf Vereinbarungen über horizontale Zusammenarbeit, 2011/C 11/01, Horizontalleitlinien 2011, 14.01.2011 (zit. als *EU Kommission*, Horizontalleitlinien 2011).

Europäische Kommission, Leitlinien zur Anwendung des EU-Wettbewerbsrechts auf Tarifverträge über die Arbeitsbedingungen von Solo-Selbständigen, ABl. EU 2022 C 374/2, 29.09.2022, abrufbar unter https://ec.europa.eu/competition-policy/public-consultations/2021-collective-bargaining-2_en (zit. als *EU Kommission*, Leitlinien zur Anwendung des EU-Wettbewerbsrechts auf Tarifverträge über die Arbeitsbedingungen von Solo-Selbständigen).

Europäische Kommission, Leitlinien zur Anwendung von Art. 81 Absatz 3 EG-Vertrag, 2004/C 101/08, Horizontalleitlinien 2004, 27.4.2004 (zit. als *EU Kommission*, Horizontalleitlinien 2004).

Europäische Kommission, Pressemitteilung vom 20.12.2022, IP/22/7777, Kartellrecht: Kommission akzeptiert Verpflichtungsangebote von Amazon, die dem Unternehmen die Nutzung von Marktplatz Verkäuferdaten verbieten und gleichberechtigten Zugang zur Buy-Box und zu Amazon Prime gewährleisten, Brüssel, Pressemitteilung vom 20.12.2022, abrufbar unter https://ec.europa.eu/commission/presscorner/detail/de/ip_22_7777 - zuletzt abgerufen am 18.9.2024.

Europäische Kommission, Vorschlag für eine Richtlinie des europäischen Parlaments und des Rates zur Anpassung der Vorschriften über außervertragliche zivilrechtliche Haftung an künstliche Intelligenz (Richtlinie über KI-Haftung), COM(2022) 496 final, abrufbar unter https://eur-lex.europa.eu/legal-content/DE/TXT/PDF/?uri=CELEX:52022PC0496 - zuletzt abgerufen am 18.9.2024 (zit. als *EU Kommission*, Vorschlag für eine Richtlinie des europäischen Parlaments und des Rates zur Anpassung der Vorschriften über außervertragliche zivilrechtliche Haftung an künstliche Intelligenz (Richtlinie über KI-Haftung), COM(2022) 496 final).

Europäische Kommission, White paper on artificial intelligence, A European approach to excellence and trust COM(2020) 65 final, Brussels, 2020, abrufbar unter https://ec.europa.eu/info/sites/default/files/commission-white-paper-artificial-intelligence-feb2020_en.pdf - zuletzt abgerufen am 18.9.2024 (zit. als *EU Kommission*, White paper on artificial intelligence, COM(2020) 65 final).

Europäische Kommission, XXX. Bericht über die Wettbewerbspolitik 2000, Gesamtbericht über die Tätigkeit der Europäischen Union, Brüssel, Luxemburg, 2001, abrufbar unter https://ec.europa.eu/competition/publications/annual_report/2000/de.pdf - zuletzt abgerufen am 18.9.2024 (zit. als *EU Kommission*, 30. Bericht über die Wettbewerbspolitik 2000).

Europäisches Parlament, Entschließung des Europäischen Parlaments v. 16.2.2017 mit Empfehlungen an die Kommission zu zivilrechtlichen Regelungen im Bereich Robotik, 2015/2103(INL), 2017 (zit. als *EU Parlament*, Entschließung des Europäischen Parlaments v. 16.2.2017 mit Empfehlungen an die Kommission zu zivilrechtlichen Regelungen im Bereich Robotik).

Europäisches Parlament, Entschließung des Europäischen Parlaments v. 20.10.2020 mit Empfehlungen an die Kommission für eine Regelung der zivilrechtlichen Haftung beim Einsatz künstlicher Intelligenz, 2020/2014 (INL) (zit. als *EU Parlament*, Entschließung des Europäischen Parlaments v. 20.10.2020 mit Empfehlungen an die Kommission für eine Regelung der zivilrechtlichen Haftung beim Einsatz künstlicher Intelligenz).

European Parliamentary Research Service, A governance framework for algorithmic accountability and transparency, PE 624.262, Luxembourg, 2019 (zit. als *EPRS*, A governance framework for algorithmic accountability and transparency).

Ezrachi, Ariel/Robertson, Viktoria H.S.E., Competition, Market Power and Third-Party Tracking, World Competition: Law and Economics Review (WOCO) (42) 2019, 5–19 (zit. als *Ezrachi/Robertson*, WOCO 2019, 5,).

Ezrachi, Ariel/Stucke, Maurice E., Algorithmic Collusion: Problems and Counter-Measures, OECD paper, DAF/COMP/WD(2017)25, 31.05.2017, abrufbar unter https://one.oecd.org/document/DAF/COMP/WD%282017%2925/En/pdf - zuletzt abgerufen am 18.9.2024 (zit. als *Ezrachi/Stucke*, Algorithmic Collusion: Problems and Counter-Measures).

Ezrachi, Ariel/Stucke, Maurice E., Artificial Intelligence & Collusion: When Computers inhibit competition, University of Illinois Law Review 2017, 1775–1810 (zit. als *Ezrachi/Stucke*, Univ. of Illinois Law Rev 2017, 1775,).

Ezrachi, Ariel/Stucke, Maurice E., How Pricing Bots Could Form Cartels and Make Things More Expensive, Harvard Business Review vom 27.10.2016, abrufbar unter https://hbr.org/2016/10/how-pricing-bots-could-form-cartels-and-make-things-more-expensive - zuletzt abgerufen am 18.9.2024.

Ezrachi, Ariel/Stucke, Maurice E., Sustainable and Unchallenged Algorithmic Tacit Collusion, SSRN Journal 2018, abrufbar unter https://papers.ssrn.com/sol3/papers.cfm?abstract_id=3282235 - zuletzt abgerufen am 18.9.2024 (zit. als *Ezrachi/Stucke*, Sustainable and Unchallenged Algorithmic Tacit Collusion,).

Ezrachi, Ariel/Stucke, Maurice E., Two Artificial Neural Networks Meet in an Online Hub and Change the Future (Of Competition, Market Dynamics and Society), SSRN Journal 2017, abrufbar unter https://papers.ssrn.com/sol3/papers.cfm?abstract_id=2949434 - zuletzt abgerufen am 18.9.2024 (zit. als *Ezrachi/Stucke*, Two Artificial Neural Networks Meet in an Online Hub and Change the Future,).

Ezrachi, Ariel/Stucke, Maurice E., Virtual Competition, Cumberland, 2016 (zit. als *Ezrachi/Stucke*, Virtual Competition).

Fang, Yanli/Wang, Xiangping/Wang, Weijing/Fan, Ping, Dynamic pricing and markdown timing policies for fashion goods with strategic behaviour of consumers, Current Science (Vol. 116) 2019, 1648–1652, abrufbar unter https://www.currentscience.ac.in/Volumes/116/10/1648.pdf - zuletzt abgerufen am 18.9.2024 (zit. als *Fang* et al., Current Science 2019, 1648,).

Fassauer, Roland, Personalisierung im E-Commerce, - zur Wirkung von E-Mail-Personalisierung auf ausgewählte ökonomische Kennzahlen des Konsumentenverhaltens, Leipzig, 2016 (zit. als *Fassauer*, Personalisierung im E-Commerce).

Förderer, Jens, Erfolgsmodell Digitale Plattformen, Geschäftsmodelle – Netzwerkeffekte – Community-Management, Freiburg, 2021 (zit. als *Förderer*, Erfolgsmodell Digitale Plattformen).

Fourberg, Niklas/Marques-Magalhaes, Katrin/Wiewiorra, Lukas, They are among us - Pricing behavior of algorithms in the field, WIK working paper,

Bad Honnef, abrufbar unter https://www.wik.org/uploads/media/WIK_Working-PaperNo6_Algo-Pricing.pdf - zuletzt abgerufen am 18.9.2024 (zit. als *Fourberg/Marques-Magalhaes/Wiewiorra*, They are among us - Pricing behavior of algorithms in the field).

Fox, Edward J./Postrel, Steven/Semple, John H., Optimal Category Pricing with Endogenous Store Traffic, Marketing Science (28) 2009, 709–720 (zit. als *Fox/Postrel/Semple*, Marketing Science 2009, 709,).

Fraiberger, Samuel P./Sundararajan, Arun, Peer-to-Peer Rental Markets in the Sharing Economy, SSRN Journal 2015, abrufbar unter https://papers.ssrn.com/sol3/papers.cfm?abstract_id=2574337 - zuletzt abgerufen am 18.9.2024 (zit. als *Fraiberger/Sundararajan*, Peer-to-Peer Rental Markets in the Sharing Economy,).

Frambach, Hans A., Basiswissen Mikroökonomie, 5. Aufl., München, Tübingen, 2019 (zit. als *Frambach*, Mikroökonomie).

Frankfurter Allgemeine Zeitung, Media-Markt will mehrmals täglich die Preise ändern, Beitrag vom 22.06.2014, abrufbar unter https://www.faz.net/aktuell/wirtschaft/media-markt-will-mehrmals-taeglich-die-preise-aendern-13002356.html - zuletzt abgerufen am 18.9.2024 (zit. als *FAZ*, Media-Markt will mehrmals täglich die Preise ändern, FAZ vom 22.06.2014).

Frenz, Walter, Umweltschutz und EG-Wettbewerbsfreiheit vor dem Hintergrund nachhaltiger Entwicklung, Natur und Recht: Zeitschrift für das gesamte Recht zum Schutze der natürlichen Lebensgrundlagen und der Umwelt (NuR) 2006, 138–145 (zit. als *Frenz*, NuR 2006, 138,).

Frohmann, Frank, Digitales Pricing, Strategische Preisbildung in der digitalen Wirtschaft mit dem 3-Level-Modell, Wiesbaden, 2018 (zit. als *Frohmann*, Digitales Pricing).

Fuhlrott, Michael/Hiéramente, Mayeul (Hrsg.), BeckOK GeschGehG, 20. Edition, Stand: 15.03.2024, München, 2024 (zit. als *Bearbeiter* in BeckOK GeschGehG).

Fumagalli, Antonio/Mäder, Lukas, Uber muss nachgeben: In Genf haben die Food-Kuriere nun einen Arbeitsvertrag, Neue Zürcher Zeitung (NZZ) Online vom 01.09.2020, abrufbar unter https://www.nzz.ch/schweiz/uber-muss-nach-jahrelangem-disput-nachgeben-in-genf-haben-die-food-kuriere-nun-einen-arbeitsvertrag-ld.1574355 - zuletzt abgerufen am 18.9.2024.

Gal, Michal S., Algorithms as Illegal Agreements, Berkeley Technology Law Journal (34) 2019, 67–118 (zit. als *Gal*, Berkeley Tech Law Journal 2019, 67,).

Gal, Michal S./Elkin-Koren, Niva, Algorithmic Consumers, Harvard Journal of Law & Technology (30) 2017, 309–353 (zit. als *Gal/Elkin-Koren*, Harv. Journ. of Law & Tech. 2017, 309,).

Garashchuk, Julia/Clasen, Michael/Theuvsen, Ludwig, Preisdifferenzierung im Lebensmitteleinzelhandel – eine Literaturrecherche, Hannover, 2017 (zit. als *Garashchuk/Clasen/Theuvsen*, Preisdifferenzierung im Lebensmitteleinzelhandel – eine Literaturrecherche).

Gassmann, Michael, Lebensmittel-Verschwendung soll bis 2030 auf Null sinken, Die Welt vom 27.03.2019, abrufbar unter https://www.welt.de/wirtschaft/article190894189/Kuenstliche-Intelligenz-soll-Lebensmittel-Verschwendung-auf-Null-reduzieren.html - zuletzt abgerufen am 18.9.2024 (zit. als *Gassmann*, Lebensmittel-Verschwendung soll bis 2030 auf Null sinken, Die Welt vom 27.03.2019).

Gausling, Tina, Künstliche Intelligenz im digitalen Marketing, Zeitschrift für Datenschutz 2019, 335–340 (zit. als *Gausling*, ZD 2019, 335,).

Gersdorf, Hubertus/Paal, Boris (Hrsg.), BeckOK Informations- und Medienrecht, 44. Edition, Stand 01.05.2024, München, 2024 (zit. als *Bearbeiter* in BeckOK InfoMedienR).

Gesellschaft für Informatik e.V., Technische und rechtliche Betrachtungen algorithmischer Entscheidungsverfahren, Gutachten der Fachgruppe Rechtsinformatik der Gesellschaft für Informatik e.V. im Auftrag des Sachverständigenrats für Verbraucherfragen, 2018, abrufbar unter https://www.svr-verbraucherfragen.de/wp-content/uploads/GI_Studie_Algorithmenregulierung.pdf - zuletzt abgerufen am 18.9.2024 (zit. als *Gesellschaft für Informatik e.V.*, Technische und rechtliche Betrachtungen algorithmischer Entscheidungsverfahren).

Gierschmann, Sibylle, Dezentralisierungsmöglichkeiten im EG-Kartellrecht, Zugl.: Hamburg, Univ., Diss., 1998, Frankfurt am Main u.a., Lang, 1999.

Gläß, Rainer, Künstliche Intelligenz im Handel 2 - Anwendungen, Effizienz erhöhen und Kunden gewinnen, Wiesbaden, Heidelberg, 2018 (zit. als *Gläß*, KI im Handel).

Gleixner, Alexander, Personalisierte Preise im Onlinehandel und Europas „New Deal for Consumers", VuR Verbraucher und Recht 2020, 417–421 (zit. als *Gleixner*, VuR 2020, 417,).

Gollapudi, Sunila, Practical machine learning, Tackle the real-world complexities of modern machine learning with innovative and cutting-edge techniques, Birmingham, UK, 2016 (zit. als *Gollapudi*, Practical machine learning).

Gómez Tagle Galindo, Violetta Daniela, Pricing algorithms and computational price theory: the building blocks of computational finance and IT business applications, University of Eastern Finland, 2017.

Goodfellow, Ian/Bengio, Yoshua/Courville, Aaron, Deep Learning, Das umfassende Handbuch: Grundlagen, aktuelle Verfahren und Algorithmen, neue

Forschungsansätze, Frechen, 2018 (zit. als *Goodfellow/Bengio/Courville*, Deep Learning).

Grottel, Bernd et al. (Hrsg.), Beck'scher Bilanz-Kommentar, Handels- und Steuerbilanz, §§ 238 bis 339, 342 bis 342a HGB, 14. Auflage, München, 2024 (zit. als *Bearbeiter* in Beck'scher Bilanz-Komm.).

Gsell, Beate et al. (Hrsg.), Beck-online Großkommentar zum Zivilrecht, Stand: 01.06.2024, München, 2024 (zit. als *Bearbeiter* in BeckOGK).

Gumm, Heinz-Peter/Sommer, Manfred, Informatik, Band 1: Programmierung, Algorithmen und Datenstrukturen, Berlin, Boston, 2016 (zit. als *Gumm/Sommer*, Programmierung, Algorithmen und Datenstrukturen).

Günther, Jens, Der Cyberboss – Algorithmen als Vorgesetzte, 2017, abrufbar unter https://www.humanresourcesmanager.de/arbeitsrecht/der-cyberboss-algorithmen-als-vorgesetzte - zuletzt abgerufen am 18.9.2024 (zit. als *Günther*, Der Cyberboss – Algorithmen als Vorgesetzte).

Gurevich, Yuri, What is an algorithm?, Microsoft Research, Microsoft Corporation, abrufbar unter https://www.microsoft.com/en-us/research/wp-content/uploads/2016/02/209-3.pdf - zuletzt abgerufen am 18.9.2024 (zit. als *Gurevich*, What is an algorithm?).

Gurley, Bill, A Deeper Look at Uber's Dynamic Pricing Model, 11.03.2014, abrufbar unter https://abovethecrowd.com/2014/03/11/a-deeper-look-at-ubers-dynamic-pricing-model/ - zuletzt abgerufen am 18.9.2024 (zit. als *Gurley*, A Deeper Look at Uber's Dynamic Pricing Model).

Güting, Ralf Hartmut/Dieker, Stefan, Datenstrukturen und Algorithmen, 3. Aufl., Wiesbaden, 2004 (zit. als *Güting/Dieker*, Datenstrukturen und Algorithmen).

Habersack, Mathias (Hrsg.), Münchener Kommentar zum Bürgerlichen Gesetzbuch, BGB, Band 7: Schuldrecht Besonderer Teil IV, 9. Auflage, München, 2024 (zit. als *Bearbeiter* in MüKoBGB).

Hager, Johannes (Hrsg.), J. von Staudingers Kommentar zum Bürgerlichen Gesetzbuch: Staudinger BGB - Buch 2: Recht der Schuldverhältnisse: §§ 823 E-I, 824, 825 (Verkehrspflichten, deliktische Produkthaftung, Verletzung eines Schutzgesetzes, Arzthaftungsrecht), Neubearbeitung 2021, Berlin, 2021 (zit. als *Bearbeiter* in Staudinger).

Hainz, Josef/Benditz, Robert, Indirekter Informationsaustausch in Hub and Spoke-Konstellationen, Der Teufel steckt im Detail, Europäische Zeitschrift für Wirtschaftsrecht 2012, 686–690 (zit. als *Hainz/Benditz*, EuZW 2012, 686,).

Hamabe, Yoichiro, Functions of Rule 12(b)(6) in the Federal Rules of Civil Procedure: A Categorization Approach, Campbell Law Review (15) 1993, abrufbar unter https://scholarship.law.campbell.edu/clr/vol15/iss2/1/ - zuletzt abgerufen am 18.9.2024 (zit. als *Hamabe*, Campbell L. Rev. 15 (1993), 119,).

Hanisch, Wilfried/Rudolph, Sebastian, Künstliche Intelligenz aus technischer Sicht, in: Alfred Krabbe, Hermann Michael Niemann, Thomas von Woedtke (Hrsg.), Künstliche Intelligenz, Macht der Maschinen und Algorithmen zwischen Utopie und Realität, Erkenntnis und Glaube Band 52, Leipzig 2022, S. 19–66 (zit. als *Hanisch/Rudolph*, Künstliche Intelligenz).

Happyhotel, Mehr Umsatz für dein Hotel, Erhalte algorithmusbasierte Preisvorschläge für mehr Umsatz, abrufbar unter https://happyhotel.io/ - zuletzt abgerufen am 18.9.2024 (zit. als *Happyhotel,* Mehr Umsatz für dein Hotel).

Hardes, Heinz-Dieter/Schmitz, Frieder, Grundzüge der Volkswirtschaftslehre, 7. Aufl., Berlin/Boston, 2018 (zit. als *Hardes/Schmitz*, Grundzüge der VWL).

Harrington Jr, Joseph E., Developing Competition Law for Collusion by Autonomous Price-Setting Agents, SSRN Journal 2017, abrufbar unter https://papers.ssrn.com/sol3/papers.cfm?abstract_id=3037818 - zuletzt abgerufen am 18.9.2024 (zit. als *Harrington Jr*, Developing Competition Law for Collusion by Autonomous Price-Setting Agents,).

Hartmann, Maximilian, Nutzeranonymität im Kontext der marktorientierten Unternehmensführung, Düsseldorf, 2022 (zit. als *Hartmann*, Nutzeranonymität im Kontext der marktorientierten Unternehmensführung).

Hatzopoulos, Vassilis/Roma, Sofia, Caring for sharing? The collaborative economy under EU law, Common Market Law Review (CMLR) (54) 2017, 81–127 (zit. als *Hatzopoulos/Roma*, CMLR 2017, 81,).

Hau, Wolfgang/Poseck, Roman (Hrsg.), BeckOK BGB, 71. Edition, Stand: 01.08.2024, München, 2024 (zit. als *Bearbeiter* in BeckOK BGB).

Haucap, Justus, Big Data aus wettbewerbs- und ordnungspolitischer Perspektive, Düsseldorf, 2018 (zit. als *Haucap*, Big Data aus wettbewerbs- und ordnungspolitischer Perspektive).

Haucap, Justus, Mögliche Wohlfahrtswirkungen eines Einsatzes von Algorithmen, Düsseldorf, 2021 (zit. als *Haucap*, Mögliche Wohlfahrtswirkungen eines Einsatzes von Algorithmen).

Haucap, Justus/Heimeshoff, Ulrich/Siekmann, Manuel, Fuel Prices and Station Heterogeneity on Retail Gasoline Markets, The energy journal (EJ) (38) 2017, 81–103 (zit. als *Haucap/Heimeshoff/Siekmann*, EJ 2017, 81,).

Haug, Andreas/Hillebrand, Rainer, Innovationsmanagement im Digital Business, Wie Unternehmen sich neu erfinden können, in: Gerrit Heinemann (Hrsg.), Web-Exzellenz im E-Commerce, Innovation und Transformation im Handel, Lehrbuch, Wiesbaden 2010, S. 43–70 (zit. als *A. Haug/Hillebrand*, Web-Exzellenz im E-Commerce).

Heckelmann, Martin, Crowdworking – eine arbeitsrechtliche Bestandsaufnahme, Neue Zeitschrift für Arbeitsrecht (NZA) 2022, 73–81 (zit. als *Heckelmann*, NZA 2022, 73,).

Heermann, Peter W./Schlingloff, Jochen (Hrsg.), Münchener Kommentar zum Lauterkeitsrecht, 3. Auflage, München, 2020 (zit. als *Bearbeiter* in MüKoUWG).

Heinemann, Andreas, Algorithmen als Anlass für einen neuen Absprachebegriff?, Schweizerische Zeitschrift für Wirtschafts- und Finanzmarktrecht 2019, 18–30 (zit. als *A. Heinemann*, SZW 2019, 18,).

Heinemann, Andreas, Algorithmenbasierte Kartelle, in: Inge Hochreutener, Walter A. Stoffel, Marc Amstutz (Hrsg.), 10ème Journée de droit de la concurrence/10. Tagung zum Wettbewerbsrecht, Droit de la procédure, activité économique de l'Etat et cartels fondés sur des algorithmes = 10. Tagung zum Wettbewerbsrecht: Verfahrensrecht, staatliche Wirtschaftstätigkeit und algorithmenbasierte Kartelle, IDé Bd. 19, Bern 2019, S. 1–23 (zit. als *A. Heinemann*, Algorithmenbasierte Kartelle).

Heinemann, Andreas/Gebicka, Aleksandra, Can Computers Form Cartels? About the Need for European Institutions to Revise the Concertation Doctrine in the Information Age, Journal of European Competition Law & Practice (7) 2016, 431–441 (zit. als *A. Heinemann/Gebicka*, JECLAP 2016, 431,).

Henn, Florian, Strafrechtliche Verfahrensgarantien im europäischen Kartellrecht, Berlin, Duncker & Humblot, 2018.

Hennemann, Moritz, Künstliche Intelligenz und Wettbewerbsrecht, Zeitschrift für Wettbewerbsrecht (ZWeR) 2018, 161–184 (zit. als *Hennemann*, ZWeR 2018, 161,).

Henssler, Martin/Krüger, Wolfgang (Hrsg.), Münchener Kommentar zum Bürgerlichen Gesetzbuch - Band 5, 9. Auflage, München, 2023 (zit. als *Bearbeiter* in MüKoBGB).

Herrler, Sebastian (Hrsg.), J. von Staudingers Kommentar zum Bürgerlichen Gesetzbuch mit Einführungsgesetz und Nebengesetzen: Buch 1: Allgemeiner Teil: §§ 90–124; §§ 130–133 (Sachbegriff, Geschäftsfähigkeit, Willenserklärung, Anfechtung, Auslegung), Neubearbeitung 2021, Berlin, 2021 (zit. als *Bearbeiter* in Staudinger).

Heydn, Truiken, Software as a Service (SaaS): Probleme und Vertragsgestaltung, Software im digitalen Zeitalter - „Schubladen" des BGB II, Zeitschrift für IT-Recht und Recht der Digitalisierung (MMR) 2020, 435–440 (zit. als *Heydn*, MMR 2020, 435,).

Hidar, Siham, Rechtliche Grenzen smarter Preisgestaltung, Baden-Baden, Nomos; Nomos Verlagsgesellschaft, 2021.

Higer, Daniel, Nachhaltigkeitsvereinbarungen im Lichte jüngster Entwicklungen – endlich Rechtssicherheit?, NZKart - Neue Zeitschrift für Kartellrecht 2022, 547–555 (zit. als *Higer*, NZKart 2022, 547,).

Hill, Robin K., What an Algorithm Is, Philosophy & Technology (P&T) (29) 2016, 35–59 (zit. als *Hill*, P&T 2016, 35,).

Hill, Robin K., What an Algorithm Is and Is Not, letters to the editor, Commun. ACM (56) 2013, 8–9, abrufbar unter http://dx.doi.org/10.1145/2461256.2461260 - zuletzt abgerufen am 18.9.2024 (zit. als *Hill*, Commun. ACM 2013, 8,).

Hoberg, Peter, Gewinnoptimierung mit realistischen Preisabsatzfunktionen, Der Betrieb 2018, 1937–1941 (zit. als *Hoberg*, DB 2018, 1937,).

Hofmann, Franz/Freiling, Felix, Personalisierte Preise und das Datenschutzrecht, Anforderungen an die datenschutzrechtliche Einwilligung, Zeitschrift für Datenschutz 2020, 331–335 (zit. als *F. Hofmann/Freiling*, ZD 2020, 331,).

Hofmann, Thomas, Buchpreisbindungen auf dem Prüfstand des Europarechts - Bleibt in Deutschland alles beim Alten?, GRUR - Gewerblicher Rechtsschutz und Urheberrecht 2000, 555–569 (zit. als *T. Hofmann*, GRUR 2000, 555,).

Hoidn, Florian, Künstliche Intelligenz und Kommunikation in Koordinierungsproblemen, Berlin, Humboldt-Universität zu Berlin, 2020.

Horstmann, Niklas/Kraemer, Jan/Schnurr, Daniel, Number Effects and Tacit Collusion in Experimental Oligopolies 2018, abrufbar unter https://papers.ssrn.com/sol3/papers.cfm?abstract_id=2535862 - zuletzt abgerufen am 18.9.2024 (zit. als *Horstmann/Kraemer/Schnurr*, Number Effects and Tacit Collusion in Experimental Oligopolies,).

Huckemann, Matthias/Krug, Thorsten, Umsetzungsmanagement von Preisstrategien, Wie Sie Ihre Preise erfolgreich und nachhaltig zum Laufen bringen, Berlin, Heidelberg, 2013 (zit. als *Huckemann/Krug*, Umsetzungsmanagement von Preisstrategien).

Hutschneider, Markus/Stieglitz, Robert, Die tatsächliche Kartellschadensanscheinsbeweisvermutung – Eine Bestandsaufnahme zu den Beweiserleichterungen im Kartellschadensersatzprozess, NZKart - Neue Zeitschrift für Kartellrecht 2019, 363–371 (zit. als *Hutschneider/Stieglitz*, NZKart 2019, 363,).

Ḫwārizmī, Muḥammad Ibn-Mūsā al, Die älteste lateinische Schrift über das indische Rechnen nach al-Hwärizml, in: Menso Folkerts, Paul Kunitzsch (Hrsg.), Die älteste lateinische Schrift über das indische Rechnen nach al-Ḫwārizmī, Abhandlungen / Bayerische Akademie der Wissenschaften, Philosophisch-Historische Klasse N.F., 113, München 1997, S. 13–18 (zit. als *Ḫwārizm*ī, Die älteste lateinische Schrift über das indische Rechnen nach al-Hwärizml).

ibi research an der Universität Regensburg GmbH:/trinnovative GmbH, Empirie zu personalisierten Preisen im E-Commerce, 2021, abrufbar unter https://www.bmj.de/SharedDocs/Downloads/DE/Service/Fachpublikationen/Schlussbericht_Empirie.pdf?__blob=publicationFile&v=1 - zuletzt abgerufen am 18.9.2024 (zit. als *ibi research Uni Regensburg/ trinnovative*, Empirie zu personalisierten Preisen im E-Commerce, 2021).

IEEE Computer Society (Hrsg.), Proceedings of the 2012 8th International Conference on Intelligent Environments, 2012 8th International Conference on Intelligent Environments (IE), Guanajuato, Mexico, 26.06.2012–29.06.2012, 2012.

Immenga, Ulrich/Mestmäcker, Ernst-Joachim (Hrsg.), Wettbewerbsrecht, 6. Aufl., München, 20XX- (zit. als *Bearbeiter* in Immenga/Mestmäcker WettbR).

Instituto Brasileiro de Estudos de Concorrência, Consumo e Comércio, The future of antitrust, 2020, abrufbar unter https://ibrac.org.br/book/the-future-of-antitrust/ - zuletzt abgerufen am 18.9.2024 (zit. als *IBRAC*, The future of antitrust).

Intelligent Apps GmbH, Homepage - Get there your way – mit FREE NOW, abrufbar unter https://www.free-now.com/de/ - zuletzt abgerufen am 18.9.2024 (zit. als *FreeNow*, Homepage).

International Business Machines Corporation, Deep Blue, abrufbar unter https://www.ibm.com/history/deep-blue - zuletzt abgerufen am 18.9.2024 (zit. als *IBM*, Webseite Deep Blue).

Ittoo, Ashwin/Petit, Nicolas, Algorithmic Pricing Agents and Tacit Collusion: A Technological Perspective, in: Alexandre de Streel, Hervé Jacquemin (Hrsg.), L'intelligence artificielle et le droit, Collection du Crids Bd. 41, Bruxelles 2017, S. 241–256 (zit. als *Ittoo/Petit*, Algorithmic Pricing Agents and Tacit Collusion: A Technological Perspective).

Ivaldi, Marc/Jullien, Bruno/Rey, Patrick/Seabright, Paul/Tirole, Jean, The Economics of Tacit Collusion, Final Report for DG Competition, European Commission, 2003, abrufbar unter https://idei.fr/sites/default/files/medias/doc/wp/2003/tacit_collusion.pdf - zuletzt abgerufen am 18.9.2024 (zit. als *Ivaldi* et al., The Economics of Tacit Collusion).

Jaeger, Wolfgang et al. (Hrsg.), Frankfurter Kommentar zum Kartellrecht, Mit Kommentierung des EU-Kartellrechts, des GWB und einer Darstellung ausländischer Kartellrechtsordnungen, 108. Lieferung, 5/2024, Köln, 20XX (zit. als *Bearbeiter* in FFKK).

Japan Fair Trade Commission, Algorithms/AI and Competition Policy, 2021, abrufbar unter https://www.jftc.go.jp/en/pressreleases/yearly-2021/March/210331004.pdf - zuletzt abgerufen am 18.9.2024 (zit. als *Japan Fair Trade Commission*, Algorithms/AI and Competition Policy).

Jensen, Maren, Welche Bahn-Alternative sich lohnt, 29.05.2019, abrufbar unter https://www.sueddeutsche.de/auto/flixbus-blablacar-vergleich-mitfahrzentrale-fernbus-1.4462969 - zuletzt abgerufen am 18.9.2024 (zit. als *Jensen*, Welche Bahn-Alternative sich lohnt, SZ vom 29.05.2019).

Jeschonneck, Malte, Collusion among autonomous pricing algorithms utilizing function approximation methods, Düsseldorf, August 2021 (zit. als *Jeschonneck*, Collusion among autonomous pricing algorithms utilizing function approximation methods).

Junker, Abbo, Die Einflüsse des europäischen Rechts auf die personelle Reichweite des Arbeitnehmerschutzes – der Arbeitnehmerbegriff in der Rechtsprechung des Europäischen Gerichtshofs, Europäische Zeitschrift für Arbeitsrecht (EuZA) 2016, 184–206 (zit. als *Junker*, EuZA 2016, 184,).

Kandula, Srikanth et al. (Hrsg.), Proceedings of the 11th ACM Workshop on Hot Topics in Networks - HotNets-XI, the 11th ACM Workshop, Redmond, Washington, 29.10.2012–30.10.2012, New York, New York, USA, 2012.

Kaplow, Louis, Price-fixing policy, International journal of industrial organization (IJoIO) 2018, 749–776 (zit. als *Kaplow*, IJoIO 2018, 749,).

Käseberg, Thorsten/Kalben, Jonas von, Herausforderungen der Künstlichen Intelligenz für die Wettbewerbspolitik, Wirtschaft und Wettbewerb (WuW) 2018, 2–8 (zit. als *Käseberg/Kalben*, WuW 2018, 2,).

Kessler-Thönes, Tino, Management-, Mitarbeiter- und Kundenmotivation als Determinanten der Zahlungsbereitschaft von Dienstleistungskunden, Eine empirische Mehrebenenanalyse, Wiesbaden, 2008 (zit. als *Kessler-Thönes*, Management-, Mitarbeiter- und Kundenmotivation als Determinanten der Zahlungsbereitschaft von Dienstleistungskunden).

King, Stephen P., Sharing Economy: What Challenges for Competition Law?, Journal of European Competition Law & Practice (6) 2015, 729–734 (zit. als *King*, JECLAP 2015, 729,).

Kirchhoff, Petra, Die Preise werden smart, Frankfurter Allgemeine Zeitung vom 23.10.2015, abrufbar unter https://www.faz.net/aktuell/rhein-main/supermaerkte-fuehren-elektronische-preisschilder-ein-13861171.html - zuletzt abgerufen am 18.9.2024 (zit. als *P. Kirchhoff*, Die Preise werden smart, FAZ vom 23.10.2015).

Kirste, Moritz/Schürholz, Markus, Einleitung: Entwicklungswege zur KI, in: Volker Wittpahl (Hrsg.), Künstliche Intelligenz, Technologien | Anwendung | Gesellschaft, Berlin, Heidelberg 2018 (zit. als *Kirste/Schürholz*, Entwicklungswege zur KI).

Kjolbye, Lars, The new Commission guidelines on the application of article 81(3): an economic approach to article 81, ECLR - European Competition Law Review 2004, 566–577 (zit. als *Kjolbye*, ECLR 2004, 566,).

Klein, Timo, Assessing Autonomous Algorithmic Collusion: Q-Learning Under Sequential Pricing, Amsterdam Law School, 2018 (zit. als *Klein*, Assessing Autonomous Algorithmic Collusion: Q-Learning Under Sequential Pricing).

Kling, Michael/Thomas, Stefan, Kartellrecht, 2. Aufl., München, 2016 (zit. als *Kling/Thomas*, Kartellrecht).

Knuth, Donald Ervin, The art of computer programming, 3. Aufl., Amsterdam, 2011 (zit. als *Knuth*, The art of computer programming).

Koch, Jens, Die Einbeziehung nichtwettbewerblicher Erwägungen in die Freistellungsentscheidung nach Art. 81 Abs. 3 EG, Zeitschrift für das gesamte Handels- und Wirtschaftsrecht (ZHR) (169) 2005, 625–647 (zit. als *Koch*, ZHR 169 (2005), 625,).

Koch, Jens, Die Einheit der nationalen Rechtsordnung und die europäische Privatrechtsangleichung, Juristische Zeitung (JZ) 2006, 277–284 (zit. als *Koch*, JZ 2006, 277,).

König, Carsten, KI und Wettbewerbsrecht, in: Martin Ebers, Christian Heinze, Tina Krügel et al. (Hrsg.), Künstliche Intelligenz und Robotik, Rechtshandbuch, München 2020, S. 542–572 (zit. als *König*, KI und Wettbewerbsrecht).

Konkurransetilsynet, What effect can Algorithms have on competition?, The Norwegian Competition Authority's market survey on the use of monitoring and pricing algorithms., 2021, abrufbar unter https://konkurransetilsynet.no/wp-content/uploads/2021/03/Report-Algorithms-english-version-2021.pdf - zuletzt abgerufen am 18.9.2024 (zit. als *Konkurransetilsynet*, What effect can Algorithms have on competition?).

Konkurrensverket, Collusion in Algorithmic Pricing, 2021, abrufbar unter https://www.konkurrensverket.se/globalassets/dokument/informationsmaterial/rapporter-och-broschyrer/uppdragsforskning/forsk-rapport_2021-3.pdf - zuletzt abgerufen am 18.9.2024 (zit. als *Konkurrensverket*, Collusion in Algorithmic Pricing).

Kovacic, William E., Antitrust Policy and Horizontal Collusion in the 21st Century, Loyola Consumer Law Review, 97–110 (zit. als *Kovacic*, LCLR 1997, 97,).

Kremmel, Dietmar, Meteo-dynamisches Pricing, WiSt - Wirtschaftswissenschaftliches Studium (WIST) (49) 2020, 49–52 (zit. als *Kremmel,* WIST 2020, 49,).

Krüger, Carsten, Der Gesamtschuldnerausgleich im System der privaten Kartellrechtsdurchsetzung, Wirtschaft und Wettbewerb (WuW) (62) 2012, 6–13 (zit. als *C. Krüger,* WuW 2012, 6,).

Krüger, Wolfgang/Rauscher, Thomas (Hrsg.), Münchener Kommentar zur Zivilprozessordnung, Mit Gerichtsverfassungsgesetz und Nebengesetzen, 6. Auflage, München, 2020 (zit. als *Bearbeiter* in MüKoZPO).

Künstner, Kim Manuel, Preissetzung durch Algorithmen als Herausforderung des Kartellrechts Verhaltenskoordinierung über Algorithmen und Systeme Künstlicher Intelligenz, GRUR - Gewerblicher Rechtsschutz und Urheberrecht 2019, 36–42 (zit. als *Künstner,* GRUR 2019, 36,).

Künstner, Kim Manuel/Franz, Benjamin, Preisalgorithmen und Dynamic Pricing: Eine neue Kategorie kartellrechtswidriger Abstimmungen?, Kommunikation & Recht (K&R) 2017, 688–693 (zit. als *Künstner/Franz,* K&R 2017, 688,).

Kyrer, Alfred/Penker, Walter, Volkswirtschaftslehre, Grundzüge der Wirtschaftstheorie und -politik, 6. Aufl., Berlin/Boston, 2018 (zit. als *Kyrer/Penker,* Volkswirtschaftslehre).

Lang, Hans Werner, Algorithmen in Java, 2. Aufl., München, 2009 (zit. als *Lang,* Algorithmen in Java).

Lange, Knut Werner, Kampfpreisstrategien (predatory pricing) im europäischen Kartellrecht, Zeitschrift für das gesamte Handels- und Wirtschaftsrecht (ZHR) (169) 2005, 495–508 (zit. als *Lange,* ZHR 169 (2005), 495,).

Lanxner, Eyal, The Amazon Buy Box: How It Works for Sellers, and Why It's So Important, abrufbar unter https://www.bigcommerce.com/blog/win-amazon-buy-box/ - zuletzt abgerufen am 18.9.2024 (zit. als *Lanxner,* The Amazon Buy Box: How It Works for Sellers, and Why It's So Important).

Lebensmittel Zeitung vom 01.11.2019, dm startet Omni-Channel-App, 53/IT & Logistics (zit. als *Lebensmittel Zeitung vom 01.11.2019,* dm startet Omni-Channel-App).

Lebensmittel Zeitung vom 08.08.2014, Maßgeschneiderte Rabatte zeigen Wirkung Künstliche Intelligenz von SO1 berechnet im GfK-Testmarkt Haßloch personalisierte Aktionspreise, 34/IT & Logistics (zit. als *Lebensmittel Zeitung vom 08.08.2014,* Künstliche Intelligenz von SO1 berechnet im GfK-Testmarkt Haßloch personalisierte Aktionspreise).

Lebensmittel Zeitung vom 13.04.2017, Couponing-Markt auf Wachstumskurs, 35/Marketing (zit. als *Lebensmittel Zeitung vom 13.04.2017*, Couponing-Markt auf Wachstumskurs).

Lebensmittel Zeitung vom 17.07.2017, Personalisiertes Couponing bei Real, 43/Marketing (zit. als *Lebensmittel Zeitung vom 17.07.2017*, Personalisiertes Couponing bei Real).

Lebensmittel Zeitung vom 23.08.2018, Lidl baut digitales Layalty-System, 41/IT & Logistics (zit. als *Lebensmittel Zeitung vom 23.08.2018*, Lidl baut digitales Layalty-System in Europa aus).

LeCun, Yann/Bengio, Yoshua/Hinton, Geoffrey, Deep learning, Nature (521) 2015, 436–444 (zit. als *LeCun/Bengio/Hinton*, Nature 2015, 436,).

Lenz, Lukas, Haftung ohne Verschulden in deutscher Gesetzgebung und Rechtswissenschaft des 19. Jahrhunderts, Zugl.: Hamburg, Univ., Diss., 1995, Münster, Lit, 1995.

Leventhal, Barry/Breur, Tom, Intelligent markdown pricing, Journal of Direct, Data and Digital Marketing Practice (JoDDDMP) (13) 2012, 207–220 (zit. als *Leventhal/Breur*, JoDDDMP 2012, 207,).

Liesegang, Heiko, Hub and Spoke Conspiracies im U.S. Kartellrecht, Eine rechtsvergleichende Untersuchung, Wirtschaft und Wettbewerb (WuW) 2012, 1036–1048 (zit. als *Liesegang*, WuW 2012, 1036,).

Lingemann, Stefan/Otte, Jörn, Arbeitsrechtliche Fragen der „economy on demand“, Neue Zeitschrift für Arbeitsrecht (NZA) 2015, 1042–1047 (zit. als *Lingemann/Otte*, NZA 2015, 1042,).

LINK Institut für Markt und Sozialforschung GmbH, Abschlussbericht zum Projekt: Repräsentative Verbraucherbefragung in der Gruppe der Internetnutzer, Studien und Gutachten im Auftrag des Sachverständigenrats für Verbraucherfragen, 2016, abrufbar unter http://www.svr-verbraucherfragen.de/wp-content/uploads/2016/01/Endbericht-Verbraucherbefragung.pdf - zuletzt abgerufen am 18.9.2024 (zit. als *LINK*, Repräsentative Verbraucherbefragung in der Gruppe der Internetnutzer).

Loewenheim, Ulrich et al. (Hrsg.), Kartellrecht, Kommentar zum Deutschen und Europäischen Recht, 4. Auflage, München, 2020 (zit. als *Bearbeiter* in LMRKM).

Lorenz, Uwe, Reinforcement Learning, Aktuelle Ansätze verstehen - mit Beispielen in Java und Greenfoot, Berlin, Heidelberg, 2020 (zit. als *U. Lorenz*, Reinforcement Learning).

Louven, Sebastian, Antitrust by Design – kartellrechtliche Technik-Compliance für Algorithmen, Blockchain und Plattformen?, in: Jürgen Taeger (Hrsg.),

Im Fokus der Rechtsentwicklung - die Digitalisierung der Welt, Edewecht 2021, S. 477–491 (zit. als *Louven*, DSRITB 2018, 477).

Löwisch, Manfred/Rieble, Volker, Tarifvertragsgesetz, Kommentar, 4. Aufl., München, 2017 (zit. als *Löwisch/Rieble*, Tarifvertragsgesetz).

Lübke, Julia, Preisabstimmung durch Algorithmen, Zeitschrift für das gesamte Handels- und Wirtschaftsrecht (ZHR) (185) 2021, 723–769 (zit. als *Lübke*, ZHR 185 (2021), 723,).

Lüders, Sören Oliver, Entwicklung eines Evolutionären Algorithmus zur Preisoptimierung für kleine und mittlere Handelsunternehmen, Göttingen, 2018 (zit. als *Lüders*, Entwicklung eines Evolutionären Algorithmus zur Preisoptimierung).

MacKie-Mason, Jeffrey/Parkes, David/Resnick, Paul (Hrsg.), Proceedings of the 8th ACM conference on Electronic commerce - EC '07, the 8th ACM conference, San Diego, California, USA, 11.06.2007–15.06.2007, 11.06.2007–15.06.2007.

Manegold, Thorsten, Zum Spannungsverhältnis zwischen abfallrechtlicher Produktverantwortung und Kartellverbot, Ist die abfallrechtliche Produktverantwortung wettbewerbsfeindlich?, Marburg, 2004 (zit. als *Manegold*, Zum Spannungsverhältnis zwischen abfallrechtlicher Produktverantwortung und Kartellverbot).

Mankiw, Nicholas Gregory/Taylor, Mark P., Grundzüge der Volkswirtschaftslehre, 8. Aufl., Stuttgart, 2021 (zit. als *Mankiw/Taylor*, Grundzüge der VWL).

Marcken, Carl de, Computational Complexity of Air Travel Planning, 2003, abrufbar unter http://www.demarcken.org/carl/papers/ITA-software-travel-complexity/img0.html - zuletzt abgerufen am 18.9.2024 (zit. als *Marcken*, Computational Complexity of Air Travel Planning).

Markov, Andrej A./Nagornyj, Nikolaj M., The theory of algorithms, Dordrecht, 1988 (zit. als *Markov/Nagornyj*, The theory of algorithms).

Martini, Mario, Blackbox Algorithmus – Grundfragen einer Regulierung Künstlicher Intelligenz, Berlin, Heidelberg, 2019 (zit. als *Martini*, Blackbox Algorithmus).

Maxwell, Sarah/Garbarino, Ellen, The identification of social norms of price discrimination on the internet, Journal of Product & Brand Management (19) 2010, 218–224 (zit. als *Maxwell/Garbarino*, Jnl of Prod. & Brand Mgt 2010, 218,).

Mayer, Christian, Ziele und Grenzen des Kartellverbots im Recht der EG und der USA, Zur Rechtfertigung wettbewerbsbeschränkender Vereinbarungen unter Berufung auf wettbewerbsfremde Gesichtspunkte, Baden-Baden, 2005 (zit. als *C. Mayer*, Ziele und Grenzen des Kartellverbots im Recht der EG und der USA).

Meessen, Karl Matthias, Die 7. GWB-Novelle – verfassungsrechtlich gesehen, Wirtschaft und Wettbewerb (WuW) 2004, 733–744 (zit. als *Meessen*, WuW 2004, 733,).

Mehra, Salil K., Antitrust and the Robo-Seller: Competition in the Time of Algorithms, Minnesota Law Review 2016, 1323–1375 (zit. als *Mehra*, Minn. Law Rev. 2016, 1323,).

Melis, Giuseppe/Piga, Claudio A., Are all online hotel prices created dynamic? An empirical assessment, International Journal of Hospitality Management (67) 2017, 163–173 (zit. als *Melis/Piga*, Melis et al., Int. Journ. of Hosp. Mngmnt, 2017, 163,).

Merz, Ernst, Arbeit 4.0 - Herausforderung für die soziale Sicherheit, Juris - Die Monatszeitschrift (jM) 2019, 330–336 (zit. als *Merz*, jM 2019, 330,).

Meßmer, Stefan, § 42 Rabatt- und Bonusgestaltung im Vertrieb, in: Michael Martinek, Franz-Jörg Semler, Eckhard Flohr (Hrsg.), Handbuch des Vertriebsrechts, 4., neubearbeitete und erweiterte Auflage, 2016 (zit. als *Meßmer*, § 42).

Miao, Sentao/Chen, Xi/Chao, Xiuli/Liu, Jiaxi/Zhang, Yidong, Context-Based Dynamic Pricing with Online Clustering, 2019, abrufbar unter https://arxiv.org/abs/1902.06199 - zuletzt abgerufen am 18.9.2024 (zit. als *Miao* et al., Context-Based Dynamic Pricing with Online Clustering).

Mikians, Jakub/Gyarmati, László/Erramilli, Vijay/Laoutaris, Nikolaos, Detecting price and search discrimination on the internet, in: Srikanth Kandula, Jitendra Padhye, Emin Gun Sirer et al. (Hrsg.), Proceedings of the 11th ACM Workshop on Hot Topics in Networks - HotNets-XI, the 11th ACM Workshop in Redmond, Washington, 29.10.2012–30.10.2012, New York, New York, USA 2012, S. 79–84 (zit. als *Mikians* et al., Detecting price and search discrimination on the internet).

Miller, Akiva, What Do We Worry About When We Worry About Price Discrimination?, The Law and Ethics of Using Personal Information for Pricing, Journal of Technology Law & Policy (19) 2014, 41–104, abrufbar unter https://ssrn.com/abstract=2315315 - zuletzt abgerufen am 18.9.2024 (zit. als *Miller*, JoTLP 2014, 41,).

Minar, Matiur Rahman/Naher, Jibon, Recent Advances in Deep Learning: An Overview, 2018 (zit. als *Minar/Naher*, Recent Advances in Deep Learning: An Overview).

Minderest SL, Homepage Pricing Tool für E-Commerce, abrufbar unter https://www.minderest.com/de/saas-pricing-tool-ecommerce - zuletzt abgerufen am 18.9.2024 (zit. als *Minderest SL*, Homepage).

Mohr, Jochen, Bezweckte und bewirkte Wettbewerbsbeschränkungen gemäß Art. 101 Abs. 1 AEUV, Zeitschrift für Wettbewerbsrecht (ZWeR) 2015, 1–20 (zit. als *Mohr*, ZWeR 2015, 1,).

Mohr, Jochen, Das Verhältnis von Tarifvertragsrecht und Kartellrecht am Beispiel solo-selbständiger Unternehmer, Europäische Zeitschrift für Arbeitsrecht (EuZA) 2018, 436–462 (zit. als *Mohr*, EuZA 2018, 436,).

Mohr, Jochen, Die Auswirkungen des arbeitsrechtlichen Verbots von Altersdiskriminierungen auf Gesellschaftsorgane, Zeitschrift für das gesamte Handels- und Wirtschaftsrecht (ZHR) (178) 2014, 326–367 (zit. als *Mohr*, ZHR 178 (2014), 326,).

Mohr, Jochen, Kartellrechtlicher Konditionenmissbrauch durch datenschutzwidrige Allgemeine Geschäftsbedingungen, Die Facebook-Entscheidung des Bundeskartellamts v. 6.2.2019, Europäische Zeitschrift für Wirtschaftsrecht (EuZW) 2019, 265–273 (zit. als *Mohr*, EuZW 2019, 265,).

Mohr, Jochen, Sicherung der Vertragsfreiheit durch Wettbewerbs- und Regulierungsrecht, Domestizierung wirtschaftlicher Macht durch Inhaltskontrolle der Folgeverträge, Tübingen, 2015 (zit. als *Mohr*, Sicherung der Vertragsfreiheit durch Wettbewerbs- und Regulierungsrecht).

Mohr, Jochen, Soloselbständige zwischen Wettbewerbsrecht und Kollektivarbeitsrecht, in: Hans Hanau, Wenzel Matiaske (Hrsg.), Entgrenzung von Arbeitsverhältnissen, Arbeitsrechtliche und sozialwissenschaftliche Perspektiven, Baden-Baden 2019, S. 99–131 (zit. als *Mohr*, Soloselbständige zwischen Wettbewerbsrecht und Kollektivarbeitsrecht).

Mohr, Jochen, Wettbewerbsrecht und Ökonomie im digitalen 21. Jahrhundert: Zugleich ein Beitrag zur Intel-Entscheidung des Europäischen Gerichtshofs und zum Facebook-Verfahren des Bundeskartellamts, ORDO - Jahrbuch für die Ordnung von Wirtschaft und Gesellschaft 2018, 259–308 (zit. als *Mohr*, ORDO 2018, 259,).

Mohr, Jochen/Mey, Paul, Kollektivverträge über die Tätigkeitsbedingungen von Solo-Selbständigen nach den neuen Leitlinien der Kommission, NZKart - Neue Zeitschrift für Kartellrecht 2022, 665–674 (zit. als *Mohr/Mey*, NZKart 2022, 665,).

Möhring, Michael/Keller, Barbara/Schmidt, Rainer, Insights into Advanced Dynamic Pricing Systems at Hotel Booking Platforms, in: Juho Pesonen, Julia Neidhardt (Hrsg.), Information and Communication Technologies in Tourism 2019, Cham 2019, S. 265–277 (zit. als *Möhring/Keller/R. Schmidt*, Insights into Advanced Dynamic Pricing Systems at Hotel Booking Platforms).

Monopolkommission, XXII. Hauptgutachten gemäß § 44 Abs. 1 Satz 1 GWB, Algorithmen und Kollusion, 2018, abrufbar unter https://www.monopolkommission.de/images/HG22/HGXXII_Gesamt.pdf - zuletzt abgerufen am 18.9.2024 (zit. als *Monopolkommission*, XXII. Hauptgutachten 2018).

Montag, Frank et al. (Hrsg.), Münchener Kommentar zum Wettbewerbsrecht, In 2 Bänden. Bd. 1: Europäisches Wettbewerbsrecht/Bd. 2: Deutsches Wettbewerbsrecht. Gesetz gegen Wettbewerbsbeschränkungen (GWB) §§ 1–96, 185, 186, 4. Auflage, München, 2022 (zit. als *Bearbeiter* in MüKoWettbR).

Morley, Katie, Exclusive: End of fixed prices within five years as supermarkets adopt electronic price tags, The telegraph online, 24.07.2017, abrufbar unter https://www.telegraph.co.uk/news/2017/06/24/exclusive-end-fixed-prices-within-five-years-supermarkets-adopt/ - zuletzt abgerufen am 18.9.2024 (zit. als *Morley*, End of fixed prices within five years as supermarkets adopt electronic price tags, The Telegraph online, 24.07.2017).

Moschovakis, Yiannis N., On founding the theory of algorithms, 2002, abrufbar unter https://www.math.ucla.edu/~ynm/papers/foundalg.pdf - zuletzt abgerufen am 18.9.2024 (zit. als *Moschovakis*, On founding the theory of algorithms).

Moschovakis, Yiannis N., What is an algorithm, in: Björn Engquist, Wilfried Schmid (Hrsg.), Mathematics unlimited - 2001 and beyond, Berlin, Heidelberg 2001, S. 919–936 (zit. als *Moschovakis*, What is an algorithm).

Müller-Glöge, Rudi et al. (Hrsg.), Erfurter Kommentar zum Arbeitsrecht, 24. Auflage, München, 2024 (zit. als *Bearbeiter* in ErfKArbR).

Mundt, Andreas, Algorithmen und Wettbewerb in einer digitalen Welt, Zeitschrift für Vertriebsrecht (ZVertriebsR) 2021, 69–71 (zit. als *Mundt*, ZVertriebsR 2021, 69,).

Nagel, Stephan Manuel, Preisalgorithmen als Compliance-Risiko, Compliance 3/2018, 2 (zit. als *Nagel*, Compliance 3/2018, 2,).

Newell, Sue/Marabelli, Marco, Strategic opportunities (and challenges) of algorithmic decision-making: A call for action on the long-term societal effects of 'datification', The Journal of Strategic Information Systems (24) 2015, 3–14 (zit. als *Newell/Marabelli*, JoSIS 2015, 3,).

Nicolai, Birger, Die schlaue Tankstelle bestraft die naiven Autofahrer, Die Welt+ online, 15.05.2017, 2017, abrufbar unter https://www.welt.de/wirtschaft/plus164589308/Die-schlaue-Tankstelle-bestraft-die-naiven-Autofahrer.html - zuletzt abgerufen am 18.9.2024 (zit. als *Nicolai*, Die schlaue Tankstelle bestraft die naiven Autofahrer).

Normann, Hans-Theo/Sternberg, Martin, Human-Algorithm Interaction: Algorithmic Pricing in Hybrid Laboratory Markets, Discussion Papers of the Max Planck Institute for Research on Collective Goods 2021/11, 2022, abrufbar unter https://econpapers.repec.org/paper/mpgwpaper/2021_5f11.htm - zuletzt abgerufen am 18.9.2024 (zit. als *Normann/Sternberg*, Human-Algorithm Interaction: Algorithmic Pricing in Hybrid Laboratory Markets).

Nowak, Carsten, § 63 Grundrechtsdimensionen des Umweltschutzes, in: F. Sebastian M. Heselhaus, Carsten Nowak (Hrsg.), Handbuch der Europäischen Grundrechte, 2. Auflage, München, Basel, Wien 2020 (zit. als *Nowak*, § 63).

Nyga, Thomas, Der definitive Ratgeber - Repricing im E-Commerce, abrufbar unter https://www.beny-repricing.de/der-definitive-ratgeber-repricing-im-ecommerce - zuletzt abgerufen am 19.7.2023 (zit. als *Nyga*, Repricing im E-Commerce).

Oberhuber, Nadine, Das Mytaxi-Prinzip, Zeit Online vom 17.01.2018, abrufbar unter https://www.zeit.de/mobilitaet/2018-01/taxiunternehmen-mytaxi-app-kritik-preis-provision-probleme - zuletzt abgerufen am 18.9.2024.

Odudu, Okeoghene, Indirect Information Exchange: The Constituent Elements of Hub and Spoke Collusion, European Competition Journal (7) 2011, 205–242 (zit. als *Odudu*, ECJ 2011, 205,).

Organisation für wirtschaftliche Zusammenarbeit und Entwicklung, Algorithms and Collusion, competition policy in the digital age, 2017, abrufbar unter https://www.oecd.org/daf/competition/algorithms-and-collusion.htm - zuletzt abgerufen am 18.9.2024 (zit. als *OECD*, Algorithms and Collusion).

Organisation für wirtschaftliche Zusammenarbeit und Entwicklung, Big Data: Bringing Competition Policy to the Digital Era, DAF/COMP (2016) 14, 2016, abrufbar unter https://one.oecd.org/document/DAF/COMP(2016)14/en/pdf - zuletzt abgerufen am 18.9.2024 (zit. als *OECD*, Big Data: Bringing Competition Policy to the Digital Era).

Organisation für wirtschaftliche Zusammenarbeit und Entwicklung, Glossary of industrial organisation economics and competition law, 1993, abrufbar unter https://www.concurrences.com/IMG/pdf/oecd_-_glossary_of_industrial_organisation_economics_and_competition_law.pdf - zuletzt abgerufen am 18.9.2024 (zit. als *OECD*, Glossary of industrial organisation economics and competition law).

Organisation für wirtschaftliche Zusammenarbeit und Entwicklung, Information Exchanges Between Competitors under Competition Law, DAF/COMP(2010)37, 2011, abrufbar unter https://www.oecd-ilibrary.org/finance-and-investment/information-exchanges-between-competitors-under-competition-law_327f7dd3-en - zuletzt abgerufen am 18.9.2024 (zit. als *OECD*, Information Exchanges Between Competitors under Competition Law).

Organisation für wirtschaftliche Zusammenarbeit und Entwicklung, Personalised Pricing in the Digital Era, DAF/COMP(2018)13, 20.11.2018, abrufbar unter https://one.oecd.org/document/DAF/COMP(2018)13/en/pdf - zuletzt abgerufen am 18.9.2024 (zit. als *OECD*, Personalised Pricing in the Digital Era).

Organisation für wirtschaftliche Zusammenarbeit und Entwicklung, Plea Bargaining: Settlement of Cartel Cases, OECD Journal: Competition Law and Policy (11) 2011, 107–151, abrufbar unter https://read.oecd-ilibrary.org/governance/plea-bargaining_clp-11-5kg9qgf2cp9s - zuletzt abgerufen am 18.9.2024 (zit. als *OECD*, OECD Journal: Competition Law and Policy 2011, 107,).

Østbø Hilsen, Hans Olav, Simulating Dynamic Pricing Algorithm Performance in Heterogeneous Markets, Norwegian University of Science and Technology, 2016, abrufbar unter https://ntnuopen.ntnu.no/ntnu-xmlui/handle/11250/2433836 - zuletzt abgerufen am 18.9.2024 (zit. als *Østbø Hilsen*, Simulating Dynamic Pricing Algorithm Performance in Heterogeneous Markets).

Oxera Consulting LLP, When algorithms set prices: winners and losers, Discussion paper, 2017, abrufbar unter https://www.oxera.com/wp-content/uploads/2018/07/When-algorithms-set-prices-winners-and-losers.pdf.pdf - zuletzt abgerufen am 18.9.2024 (zit. als *Oxera*, When algorithms set prices).

Paal, Boris, Missbrauchstatbestand und Algorithmic Pricing, GRUR (Gewerblicher Rechtsschutz und Urheberrecht) 2019, 43–53 (zit. als *Paal*, GRUR 2019, 43,).

Paschke, Marian et al. (Hrsg.), Hamburger Kommentar Gesamtes Medienrecht, 4. Auflage, Baden-Baden, 2021 (zit. als *Bearbeiter* in HambK MedienR).

Passaro, Nicholas A., How Meyer v. Uber Could Demonstrate That Uber and the Sharing Economy Fit into Antitrust Law, Michigan Business & Entrepreneurial Law Review 2018, 260–282 (zit. als *Passaro*, Mich. Bus. & Law Entr. Rev. 2018, 260,).

Pechstein, Matthias/Nowak, Carsten/Häde, Ulrich (Hrsg.), Frankfurter Kommentar zu EUV, GRC und AEUV, 2. Auflage, Tübingen, 2023 (zit. als *Bearbeiter* in FFK EUV/GRC/AEUV).

Perpetua Labs GmbH, Webseite Amazon Buy Box: Einsteiger Guide für Amazon Seller, abrufbar unter https://perpetua.io/de/blog-amazon-buy-box-einsteiger-guide-amazon-seller/ - zuletzt abgerufen am 18.9.2024 (zit. als *Perpetua Labs GmbH*, Amazon Buy Box: Einsteiger Guide für Amazon Seller).

Picht, Peter Georg/Freund, Benedikt, Competition (Law) in the Era of Algorithms, Max Planck Institute for Innovation & Competition Research Paper

No. 18–10, SSRN Journal 2018, abrufbar unter https://papers.ssrn.com/sol3/papers.cfm?abstract_id=3180550 - zuletzt abgerufen am 18.9.2024 (zit. als *Picht/Freund*, Competition (Law) in the Era of Algorithms,).

Pigou, Arthur C., The economics of welfare, 4. Aufl., London, 1932 (zit. als *Pigou*, The economics of welfare).

Pindyck, Robert S./Rubinfeld, Daniel L., Microeconomics, Harlow, England u.a., 2018 (zit. als *Pindyck/Rubinfeld*, Microeconomics).

Pohlmann, Petra, Algorithmen als Kartellverstöße, in: Juliane Kokott, Petra Pohlmann, Romina Polley (Hrsg.), Europäisches, deutsches und internationales Kartellrecht, 2018, S. 633–656 (zit. als *Pohlmann*, Algorithmen als Kartellverstöße).

Pohlmann, Petra, Algorithmenbasiertes Marktverhalten als Missbrauch einer marktbeherrschenden Stellung, in: Daniel Zimmer (Hrsg.), Regulierung für Algorithmen und Künstliche Intelligenz, Baden-Baden 2021, S. 311–338 (zit. als *Pohlmann*, Algorithmenbasiertes Marktverhalten als Missbrauch einer marktbeherrschenden Stellung,).

Posner, Richard A., Antitrust law, An economic perspective, Chicago, 1976 (zit. als *Posner*, Antitrust law).

Potters, Jan/Suetens, Sigrid, Oligopoly Experiments in the Current Millennium, Journal of Economic Surveys (Vol. 27) 2013, 439–460 (zit. als *Potters/Suetens*, Journ. of Econ. Surveys 2013, 439,).

Profitero Inc., Profitero Reveals That Amazon.com Makes More Than 2.5 Million Price Changes Every Day, 2013, abrufbar unter https://www.prweb.com/releases/2013/12/prweb11398848.htm - zuletzt abgerufen am 18.9.2024 (zit. als *Profitero*, Amazon.com makes more than 2.5 Million price changes every day).

prudsys AG, Dynamic Pricing für den Einzelhandel mit Electronic Shelf Labels, abrufbar unter https://www.youtube.com/watch?v=Xs9xBGZ9MgY - zuletzt abgerufen am 19.7.2023 (zit. als *prudsys AG*, Dynamic Pricing für den Einzelhandel mit Electronic Shelf Labels).

prudsys AG, Dynamic Pricing: Abschriftenoptimierung, abrufbar unter https://www-alt.prudsys.de/case/dynamic-pricing_markdown-pricing/ - zuletzt abgerufen am 19.7.2023 (zit. *als prudsys AG*, Dynamic Pricing: Abschriftenoptimierung).

prudsys AG, Dynamische Preisoptimierung im Handel, Die Potentiale automatisierter Preisfindungsverfahren, abrufbar unter https://www-alt.prudsys.de/wissen/whitepaper-dynamic-pricing/ - zuletzt abgerufen am 19.7.2023 (zit. als *prudsys AG*, Dynamische Preisoptimierung im Handel).

prudsys AG, Was hat der Preis von Erdbeeren mit dem Absatz von Sahne und Tortenböden zu tun?, abrufbar unter https://www-alt.prudsys.de/einfluss-kreuzpreis-effekte-auf-preisoptimierung/ - zuletzt abgerufen am 19.7.2023 (zit. als *prudsys AG*, Infoseite Kreuzpreiselastizitäten).

Quellmalz, Jens Holger, Die Justitiabilität des Art. 81 Abs. 3 EG und die nichtwettbewerblichen Ziele des EG-Vertrages, Wettbewerb in Recht und Praxis (WRP) 2004, 461–470 (zit. als *Quellmalz*, WRP 2004, 461,).

RateBoard GmbH, Webseite - Revenue Management Software, abrufbar unter https://www.rateboard.io/de/revenue-management-software - zuletzt abgerufen am 18.9.2024 (zit. als *RateBoard*, Homepage).

Rayna, Thierry/Darlington, John/Striukova, Ludmila, Pricing music using personal data: mutually advantageous first-degree price discrimination, Electronic Markets (25) 2015, 139–154 (zit. als *Rayna/Darlington/Striukova*, Electronic Markets 2015, 139,).

Reichwald, Julian/Pfisterer, Dennis, Autonomie und Intelligenz im Internet der Dinge, Computer und Recht (32) 2016, 208–212 (zit. als *Reichwald/Pfisterer*, CR 2016, 208,).

Reinartz, Werner/Haucap, Justus/Wiegand, Nico/Hunold, Matthias, Preisdifferenzierung und -dispersion im Handel, Ausgewählte Schriften der IFH-Förderer | Band 6, Ausgewählte Schriften der IFH-Förderer | Band 6, 2017, abrufbar unter http://www.marketing.uni-koeln.de/sites/marketingarea/user_upload/171130_Whitepaper_Preisdifferenzierung_und_-dispersion_im_Handel.pdf - zuletzt abgerufen am 18.9.2024 (zit. als *Reinartz* et al., Preisdifferenzierung und -dispersion im Handel).

Reindl, Andreas/Wein, Thomas, Feste Benzinpreise für einen Tag - Mehr Preiswettbewerb durch die 24h-Regel, Wirtschaftsdienst - Zeitschrift für Wirtschaftspolitik 2012, 678–686 (zit. als *Reindl/Wein*, Wirtschaftsdienst 2012, 678,).

Relex Solutions GmbH, Markdown-Optimierung: So verkaufen Einzelhändler Ware mit maximaler Marge, abrufbar unter https://www.relexsolutions.com/de/fachbeitraege/markdown-optimierung-so-verkaufen-einzelhandler-ware-mit-maximaler-marge/ - zuletzt abgerufen am 18.9.2024 (zit. als *Relex Solutions*, Markdown-Optimierung: So verkaufen Einzelhändler Ware mit maximaler Marge).

Reuber, Philipp/Tran, Jacob/Krahl, Simon/Moser, Albert, Reinforcement Learning zur Ableitung autonomer Handelsstrategien in Elektrizitätsmärkten, 13. Internationale Energiewirtschaftstagung an der TU Wien, Technische Universität Wien, 2023, abrufbar unter https://iewt2023.eeg.tuwien.ac.at/download/contribution/fullpaper/240/240_fullpaper_20230210_174644.pdf - zuletzt abgerufen am 18.9.2024 (zit. als *Reuber* et al., Reinforcement Learning zur Ableitung autonomer Handelsstrategien in Elektrizitätsmärkten).

Rey, Günter Daniel/Wender, Karl F., Neuronale Netze, Eine Einführung in die Grundlagen, Anwendungen und Datenauswertung, 3. Aufl., Bern, 2018 (zit. als *G. Daniel Rey/Wender*, Neuronale Netze).

Richter, Burkhard/Niggemann, Peter, Preisalgorithmen, Informationsaustausch und Signaling – Kartellrechtliche Herausforderungen im Online-Vertrieb, in: Juliane Kokott, Petra Pohlmann, Romina Polley (Hrsg.), Europäisches, deutsches und internationales Kartellrecht, 2018, S. 683–707 (zit. als *B. Richter/Niggemann*, Preisalgorithmen, Informationsaustausch und Signaling).

Richter, Stefan, Statistisches und maschinelles Lernen, Gängige Verfahren im Überblick, Berlin, Heidelberg, 2019 (zit. als *S. Richter*, Statistisches und maschinelles Lernen).

Rieble, Volker, EuGH: Kartellkontrolle von Tarifverträgen, Zeitschrift für Wettbewerbsrecht (ZWeR) 2016, 165–178 (zit. als *Rieble*, ZWeR 2016, 165,).

Rohrer, Benjamin, E-Couponing-Plattform für Apotheken startet, Pharmazeutische Zeitung vom 03.11.2021, abrufbar unter https://www.pharmazeutische-zeitung.de/e-couponing-plattform-fuer-apotheken-startet-129126/ - zuletzt abgerufen am 18.9.2024.

Roth, Wulf-Henning, Effet utile im europäischen Kartellrecht, Wettbewerb in Recht und Praxis (WRP) 2013, 257–264 (zit. als *W.-H. Roth*, WRP 2013, 257,).

Röttger, Michael C., Reinforcement Learning für kontinuierliche Zustands- und Aktionsräume unter Berücksichtigung der wissenschaftlichen Informationsverarbeitung, 2009 (zit. als *Röttger*, Reinforcement Learning für kontinuierliche Zustands- und Aktionsräume unter Berücksichtigung der wissenschaftlichen Informationsverarbeitung).

Rottmann, Johannes/Göhsl, Jan-Frederick, Zentrale Preissetzung auf Transaktionsplattformen der Sharing Economy - Der Fall Uber, Wirtschaft und Wettbewerb (WuW) (2019), 348–355 (zit. als *Rottmann/Göhsl*, WuW 2019, 348,).

Rust, Ulrich, Kartellverstoß und Gesamtschuld – Bestandsaufnahme und Ausblick, NZKart - Neue Zeitschrift für Kartellrecht 2015, 502–512 (zit. als *Rust*, NZKart 2015, 502,).

Rüthers, Bernd/Fischer, Christian/Birk, Axel, Rechtstheorie und Juristische Methodenlehre, 12. Aufl., München, 2022 (zit. als *Rüthers/C. Fischer/Birk*, Rechtstheorie).

Rützel, Felix, Rechtsfragen algorithmischer Preisdiskriminierung. Eine rechtsgebietsübergreifende Untersuchung, Passau, 2023 (zit. als *Rützel*, Rechtsfragen algorithmischer Preisdiskriminierung).

Rybnicek, Jan/Wright, Joshua D., Defining Section 5 of the FTC Act: The Failure of the Common Law Method and the Case for Formal Agency Guidelines, George Mason Law Review (21) 2014, 1287–1315 (zit. als *Rybnicek/Wright*, G. Mason Law Rev. 2014, 1287,).

Säcker, Franz Jürgen et al. (Hrsg.), Berliner Kommentar zum Energierecht - Band 8, 5. Auflage, Frankfurt am Main, 2022 (zit. als *Bearbeiter* in Berl. Komm. EnergieR).

Sackmann, Stefan, Automatisierung von Compliance, HMD - Praxis der Wirtschaftsinformatik 2008, 39–46 (zit. als *Sackmann*, HMD 2008, 39,).

Salaschek, Uwe/Serafimova, Mariya, Preissetzungsalgorithmen im Lichte von Art. 101 AEUV, Wirtschaft und Wettbewerb (WuW) 2018, 8–17 (zit. als *Salaschek/Serafimova*, WuW 2018, 8,).

Salaschek, Uwe/Serafimova, Mariya, Preissetzungsalgorithmen im Lichte von Art. 102 AEUV, Wirtschaft und Wettbewerb (WuW) 2019, 118–123 (zit. als *Salaschek/Serafimova*, WuW 2019, 118,).

Salcedo, Bruno, Pricing Algorithms and Tacit Collusion, Pennsylvania State University, 2015, abrufbar unter https://brunosalcedo.com/docs/collusion.pdf - zuletzt abgerufen am 18.9.2024 (zit. als *Salcedo*, Pricing Algorithms and Tacit Collusion).

Samuelson, Paul Anthony/Nordhaus, William D., Volkswirtschaftslehre, Das internationale Standardwerk der Makro- und Mikroökonomie: das Standardwerk von Nobelpreisträger Paul A. Samuelson, 6. Aufl., München, 2016 (zit. als *Samuelson/Nordhaus*, Volkswirtschaftslehre).

Scharwenka, Nina/Mattes, Martin, Machine Learning im Abverkauf: bessere Preise, weniger Abschriften, 2019, abrufbar unter https://alumni.simon-kucher.com/news/215529 - zuletzt abgerufen am 18.9.2024 (zit. als *Scharwenka/Mattes*, Machine Learning im Abverkauf: bessere Preise, weniger Abschriften).

Schaub, Martin, Why Uber is an information society service, EuCML - Journal of European Consumer and Market Law 2018, 109–115 (zit. als *M. Schaub*, EuCML 2018, 109,).

Scheja, Katharina, Schutz von Algorithmen in Big Data Anwendungen, Wie Unternehmen aufgrund der Umsetzung der Geschäftsgeheimnis-Richtlinie ihre Algorithmen wie auch Datenbestände besser schützen können, Computer und Recht (34) 2018, 485–492 (zit. als *Scheja*, CR 2018, 485,).

Scherff, Dyrk, Uber im Test - Kann mein Auto auch ein Taxi werden?, Zeit Online vom 08.09.2014, abrufbar unter https://www.faz.net/aktuell/finanzen/meine-finanzen/uber-im-test-kann-mein-auto-auch-ein-taxi-werden-13139363.html - zuletzt abgerufen am 18.9.2024.

Scheufen, Marc, Künstliche Intelligenz und Haftungsrecht: die e-Person aus ökonomischer Sicht, Wirtschaftsdienst - Zeitschrift für Wirtschaftspolitik (99) 2019, 411–414 (zit. als *Scheufen*, Witschaftsdienst 2019, 411,).

Scheuing, Dieter, Scheuing: Umweltschutz auf der Grundlage der Einheitlichen Europäischen Akte, Europarecht (EuR) 1989, 152–192 (zit. als *Scheuing*, EuR 1989, 152,).

Schleusener, Michael, Erlösmodelle im Internet, Neue Schnelligkeit im Pricing, in: Gerrit Heinemann, Kathrin Haug, Mathias Gehrckens (Hrsg.), Digitalisierung des Handels mit ePace, Wiesbaden 2013, S. 153–170 (zit. als *Schleusener*, Digitalisierung des Handels mit ePace).

Schleusener, Michael/Hosell, Sarah, Expertise zum Thema "Personalisierte Preisdifferenzierung im Online-Handel", Berlin, abrufbar unter http://www.svr-verbraucherfragen.de/wp-content/uploads/eWeb-Research-Center_Preisdifferenzierung-im-Onlinehandel.pdf - zuletzt abgerufen am 19.7.2023 (zit. als *Schleusener/Hosell*, Personalisierte Preisdifferenzierung im Online-Handel).

Schmidhuber, Jürgen, Deep learning in neural networks: an overview, Neural networks: the official journal of the International Neural Network Society (61) 2015, 85–117 (zit. als *Schmidhuber*, Neural networks 2015, 85,).

Schneider, Helmut, Grundlagen der Volkswirtschaftslehre, 3. Aufl., Berlin/Boston, 2018 (zit. als *Schneider*, Grundlagen der VWL).

Schönfeld, Max von, Screen Scraping und Informationsfreiheit, Baden-Baden, Nomos Verlagsgesellschaft mbH & Co. KG; Nomos Verlagsgesellschaft, 2018.

Schubert, Claudia, Neue Beschäftigungsformen in der digitalen Wirtschaft – Rückzug des Arbeitsrechts?, Recht der Arbeit (RdA) 2018, 200–206 (zit. als *C. Schubert*, RdA 2018, 200,).

Schuchmann, Fritz, Die Behandlung von tacit collusion im europäischen und deutschen Kartellrecht, Baden-Baden, 2017.

Schwaiger, Manfred/Hufnagel, Gerrit, Gutachten zum Thema "Handel und elektronische Bezahlsysteme", abrufbar unter http://www.abida.de/sites/default/files/Gutachten_Handel_Bezahlsysteme.pdf - zuletzt abgerufen am 18.9.2024 (zit. als *Schwaiger/Hufnagel*, Handel und elektronische Bezahlsysteme).

Schwalbe, Ulrich, Algorithms, machine learning, and collusion, Journal of competition law & economics 2018, 568–607 (zit. als *Schwalbe*, JCLE 2018, 568,).

Schwalbe, Ulrich/Zimmer, Daniel, Kartellrecht und Ökonomie, Moderne ökonomische Ansätze in der europäischen und deutschen Zusammenschlusskontrolle, 3. Aufl., Frankfurt am Main, 2021 (zit. als *Schwalbe/Zimmer*, Kartellrecht und Ökonomie).

Schwartz, Simone, Kartellgehilfen im europäischen Kartellrecht, Köln, 2015.

Schwarze, Jürgen/Hetzel, Philipp, Der Sport im Lichte des europäischen Wettbewerbsrechts, Europarecht (EuR) 2005, 581–604 (zit. als *Schwarze/Hetzel*, EuR 2005, 581,).

Schwarzkopf, Benedikt, Externe Kartellunterstützer im Europäischen Kartellrecht, Baden-Baden, 2018 (zit. als *Schwarzkopf*, Externe Kartellunterstützer im Europäischen Kartellrecht).

Schwietert, Anja, Der effet utile und das Kartellzivilrecht, Die Vorgaben des Unionsrechts bei der Ausgestaltung der Zivilrechtsfolgen des Art. 101 AEUV, Baden-Baden, 2018 (zit. als *Schwietert*, Der effet utile und das Kartellzivilrecht).

Sedgewick, Robert/Wayne, Kevin, Algorithmen, Algorithmen und Datenstrukturen, 4. Aufl., Hallbergmoos, 2014 (zit. als *Sedgewick/Wayne*, Algorithmen).

Seeliger, Daniela/Gürer, Kaan, Kartellrecht und Nachhaltigkeit: Neue Regeln für Umweltschutzvereinbarungen von Wettbewerbern?, Betriebs-Berater (BB) 2021, 2050–2056 (zit. als *Seeliger/Gürer*, BB 2021, 2050,).

SellerLogic GmbH, Webseite Amazon Repricing Tool, abrufbar unter https://www.sellerlogic.com/de/amazon-repricing-tool - zuletzt abgerufen am 18.9.2024 (zit. als *SellerLogic GmbH*, Webseite Amazon Repricing Tool).

Sims, Rod, The ACCC's approach to colluding robots - speech of Rod Sims, 16.11.2017, Australian Competition & Consumer Commission (ACCC), Sydney, abrufbar unter https://www.accc.gov.au/about-us/news/speeches/the-accc%E2%80%99s-approach-to-colluding-robots-address - zuletzt abgerufen am 18.9.2024 (zit. als *Sims*, The ACCC's approach to colluding robots, Vortrag am 16.11.2017 in Sydney).

Smith, Alasdair, Einführung in die Volkswirtschaftslehre, 2. Aufl., Berlin/München/Boston, 2018 (zit. als *Smith*, Einführung in die VWL).

Spann, Martin/Skiera, Bernd, Dynamische Preisgestaltung in der digitalisierten Welt, Schmalenbach journal of business research (72) 2020, 321–342 (zit. als *Spann/Skiera*, Schmalenb. bus. res. 2020, 321,).

Springer Verlag, Pressemitteilung zur Veröffentlichung eines maschinengenerierten Buchs des Springer Nature Verlags, Heidelberg, Pressemitteilung vom 02.04.2019, abrufbar unter https://www.springer.com/gp/about-springer/media/press-releases/corporateg/springer-nature-maschinen-generiertes-buch/16590072 - zuletzt abgerufen am 18.9.2024.

Stiftung Warentest, Was bringt die neue Generation Preisschild?, Beitrag vom 13.03.2015, abrufbar unter https://www.test.de/Digitale-Preisanzeigen-Was-bringt-die-neue-Generation-Preisschild-4822205-0/ - zuletzt abgerufen am 18.9.2024 (zit. als *Stiftung Warentest*, Was bringt die neue Generation Preisschild?).

Stöcker, Mathias, Abstimmung über Dritte, Wirtschaft und Wettbewerb (WuW) 2012, 935–947 (zit. als *Stöcker*, WuW 2012, 935,).

Stone, H./Siewiorek, D., Introduction to computer organization and data structures, Pdp-11 edition, New York, 1975 (zit. als *Stone/Siewiorek*, Introduction to computer organization and data structures).

Sutton, Richard S./Barto, Andrew, Reinforcement learning, An introduction, Cambridge, Massachusetts, London, England, 2018 (zit. als *Sutton/Barto*, Reinforcement learning).

Tagesanzeiger Online, Schweizer Gericht anerkennt Uber-Fahrer als Angestellten, Tagesanzeiger Online vom 06.05.2019, abrufbar unter https://www.tagesanzeiger.ch/schweizer-gericht-anerkennt-uber-fahrer-als-angestellten-111549648805 - zuletzt abgerufen am 18.9.2024.

Teichmann, Christine, Die Verbesserung der Warenerzeugung oder -verteilung und die Förderung des technischen oder wirtschaftlichen Fortschritts nach Art. 85 Abs. 3 EWG-Vertrag, Ein Beitrag zur Freistellungspraxis der EG-Kommission, Frankfurt am Main u.a., 1994 (zit. als *Teichmann*, Die Verbesserung der Warenerzeugung oder -verteilung und die Förderung des technischen oder wirtschaftlichen Fortschritts nach Art. 85 Abs. 3 EWG-Vertrag).

Teubner, Gunther, Digitale Rechtssubjekte?, AcP (218) 2018, 155–205 (zit. als *Teubner*, AcP 2018, 155,).

Thomas, Stefan, Auslegung des Kartellverbots bei Kollusion durch Algorithmen, in: Daniel Zimmer (Hrsg.), Regulierung für Algorithmen und Künstliche Intelligenz, Baden-Baden 2021, S. 293–310 (zit. als *Thomas*, Auslegung des Kartellverbots bei Kollusion durch Algorithmen).

Thomas, Stefan, Harmful Signals - Cartel Prohibition and Oligopoly Theory in the Age of Machine Learning, Journal of competition law & economics (JCLE) (15) 2019, 159–203 (zit. als *Thomas*, JCLE 2019, 159,).

Thomas, Stefan, Konzernprivileg und Gemeinschaftsunternehmen – Die kartellrechtliche Beurteilung konzerninterner Wettbewerbsbeschränkungen mit Gemeinschaftsunternehmen, Zeitschrift für Wettbewerbsrecht (ZWeR) 2005, 236–259 (zit. als *Thomas*, ZWeR 2005, 236,).

Uber Technologies Inc., Informationen zur Durchführung von Fahrten, abrufbar unter https://www.uber.com/de/de/drive/basics/how-to-take-trips/ - zuletzt abgerufen am 18.9.2024 (zit. als *Uber*, Homepage - Informationen zur Durchführung von Fahrten).

Uber Technologies Inc., So funktioniert die dynamische Fahrpreisanpassung, abrufbar unter https://www.uber.com/de/de/drive/driver-app/how-surge-works/ - zuletzt abgerufen am 18.9.2024 (zit. als *Uber*, So funktioniert die dynamische Fahrpreisanpassung).

Uber Technologies Inc., So nutzt du die Uber App, abrufbar unter https://www.uber.com/de/de/about/how-does-uber-work/ - zuletzt abgerufen am 18.9.2024 (zit. als *Uber*, So nutzt du die Uber App).

Uber Technologies Inc., The Uber driver app, your resource on the road, abrufbar unter https://www.uber.com/de/de/drive/driver-app/ - zuletzt abgerufen am 18.9.2024 (zit. als *Uber*, The Uber driver app, your resource on the road).

Uber Technologies Inc., Uber Black - Premium-Fahrten in Luxuswagen, abrufbar unter https://www.uber.com/de/de/ride/uberblack/ - zuletzt abgerufen am 18.9.2024 (zit. als *Uber*, Uber Black - Premium-Fahrten in Luxuswagen).

Uber Technologies Inc., Uber Black SUV - Premium-Fahrten für 6 Fahrgäste in luxuriösen SUVs, abrufbar unter https://www.uber.com/de/de/ride/ubersuv/ - zuletzt abgerufen am 18.9.2024 (zit. als *Uber*, Uber Black SUV - Premium-Fahrten für 6 Fahrgäste in luxuriösen SUVs).

Vahrenholt, Oliver, Algorithmen und Kartellrecht, Kollusion durch Preisalgorithmen – neue Herausforderungen für das Kartellrecht, Jusletter vom 26.11.2018 (zit. als *Vahrenholt*, Algorithmen und Kartellrecht,).

Varian, Hal R., Grundzüge der Mikroökonomik, 9. Aufl., Berlin, Boston, Massachusetts, 2016 (zit. als *Varian*, Mikroökonomik).

Veith, Charlotte, Künstliche Intelligenz, Haftung und Kartellrecht, Albert-Ludwigs-Universität Freiburg.

Verbraucherzentrale Brandenburg, Marktuntersuchung individualisierte Preisdifferenzierung, 2018, abrufbar unter https://www.verbraucherzentrale.de/sites/default/files/2019-09/marktwaechter-untersuchung-individualisierte-preisdifferenzierung.pdf - zuletzt abgerufen am 18.9.2024 (zit. als *Verbraucherzentrale Brandenburg*, Marktuntersuchung individualisierte Preisdifferenzierung).

Vestager, Margrethe, Algorithms and competition, speech at 18th Conference on Competition Berlin, 16.03.2017, Berlin, abrufbar unter https://ec.europa.eu/newsroom/comp/newsletter-archives/2831 - zuletzt abgerufen am 18.9.2024 (zit. als *Vestager*, Algorithms and competition, Vortrag zur 18. Wettbewerbskonferenz des Bundeskartellamts am 16.03.2017 in Berlin).

Vorwerk, Volkert/Wolf, Christian (Hrsg.), BeckOK ZPO, 53. Edition, Stand: 01.03.2024, München, 2024 (zit. als *Bearbeiter* in BeckOK ZPO).

Waltl, Bernhard/Vogl, Roland, Explainable Artificial Intelligence — the New Frontier in Legal Informatics, in: Erich Schweighofer, Franz Kummer, Ahti Saarenpää et al. (Hrsg.), Datenschutz/LegalTech, Tagungsband des 21. Internationalen Rechtsinformatik Symposions IRIS 2018 Data Protection / LegalTech Proceedings of the 21st International Legal Informatics Symposium, Bern 2018 (zit. als *Waltl/Vogl*, Explainable Artificial Intelligence — the New Frontier in Legal Informatics).

Wang, Yin-Hao/Li, Tzuu-Hseng S./Lin, Chih-Jui, Backward Q-learning: The combination of Sarsa algorithm and Q-learning, Engineering Applications of Artificial Intelligence (26) 2013, 2184–2193 (zit. als *Y.-H. Wang/Li/Lin*, EAAI 2013, 2184,).

Wardhaugh, Bruce, Closing the Algorithmic Gap, Rethinking Dynamic Pricing under Articles 101 and 102 TFEU, European competition and regulatory law review (CoRe) (5) 2021, 122–131 (zit. als *Wardhaugh*, CoRe 2021, 122,).

Weber, Felix, Künstliche Intelligenz für Business Analytics, Algorithmen, Plattformen und Anwendungsszenarien, Wiesbaden, 2020 (zit. als *Weber*, KI für Business Analytics).

Webtaxi S.A.R.L., Webseite - Dienstleistungen, abrufbar unter https://webtaxi.lu/de/dienstleistungen/ - zuletzt abgerufen am 18.9.2024 (zit. als *Webtaxi*, Webseite - Dienstleistungen).

Weck, Thomas, Current Issues of Competition Policy in E-Commerce, European competition and regulatory law review (CoRe) (3) 2019, IX–XIII (zit. als *Weck*, CoRe 2019, IX,).

Werner, Tobias, Algorithmic and human collusion, Düsseldorf, November 2021 (zit. als *Werner*, Algorithmic and human collusion).

Werner, Tobias, Algorithmic and Human Collusion, 2022, abrufbar unter https://papers.ssrn.com/sol3/papers.cfm?abstract_id=3960738 - zuletzt abgerufen am 18.9.2024 (zit. als *Werner*, Algorithmic and Human Collusion).

Wiedemann, Herbert, Richterliche Rechtsfortbildung, Neue Juristische Wochenschrift (NJW) 2014, 2407–2412 (zit. als *Wiedemann*, NJW 2014, 2407,).

Wietfeld, Christin, Die Rolle von Verkehrssicherungspflichten bei der Abgrenzung von Dienst- und Werkverträgen, Neue Juristische Wochenschrift (NJW) 2014, 1206–1212 (zit. als *Wietfeld*, NJW 2014, 1206,).

Wilke, Felicitas, Digitale Wühlkiste, Süddeutsche Zeitung vom 30.05.2019, abrufbar unter https://www.sueddeutsche.de/wirtschaft/supermaerkte-digitale-wuehlkiste-1.4468118 - zuletzt abgerufen am 18.9.2024 (zit. als *Wilke*, Digitale Wühlkiste, SZ online vom 30.05.2019).

Wolf, Maik, Algorithmengestützte Preissetzung im Online-Einzelhandel als abgestimmte Verhaltensweise – Ein Beitrag zur Bewältigung des „Predictable Agent" über Art. 101 Abs. 1 AEUV, NZKart - Neue Zeitschrift für Kartellrecht 2019, 2–10 (zit. als *Wolf*, NZKart 2019, 2,).

Wolff, Christian von, Vollständiges Mathematisches Lexicon, Leipzig, 1747 (zit. als *Wolff*, Vollständiges Mathematisches Lexicon).

Wu, Yuxi/Gupta, Panya/Wei, Miranda/Acar, Yasemin/Fahl, Sascha/Ur, Blase, Your Secrets Are Safe, How Browsers' Explanations Impact Misconceptions

About Private Browsing Mode, in: Pierre-Antoine Champin, Fabien Gandon, Mounia Lalmas et al. (Hrsg.), Proceedings of the 2018 World Wide Web Conference on World Wide Web - WWW '18, the 2018 World Wide Web Conference in Lyon, France, 23.04.2018–27.04.2018, New York, New York, USA 2018, S. 217–226 (zit. als *Wu* et al., Your Secrets Are Safe in Champin, Gandon et al. (Hg.) 2018 – Proceedings of the 2018 World).

xSellco Limited, Was ist das Amazon Buy Box -und wie Sie es gewinnen können!, abrufbar unter https://www.xsellco.com/blog-de/das-amazon-buy-box-und-wie-sie-es-gewinnen-konnen - zuletzt abgerufen am 19.7.2023 (zit. als *xSellco Limited*, Was ist das Amazon Buy Box -und wie Sie es gewinnen können!).

xSellco Limited, Webseite Repricer, abrufbar unter https://www.xsellco.de/repricer - zuletzt abgerufen am 19.7.2023 (zit. als *xSellco Limited*, Webseite Repricer).

XU, Zhi-xiong/CAO, Lei/CHEN, Xi-liang/LI, Chen-xi/ZHANG, Yong-liang/LAI, Jun, Deep Reinforcement Learning with Sarsa and Q-Learning: A Hybrid Approach, IEICE Transactions on Information and Systems (IEICE Trans. Inf. & Syst.) (E101.D) 2018, 2315–2322 (zit. als *XU* et al., IEICE Trans. Inf. & Syst. 2018, 2315,).

Youyou, Wu/Kosinski, Michal/Stillwell, David, Computer-based personality judgments are more accurate than those made by humans, Proceedings of the National Academy of Sciences of the USA (112) 2015, 1036–1040 (zit. als *Youyou/Kosinski/Stillwell*, PNAS 2015, 1036,).

Zander-Hayat, Helga/Reisch, Lucia A./Steffen, Christine, Personalisierte Preise, Eine verbraucherpolitische Einordnung, Verbraucher und Recht 2016, 403–410 (zit. als *Zander-Hayat/Reisch/Steffen*, VuR 2016, 403,).

Zech, Herbert, Gefährdungshaftung und neue Technologien, Juristen Zeitung (JZ) (68) 2013, 21–29 (zit. als *Zech*, JZ 2013, 21,).

Zimmer, Daniel, Algorithmen, Kartellrecht und Regulierung, in: Juliane Kokott, Petra Pohlmann, Romina Polley (Hrsg.), Europäisches, deutsches und internationales Kartellrecht, 2018, S. 999–1008 (zit. als *Zimmer*, Algorithmen, Kartellrecht und Regulierung).

Zimmer, Daniel (Hrsg.), Regulierung für Algorithmen und Künstliche Intelligenz, Baden-Baden, 2021.

Zimmer, Daniel/Logemann, Hans, Der private Rechtsschutz im Kartellrecht - Zum Weißbuch der Kommission über Schadensersatzklagen wegen Verletzung des EG-Wettbewerbsrechts, Zeitschrift für europäisches Privatrecht (ZEuP) 2009, 489–516 (zit. als *Zimmer/Logemann*, ZEuP 2009, 489,).

Zuiderveen Borgesius, Frederik/Poort, Joost, Online Price Discrimination and EU Data Privacy Law, Journal of Consumer Policy (40) 2017, 347–366 (zit. als *Zuiderveen Borgesius/Poort*, JoCP 2017, 347,).

Zurth, Patrick, Die kartellrechtliche Bändigung von Preisalgorithmen, Zeitschrift für Wettbewerbsrecht (ZWeR) (19) 2021, 361–392 (zit. als *Zurth*, ZWeR 2021, 361,).

Stichwortverzeichnis

Veröffentlichungen des Instituts für deutsches und europäisches Wirtschafts-, Wettbewerbs- und Regulierungsrecht der Freien Universität Berlin, ab Band 48 fortgeführt vom **Institut für Energie- und Regulierungsrecht Berlin**

Herausgegeben von Franz Jürgen Säcker:

Band 1	Franz Jürgen Säcker (Hrsg.): Deutsch-russisches Energie- und Bergrecht im Vergleich. Ergebnisse einer Arbeitstagung vom 31. März/1. April 2006. 2007.
Band 2	Franz Jürgen Säcker/Walther Busse von Colbe (Hrsg.): Wettbewerbsfördernde Anreizregulierung. Zum Anreizregulierungsbericht der Bundesnetzagentur vom 30. Juni 2006. 2007.
Band 3	Dirk Zschenderlein: Die Gleichbehandlung der Aktionäre bei der Auskunftserteilung in der Aktiengesellschaft. Zum Problem der Zulässigkeit der Weitergabe von Informationen an einzelne Aktionäre und Dritte. 2007.
Band 4	Simone Kirchhain: Die Anwendung der Vertikal-GVO auf innerstaatliche Wettbewerbsbeschränkungen nach der 7. GWB-Novelle. 2007.
Band 5	Franz Jürgen Säcker: Der Independent System Operator. Ein neues institutionelles Design für Netzbetreiber? 2007.
Band 6	Stefanie Otto: Allgemeininteressen im neuen UWG. § 1 S. 2 UWG und die wettbewerbsfunktionale Auslegung. 2007.
Band 7	Jochen Eichler: Vertragliche Dritthaftung. Eine Auseinandersetzung mit der Frage der Dritthaftung von sogenannten Experten und anderen Auskunftspersonen im Rahmen des § 311 Abs. 3 BGB. 2007.
Band 8	Markela Stamati: Die Anforderungen der operationellen Entflechtung nach den Beschleunigungsrichtlinien der Europäischen Kommission. Umsetzung in Deutschland und Griechenland. 2008.
Band 9	Franz Jürgen Säcker: The Concept of the Relevant Product Market. Between Demand-Side Substitutability and Supply-Side Substitutability in Competition Law. 2008.
Band 10	Renate Rabensdorf: Die Durchgriffshaftung im deutschen und russischen Recht der Kapitalgesellschaften. Eine rechtsvergleichende Untersuchung. 2009.
Band 11	Franz Jürgen Säcker: Der beschleunigte Ausbau der Höchstspannungsnetze als Rechtsproblem. Erläutert am Beispiel der 380-kV-Höchstspannungsleitung Lauchstädt – Redwitz – Grafenrheinfeld mit Querung des Rennsteigs im Naturpark Thüringer Wald. 2009.
Band 12	Helen Mahne: Eigentum an Versorgungsleitungen. 2009.
Band 13	Franz Jürgen Säcker (Hrsg.): Russisches Energierecht - Gesetzessammlung. 2009.
Band 14	Franz Jürgen Säcker/Maik Wolf: Integrierte Energieversorgung in geschlossenen Verteilernetzen. Zum Gestaltungsspielraum des Gesetzgebers zur Neuregelung des § 110 EnWG im Lichte des Dritten EG-Energiepakets. 2009.
Band 15	Franz Jürgen Säcker (Hrsg.): Das Dritte Energiepaket für den Gasbereich. Deutsch-Englische Textausgabe mit einer Einführung. 2009.
Band 16	Franz Jürgen Säcker (Hrsg.): Das Dritte Energiepaket für den Elektrizitätsbereich. Deutsch-Englische Textausgabe mit einer Einführung. 2009.

Band 17 Thomas Dörmer: Die Unternehmenspacht. Rechtsstellung der Vertragsparteien unter besonderer Berücksichtigung der Pflicht des Unternehmenspächters zur ordnungsgemäßen Unternehmensführung sowie der Rechtslage bei Vertragsbeendigung. 2010.

Band 18 Klaas Bosch: Die Kontrolldichte der gerichtlichen Überprüfung von Marktregulierungsentscheidungen der Bundesnetzagentur nach dem Telekommunikationsgesetz. 2010.

Band 19 Geng-Sook Leem: Einheitliche Corporate Governance-Grundsätze für die Europäische Aktiengesellschaft (SE). Eine rechtsvergleichende Untersuchung anhand der Ausgestaltung der SE im deutschen und britischen Recht. 2010.

Band 20 Wiebke Gebhardt: Gentechnik und Koexistenz nach der Gesetzesnovelle von 2008: Zivilrechtliche Haftung im Vergleich Deutschland und USA. 2010.

Band 21 Cathrin Isenberg: Die Geruchsmarke als Gemeinschaftsmarke. Schutzfähigkeit und Einsatzmöglichkeiten. 2010.

Band 22 Franz Jürgen Säcker/Jochen Mohr/Maik Wolf: Konzessionsverträge im System des europäischen und deutschen Wettbewerbsrechts. 2011.

Band 23 Judith Antonia Loeck: Die unzumutbare Belästigung nach der UWG Novelle 2008 und dem Gesetz zur Bekämpfung unerlaubter Telefonwerbung und zur Verbesserung des Verbraucherschutzes bei besonderen Betriebsformen. 2011.

Band 24 Jörg Jaecks: Konzernverrechnungsklauseln und verwandte einseitige Verrechnungsbefugnisse im Mehrpersonenverhältnis. 2011.

Band 25 Franz Jürgen Säcker: Marktabgrenzung, Marktbeherrschung, Markttransparenz und Machtmissbrauch auf den Großhandelsmärkten für Elektrizität. 2011.

Band 26 Susanne Wende: Die einheitliche Auslegung von Beihilfen- und Vergaberecht als Teilgebiete des europäischen Wettbewerbsrechts. 2011.

Band 27 Leonie Kempel: Die Anwendung von Art. 102 AEUV auf geistiges Eigentum und Sacheigentum. Die Voraussetzungen des Kontrahierungszwangs nach Art. 102 AEUV und der Essential-Facility-Doktrin unter besonderer Berücksichtigung der Unterschiede zwischen geistigem Eigentum und Sacheigentum. 2011.

Band 28 Christoph Schuldt: Werbejingles – schützenswerte Kompositionen!? Die urheberrechtliche und markenrechtliche Schutzfähigkeit von Werbejingles vor unbefugter Nachahmung. 2012.

Band 29 Lydia Scholz: Die Rechtfertigung von diskriminierenden umweltpolitischen Steuerungsinstrumenten. Eine Untersuchung der Reichweite der Warenverkehrsfreiheit und ihrer Begrenzung durch den Umweltschutz als Vertragsziel am Beispiel der deutschen Energiefördergesetze EEG und KWKModG. 2012.

Band 30 Franz Jürgen Säcker: Investitionen in Kraftwerke zur Sicherung einer zuverlässigen Elektrizitätsversorgung nach der Energiewende. Rechtliche und ökonomische Rahmenbedingungen. 2012.

Band 31 Florian Leib: Kartellrechtliche Durchsetzungsstrategien in der Europäischen Union, den USA und Deutschland. Eine rechtsvergleichende Darstellung. 2012.

Band 32 Holger Hoch: Marktverschlusseffekte und Effizienzen vertikaler Zusammenschlüsse. Kartellrechtliche Beurteilung nach europäischem und deutschem Recht. 2012.

Band 33 Sebastian Kemper: Gasnetzzugang in Deutschland und in Spanien. 2012.

Band 34 Elena Timofeeva: Unbundling in der russischen Elektrizitätswirtschaft im Vergleich zum deutschen und europäischen Energierecht. 2012.

Band 35 Gisela Drozella/Harald Krebs: Marktbeherrschung im Bereich Stromerzeugung/ Stromgroßhandel. Eine kritische Analyse der neueren Sicht des Bundeskartellamts. 2013.

Band 36 Christian Rehm: Die Einzel- und Gesamtverantwortung der Vorstandsmitglieder der Aktiengesellschaft. Die Verantwortung für die Leitung und Geschäftsführung im mehrköpfigen Vorstand in der unabhängigen und der herrschenden AG. 2013.

Band 37 Ann-Christin Richter: Mengen- und umsatzbezogene Rabatte marktbeherrschender Unternehmen in den Grenzen des Art. 102 AEUV. 2013.

Band 38 Nikolaos Pitsos: Die erhebliche Behinderung des wirksamen Wettbewerbs (SIEC-Test) im Fusionskontrollrecht. Zugleich ein Beitrag zur Problematik der oligopolistischen Marktbeherrschung unter Vergleich mit dem amerikanischen SLC-Test. 2013.

Band 39 Mirko Heinemann: Das Markenzeichen als Anknüpfungspunkt des Markenimages. 2013.

Band 40 Sylvia Lorenz: Der Immaterialgüterschutz virtueller Ladengeschäfte. Ein Vorschlag für die rechtliche Erfassung virtueller Güter. 2014.

Band 41 Anke Reimers: Wettbewerbsrechtliche und regulatorische Analyse der Kapazitätenvergabe an Grenzkuppelstellen im Elektrizitätsbinnenmarkt. 2014.

Band 42 Franz Jürgen Säcker / Carsten König / Lydia Scholz: Der regulierungsrechtliche Rahmen für ein Offshore-Stromnetz in der Nordsee. 2014.

Band 43 David Preisendanz: Der Humor in der vergleichenden Werbung. 2014.

Band 44 Martin Gerig: Vollendung des EU-Energiebinnenmarktes vs. nationale Marktabschottungen. Europarechtskonformität mitgliedstaatlicher Fördermaßnahmen und Kapazitätsmärkte am Beispiel Deutschlands. 2014.

Band 45 Jan Patrick Ehinger: Dritthaftung für Kunstexpertisen und Aufnahmebestätigungen in den Catalogue raisonné. Ein Beitrag zur Expertenhaftung. 2014.

Band 46 Julia Gerzen: Das Recht der Gesellschafter-Fremdkapitalfinanzierung. Rechtsvergleichende Analyse der Behandlung von Gesellschafterdarlehen vor und in der Insolvenz der GmbH nach deutschem und russischem Recht. 2014.

Band 47 Laura Börger: Die gerichtliche Kontrolldichte bei der Überprüfung von Entscheidungen der Europäischen Kommission auf dem Gebiet der Fusionskontrolle. 2014.

Veröffentlichungen des Instituts für Energie- und Regulierungsrecht Berlin

Band 48–65 herausgegeben von Franz Jürgen Säcker

ab Band 66 gemeinsam mit Jochen Mohr

Band 48 Daniel Simon Travers: Kopplungsangebote. Eine Studie zum Vertrags- und Lauterkeitsrecht. 2015.

Band 49 Anna Olbryś-Sobieszuk: EU-rechtliche Schranken der Glücksspielwerbung in Deutschland, Großbritannien und Polen. 2015.

Band 50 Franz Jürgen Säcker/Lydia Scholz/Thea Sveen: Renewable Energy Law in Europe. Challenges and Perspectives. 2015.

Band 51 Lina Berezgova: Festlegung von Stromnetzentgelten in Deutschland und Russland. Eine rechtsvergleichende Untersuchung der anreizbasierten Regulierungsvorgaben. 2015.

Band 52 Fengliang Jin: Aufgreifkriterien in der Fusionskontrolle. Eine rechtsvergleichende Untersuchung des europäischen (Art. 3 FKVO), deutschen (§ 37 GWB), taiwanesischen (§ 6 FHG) und festlandchinesischen (§ 20 AMG) Rechts. 2015.

Band 53 Vasileios Triantafyllidis: Die Einordnung der Passing-On-Defense in das allgemeine Schadensersatzrecht. Eine rechtsvergleichende, dogmatische Studie. 2015.

Band 54 Peipei Liu: Die Inhaltskontrolle von Allgemeinen Geschäftsbedingungen und formularmäßigen Vertragsklauseln im deutsch-chinesischen Vergleich. 2016.

Band 55 Evelyn Kozak: Zur Notwendigkeit eines arbeitsrechtlichen und haftungsrechtlichen Whistleblowerschutzes. 2016.

Band 56 Genevieve Baker: Der bereicherungsrechtliche Nutzungsanspruch. 2017.

Band 57 Maria Zaykova: Der rechtliche Rahmen für den bergbaulichen Zugang zu den Erdöl- und Erdgaslagerstätten in der Russischen Föderation im Vergleich zum deutschen Bergrecht. 2017.

Band 58 Qian Luan: Geldschöpfungsprozess und Geld als abstraktes Schuldversprechen. Die europäisch-verwaltungsrechtliche Betrachtung des Geldschöpfungsprozesses der EZB und die Rechtsnatur von Zentralbankgeld und Geschäftsbankengiralgeld. 2017.

Band 59 Sára Gabriella Hoffman: Regulation of Cloud Services under US and EU Antitrust, Competition and Privacy Laws. 2017.

Band 60 Matthias Schöpf: Das neue Planungsrecht der Übertragungsnetze: Vorgaben des deutschen und europäischen Rechts. 2017.

Band 61 İpek Çevik: Eine vergleichende Untersuchung der Joint Ventures – Gemeinschaftsun-ternehmen – nach europäischem, türkischem und deutschem Wettbewerbsrecht. Die Analyse von wettbewerbsrechtlichen Auswirkungen bei Gründung der konzentrativen und/oder kooperativen Gemeinschaftsunternehmen. 2017.

Band 62 Raffaele Mazza: Verbotsirrtum und Vertrauen auf Rechtsrat im europäischen Kartellrecht. Eine rechtsvergleichende Analyse des europäischen, des deutschen und des französischen Kartellrechts. 2017.

Band 63 Stavroula Antoniou: Die Kontrolle einseitiger Preisanpassungsrechte in Dauerschuldverhältnissen am Beispiel langfristige Energielieferverträge. Eine rechtsvergleichende Untersuchung nach deutschem und griechischem Recht. 2018.

Band 64 Lucas Noura de Moraes Rêgo Guimarães: Energieversorgungssicherheit im Europarecht mittels der Förderung erneuerbarer Energien und der Interkonnektion der Netze. 2018.

Band 65 Nino Kobadze: Regulation of Access to Gas Networks in Russia in Comparison with the Energy Law of Germany and the EU. 2018.

Band 66 Felix Krone: Das Recht der unkörperlichen Verwertung für das Internet als Teilhaberecht. Zugleich eine Grundsatzschrift für ein kommunikationsoffenes Urheberrecht 2018.

Band 67 Katja Stefanie Middelhoff: Das Spürbarkeitsmerkmal des UWG 2015. 2019.

Band 68 Tatjana Schleicher: Die Umsetzung des § 14a EnWG zwischen Markt und Regulierung im neuen Strommarktdesign. 2020.

Band 69 Eleni-Aristea Alevizou: Der Rechtsrahmen für die nachhaltige Entwicklung der Photovoltaikenergie in Deutschland und in Griechenland. 2020.

Band 70 Rui Long: Die Aufgreifkriterien der chinesischen Fusionskontrolle. Minderheitsbeteiligung, Gemeinschaftsunternehmen, konzerninterne Umstrukturierung und neue Fragen zum digitalen Markt aus rechtsvergleichender Sicht mit deutschem und europäischem Recht. 2020.

Band 71 Jochen Mohr / Hartmut Weyer (Hrsg.): Entwicklungen im Energieregulierungs- und Wirtschaftsrecht. Beiträge zum 80. Geburtstag von Prof. Dr. Gunther Kühne, LL.M. 2021.

Band 72 Jochen Mohr / Antonis Metaxas: Energy Arbitration and Judicial Dispute Settlement. Proceedings of the 4th Athens Conference on European Energy Law. 2021.

Band 73 Lina König: Betriebspflicht des Netzbetreibers versus Stilllegung von Netzabschnitten- dargestellt am Problem der Verpflichtung zum Anschluss von EE-Anlagen (§ 8 Abs. 1 S. 1 EEG). 2021.

Band 74 Chia-Yang Lin: Das taiwanesische Regulierungsrecht im Telekommunikationssektor im Vergleich mit dem deutschen Recht. Ein Rechtsvergleich unter rechtspolitischem Aspekt. 2021.

Band 75 Evdokia Priovoulou: Die Rechtsfolgen unwirksamer Preisanpassungsklauseln bei Dauerschuldverhältnissen am Beispiel der Energielieferverträge mit Endverbrauchern. 2023.

Band 76 Patrick Zobel: Preissetzungsalgorithmen im deutschen und europäischen Kartellrecht. Digitale Formen horizontaler Kollusion. 2025.

www.peterlang.com

www.ingramcontent.com/pod-product-compliance
Ingram Content Group UK Ltd.
Pitfield, Milton Keynes, MK11 3LW, UK
UKHW022105051026
15623UKWH00003B/689

9 783631 926703